创业财务管理

陈国欣　编著

南开大学出版社

天　津

图书在版编目(CIP)数据

创业财务管理 / 陈国欣编著.－天津:南开大学
出版社,2016.11
ISBN 978-7-310-05257-8

Ⅰ.①创… Ⅱ.①陈… Ⅲ.①企业管理－财务管理
Ⅳ.①F275

中国版本图书馆 CIP 数据核字(2016)第 271107 号

南开大学出版社出版发行
出版人:刘立松
地址:天津市南开区卫津路 94 号　　邮政编码:300071
营销部电话:(022)23508339　23500755
营销部传真:(022)23508542　　邮购部电话:(022)23502200
*
天津泰宇印务有限公司印刷
全国各地新华书店经销
*
2016 年 11 月第 1 版　　2016 年 11 月第 1 次印刷
260×185 毫米　16 开本　21.5 印张　493 千字
定价:40.00 元

如遇图书印装质量问题,请与本社营销部联系调换,电话:(022)23507125

前　言

当今，随着我国经济步入新常态，在国家大力推动的"双创"浪潮中，一批又一批的新创立企业以及创新型企业如雨后春笋般地涌现出来，它们为促进 GDP 的增长和就业做出了重要贡献，有很多企业特别是一些高科技企业和互联网服务企业已经成为新经济发展中的领先者，在国民经济中发挥着重要的支柱作用。虽然我国的创业企业正在发生着日新月异的变化，但创业企业的整体发展水平不高，成功率依然很低，主要表现在运营及管理经验、资金运转与风险控制等生存能力薄弱，以及战略目标设定的缺陷、市场的拓展能力等持续成长能力不足等方面，集中体现在创业者的创业学习能力不够及其创业企业的成长能力不足这一方面。我们认为，无论创业企业按照怎样的轨迹发展，都离不开创业者持续的学习和创业成长能力的培养，这是决定创业企业能否成功的核心要素，而创业学习则是发展创业企业的关键。

长期以来，财务管理是商学院学生必修的一门核心课程，而有关创业企业的财务管理也是创业者应当掌握的一门专业知识。无论是创业初期的融资与投资，还是成长过程中的企业，都会遇到如资金周转缓慢、收入增长快但现金出现短缺、资金链断裂等财务困境。与此同时，在高科学技术日新月异和现代通信工具及互联网快速发展的推动下，金融市场不断扩大，信息传播速度越来越快，金融工具不断翻新，融资手段越来越丰富，公司的股权结构和治理结构也趋于复杂化。这些变化都对包括创业企业在内的所有企业的管理实践和理论发展产生了巨大影响，企业面对竞争对手的挑战越来越大，面对的风险也越来越多。在这样的环境下，创业企业作为投资融资者要想生存和发展，应当确定一个合理的战略目标，科学地制定和执行投融资决策，有效地规避或控制风险，适时地调度资金，以最大限度地提高企业价值并处理好企业与其利益相关者之间的财务管理。所以，要想成为一名成功的创业者和投资家，当一名出色的财务管理者，不仅要在实践中不断总结积累经验和丰富自身的阅历，还要持续不断地进行系统学习并掌握更多、更新的现代财务管理知识和专门方法，对创业实践中可能出现的财务危机做出预判，对出现的财务问题进行数量分析以准确找到根源，提出合理的管理方案并采取行之有效的管理措施。

《创业财务管理》是为创业者了解和深入学习创业财务管理知识编写的教科书，本书内容坚持理论与实践相结合的原则，兼顾实用性、可操作性和前瞻性，分别讲解创业企业创设的必备条件和财务管理的基本方法及程序，创业企业财务状况和财务业绩的分析，财务预测技术、财务计划编制和财务控制手段，创业企业项目投资的分析和决策，创业企业日常的营运资本管理和解决方案，创业企业的价值评估方法、创业企业的融资构成，创业企业债务融资和股权融资的具体形式、必备条件及融资方法等。

　　参加本书的编写人士有：南开大学商学院财务管理系陈国欣教授，南开大学会计学硕士、华数科技（天津）有限责任公司创始人崔艺女士，天津中山志成职业中等专业学校会计学副教授兼滨海仪远投资咨询有限公司财务总监刘莘女士，渤海钢铁集团（天津）融资租赁有限公司陈晨先生，天津市海河建设发展有限公司郜坤女士编写。而且，南开大学工商管理专业的黄绎霖同学，天津滨海新区中心商务区管委会投资促进局、南开大学工商管理硕士（MBA）蔡耀鋐主任和浦发银行天津分行营业部、南开大学工商管理硕士（MBA）王健经理等为本书有关章节提供了丰富的数据、翔实的资料和典型的案例，在此表示由衷的感谢。同时，本人向对本书编写大纲和写作提出宝贵修改意见的南开大学商学院院长张玉立教授、商学院给予的出版支持和南开大学出版社王乃合老师，以及为本书的文字编辑、审校和排版做出贡献的所有人，表示真诚的感谢。

　　本书既可以作为大学管理学专业、会计学专业本科生的学习用书，也可以作为工商管理硕士（MBA）和专业会计硕士（MPAcc）等相关专业方向的参考用书，特别是可供那些创业实践者和企业高管人士的学习和参阅。

　　由于我们的水平有限，缺少更多的实践经验，书中难免有许多缺点和错误，恳请读者给予批评指正。

南开大学商学院财务管理系教授　陈国欣

2016 年 3 月 1 日

目　录

第一章　创业企业的设立和财务管理

第一节　创立企业的意义和必备条件

一、创立企业的重要意义

创立一家企业并非儿戏，美国芝加哥大学一位前任校长曾经告诫那些热血青年：当你急于开办公司时，先静下心直到这种冲动渐渐消退。意思是在说，创立一家公司是一种非常困难、极具挑战性和尝试性的工作。如果你开始创立一家新型公司并初次担任首席执行官（CEO），你应当有所准备：你将面临做出各种重大决定，承受与你并不熟悉的人打交道的压力，而且受到个人经济状况的限制、家庭是否支持以及其他重要人士能否理解与帮助等各种因素的影响，或许创业的梦想最终成为泡影。那么，为什么还有成千上万的人要去创业？

（一）创立新企业是追求并实现个人梦想，展现个人价值的最佳方式

每个人都有自己的梦想，在人生的旅程中期望自己能创造越来越多的财富让人生过得更有价值、更有意义。然而，为一个新兴的项目设立一个企业需要具备所有的条件，企业一旦成功设立，其投资的项目产品市场应当是独有的或者在相当一段时期的占有率很高，企业开始获利，个人的能力得到了提高，个人的价值得到了展现，个人的财富渐渐积累。

（二）创设新企业可以节省资金（本）成本

人可以选择去某家公司工作挣得薪酬，可以在家里做股票交易或去银行买理财产品赚取收益，或者你家境殷实富足可以用现金收购一家现存公司等。例如，收购一家高科技企业、软件公司或者是零售商店，你付出的现金会更多，因为购买价格中包含着大量商誉。如果去银行贷款进行收购，其中购买商誉部分的贷款需要承担利息成本。但创立新企业不会为收购的这部分商誉付出资金，让有限的资金达到充分利用，避免发生更多的利息成本。

（三）创设新企业能够开发新兴市场，创造新的需求

如果用现金收购一家企业，其好处是可以对接其已有的市场及其客户群。对接已有的市场或成熟市场，虽然客户较为稳定，但要想继续扩大市场份额，激烈的竞争环境会使企业步履维艰。然而，创立新企业，向市场提供全新的产品或服务，企业会在相当长的一段时期独占新的产品或服务市场，创造了新的市场需求。即使有新的竞争对手进入，企业仍会占有较大的市场份额并创立了企业产品或服务的品牌，由此创立了企业在该行

业市场的领导者地位。

除了上述创业的意义外，创设新企业还能创造更多的就业机会，向国家交纳更多的税金等。

二、创立企业必备的基本条件

创立任何一个企业，无论是高科技公司、互联网企业还是传统行业的企业，都必须具备一定的条件。这里所讲的基本条件并非指法定的要求，而是指创业者自身须具备的条件，主要有以下四个基本条件。

（一）创业的基本想法

创业的基本想法是指创业的创意、方向或思路，也就是通过创立企业去干什么。你去创业是想要向市场提供什么产品或服务，这个产品或服务有什么特色等。

（二）核心人物和创业管理团队

创业的人是怎样的，这是最重要的创业要素，包括核心人物和创业团队。创业的核心人物一般都是创始人，也可以包括志同道合的联合创始人；管理团队是确保创业项目成功而必须组建的队伍。

（三）商业计划书

创立企业需要有一整套规划以及实施步骤的方案，这就是商业计划书，它是创业企业完成项目的基本思路和要点。

（四）融资

无论是创立企业还是企业创立后的扩充和发展，都需要源源不断的资本来支持。资本有从外部筹集的也有企业日后获取的盈利留存下来的，无论哪一种方式都是企业发展必须具备的条件。

创立企业除了上述四个基本条件外，还需要有技术、经验、人脉资源等。

第二节　创立企业基本思路的可行性

一、创立企业的基本思路

创立企业的基本思路是创立者产生的创意或想法。创业的基本思路一般来自创业者的灵感、他人的提示、个人对现实的感受和观察力、个人的知识积累和掌握的技术、现有的但尚未转让的发明创造专利等。有很多大学生萌发的创业想法，通常来自个人或几个同学的亲身经历或感受。例如，几个本科学生在闲聊天中聊起家乡及郊区乡镇的小超市和小商店日常进货不方便，不仅需要去各家供货商卖场当场订货或电话预约订货，而且配货种类繁多、配货周期较长、配货成本较高等因素使得这些小超市和小商店的发展举步维艰，甚至无法及时满足消费者的需求。于是，几个豪情满怀的大学生开始将这个想法逐渐形成一套创业思路并参加了全国的创业大赛。在获得大赛一等奖后组建团队开始成立公司正式创业，公司经过起步、发展、扩张和巩固四个阶段，通过目录销售机、电子商务和商务平台三大步骤，依托通用分组无线服务（GPRS）和华润万家集团的供应商渠道，最终建立起农村及中小城镇百货店"一站式"连锁服务网络。

从创业思路到融资，其实不一定严格遵循思路、组建团队、撰写商业计划书、融资这个顺序。有了灵感和基本思想后应当立即对基本思路或创意进行细化，然后要考虑资本的数量和来源渠道，并马上行动寻找投资人。因为一旦时机错过或有类似项目开始进入市场，就有可能筹集不到资金，创业项目的思路恐怕就被扼杀在萌芽中。

二、创立企业思路的可行性评价标准

如果有了一个基本的创业思路，为了尽量避免盲目性，需要创业人对这个思路的可行性做个测试评价，评价的标准一般包括公司的组织形式、基本盈利能力、市场规模、固定资产投资大小、产品的独特性、销售、回收资金的时间长短、能够理解的交易等。

（一）公司的组织形式

当要计划创建一家企业时，首先要决定的是应当建立一个什么样的所有权或股权形式。我国《公司法》规定公司的组织形式包括有限责任公司和股份有限公司。有限责任公司是指所有者以其出资额为限对公司承担责任，公司以其全部资产对公司的债务承担责任的法人企业。股份有限公司是指由一定人数以上的股东组成，公司全部资本分为等额股份，股东以其所持股份为限对公司承担责任，公司以其全部资产对公司的债务承担责任的企业法人。

有限责任公司（简称有限公司）是我国企业实行的最重要的一种组织形式，其优点是设立程序比较简单，不必发布公告，也不必公布账目，尤其是公司的资产负债表一般不予公开，公司内部机构设置灵活。其缺点是由于不能公开发行股票，筹集资金范围和规模一般都比较小，难以适应大规模生产经营活动的需要。因此，有限责任公司这种形式一般适合于中小企业。通常，个人独资企业和合伙企业都属于有限责任公司。

股份有限公司是独立的法人，其股东人数不得少于法律规定的数目，我国《公司法》规定，设立股份有限公司，应当有2人以上200人以下为发起人，其中须有过半数的发起人在中国境内有住所。股份有限公司通过向社会公开发行股份筹集资本，而且必须公布账目。股份有限公司的优点是能够加快资本的集中，促使企业改善经营管理及治理结构，能够实现资本稳定和股份流通相结合等。但这种组织形式的缺点是对中小股东的保护比较差，容易造成企业盲目增资而忽视其经济效益，而且设立程序和运行机制比较复杂。因此，股份有限公司适合于大中型企业和发展比较快且有较好的前景的企业。

拟创立的全新的小企业通常是以个人独资企业或合伙企业这种有限责任的组织形式组建。从财务视角来看，个人独资企业和合伙企业存在两个需要注意的问题：一是融资困难，二是当所有者退出企业时出售转让企业也是比较困难的。就前者而言，个人投资创立企业一般要依靠自己的收入和积蓄，很多还要依赖父母给予资金支持，这样的企业就是常常说的个人依赖型企业。如果企业还需要向银行借款，但银行作为企业的主要债权人对企业的看法是很重要的。在银行看来，向公司提供的贷款不能超过企业所有者的注入资金。而且银行认为这样的公司和其所有者是一体的，一旦企业业主（即个人所有者）去世或失联，这个企业就要关闭。就后者来看，当企业的业主准备卖掉公司时，潜在的买主如果察觉到该公司大部分或所有的销售渠道主要是业主或经理的人际关系网和个人能力及魅力使然，那么必然要考虑买入这家公司后，其商业将从何而来？也就是收买这家公司的意义和作用何在？很多企业的生存方式与创业者自身有着直接关系。像律师事务所、健身俱乐部、著名钢琴大师创办的钢琴学校等，这些有专长的业主一旦停止工作，企业也就失去了经济收益，也就没有存在的意义了。

解决个人依赖型的独资或合伙企业的融资难或转让难的问题，应当在个人独资企业或合伙企业的内部建立起职能型管理结构，这种内部职能型管理结构使企业的每个不同部门有效地连接起来，各个部门在企业战略和目标下，执行公司的计划和预算，充分发挥各自的专业作用。建立职能化管理结构，在相当程度上能保证企业长久经营下去。因为即使公司的业主不在场，公司在较为健全的管理架构和制度下，按照清晰的战略和目标，各部门分工明确且协同工作，公司也能正常运转下去。银行在决定是否发放贷款给公司时，会调查公司的决策是否经管理层充分讨论做出的还是一个人或几个合伙人一起做出的。有职能型管理结构的公司在出售时通常获得的收益要高于单纯个人经营管理的收益。目前，很多传统经济的企业不惜高价收购那些信息传输、云服务及互联网基础设施服务的企业，就是看中他们的技术优势和企业架构。湖北仙桃市的蓝鼎控股股份有限公司是一家老牌的纺织品制造商，2015 年 7 月收购了沈阳的一家提供云服务技术的高升科技公司。此次收购，不仅大大增强了蓝鼎控股公司的实力，还极大地提升了蓝鼎控股的市值。之后，2015 年 11 月份，蓝鼎控股更名为高升控股股份有限公司。

（二）基本盈利能力

很多人非常有激情地创立新企业，但很容易忽视产品或服务的未来获利能力，这些人认为这是一个小问题，俗话说"没有不开张的油盐店嘛"。事实上，在确定企业的组织形式后，创业人应当考虑新的公司未来潜在的利润，也就是未来的基本盈利能力如何，需要对产品或服务的定价和市场规模做出一个大致的估计，需要找到市场的盈利点。

那么，市场愿意接受公司提供的产品服务的价格是多少呢？从市场角度看，销售的产品或服务有两种类型：一是有需求的产品或服务，也就是需求推动型产品；二是诱导购买的产品或服务，即引导消费型产品。前者有现成的市场，但竞争很快就会形成或者已经存在；后者的市场较小或者暂时尚未形成竞争环境，需要引导消费和开发市场。作为一个拟创业者，你是做需求推动型产品和服务还是做引导消费型产品和服务？创业者需要慎重决策。典型的事例是，普通药品和保健品的选择。普通药品如感冒用药、止痛片、藿香正气水一般是必需备用的药物，生活中不可缺少，老百姓肯花钱买。但像大豆混合蛋白粉、各种复合维生素等保健品虽然对身体有一定的益处，但毕竟不是生活必备的。创业投资选择做引导消费型产品的风险较高，而且开发市场会很艰难，但一旦开发成功，让这种产品或服务从引导型转向需求驱动型，企业获得丰厚的利润就不成问题了。

对于创业企业的投资人尤其是天使投资人来讲，是投资有类似产品或服务的项目还是投资新颖产品或服务的项目？产品或服务在日后能否盈利是至关重要的。而创业企业的产品或服务的定价则是决定市场和企业获利的关键因素之一，创业者的定价通常运用先考虑成本再考虑利润的成本驱动方法，但这种方法忽视了消费者的价格承受和接受能力。向市场提供的新产品或新服务回避了激烈的市场竞争，但需要努力开发市场，并合理制定价格。新设企业的新产品在市场上是空白产品，那么在初期阶段，毛利润率通常在 75%～90%之间；如果新设企业提供的新产品在市场上存在类似产品，企业需要努力打入市场并了解市场的容量，其毛利润率也仅仅不足 25%。创业生产和提供新颖产品或服务的新企业了解盈利点和未来影响利润的因素是非常重要的。竞争是最主要因素，如果企业定价较低且占有一定的市场份额，但出现越来越多的竞争对手后，企业如何应对呢？如果其他企业生产类似产品的成本低于企业打算推出的产品，致使公司获得的利润减少，企业又将如何应对呢？典型的事例是创办一家服装销售店，其销售的价格往往高于购货网站的售价。这种情况下，新创办的服装销售店要想取得更多的市场份额，要么降价，要么就加盟网站，无论哪种情况都会在一定程度上损失部分利润。

（三）市场规模的大与小

创设新企业，其获利能力与市场份额有着直接关系。如果新设的企业提供的产品或服务不仅新颖独特而且属于需求推动型，那么占有越来越大的市场指日可待。新企业对市场规模的推断往往容易犯的错误是主观臆断，设想得过于完美。比较典型的是所谓的"1%综合症"。比如，有些人准备在大型音乐晚会上推销音乐光盘，他了解观看音乐会的总人数，并且自信地认为"我只要做到让 1% 的观众买我的光盘，我就挣大了！"然而，你怎么能知道这 1%的观众确确实实地能买你推销的光盘？你做过市场调查确定至少有1%的人会买你的光盘吗？还有的事例是：兄弟俩人看到国道上一辆辆过往的货车和客车感触颇深，于是决定在国道旁边开设一个汽车维修及补胎店，而且逢人便自信满满地说："如果 100 辆过路车中有 2～3 辆车停下来补胎或维修，我这个维修店就挣钱了！"这兄弟俩仅仅是目测公路上的来来往往车辆很多，没有认真做过市场调查来支持他们的设想。事实上，兄弟俩人每天站在装饰一新的店门口眼睁睁地目送急驰而过或扬尘而去的汽车，几乎很少有停下来的汽车来做维修或补胎的活儿，停下来最多的是给轮胎补点儿气或买两瓶车窗清洗液等。他们原先的设想与实际不相符。应当说，他们开的汽车维修和补胎店的确为司机提供了便利，但他们的投资也确实得不偿失。

创业者都希望自己的新企业获得市场承认而且逐步扩大。拟创设传统经济和新兴经济的企业，将市场规模做得越大越好。很多设立新兴经济的新企业，本身的规模小，不尽快做足市场，一旦市场上的大型企业加入竞争，新创立的企业就会被压垮。这实际上是新创立的小企业开发了需求市场，获利的则是后来参与竞争的大企业。而创设高科技企业和基础服务设施企业却有例外，由于技术的先进及独占性，在相当长的一段时期市场上很难有被复制的企业出现，这样的企业将更多的资源投入到提升技术和创新方面，不去盲目扩大市场规模而提高被复制被替代的概率，只要企业获得较高的销售利润率，损失一些资产的流动性，依然可以很好地运行。

打开和扩充市场会发生很多的营销费用。巨额的营销费用会冲销利润，新创立企业一般很难承担较大的营销开支甚至得不偿失，这是创业企业必须慎重考虑的重要问题之一。企业是自己直接销售新产品还是交由分销商或地区代理商销售，以及销售采用怎样的方式等都有一定技巧和"艺术"在内。

（四）固定资产投资的多与少

对设备等固定资产的投资一般较大而且回收时期较长。所以，新创立的企业应当根据自身的经济实力和技术、产品或服务的特点来选择是否购置固定资产。在初创企业时期，很多企业家喜欢自行生产新产品，不愿意把产品交给其他企业做加工。这些企业家的想法是不放弃一分钱利润给别人！其实这是利润表的单向思维。

创业企业需要考虑：是自己的企业生产新产品还是外加工，是自己购置设备还是租赁设备。如果企业自己购置拥有固定资产，那就选择了自行生产产品。对于小企业来讲，购置固定资产的开支巨大，生产单一新产品的企业，其经营和财务风险是非常高的，因为企业的生命周期与产品的生命周期是一致的。企业必须要保持住市场的份额，必须确保产品独特领先。但是，如果企业选择把自己的新产品委托给其他企业做生产加工，虽然会影响一部分利润，但是若把投在机器设备等固定资产方面的资金省下来而用在应收账款和存货等营运资本上，既可以扩大销售收入还能降低保本点，规避许多经营风险。创办企业，一个很重要的理念是：不得不生产企业要销售的产品时才去生产。

（五）回收投资的时间长短

任何规模的企业都要预先考虑投资回收的可能性和回收投资的时间。这一条或许是最重要的创业评价标准。投资回收这个评价标准涵盖了前面所提到的组织形式、基本盈利能力、市场规模和固定资产投资等标准。

能否尽快回收投资，能否回收投资，也许是推动创业或者停止创业的关键点。对于企业的投资人至少天使投资人来讲，他们对创立的非新经济型企业如娱乐和餐饮、商业服务、汽车或电脑零部件制造等，一般的期望值是在3～5年内所投的资本应当增值5～10倍。创业企业在经营若干年后，为了让投资人获得应有的回报，要么努力去上市，把公司的股票卖给别人而让企业继续发展下去，要么就把企业整体转售给其他人，放弃自己经营企业而取得现金，收回投资并实现利得。不管是企业上市还是出售，都是回收投资的不同方式。选择哪一种方式，取决于投资回收的多少和获取利得的大小，以及创始人和经营者的态度。

（六）容易理解的交易

沟通是人与人之间或人与群体之间思想和有关事物内容的传达、交流以及反馈的过程。有效的沟通是通过语言、文字等方式将思维和有关事物的内容恰当、清晰、准确表达出来并获得对方相应的反馈。在企业中，无论是对内的管理沟通还是对外的交易沟通，都应当做到语言清楚且简单扼要，信息量适当。要学会把复杂的事物用简单准确的语言表达清楚，让听者在很短的时间内了解你要讲的内容。例如，客户去银行办理家庭存取款业务时都有银行业务人员过来向他介绍理财产品。他们的介绍占了客户很长的时间，客户真心想听懂并且不断追问，最后的结果是客户还是不太懂。原因是他们在介绍理财产品时没有抓住客户的心理，不惜时间地讲解做理财比存款怎么合适，而多数客户最关心的是理财的安全性，收益是其次的。当客户耐心听到最后，并追问到能否确保回本和什么时间可以兑现时，他们往往说了很多相关性较低的话。最后的结果是客户不是不愿意做理财而是没听懂理财的好处。

在商业交易中，怎样用更简单的语言把交易内容准确地表达清楚而且在体态上和语言里让交易对方感受到尊重，则是交易能否成功的关键。创业时，推销企业的产品或服务，首先要把产品或服务的内容"吃"透，然后用简单易懂的语言在很短的时间里表达清楚就可以了。业务人员要知道，不是客户不懂而是你没有讲懂。最后，你要把介绍产品或服务的时间尽可能减少，因为客户没有更多的时间和耐心听你讲话。

第三节　创业的商业计划书

机会是给那些有准备的人的。开始创业时应当对创业的项目有详细的规划或者称作周密的思考。制订计划是做任何事情之前必不可少的环节。撰写商业或创业计划书实质上是迫使创业者系统思考并梳理新创立企业的各种要素，把一个创意或商机变为一个行动的工作。

一、商业计划书的基本要求

创业的商业计划书，或称创业计划书是创业者及公司根据一定的格式和内容要求而编写整理的一个向受众全方位介绍与创业公司和项目有关的目前状况、未来发展潜力及内外部环境条件和要素的书面文件。商业计划书主要是给投资商的，以便于他们对企业或项目本身做出评价，达到创业企业招商融资、获得其他资源的目的。

商业计划书通常有相对固定的格式，它几乎包括投资商所有感兴趣的内容，从企业成长经历、产品服务、市场营销、管理团队、股权结构、公司及项目的运营到融资方案。只有内容详实、数据可靠、装订精致的商业计划书才能吸引投资商。通过商业计划书，投资商能了解创业的企业是什么，发展方向是什么，看懂了创业者的项目，了解了创业者的创业思路、创业团队和相关的资源，知晓创业项目的商业运作步骤和创业者实现的预期目标。这样的计划书才能使创业项目的融资需求成为现实。而且，商业计划书也是创业者成功拟建新企业的基本运营纲领和基本执行方案。

阅读商业计划的人都是惜时如金的。计划书最好不要超过 100 页（A4 单面）。阅读商业计划书的人不管是专业的风险投资人还是作为天使投资的投资人，谁都不愿意阅读厚厚的一本计划书，而且他们不会同商业计划书撰写人以外的其他人探讨计划书的内容。这意味着创业人必须谨慎地准备这份文件，做到内容完整，文字流畅、简洁而且图文表并茂，排版规范和外表装潢要尽可能美观，这样阅读者才有心情持续阅读计划书。还要强调的是不要有错字和错句，确保文件不会有任何的录入、打印等错误，而不管错误的大小。这实际上是一个态度的问题，也反映出创业者做事的风格。

撰写一份高水平的商业计划书的基本原则是：内容简洁明了、调查数据可靠、文中没有外行话并且不言过其实、突出创业项目的特点和可能的风险、传递优秀管理团队的信号，另外让投资人从计划书中看到了创业者的感情投入、充满激情和聪明才智。

商业计划书应该包括的内容至少有：项目概要、产品或服务、运营流程、市场及营销、管理与财务、核心人物及管理团队和职责分工、投资合作方案和投资回报情况、关键风险等。

二、项目概要

商业计划书的第一个部分是项目概要，也称执行总结、执行摘要或项目综述，是对创业公司的产品或服务项目的总体介绍，需要用最简洁的语言概括陈述整个项目的全部最重要、最核心的内容。这部分应当是整个计划书的"卖点"、精髓。阅读这部分后，投资人或其他人应该对项目的整体轮廓有一个较为清晰的认识。按逻辑关系，这部分内容一般都在介绍全部内容后在计划书的最后做总结时写。但是作为一本厚厚的商业计划书，读者看到一多半内容后已经很疲劳了，对这个执行总结恐怕已经没有多大的兴趣阅读了，结果是对项目尚未形成完整的认识就失去了热情，甚至放弃进一步了解项目的想法。因此，为了吸引读者，现在的创业计划书都把项目的执行总结放到最前面，帮助读者在最短时间内最先了解创业项目及其执行的关键要点但不是具体的细节。

项目概要通常包括商业计划书中全部内容即对产品或服务、运营流程、市场及营销、管理和财务、投资合作方案和投资回报情况、关键风险等核心内容的浓缩提炼。短短的项目概要需要清晰地勾勒出整个创业项目的全貌。

三、产品或服务项目的描述

企业融资，要让投资人了解创业公司准备开发和促销的产品或服务项目内容，其包括如下几点。

（1）产品或服务项目的意义和好处。

（2）产品或服务项目的特点，即与众不同之处，包括产品定位、市场上有无类似产品和服务，产品的特点和质量等。

（3）产品的定价策略。

（4）产品或服务项目的法律保护问题。

必须注意的是，这一部分的内容不能对产品和服务项目做非常细致的描述。这涉及商业机密。一般而言，阅读商业计划书的主要是两类人：投资人和企业内部人士。后者包括企业的业主或 CEO、会计师和工程技术师。如果投资人要求商业计划书里必须提供涉密的细节，解决的方法最好是签署一份由律师起草的保密协议。然而，风险投资人和大企业的投资人不会轻易签署这样的协议，他们的投资有着更多的选择，而签署了保密协议，意味着今后一旦创业者的产品或项目在市场上出现类似的产品或服务时，他们可能被怀疑泄露了商业机密而可能面临被诉讼的困境。高科技产品或服务的创意构想尤其是不能泄露的，因为泄露的科技创意就不再是创意了。真正对创意的新产品和新服务感兴趣并有投资意向的投资者关注的是产生这个创意的人才及实现的团队，仅仅一个创意的价值毫无意义，投资人要的是真正能为他们赚钱的人而不仅仅是创意。

创业企业对其产品和服务是否拥有了专利当然是非常重要的。但是在介绍产品和服务项目中，是否获取了专利权问题，创业者则非常纠结，是很难给出明确答案的。一是创业企业在获得资金前，不要把精力投在申请专利权上。因为申请专利和等待批复的时间很长，往往在两年以上。但在商业计划书中有必要说明产品或服务的独特性和推广前景，以及正在准备申请产品和服务专利权的资料；二是产品或服务的专利权一旦获得，全世界的人都知道其秘诀所在。即使在计划书中称无人知道项目的详细秘密，但投资人还是担心泄露问题，担心其投资的前景。

四、运营流程

创业企业运营流程主要是指创业企业为达到价值定位所采取某一类方式方法的逻辑过程。其中包括企业为实现价值所规定的业务范围，盈利点及其生成过程、企业在产业链的位置，以及在这样的定位下实现价值的一整套方式和流程。在商业计划书中，运营模式描述的是实现新产品或服务价值的一套解决方案，包括对原材料的采购流程、产品的生产流程、人力资源的配备流程以及商业工作时间的安排等人员、财产、现金和信息等各个环节的安排和可行性论证。

运营流程的各个环节都会产生成本，如果不加以重视和控制，必然会影响最终的盈利。商业计划书中需阐述未来实现价值的整个过程，以便于阅读者了解创业者是否清楚其产品和服务的产生过程及复杂程度。如果创业者对其运营的流程没有描述清楚或闪烁其词，说明创业者对项目的价值生成过程不了解，该项目本身的投资价值不大。

五、市场及营销分析

这个部分是对项目的未来市场总体容量、市场发展趋势、品牌定位和营销策略等的描述。内容主要有以下几项。

1. 宏观环境分析

其分析包括政府的扶持政策、社会经济的发展速度、丰富的自然资源和良好的技术环境。

2. 产业背景和竞争环境分析

其分析包括创业的产品和服务项目的行业定位和需求、产业竞争状况分析和主要竞争对手研究、项目的市场规模和目标份额的估计等。

3. 市场机遇和市场策略

这是指创业项目的市场容量和预期销售的估计，目标市场的选择，以及产品或服务项目的推广策略、价格策略和渠道策略等。

以上的市场和营销分析一般采用的方法是 SWOT 分析法，即优势（S）、劣势（W）、机会（O）和威胁（T）四个主要方面。

市场及营销这部分计划的描述应当让读者相信产品和服务的销售计划是切实可行的，项目是值得投资的。在整个商业计划书中，没有什么比市场和营销的预期更重要了，因为市场是实现产品和服务价值的途径。为了让这个部分的内容说服投资人，应当扎扎实实地做好市场调研。

六、管理和财务

管理和财务部分的描述主要介绍创业公司的组织机构、内部的管理团队及职责分工，财务预算和财务分析。

（一）企业组织结构

商业计划书中需要向投资人描述一下创业企业的组织形式，初创企业一般都是有限责任公司形式；此外，还需要介绍企业的背景和创始人、经营范围、股权结构，以及创始人和股东等信息。关于创始人和股东情况，要介绍他们的股权占比、专长和能带给公司的资源。

（二）管理团队及职责分工

投资者是否投资，其实很大一部分是在看人，人品和能力是他们最关心的。往往项目比较普通，但项目管理团队很优秀，投资人也会投资。商业计划书中需要介绍管理团队骨干人员的背景，如董事长、总经理、副总经理、财务部长、市场总监、运营经理等职位的学历、工作足迹、成果、专长等以及各自负责的工作范围。

当然，计划书中可以选择介绍关键人的学历和经历，其他人可以只介绍成果和专长等。有必要的话，可以介绍一下创业顾问的基本情况，如果聘用一个在业内有好口碑的计算机专家，或一个在业内有威望的成功的专业人士作为顾问的话，会产生明星效应，给企业带来较大的无形资产。另外，管理团队骨干成员的履历主要列示与公司相关的内容，不要列示如 XX 俱乐部会员、YY 上市公司独立董事，ZZ 大学兼职教授以及经常参加非商业活动等经历。创业人很可能为他或她的社会兼职和影响感到自豪，但投资人尤其是风险投资人确恰恰认为这是公司的薄弱点，因为社会工作较多的人不会把精力全部放在创业企业中的。其实，创业管理团队骨干成员的简历并不属于找工作的那种，但有丰富经验的投资人还是首先要看的，因为良好的工作足迹记录表明他们的能力和成功率。记住，商业计划书中列出的个人履历的细节反映的只有一件事：商业上的成功。其他的任何事情都应该回避。

在商业计划书中也不要对一个初创企业的管理团队描述得太完美，因为现实中很可能一人兼任两个或三个职位，而且管理部门设置过多，有臃肿、人浮于事之嫌。一定要给阅读人留下企业准备打造一支精干高效的管理团队的印象。

（三）财务预算与分析

创业企业的投资者最关心的未来问题：一是产品或服务项目的经济效益，另一个就是资本的回收和退出。财务部分的介绍主要涉及企业未来经济效益的产生和测算过程，包括创业企业未来的资金估算、投资预算和资金的来源、成本的预算和收入的预测、经济效益指标预分析和数值说明等。具体包括的内容如下。

（1）投资预算和资本结构；

（2）营业收入预测、成本费用预测和利润估计值；

（3）预计财务报表，包括预计资产负债表、预计利润表和预计现金流量表，必要时可提供一份较明细的财务预算表；

（4）经营保本点分析和经营风险分析及其解释；

（5）未来盈利能力分析及其解释；

（6）未来资产营运能力分析及其解释；

（7）未来资产流动性分析及其解释；

（8）未来总资产回报率和所有者权益回报率分析及其解释；

（9）发展能力分析及其解释。

对于投资人来讲，并不要求财务部分非常准确，因为对未来发生什么谁也没有十足的把握，但这部分内容是否认真的准备，表明创业者对待创业产品或服务的项目前期所做的工作多少，而且通过财务部分在一定程度上能看出创业者的风险观和做事风格。

正确的态度是：财务部分的这些预测、估计值应当是一个比较保守的数据，不可盲目乐观。在商业计划书里，最好的提供方法就是对那些投资人敏感的指标如营业收入预测、成本预测和利润估计值，以及总资产回报率和所有者权益回报率等分别做出最好情况、最差情况和最可能情况的预测数值。而预计财务报表只按照最有可能发生的那种编制提供。这种做法，可以看出创业企业对未来的估计、预测还是建立在一个比较客观的和比较扎实的数据基础上的。商业计划书的读者也可以明显看出创业者的努力和诚意。

七、投资合作方案和投资回报

除了经济效益产生过程外，投资者关心的另一个问题就是投资回收和回报情况。创业的商业计划书主要是为融资而撰写的，那么提供资金的投资者对项目产生兴趣最终也是为了将来获得丰厚的投资回报。在既定的融资总额中，各个投资方以及公司创始人的合作方式和各自都投资多少及所占的比例大小，事关今后企业权益的分配这个重大问题。

（一）合作模式以及权利义务

创业企业与投资人合作的模式有很多方案：股权融资抑或信贷融资，合作经营还是合伙经营，融资租赁还是抵押融资等。特别是初创企业股权融资方案中必须阐明由谁来控股和管理的权利和义务问题，还有企业今后进入成长期、快速发展扩充期须追加融资的规模和方式需要在计划书中做出估计及简要说明。

（二）出资额和出资比例

投资人出资的比例直接关系到未来权责利的分配。创业者在阐明底线的前提下，要明确列出合作双方或多方的权利、责任和利润分配的具体方案，并对其所提方案的双赢或多赢结局做出比较合理的数据论证。

（三）投资人回报的预期

商业计划书上应当比较明确地列出创业公司的总投资额、收入和税后利润的数据、投资回收期、内涵报酬率、净现值等估算指标，按净利分配的普通股东权益收益率（ROE），以及现金分配或股权分配或两者组合等方式的设想方案。必须说明，商业计划书中的投资回报及分配预案并不是一种承诺，而是反映出创业者的初步想法。日后，随着企业的成长和发展，企业肯定会根据自身的发展情况和股东的要求来调整分配方案。

八、关键风险的考虑和风险资本退出

风险是对企业的收益不确定性和不稳定性的一种估计。投资的退出是投资人对企业现状和未来前景不确定的情况下所做的保守抉择。

（一）关键风险要素的预估

这是创业者和投资人必须要考虑的重要的投融资因素。投资人一般要在创业者介绍和在阅读计划书后再提出个人对风险的态度。也就是，创业人需要事先为投资人做足风险预估的准备工作。需要在创业商业计划书上罗列的并说明的关键风险因素一般有系统风险（不可规避的外部市场风险）和非系统风险（可规避的公司内部特定风险）两类，以及特定企业的财务风险、经营风险、竞争风险、技术风险和管理风险等。计划书上要

对各类风险要素进行量化并加以说明。分析风险的定量方法主要有保本分析及杠杆分析、敏感性分析以及概率模型。

（二）风险资本的退出考虑

作为投资人，向企业进行股权投资都要考虑投资的退路问题。现代的投资人的思维方式是未来没有退路的投资，现在绝不投资。那么，投资人是非常关注创业商业计划书上的风险投资退出方式的说明，反过来讲，创业企业在向投资者抛出橄榄枝请求融资之前，要先把他们的退路安排妥当。如同分销商在向供应商下订单前先找到买家客户一样。

投入资本的退出一般有两种：一是未来将增值的企业资产转让套现，类似于股票在高位时出售；二是因投资收益受损而把投资的资产折价转让套现。前者的退出是投资人梦寐以求的结果，有凯旋的感觉；但后者则是不得已的风险规避方法，以尽快和尽可能地逃避风险区域。商业计划书中要根据公司的特点，考虑以下三种风险资金的退出方式，可供投资人选择。

1. 股权溢价转让

股权转让方式以前主要依靠老股东与新股东协商价格进行转让退出，这种方式退出有一定困难，因为根据信息不对称理论，外部人士对企业内部情况不了解或知之甚少，不会轻易接收股权。而随着目前我国场外交易市场（OTC）的发展，股权交易所规模日益庞大，做市商制度已经在逐渐确立，股权交易日趋活跃，上市交易成本较低，通过短期内的保荐，相信公司可以进入股权交易所，这样既实现了风险投资的溢价退出，也获得了进一步融资的渠道。

2. 公开向公众发行公司股票（IPO）

考虑到企业的战略规划和企业行业特点和技术特点等企业可以考虑在哪个市场上市问题，如高科技公司和互联网企业，可以优先考虑在创业板或新三板挂牌。由于股票价格基于各种对公司经营业绩的评价，这种方式公司管理层容易接受。同时，公开发行股票也可以使风险投资者获得较高的收益，也受到投资者的欢迎，而企业股票公开发行之后，公司的经营仍然保持原有的独立性和持续性。

3. 管理层回购（MBO）

这是一种候补性质的退出方式，是考虑在企业经营不是很成功的情况下保证风险投资者仍能得到一定收益的一种特殊方法。为了能够使投资人实现对风险企业的投资变现，企业愿与投资人签订回购条款和买卖契约或者将投资人的投资安排为可转换债券，提高投资商的变现能力。

创业的商业计划书除了以上介绍的项目概要、产品或服务、运营流程、市场及营销、管理与财务、核心人物及管理团队和职责分工、投资合作方案和投资回报情况，以及关键风险等内容外，还可以根据特定情况增加公司的战略发展规划、商业模式、人力资源管理设计等内容。此外，商业计划书还应将主要内容的辅助资料列在计划书的最后，如预测财务报表、创业团队成员和顾问团队、市场调查报告和问卷及结果、产品或服务项目行政审批附件，以及相关的合同等资料。

第四节 创业企业财务管理的基本内容和主要方法

数据是有说服力的。都说营销重要，但营销的策划和实施过程及结果还是靠收入和费用说话；投资和融资的多少、投资额需要多大，将花费的融资成本是多少、投融资的效益怎样等问题都需要用数据来解释。而财务正是处理数据，通过数据测算和数据之间的关系考察企业的经营业绩并利用数据指导管理。

一、什么是财务和财务管理

（一）财务的概念

在现代社会中，任何组织都要依靠货币来运行。货币几乎触及我们所做的每一件事。例如，一幢厂房、一套设备、一批货物等都是企业投资的具体存在形式，但它们却离不开企业筹资活动。投资和筹资相互关联而且都与货币相关。财务（Finance）简单的概念是对货币，更合适的词是对现金流量的选择。财务所解决的问题是企业、政府和个人怎样筹集货币和怎样使用货币。为了从事财务活动、做出理智的财务决策，无论是谁，必须了解三个基本的原则：在其他条件不变的前提下，①偏好更多的价值；②现金收回的越快，它就更具有价值；③和较高风险的资产相比较，较低风险的资产更具有价值。

财务是从事与货币有关的包括决策和执行的交易活动，例如，个人购买房屋与地产公司销售房产涉及钱与物的谈判及成交过程就是一种个人与企业之间的财务活动。如果创业者想要创办自己的企业，为了生存必须掌握财务概念，要懂得很多的财务知识；即使创业者并没有打算从事与财务专业相关的职业，但懂得一些基本的财务概念对于其日常生活也是重要的。举例来讲，当你购车或买房时，要使用财务概念来确定你每月付款的金额，在你退休时，财务概念被用来确定按照退休计划所收到的付款金额。同样，如果你在财务领域中干一项工作，掌握市场营销、会计程序等其他领域的知识，你就能做出更充分的决策。在企业中，与货币有关的活动称作资金运动或称资金的周转。首先我们理解一下资金。资金这一概念，可以从不同的角度或根据不同的需要来解释。如果从企业资金的具体形态方面来理解，资金是指企业的资产，包括财产、债权和权利等。也就是说，资金既有有形的物质形态，如企业的现金、各种存货、厂房、设备等，还有无形的表现形态，如应收及预付款项等债权、专利权、商标权、特许经营权、商誉等无形资产。如果从资金来源的性质上解释，资金是指企业的负债和所有者权益或股东权益（以下直接用所有者权益）。负债代表企业与向企业提供债务性资金的债权人（例如，商业银行）之间的一种信用或借贷关系，企业必须按期偿还本金，有些债务还须支付利息。所有者权益包括企业的所有者或股东投入的本金、企业从净利润中留存的盈余以及属于所有者的共有资本（如资本公积金），它们表明企业所有者拥有的权利，是一种剩余要求权。广义的财务，既包括上述的与货币相关的活动，还包括会计（Accounting）。但本书侧重于与货币有关的业务决策和执行的交易活动，基本不涉及财务会计实务。

任何企业从事生产和经营活动的主要目的都是为了获得利润以谋求自身价值的扩大，寻求发展，从而满足各个利益相关者的要求。新创立的企业一开始就要筹集资本，然后把筹到的钱投到能够产生经济利益的方方面面。新创立企业的投资活动包括购置或者租赁各种机器设备，购建或者租赁厂房、建筑物，购买专利、许可证，购买各类存货和持有现金和应收账款等。和一般企业一样，新创立企业的日常管理活动也很繁杂，如日常的商务和行政事务、各类文件的处理和数据汇总与编报、研究与开发活动，法律服务等都需要资金的支持。这些投入的资金在生产经营过程中经利用得以增值后，将回收的原投入资金及其增值后留归企业使用的那部分利润，重新投放到生产经营过程中去，同时将资金增值的另一部分的利润偿还和分配给向企业投资的方方面面。按照这一过程，资金反复地运行，形成了企业的资金运动。资金运动就是从货币量这个特定角度反映生产经营过程中的价值变化的诸方面。而企业从事资金运动的各项经济活动，构成了企业财务。总体来讲，企业财务包括筹集资金活动、投放资金活动等，以及由此而产生的各种财务关系。

（二）财务管理的概念

在社会经济环境中，企业进行的生产经营活动会受到外部环境诸多变化因素的影响，有些会干扰企业正常的资金周转过程，使企业在筹资、投资等各项活动中遇到种种复杂的财务问题。在现时的社会经济生活中，资金作为一种资源，相对人们的需求是稀缺的。资金的稀缺性是指资金并非取之不尽、用之不竭，它是限量的，人们只有付出代价才能取用。每个具有独立经济利益的企业，其自我生存、自我改造和发展对资金的需求是无限的，这与市场上资金的供给始终存在着一种相对短缺是矛盾的，企业要想获取资金必须付出一定的成本代价。如果企业对通过付出代价而取得的资金不能合理、有效地运用，就不能产生更多的经济效益甚至出现亏损，从而不能满足债权人和所有者的利益要求，企业生存和发展由此可能受到影响；同时，企业赖以生存的客观环境存在着诸如价格、利率、消费倾向等不确定因素，它们给企业特别是中小微企业的生产经营带来了风险，直接影响到企业资金的投入量、资产的分布和资金的回收。

为了保证生产经营的正常进行和促使企业发展，与一般企业一样，新创立企业应对在各个发展时期出现的资金筹集和资金投入使用中遇到的资金短缺、投资的风险和收益，以及其他不确定因素等一系列事关企业兴衰存亡的财务问题要运用科学的方法予以解决，对财务进行不间断的有效管理。

企业的财务管理是为了解决在资金稀缺和风险的条件下有效筹资和投资问题。

筹集资金或称融资是保证企业生产经营正常进行的先决条件和起点。创业企业在初始创立时，首要的问题就是资金从何而来，通常来自个人资金和朋友的集资、政府的补贴资助、天使投资人的权益资本投入等。但绝大多数的资本来源及筹资形式（如个人资金注入、公司日后发行股票、每年的留存收益、向银行借款等）都有着不同的资本成本（如股利、利息等），而不同的筹资方式及其数量组合又会形成不同的成本组合。如果企业随意选定一种融资结构，其组合的资本成本过高，会直接影响企业的现金流量，导致现金流出过多，给企业带来损伤。而这种损伤对处于初创和成长阶段的小微企业来讲是致命的。所以，在财务管理中，有效的资金筹集就是按照一个最优的或目标的资本结构融资，以最少的成本、最低的风险获取最大的投资收益。

企业筹得资金后，应将之合理地投入生产经营的各个方面，形成各项资产并加以充分运用。资金的投放包括资金的初始投放和追加投放两方面。资金的追加投放是企业对由投入资金创造的收入进行分配：将相当于成本费用的收入重新投放到生产经营过程中去，再用收入减去各项成本费用、税金后形成的利润，根据法规和企业的发展等确定用于扩大经营的盈余公积金和向投资者分配的报酬并予以实施。在财务管理中，有效的资金投放就是根据资金来源的数量、成本和期限以及生产经营的变化，分析和权衡各类投资的风险和收益，选择一个合理的资产分布或具体资产的占用水平的方案，并进行计划和实际控制。

总之，资金筹集管理和资金投放管理是企业财务管理的两个基本内容。可靠的资金来源、合理的资本结构、恰当的资产组合及其运用和控制，是企业生产经营按照既定目标运行的基本条件和手段。企业充分发挥财务管理的作用，能直接和间接地降低资金循环周转中的风险和成本，从而保证增加收入和提高经济效益。概括而言，财务管理就是企业有效地获取资金并合理地投入使用。

二、创业企业财务管理的基本内容和基本方法

无论企业处在初创期还是成长和发展期，资金筹集管理和资金投放管理都是财务管理的两个基本内容。企业在不同时期所遇到的财务内容虽有一定的差别，但总体而言，各类企业遇到的财务管理问题还是大同小异的，主要包括资金筹集管理、固定资产投资管理、红利政策制定和营运资本管理四大内容。财务管理的基本方法有财务预测和财务计划方法、财务决策方法、财务分析方法和财务控制方法等。

（一）财务管理的基本内容

1. 资金筹集管理

筹集资金是企业生产和经营的起点和前提。在财务管理中，涉及融资的内容主要有：分析并确定资本结构，确定短期资金来源和长期资金来源的形式与渠道，使企业所筹资本的成本最小、风险与报酬达到均衡。同时，建立股本金的管理制度，以维护企业的所有者和债权人的经济利益。企业在融资时首先要确定筹资的规模。有负债融资的企业，应考虑日后每期支付利息的现金流如何，否则，拖欠利息会损害企业的信誉，给日后再行贷款造成不良影响甚至再也无法借到款项。创业期的企业应分不同发展阶段提前制定相应的融资方案，初创期主要遵循商机来驱动融资的原则并量力而行；企业有了初步的市场后，未来满足自己产品或服务的市场日益增长的需求要对下一轮融资和以后几轮的再融资做超前估计和安排。

2. 固定资产投资管理

固定资产是企业最重要的资产，固定资产投资具有投资额大、回收时间长等特点，对它投资的成败直接关系到企业的命运。因此，固定资产投资的决策分析在财务管理中占居首位。

初创期的企业开始添置设备等固定资产时需考虑资金情况和未来生产经营的变化，不可一步到位把想到的所有设备都购置齐全。财务管理中的固定资产投资管理主要侧重在：根据市场情况和企业发展规划确定固定资产的需要量，对增加或追加固定资产投资的各项方案或固定资产重置方案进行分析评价和决策等。

3. 红利政策的制定

红利政策制定的好坏既关系到企业的融资和市场价值问题，又涉及企业能否恰当处理与股东、债权人及其他利益相关者之间的经济关系。因此，企业要十分重视红利政策的制定。红利政策的制定包括各种红利政策的制定、红利支付程序、红利再投资计划、红利股利等内容。中小微企业在初创期通常并不分发红利，到了成长期并转入高速发展期的时候才去分派红利，这主要是为了保证企业在初创期的生存和为快速发展的大量资金需求。

4. 营运资本管理

营运资本管理的主要目的在于使企业资金保持充足的流动性，以使企业价值达到最大。因此，企业应当使流动资产和流动负债、销售与流动资产的各个项目之间保持均衡。营运资本管理的内容有流动资产的投资政策和融资政策的制定、现金及可交易证券的管理、应收账款管理、存货管理和商业信用、各种短期融资方式的管理等。

应当指出，在我国企业的财务管理中，成本费用作为资金投放使用管理的一个重要内容，也列入了许多教科书中，其内容主要包括产品生产成本水平的预测、生产成本计划和期间费用计划的编制及日常控制、生产成本和各项期间费用的实际发生额与计划额之间差异的分析等。

（二）财务管理的基本方法

1. 财务预测和财务计划方法

财务预测和财务计划是企业的资金筹集管理和资金投放管理的重要手段。财务预测是根据财务活动的历史资料、现实条件以及未来的变动因素等，运用专门的方法对企业未来的财务状况及经营成果的变化程度和趋势进行估计与测算，目的在于为各项资金投放决策和筹资决策、编制财务计划，进行财务控制提供依据。企业财务预测的主要内容包括销售预测和利润预测等。财务预测的环节是：确定预测目标、拟定预测方案、收集和整理预测资料，进行具体的测算和分析预测结果。创业的小微企业无论在创业期还是日后的成长及发展期，对经营与财务风险以及市场变动是非常敏感的，只要有风吹草动，对这些小微企业的打击恐怕都是致命的。所以，这样的企业必须要对未来环境的变动进行预测估计，提前做足防范的准备，而且还要根据市场预测和企业财务预测对企业的活动编制一整套的计划，作为今后进行财务控制的依据。

2. 财务决策方法

决策是企业现代经营管理的核心。财务决策贯穿于财务管理的始终。正确的财务决策是财务工作达到预期目标的重要环节，并首先保证财务活动的顺利开展和代理关系的有效协调；反之，财务决策失误，则会对财务活动乃至企业生产经营活动产生不利影响，使企业处于被动地位，甚至造成不可挽回的损失。

财务决策的内容主要有融资结构决策、固定资产投资决策、营运资本管理政策的确定、资金来源渠道和方式的选择、红利政策决定和各项流动资产最佳占用水平的确定等。财务决策主要根据财务预测所提供的各个方案，特别是销售水平预测的方案。企业财务管理人员根据一个未来最有可能实现的利润和销售的预测方案编制预计财务报表，确定各类资产的分布，然后再按照现有资金情况，进一步确定所需筹措的资金总量、筹资方式和最佳资本结构等。企业财务决策的方法既有严谨的数学模型，也有定性的描述方法。

3. 财务分析方法

财务分析主要是运用财务报表等资料对企业财务决策和财务计划的执行结果所做的分析和评价。财务分析必须利用财务报表及相关数据资料，运用专门方法，有目的地分析企业过去的经营业绩并评价当前的财务状况和现金流量，并通过与计划指标、历史情况和同行业指标相比较，揭示企业财务中存在的问题并找出原因，提出解决的方案。从财务管理工作的程序上看，财务分析一般是财务管理最后阶段的工作，但从企业持续经营和寻求发展的角度看，财务分析是下一轮财务管理工作的起点，因为财务分析的结果能反映出企业过去财务决策的得与失。

财务分析方法包括比率分析法和现金流量分析法。运用比率分析法和现金流量分析法可以评价企业短期偿债能力的流动性，揭示财务杠杆利用程度和资产管理效果，考察企业发展潜力和所有者及其他利益相关者要求的获利能力、现金流量等。

4. 财务控制方法

为了实现财务决策规定的目标，企业应按照财务计划对财务活动进行经常、系统的控制。财务控制方法应包括：①将财务计划的各个指标进行分解和归口，落实到各个部门和个人；②健全各项财务活动的日常记录制度和标准，随时监察财务活动以把握其动态；③预先确定纠正偏差的具体措施，以便在发生偏差时及时调整；④健全责权利及相关薪酬的财务制度。

财务管理的方法除以上几种外，还有企业内部财务制度的制定、财务检查和内部审计等。但严格讲，财务管理方法是财务预测、财务决策和财务分析这三种。本书以后各章将着重讲述这三种方法。

三、创业企业财务管理的目标

任何组织要想完成其事业必须首先确定追求的目标。企业财务管理的目标是财务管理理论和实务的逻辑起点，它是财务理论和财务管理实践的基础。

每个企业的发展都有一个生命周期，这个周期由不同的发展阶段构成，而每个发展阶段都有区别于其他阶段的特点，而这些特点决定了创业企业在不同阶段的财务管理目标。企业的生命周期是指企业从创办开始，直到其消亡所经历的自然时间，大致包括引入项目及初创期、成长期、成熟期和衰退期几个阶段。

在创业企业的引入或开发项目及初始创业期，内部管理不成熟，特别是财务管理都不健全，尤显薄弱，甚至不堪一击。财务上所呈现的最突出问题是：资金短缺。融资几乎是初创期的核心问题。原因在于，新成立的企业没有经营的历史，没有足够的营业收入，也缺少说明其未来市场良好前景的依据，所以，很难从企业外部获得规模扩大所需要的资金。除非企业成长到一定规模，如企业连续三年盈利，股本达到 3 000 万元人民币以上等，否则就不能向公众出售证券。因此，初创期企业财务上的主要需要是寻找能够支撑企业生存、开发项目和初始开发市场的资金并且将筹到的每一元资金加以充分有效利用，财务管理上的目标应该是资源利用最大化。

进入成长期，企业的产品逐渐获得市场的认可，顾客在渐渐地接受该产品，而且产品在市场上已经打开了销路，需求量和销售额在快速上升。由于规模效应，产品的生产效率开始提高，而且利润在增长，经营活动现金流量由初创期的负数转为正数。但在这个阶段，企业需要扩大规模，支持企业的运营和市场的开发，投资活动依然很多，还需要从外部增筹股本、从银行取得信用贷款、融资租赁、留存收益等渠道筹集资金。但如果企业没有大量的销售额和可观的利润，不会得到风险投资家和银行家的资金。所以，处于成长期的企业，为了在市场竞争中取得可持续发展的优势，财务管理的目标应当设定为实现销售收入和利润的最大化。

经过成长期以后，随着市场的全面打开，购买企业产品的人数日益增多，营业收入和利润也趋于稳定，企业进入了成熟收获期。此时，私募资本开始进入企业并帮助企业做强做大，上市成为这一时期的主要目标。当企业 IPO 成功上市后，财务管理的目标应该是股东财富最大化或企业价值最大化。

实现股东财富最大化这一目标是现代企业财务管理的基本理念。股东财富最大化目标是指企业通过有效的经营和理财，最终给股东带来最多的财富。在股份有限公司即上市企业，股东财富的变化可随时通过股票市场上该企业股票的价格变化反映出来。所以，"财富"是指股票的市场价值。在有效的资本市场上，企业股票的市场价格代表了证券市场对企业业绩及企业价值的综合评价，所以，人们常常用股票价格来衡量企业价值或股东财富的变化。正由于此，股东财富最大化目标也常称为股票价格最大化目标。[①]

应当指出，在企业的目标上，小企业与大企业也会有所不同。上面提到，对于成熟期的企业进入了证券市场融资，其财务管理的目标应当是最大化地提高股东财富。但是，对于小企业特别是创业企业来讲，所有者的生计才是最重要的。因为创业所有者个人的大部分财富都压在公司上，公司的兴衰直接影响到个人的财富变化。在对待风险的态度上，小企业的所有者比上市公司的投资人更加谨慎。因为，小企业投资人的薪酬和投资收益收入完全依赖于自己企业的成功与否。另外，小企业的所有者一般都兼任总经理，他或她对企业的价值非常重视。其动因很复杂，或许是个人价值的体现，或许是融资的需要等。

本章小结

本章主要介绍：创业的基本条件和基本思路，创业企业财务管理的基本内容和基本方法，以及创业企业不同时期的财务目标。

（1）创业者新创立一家企业应具备四个条件：基本思路或创意、核心人物及创业管理团队、反映创业思路和要点的商业（创业）计划书和筹集资本。此外，技术、经验和人脉资源也是创业企业不可或缺的。

（2）高水平的商业计划书应该是：内容简明扼要、调查数据可靠、文中没有外行话并且不言过其实、突出创业项目的特点和可能的风险、传递优秀管理团队的信号，另外，让投资人从计划书中看到了创业者的感情投入、充满激情和聪明才智。

---

① 公司的股票包括优先股票和普通股票两种。这里所提及的股票仅指具有表决权的代表剩余要求权的普通股票。严格地讲，股票价格最大化的全称应为普通股票价格最大化。

（3）商业计划书应该包括的内容至少有：项目概要、产品或服务、运营流程、市场及营销、管理与财务、核心人物及管理团队和职责分工、投资合作方案和投资回报情况、关键风险等。

（4）财务是从事与货币有关的包括决策和执行的交易活动。财务管理是为了解决在资金稀缺和风险的条件下有效筹资和投资问题。无论企业处在初创期还是成长和发展期，资金筹集管理和资金投放管理都是财务管理的两个基本内容。

（5）企业在不同时期所遇到的财务内容虽有一定的差别，但总体上看，遇到的财务管理上的问题大同小异，通常包括资金筹集管理、固定资产投资管理、红利政策制定和营运资本管理四大内容。财务管理的基本方法有财务预测和财务计划方法、财务决策方法、财务分析方法和财务控制方法等。

（6）每个企业的发展都有一个生命周期，这个周期由不同的发展阶段构成，而每个发展阶段都有区别于其他阶段的特点，而这些特点决定了创业企业在不同阶段的财务管理目标。

（7）初创期企业的财务管理目标是资源利用最大化；成长期企业的财务管理目标应当设定为实现销售收入和利润的最大化；企业进入了成熟收获期，上市成为这段时期的主要目标。当企业 IPO 成功上市后，财务管理的目标应该是股东财富最大化或企业价值最大化。

思考题

1. 当前，为什么政府提出"大众创业，全民创新"的口号？
2. 有了创业思路或创意，如何评价其可行性？你认为哪个评价标准最重要？
3. 你认为一本创业计划书里，哪些内容最重要？而哪些内容可以轻描淡写？
4. 创业计划书的重要作用是什么？
5. 什么是财务？什么是财务管理？
6. 财务管理的基本内容有哪些？财务管理的基本方法有哪几个？
7. 不同发展阶段的企业财务管理目标是什么？为什么？
8. 创办企业的风险非常大。试想，你准备创办一家哪种类型的企业？你新创办的企业将面临的最大风险是什么？你会采取什么措施来让风险最小化？

第二章 财务报表

更好地理解信息、处理信息和传递信息是企业管理者必备的能力之一，也就是企业的经理应具备的信息素质。创业企业的创始人在创业初期、成长期和发展期往往既是企业的投资人又是企业的领导者，一方面要定期和不定期地阅读各类信息，还要根据他或她所接收和解读的信息内容对企业的现实状况、发展趋势做出分析和判断，并做出合理的经营和投融资决策。阅读和分析财务报表的能力就是企业领导者和经理们应当具备的主要的信息素质。

怪兽（Monster.com）是美国的一家在线招聘公司。2003 年末，该公司财报显示其经营净收益（Net Income）为 730 万美元，比 2002 年末 1 500 万美元的净亏损应该是一个重大的转机。然而，2003 财年怪兽公司的净资产（Net Asset）也大幅减少，其主要原因是一次收购失败发生了较大的非营业费用所造成的。自 1996 年以来，怪兽公司通过公开招股向投资人募集了 7 亿多美元的资本。这些交易及事项都在资产负债表、收益表和现金流量表上做出了反映。本章将介绍财务报表的作用和内容。

第一节 财务报表概述

一、财务报表信息的作用

财务报表是对一个企业在一段时期实际从事的各类经济活动的一个数据反映。创业企业在初创期和不同时期的经营状况和经营业绩都能在财务报表中得到反映，所以，企业的经理们和投资人、债权人等财务信息使用人要懂得财务报表的内容。财务报表的内容主要有以下几个方面。

（一）反映企业某个日期的财务状况

创业企业在初创时期的财务状况是创立企业和投资人及债权人最关注的内容，因为，企业的初创时期基本上都是投融资和运营活动，如股东投资和银行贷款等融资业务、各类资产投资购置业务、日常经营耗费和营运资本周转等活动。各类资产的投资大小以及运转如何，负债和股权的搭配结构以及企业是否有盈余积累等信息都反映财务状况的好与坏。财务状况的好与坏反映了企业期初到期末（如月初到月末，年初到年末等）企业资源的变动情况，可以看出企业日后可运用的资源多少及其是否应该补充或处置。

（二）显示企业一段时期的经营成果

企业在初创时期的经营利润常常是负数，成长的早期开始有了一些利润，而且随着企业进入高速发展期，企业的利润越来越多。在财务报表中，及时和公允地披露企业在某段时间获取的收入和由此产生的成本费用，可以评价以往的经营业绩，考察盈亏点，寻找收入的主要来源和费用增减的原因。而且阅读财务报表还能作为预测未来收入和费用增长或下降的参考依据。

（三）掌握现金存量和流量的变化

所有企业都十分重视现金的数额多少以及现金的来源和使用情况，通过财务报表，如资产负债表可以了解某个日期的现金结存额和随时变现及短期内就可变现的资产有多少；通过现金流量表可以掌握当期现金的具体来源渠道和使用去向以及增加或减少的数额。阅读这些信息能够帮助企业领导和经理层掌握现金的现状和增减变动的原因，以便于根据企业当期遇到的问题和发展情况对投融资活动做出调整、决策，对经营活动进行控制。新创立企业的现金存量通常较少，新近筹集到的资金很快用到急需的业务中了，现金流入量也主要是筹资活动带来的现金，支出量主要集中在日常经营使用的各个方面（如办公费支出、职工薪酬、购买存货、预付货款、营销支出、研发开支等）以及设备添置、维护保养支出、短期借款偿还和利息支付等。在企业创立的最初几个月或一年内，现金流入量小于现金流出量是一种常态。

二、财务报表的生成过程

财务报表生成于专门的会计程序。会计是一项专业性强而且非常具体的工作。一般而言，企业的会计工作，就是把企业日常发生的经济业务或交易通过一定的程序并用专门的方式系统地记录下来，最后做进一步的提炼，形成能够让人们阅读明白的财务会计信息。人们利用财务信息了解企业的财务状况和经营成果等，了解企业经营的历史、现状和预测企业发展趋势，以做出符合本身利益的决策和计划。一个完整的企业会计体系是由财务会计和管理成本会计组成的。无论是向公司外部和内部提供财务信息以反映公司过去一段时期从事经营业务形成的财务状况和经营成果，还是评价公司的经营业绩，通过计划指标、预算、历史水平和同行业指标相比，揭示公司存在的问题，寻找原因，提出决策方案，加强控制等，财务会计的重要作用是公司其他管理工作所不能替代的。

企业发生经济业务后，在会计上，从取得原始凭证到确认，计量，过账直到编制财务报表，遵循着一个系统的过程。这个过程就是财务会计处理程序也称会计核算程序。财务会计程序是利用货币形式记录和加工处理数据的程序。会计的记录有多方面的意义。仅从公司的内部讲，会计记录与经营管理相互渗透，它帮助经理指挥和控制日常业务活动。众所周知，如果一个企业日常缺少被认为最平凡的文书工作，那么很快会发现，各项工作就陷入混乱，一团乱麻。即使最简单的组织也必须对日常工作有最低限度的记录，以保持信息灵通，有利于计划和控制，使工作有条理。公司的规模越大，业务越复杂，就越需要依赖于有序和有效的记录。财务会计程序是一个庞大的数据加工处理程序。一个有效的财务会计程序趋向于最低限度地依赖人的主观作用。应当说，财务会计人员日常的工作主要是系统和全面地归集、记录公司所发生的经济活动。

财务会计的程序随企业的特点、规模大小和管理要求的不同也有所不同，但基本程序分为四个步骤：取得或填制及审核原始凭证；分析经济业务，编制记账凭证；过账，将凭证上的记录登记到有关的日记账和分类账中去；期末，根据分类账上的数据编制财务报表如图 2-1 所示。

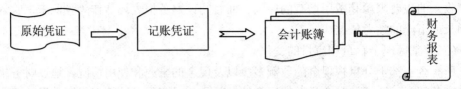

图 2-1 财务会计程序图

现将以上步骤及其内容分述如下。

（一）取得或填制会计凭证

会计是以货币为计量单位反映事物的。货币及货币信息直接关系到各个利益方面的经济利益（例如，所有者的投资利益，债权人的信贷利益等）。因此，会计信息最让人关注。所以，作为反映公司的财产物资、债权债务、股权以及利润的一切会计记录都必须有真凭实据。有合法凭据的会计记录才是客观的，生成的会计信息才能真实地反映企业的财务情况，才能让信息用户信服。会计核算遵循客观真实性原则，重证据，如实地反映企业实际业务和结果，是会计核算区别于其他经济管理活动的一个显著的重要特征。

财务会计的一项重要质量要求是客观性原则。客观性原则要求企业会计核算必须以实际发生的经济活动及其证明发生的合法凭证为依据，做到内容真实、资料可靠、项目完整、手续齐备。以此编制的财务报告必须实事求是地反映财务状况和经营成果。

取得或填制和审核会计凭证是会计实务的起点。所谓会计凭证，是指记录经济业务、明确经济责任并据以登记账簿的书面证明。任何经济业务发生，必须由经办经济业务的有关人员填制会计凭证，记录经济业务的日期、内容、数量和金额，并在凭证上签字盖章，对凭证的真实性和正确性负完全的责任。会计凭证包括原始凭证和记账凭证两种，如图 2-2 所示。

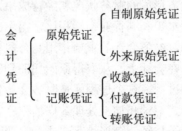

图 2-2 会计凭证种类

原始凭证，是指在经济业务发生时取得或填制的，用以证明经济业务的发生或完成情况并作为原始依据的会计凭证。

其中，自制原始凭证是本单位内部经办业务的部门或个人，在完成某项经济业务时自行填制的凭证，如商品入库单和出库单、折旧费用计算表、工资费用汇总表等。

外来原始凭证是本企业同外部单位发生经济往来时，从外单位取得的凭证，如购销货的发票、支票、收款收据、汇票、出差的报销单据等。

在企业，很多原始凭证都是由具体经办业务的人员填写或取得的，如商品的入库、出库单都是由非会计人员来填写。这些原始凭证一方面证实经济业务的发生，另一方面能明确经济责任和作为反映业务人员工作业绩的书面证明。原始凭证填写不正确，记录程序杂乱无章都会影响公司的管理工作。

每张原始凭证必须要经过会计人员的审核，然后要编制记账凭证，将原始凭证上记录的经济交易或事项转换为正式的会计语言。记账凭证是根据原始凭证记载的经济交易或事项确定会计分录的会计凭证，它是登记账簿的直接依据。在记账凭证上，需要确定每一项或者某一类经济交易和事项应借、应贷的账户名称及其金额。

记账凭证通常分为收款凭证、付款凭证和转账凭证三类。收款凭证和付款凭证是用于记录库存现金和银行存款收款、付款业务的会计凭证；转账凭证是用于记录不涉及库存现金和银行存款业务的会计凭证。

（二）登记账簿

填制与审核会计凭证，可以将每天发生的经济业务进行如实、正确的记录，明确其经济责任。但会计凭证只记载发生的某一个或者某一类经济交易或事项，所以其数量繁多、信息分散，缺乏系统性，不便于分门别类地反映某个账户所记录的数据信息，以及会计信息的整理与报告。为了全面、系统、连续地核算和监督企业的经济活动及其财务收支情况，需要设置会计账簿。会计账簿（简称账簿）是指由一定格式账页组成的，以会计凭证为依据，全面、系统、连续地记录各项经济交易或事项的簿籍。设置和登记账簿的基本作用是按照信息使用者不同的要求归集数据，分类反映各项资产、负债和所有者权益的增加、减少等变动情况，是编制财务报表的基础，是连接会计凭证与财务报表的中间环节，在会计实务中具有重要意义。

账簿按其用途的不同，分为序时账簿、分类账簿和备查账簿三类。账簿的具体内容如表 2-1 所示。

表 2-1 账簿的种类

项目	序时/总分类账簿	特定/明细分类账簿
会计账簿	序时账簿	普通日记账
		特种日记账
	分类账簿	总分类账
		明细分类账
	备查账簿	会计辅助账

（三）编制财务报表

账簿是按照账户设置并登记的经济交易和事项的数据信息，包括期初、期末余额和借方、贷方的本期发生额。但要集中和概括地了解企业在一定时期和日期的财务状况、经营成果和现金流量的变化及其结果，需要根据账簿记录编制财务报表。财务报表是用来集中和概括地反映企业的财务状况和经营成果的书面报告。

2011 年 10 月，财政部制定发布的《小企业会计准则》于 2013 年 1 月 1 日起已经在全国小企业范围内实施了，其中第七十九条对小企业的财务报表规定了范围，即包括资产负债表、利润表、现金流量表，以及附注。按照经济内容分类，分为反映财务状况的报表、反映财务成果的报表和反映现金流量的报表三类。①反映财务状况的报表，是指资产负债表；②反映财务成果的报表，则是指利润表；③反映现金流量的报表，是指现金流量表。

财务报表还包括财务报表附注。附注是财务报表不可或缺的组成部分，是对资产负债表、利润表和现金流量表等报表中列示的项目的文字描述及明细资料，以及对未能在财务报表上列示项目的具体说明。在小微企业，财务报表 = 三张报表 + 附注。

第二节　资产负债表：掌握财务状况

一、资产负债表概述

在现实中，当把公司的一套财务报表交给一位企业经理时，他往往首先要看利润表。因为，多数经理背负着（或者渴望背负）"赢利和亏损责任"。他们负责把各种形式的利润生产出来。他们知道，利润表是其业绩的最终的而且是最能说明业绩的记录。所以，利润表是他们最先看的财务报表。然而，把这套财务报表交给一位银行行长和信贷人员时，或者交给一位经验丰富的基金经理或者一位老谋深算的公司董事会成员的时候，他们首先看的报表一定是资产负债表。实际上，他们可能已经关注这份报表有很长一段时间了，他们会很快地翻阅报表，核对利润表和现金流量表，最后他们又会回到资产负债表。

为什么很多企业经理没有像金融投资人和银行信贷人这些专业人士那样做呢？为什么他们只会注意利润表？我们总结了三方面的原因：第一，相对于比较直观的利润表，资产负债表项目不太直观，更难理解，阅读人须具备较扎实的会计功底。第二，大多数公司的财务预算侧重在收入和成本费用方面，也就是说，财务预算或多或少直接与利润分配有关。如果不了解预算，你不可能成为管理者——了解预算意味着你熟悉利润表中的很多项目。相反，资产负债表中的数据几乎很少出现在运营经理的预算中（虽然财务部门一定会编制资产负债账户的预算）。第三，管理资产负债表比管理利润表需要企业经理对财务有更深入的理解。经理们不仅要知道不同类别的科目的含义，而且还应该知道它们是如何彼此对应的，需要理解资产负债表如何影响其他财务报表，以及其他报表如何影响资产负债表。

资产负债是指反映企业在某个特定日期财务状况的报表，是一张静态报表。人们经常把资产负债表视作企业特定时日的一张快照。资产负债表的作用主要是掌握企业的财务状况，主要有以下几个方面。

（一）掌握企业当前资源的种类和分布

在资产负债表上，列示各类资产及其具体项目，如货币资金、存货、固定资产以及总资产等，通过阅读可以了解企业当期所拥有的资源的分布情况并了解各项资产占总资产的比重，通过比较可以了解资源的占用是否合理，为企业业主和经理提供可用信息，以利于有效地管理企业。

（二）评价企业的短期偿债能力和财务风险

从企业的资源分布及各项资产所占比重，以及与长短期负债的对比，可以了解企业资产的流动性，资产的资金来源构成等。从流动资产与流动负债之间的关系可以判断出企业资产的流动性、短期债务的可抵押情况，以此可评价短期偿债支付能力。同时，通过企业承担长短期债务的信息，通过债务与股权之间的比例关系，可以评价企业的财务风险大小，长期债务偿还能力的高低等。

（三）预测企业的发展趋势和未来前景

通过各个连续时期的资产负债表相关项目的对比，以及企业对未来经营的规划和预测判断，可以预测未来的变化趋势，如资产是否趋于增加或减少，负债和所有者权益可能的变化等，据此，评价企业未来财务实力的变化，企业尽早做出应对准备。

例如，创业板上市公司"乐视网信息技术（北京）股份有限公司"（以下简称乐视网或乐视网公司）2014 年 12 月 31 日简要的资产负债表如表 2-2 所示[①]。

表 2-2　合并资产负债表

编制单位：乐视网信息技术（北京）股份有限公司　　　　2014 年 12 月 31 日　　　　单位：元

项目	期末余额	期初余额
流动资产：		
货币资金	499 850 156.29	608 218 105.29
应收票据	11 337 263.64	54 363 352.84
应收账款	1 892 606 343.05	950 248 021.06
预付账款	298 718 272.52	46 613 337.42
应收利息	—	—
应收股利	—	—
其他应收款	75 839 386.69	33 148 535.63
存货	733 526 978.69	146 626 151.46
其他流动资产	73 000 000.00	23 000 000.00
流动资产合计	3 584 878 400.88	1 862 217 503.70
非流动资产：		
可供出售金融资产	20 000 000.00	20 000 000.00
长期应收款	—	—
长期股权投资		318 733.87
固定资产	343 015 085.10	179 456 277.57
在建工程	—	—
无形资产	3 338 541 906.06	2 641 514 257.40
开发支出	388 056 048.72	65 931 646.89
商誉	747 585 265.47	—
长期待摊费用	1 930 683.00	
递延所得税资产	196 218 582.19	26 756 965.48

① 资料来源：巨潮资讯网，http://www.cninfo.com.cn/finalpage/2015-03-31/1200769086.PDF。本章对乐视网的资产负债表中不常见且无数据的项目没有列示出来，而且资产负债表是合并报表，在标题中也予以省略。

项目	期末余额	期初余额
其他非流动资产	230 797 275.71	224 129 581.31
非流动资产合计	5 266 144 846.25	3 158 107 462.52
资产总计	8 851 023 247.13	5 020 324 966.22
流动负债:		
短期借款	1 388 000 000.00	970 000 000.00
应付票据	20 000 000.00	22 500 000.00
应付账款	1 605 289 561.49	782 182 977.60
预收账款	323 395 607.04	44 327 746.55
应付职工薪酬	3 009 132.52	2 498 210.24
应交税费	409 757 631.22	155 624 444.69
应付利息	15 200 173.46	25 835 645.21
应付股利	11 118 812.41	—
其他应付款	27 349 670.91	12 707 190.76
一年内到期的非流动负债	401 148 171.00	291 021 929.44
其他流动负债	199 606 666.61	199 453 333.34
流动负债合计	4 403 606 666.61	2 506 601 477.83
非流动负债:		
长期借款	—	16 700 000.00
应付债券	—	398 610 488.94
长期应付款	81 873 823.68	18 887 248.92
预计负债	—	—
递延收益	6 231 939.27	
递延所得税负债	—	—
其他非流动负债	1 015 568 661.50	—
非流动负债合计	1 103 674 424.45	434 197 737.86
负债合计	5 507 549 851.11	2 940 799 215.69
所有者权益:		
股本	841 190 063.00	798 466 298.00
资本公积	1 366 018 527.78	179 633 637.80
其他综合收益	−706 643.49	−1 205 362.95
盈余公积	116 965 360.22	63 605 357.83
未分配利润	843 360 350.78	559 040 213.83
归属于母公司所有者权益合计	3 166 827 658.29	1 599 540 144.51
少数股东权益	176 645 737.73	479 985 606.02
所有者权益合计	3 343 473 396.02	2 079 525 750.53
负债和所有者权益总计	8 851 023 247.13	5 020 324 966.22

　　乐视网财务状况概述：乐视网公司资产负债表的截止日期是 2014 年 12 月 31 日，表中包括期末余额就是指的这一天各项目数字，而期初余额则是截止到 2013 年 12 月 31

日或 2014 年 1 月 1 日的数字。该资产负债表表达的是相隔 365 天的这两个不同日期的财务状况及其变化。在 2014 年 12 月 31 日，乐视网公司拥有货币资金 499 850 156.29 元，总资产为 8 851 023 247.13 元，股本为 841 190 063.00 元，包括盈余公积和未分配利润在内的留存收益共 960 325 711.00 元，负债和所有者权益总计为 8 851 023 247.13 元。

该公司资产负债表显示了 2014 年 12 月 31 日的资产（资源）及其资金来源的情况。公司资产总计 8 851 023 247.13 元分别来自三个不同渠道：一是各类负债，金额是 5 507 549 851.11 元，其中大部分是必须偿还的负债如应付票据、应付账款、应交税费、应付股利、长期应付款等，还有的不仅要偿还借款本金还要定期支付利息，如短期借款、长期借款；二是该公司向股东发售股票时收到的股本金以及资本公积等，合计为 2 206 501 947.29 元；三是留存收益项目中的数额 960 325 711.00 元和少数股东权益 176 645 737.73 元。第二部分和第三部分说明乐视网公司股东的全部投资，而股东们对他们的投资获得的权益期望在未来能以某种形式获得回报。

从表 2-2 中看出，乐视网公司 2014 年末的总资产比 2013 年末的总资产、负债、所有者权益等相关项目均有大幅提高，公司的规模在增长。但是，两年末的流动负债均高于流动资产，两年的流动资产与流动负债之差的营运资本净额为负值：2014 年末为 -818 728 265.73 元，2013 年末为 -644 383 974.13 元，该公司有些资不抵债；货币资金占流动资产比重 2013 年为 32%，但 2014 年该比重已减少到 13%，说明乐视网的短期偿债能力下降幅度较大，资产的流动性应当引起关注。

二、资产负债表的格式和分类

（一）资产负债表原理

一个新设立的企业，最初获得资金来自银行的借款和所有者的投资两部分。银行和所有者用货币向企业投资，债权人贷出货币而获得债权，企业借得货币而由此产生必须偿还的负债。所有者向企业投入货币，由企业投资获得收益后，没有全部将收益支付给投资者而将其留存在企业，增加所有者的权益。就这个简单的关系看，债权人和所有者投入企业的货币形成资产，其关系是货币来源于企业的负债和所有者的投资。而这种恒等关系反映出企业资金从何而来，又用于何处。资产负债表正是从会计上反映这个基本的平衡关系，即会计恒等式如下：

$$资产 = 负债 + 所有者权益$$

上例的乐视网公司，2014 年的资产、负债和所有者权益之间的关系如下所示。

资产	=	负债	+	所有者权益
8 851 023 247.13	=	5 507 549 851.11	+	3 343 473 396.02

这个会计公式也称为资产负债表公式，表明企业在某个特定日期所拥有或控制的资源，承担的负债义务和所有者对净资产的剩余要求权。

（二）资产负债表格式

资产负债表的表首部分有报表名称、编制单位，编报日期和金额单位。一般而言，作为静态报表，资产负债表的日期通常是报告期末的最后一天的日期，如表 2-2 所示的乐视网公司的编报日为 2014 年 12 月 31 日。但也有的是按照公布日期。[①]

　　资产负债表有两种格式，一是左右结构，二是上下结构。无论哪一种都源于上述公式，不破坏资产等于负债加所有者权益的平衡关系。

　　资产负债表的左右结构格式，又称账户式结构，传统的资产负债表都是这个账户式的结构。这种格式直接反映会计的平衡关系式，即报表的左边为资产，右边是负债与所有者权益，犹如左右分列的 T 型账户。左边的资产总额等于右边的负债和所有者权益的总额，如图 2-3 和表 2-3 所示。

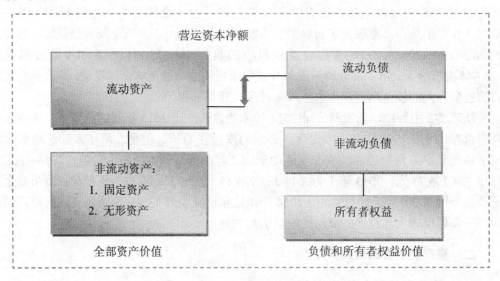

图 2-3　账户式资产负债表基本结构

表 2-3　资产负债表（账户式）　　　　　　　　单位：万元

资产项目	期末余额	负债和所有者权益项目	期末余额
货币资金	900	短期借款	700
应收账款	1 000	应付账款	1 100
存货	1 800	应交税费	200
长期股权投资	600	长期借款	2 000
固定资产	1 500	实收资本	2 000
无形资产	500	盈余公积	300
合计	6 300	合计	6 300

　　这种账户式资产负债表反映的资产、负债和所有者权益的关系比较直观，阅读方便。尤其是，资产列于报表的左方，非常清晰地显示了企业拥有或控制的资源分布及其数额，

---

　　① 事实上，乐视网公司合并资产负债表表头标出的日期是公布日 2015 年 03 月 27 日。本章是为了讲解报表的原理，所以表 2-2 标出的是资产负债表的报告截止日期 2014 年 12 月 31 日。

而且对照右方的负债和所有者权益，能一目了然地了解到企业的资产与支持资产的资金来源的内在关系。

资产负债表的上下结构，也称报告式结构或垂直式结构，把资产负债表的项目由上而下进行排列，共分成三个部分：首先是资产部分，然后是负债部分，最后是所有者权益部分。目前，上市公司对外公布的资产负债表都采用报告式结构。当前盛行报告式结构资产负债表的原因主要是两点：一是版面的宽窄适合 A4 纸阅读，二是可以增加报告的年度，如三年或五年的期末数。表 2-2 乐视网公司的资产负债表就是垂直式结构。

（三）资产负债表的基本内容

资产负债表上的内容是按照资产、负债和所有者权益这三个会计要素及其各个项目顺序列示的。当前，我国企业的资产负债表各项目是按照流动大小进行列示的，即流动性越强的资产排列越靠前，流动性越强的负债也是排列越靠前。

1. 资产

按照流动性分类，资产分为流动资产和非流动资产两类。

流动资产是指预计在一个正常营业周期内变现、出售或耗用的，或者主要为交易目的而持有，或者预计在资产负债表日起一年内（含一年）变现的资产。流动资产至少包括：货币资金、交易性金融资产、应收及预付款项、应收利息、应收股利、存货等。

非流动资产是指流动资产以外的资产。资产负债表中列示的非流动资产通常有：长期股权投资、固定资产、生产性生物资产、无形资产、长期待摊费用等。

2. 负债

负债，反映在某个特定日期企业所承担的、预期会导致经济利益流出企业的现实义务。负债也分为流动负债和非流动负债两类。

流动负债是预计在一个正常营业周期中清偿，或者主要为交易目的而持有，或者资产负债表日起一年内（含一年）到期予以清偿的负债。资产负债表中列示的流动负债项目通常包括短期借款、应付及预收款项、应付职工薪酬、应交税费、应付利息等。

非流动负债是指除流动负债以外的负债，主要包括长期借款、应付债权、长期应付款等。

3. 所有者权益

所有者权益，也称股东权益、净资产，是资产减去负债后的剩余数额，反映企业在某个特定日期所有者拥有的净资产总额，主要包括实收资本或股本、资本公积、盈余公积（含公益金）和未分配利润等项目。

三、资产负债表重要项目的含义

（一）资产项目

小微企业常用的资产项目包括货币资金、短期投资、应收款项、预付账款、存货等流动资产项目，以及长期投资、固定资产和累计折旧、无形资产、开发支出、长期待摊费用等非流动资产项目。这里，仅重点介绍几个重要的最常用的资产项目。

1. 货币资金

资产负债表上一般只列示"货币资金"项目，不按货币资金的组成项目单独列示或披露。货币资金项目包括库存现金、银行存款和其他货币资金。货币资金流动性最强，而且是唯一能够直接转化为其他任何资产形态的资产，也是最能代表企业现实购买力水平的资产。实际上，资产负债表上的货币资金包括可以随时使用的货币资金和受限制的货币资金两种。小企业的领导和企业债权人了解这种区分很重要，因为这种区分可以有助于评估企业的偿债能力。例如，中科云网 2014 年 12 月 31 日资产负债表上"货币资金"为 101 573 518.48 元，但附注披露其中有存放于银行受限房租押金为 3 976 848.69 元[①]。

2. 短期投资

短期投资项目包括小企业购入的能够随时变现并且持有时间不准备超过一年的股票、债券和基金投资项目。企业经常用短期内受限制的货币资金购买一些证券来赚取收益。这个项目反映的金额是资产负债表日企业持有的证券投资成本。

3. 应收款项

应收款项包括商业交易性质的应收票据和应收账款，还有非商业交易性质的其他应收款、应收利息和应收股利等。应收票据表示企业因销售未到期也未向银行贴现的应收款，包括银行承兑汇票和商业承兑汇票；应收账款则是因销售商品或提供劳务等日常生产经营活动应该收取的款项。应收票据和应收账款都是因赊欠销售或服务而产生的。非商业性质的其他应收款主要是企业除各项应收款之外的应收及暂付项目，仅反映企业内部的往来事项。近年来，开始涉及更多往来事项，尤其是企业与关联企业之间的往来事项、企业间的借贷，以及其他往来事项都反映在这个项目内。

在资产负债表上，应收账款和其他应收款的余额由其总额减去坏账准备[②]金额后填列。坏账准备是对应收款可能产生的无法回收或收回可能性很小所做的一种损失估计，商业交易性的应收账款和非商业交易性的其他应收款按照其总额减去当期估计的坏账准备额后的净额列示，表明估计的未来可实现的营业收入额的一种保守态度。企业会计准则不可能硬性规定所有行业的坏账准备计提比例，留给企业自主操作的空间还是很大的。所以，坏账的估计具有较高的主观性，报表使用人必须谨慎，不可想当然地认为所有的应收款项必定带来现金流入。

从已有的事实看，利用坏账准备（利润表上列入资产减值损失项目）有两种，一种是少计坏账准备金，以减少当期损益；另一种是多计坏账准备金，以增加费用减少当期利润。多计坏账准备一般发生在经营环境恶化、经营不善或更换 CEO 的时期。第一年多计提坏账准备金，增加资产减值损失导致利润大幅下降但相应的资金得到了储备。在会计实务界，将这种会计操纵手法称作"洗澡"[③]。

---

① 中科云网科技集团股份有限公司 2014 年度报告，http://www.cninfo.com.cn/finalpage/2015-04-29/1200935444.PDF。

② 我国的企业会计准则规定：企业的应收账款（包括其他应收款）坏账损失的核算采用备抵法，可以按余额百分比法、账龄分析法、赊销金额百分比法等计提坏账准备并计入"资产减值损失"项目，具体方法由企业自行确定。但我国所得税法又规定：所有企业计提准备（所有准备）所导致的损失，在未经税务机构认可之前，一律不得抵扣企业所得税款。需要说明，计提准备并非说明企业已经丧失了收取货款的权利。

③ "洗澡"（Big Bath），也称洗大澡，特指公司通过有意压低年景差的业绩，将利润推迟到以后年度集中体现，以达到以后时期业绩大增的会计操纵手段。这个会计操纵手段通常出现在公司遭遇经营困境时，管理层会倾向于把已经不佳的业绩做得更差。此外还容易出现在新任管理层入位和公司被并购之后，新的管理层也会倾向于把公司业绩做差，把责任推给前任，轻装上阵。

4. 预付账款

它也称预付费用，是指企业在使用相应服务或权力前预先支付的款项或费用。例如，预付的保险费、房产租金等都是在享受前支付的。报表上列示金额最多的预付账款是预付的购货款。在资产负债表上，企业的预付账款以成本列报，如未来取得购买存货的成本和税金。对于大多数企业来讲，除非企业竞争地位较差而较牛的供货商因商品供不应求而要求先付款后交货情况，预付账款金额并不重大，只占资产总额的一小部分。在评价企业的偿债能力和支付能力时，财报的使用人应当认识到这样的事实，即一般情况下，预付账款在未来并不产生现金流入。

5. 存货

存货是企业库存的各种商品、半成品，各类物料。存货项目所显示的数额非常重要，因为一个企业的成功在很大程度上依赖产品的销售能力，同时存货数额较大也可能是存货积压滞销和冷背残次所致。

资产负债表上，存货项目列报的数额是存货的实际成本，包括采购成本、加工成本和其他费用。值得注意的是，在会计上，存货实际成本的确定取决于所采用的计价方法。小企业和创业企业常用的存货计价一般有加权平均法、先进先出法、后进先出法和个别计价法等几种可供选择。同时，存货的记录方式有永续盘存制和定期盘存制，企业可根据所处的行业特点选择其一。例如，零售商店可选择定期盘存制记录存货的增减变动和余额，生产制造业企业一般都选择永续盘存制记录方式。图 2-4 总结了存货的记账方式和计价方法。

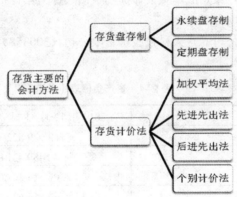

图 2-4　存货的会计处理方法

在永续盘存制下，根据会计凭证记载的分录在账簿中连续记录存货的增加和减少，并随时根据账簿记录结出账面结存数量。即对存货的日常记录既登记收入数，又登记发出数，通过结账，能随时反映账面结存数的一种存货记录方法，所以也称账面结存制度。

在定期盘存制下，不用账面连续记录存货的增加与减少得出期末存货，平时只登记存货的增加数，到了期末对库存进行盘点确定存货结存数额，通过这种方法倒轧出销货成本。

存货计价的先进先出法是假设先购进的存货先售出，库存中最早的存货成本最先转入为销售成本；而加权平均法则是企业将所有可供销售的存货的成本混合一起进行平均计算，然后按照计算出的加权平均单价来计算销售成本和期末存货成本。

很多企业对存货的记录非常重视。不管是小公司还是大企业，无论是零售、服务业还是生产制造加工业，存货的种类繁多，品种规格也非常复杂。而存货的计价事关利润、纳税额、现金流的多少，影响资产负债表的期末存货，影响利润表的营业成本和现金流量表上的经营活动现金流量。需要记住的是：不同的存货盘存制与不同的存货计价方法的组合，会产生不同的期末存货成本和销售成本，进而影响毛利润、税前利润、所得税费用、净利润和现金流量等财务报表相关项目的数额。

6. 固定资产

固定资产是企业生产经营过程中的重要劳动资料，它能够在若干个生产经营周期内发挥作用并保持原有实物形态不变，但其价值则由于损害而逐渐减少。这部分减少的价值以折旧的形式，分期转入成本费用中去，并通过销售予以回收补偿。所有的企业，无论大小，都会购买电脑、打印机、办公家具、交通工具等固定资产，小企业一般不购置房产和大型设备，而是租赁经营用的房屋和设备。经营租赁的房屋建筑物并不在承租企业的资产负债表上列报，但融资租入的设备在租赁期要作为固定资产列报在资产负债表上。

在上述的固定资产投入使用前，其购置建造成本都以资产项目列报在资产负债表上。一旦企业使用了这些固定资产去创造收入，就会随着时间的推移和使用的情况产生损耗而渐渐失去使用价值，那么在财务报表上就要反映这种使用。利润表上要反映因损耗转为的折旧费用，固定资产原始成本减去计提的折旧（称为累计折旧）后的净值要列在资产负债表上的固定资产项目下。

例如，创业板上市公司"楚天科技股份有限公司（300358）"2014 年资产负债表的资产部分如表 2-4 所示。

表 2-4　资产负债表（节选）　　　　　　　单位：元

资产项目	2014 年 12 月 31 日	2013 年 12 月 31 日
货币资金	163 929 822.35	37 126 296.67
应收票据	40 489 431.84	16 416 563.14
应收账款	306 515 268.00	163 111 318.02
预付账款	37 816 625.57	15 257 746.65
其他应收款	9 847 458.03	11 314 358.58
存货	376 637 986.75	416 456 030.53
流动资产合计	935 236 592.54	659 652 313.59
固定资产	362 086 922.99	240 465 375.04
在建工程	48 495 008.78	88 431 428.45
无形资产	76 078 301.94	77 311 929.07
长期待摊费用	4 381 638.28	1 650 291.00
递延所得税资产	9 649 479.47	8 719 706.99
非流动资产合计	500 691 351.46	416 578 730.55
资产总计	1 435 927 944.00	1 076 231 044.14

（二）负债项目

负债有流动负债和非流动负债。流动负债是企业在一年内或超过一年的一个营业周期内需要用流动资产或增加其他负债来抵偿的债务。小微企业常用的流动负债项目主要有短期借款、应付票据和应付账款等商业性质的应付款项、应付职工薪酬、应付税费等流动负债项目。非流动负债也称长期负债，是指除流动负债以外的各类负债，小微企业主要有长期借款、预计负债、递延收益、长期应付款等项目。

在实际工作中，管理者常常根据不同的需要对负债进行分类展开分析。①按持有时间分类，分为流动负债和非流动负债。②可以按照是否有利息分类，分为带息负债和不带息负债。带息负债主要有短期借款、长期借款、应付债券等，不带息的负债较多，如应付账款、应付职工薪酬、应付利息和应付股利、预收账款、应交税费、其他应付款、长期应付款等。③按偿还手段不同，可以分为货币性负债和非货币性负债。货币性负债主要有需要以货币资金来偿还的流动负债，主要包括短期借款、应付票据、应付账款、应付职工薪酬、应付股利、应交税费和其他应付款。非货币性负债是指不需要用货币资金来偿还的流动负债，主要为各种应计负债、递延收益、预收账款等。④按照偿付金额是否确定分类，可以分为金额可以确定的流动负债和金额需要估计的流动负债。金额可以确定的流动负债是指有确切的债权人和偿付日期并有确切的偿付金额的流动负债，主要包括短期借款、应付票据、已经取得结算凭证的应付账款、预收账款、应付职工薪酬、应付股利、应付利息、应交税费和其他应付款等。金额需要估计的负债是指没有确切的债权人和偿付日期，或虽有确切的债权人和偿付日期但其偿付金额需要估计的流动负债，主要包括没有取得结算凭证但存货可能已经入库的应付账款等。⑤按照业务活动形成方式分类，可以分为融资活动形成的流动负债和经营活动形成的负债。融资活动形成的负债是指企业从银行和其他金融机构筹集资金形成的负债，主要包括长期借款和短期借款、应付股利和应付利息。经营活动形成的负债是指企业在正常的生产经营活动中自发形成的负债，主要包括应付票据、应付账款、预收账款、应交税费、其他应付款中应付外单位的款项等。总结这几种负债分类方法如图 2-5 所示。

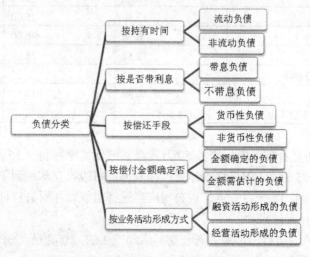

图 2-5　负债的分类图

这里，仅重点介绍几个重要的最常用的负债项目。

1. 短期借款和长期借款

小微企业向银行借入的期限在一年以内和超过一年的尚未偿还的各种借款本金都列入这个项目。这两个项目都有确定的利息成本，企业在借入前要认真测算利息成本对财务报表产生的影响和借款后的实际影响，包括资产负债表上本金和应付利息以及是否资本化的列报、利润表的财务费用和税费以及税后净利的影响额、现金流量表的现金流出的影响等。

一个企业从创立到日后的发展，都离不开借款这个财务杠杆来撬动投资和经营活动。在经济环境好的情况下，财务杠杆会给企业和投资人带来丰厚的回报，利息支出不足挂齿。债务融资至少有两个好处：一是利息固定，当所要支付的利息低于债务融资能带来的收益时，额外的收益可使股东受益；二是利息可以抵一部分税，但所有者投资回报的红利却不能抵税。

但是，一旦企业经营不善或遭遇到较大的经济或金融危机，较多的债务恐怕会让企业遭受较大的损失。因此，无论是新创立企业还是发展中企业，在借款之前应当做一下财务测算。

例如，某小型公司已有 50 万元的权益资本，税前利润率为 12.5 万元，所得税率为 25%；现该公司准备扩大规模，需追加 50 万元资金，并使税前利润增加到 25 万元。现有两个融资方案可供选择：方案 1 是取得借款，利率 10%；方案 2 是增发股本，红利支付率 10%。

根据这个基本资料，公司财务上需要进行测算如表 2-5 所示。

表 2-5   融资方案测算表   单位：元

项目	资金追加前	资金追加后	
		股本	借债
股本金	50.00	100.00	50.00
借款额	0.00	0.00	50.00
息税前利润	12.50	25.00	25.00
减：利息支出（10%）	0.00	0.00	5.00
税前利润	12.50	25.00	20.00
减：所得税费用（25%）	3.12	6.25	5.00
净利润	9.38	18.75	15.00
每股收益（=净利润/股本金）	18.00%	18.00%	30.00%

从表 2-5 中明显看到，增加债务 50 万元虽然致使其净利润仅 15 万元，低于无债务增资的净利润 18.75 万元，但最终的净资产净利率即每股收益却达到了 0.3 元，明显高出无债务下的每股收益 12 个百分点。该公司应当选择借款增加财务杠杆这个融资方案。

2. 应付票据和应付账款

这两个流动负债项目通常是因商业交易活动产生的，前者是企业采用银行承兑汇票或商业承兑汇票结算方式下的欠款。商业汇票上有明确的交易金额、付款日期，有些票据还有利息；后者是商业信用下的赊购或接受劳务所欠供货商的债务。采用这种结算方式的供货商通常对购货的客户比较信任。应付账款和应付票据都是经营活动中产生的，是随着生产经营活动的变化而自动改变的流动负债。新设立企业往往不愿意从银行借款，但日常的生产和经营又离不开资金周转。那么，新创企业和小微企业在做好自己的产品的同时，在信用进货方面研究一下如何把应付账款与存货之间的数量关系做好，以充分借用外部的这部分无费用资金。

3. 预计负债

预计负债是根据会计的谨慎性原则确认的现已发生的但尚未支付、未出票但以后才支付的事项，包括对外提供担保、未决诉讼、产品质量保证、重组义务以及固定资产和矿区权益弃置义务等产生的预计项目。企业比如产品质量保证、企业的重大诉讼等在发生时先计提在预计负债账户内，以后产品发生退货或者维修等费用时再进行冲减。诉讼费用也是，等法院判决以后冲回。

4. 递延收益

这个项目是政府给予小企业或新创立企业的政府补贴款。一般来讲，企业当期收到了补贴款，但要在以后时期分期计入损益（通常是"营业外收入"科目），如拨入中小企业发展专项资金、产业振兴和技术改造资金、生产设备技术改造资金、工业技术改造补贴资金、战略性新兴产业资金等。

案例：创业板上市公司"楚天科技股份有限公司"（代码300358，简称"楚天科技"）2014年12月31日的资产负债表中负债节选部分如表2-6所示。

表2-6　资产负债表（节选）　　　　　　　　单位：元

资产负债表项目	2014.12.31	2013.12.31
流动负债：		
短期借款	55 000 000.00	30 000 000.00
应付票据	6 240 160.00	—
应付账款	268 309 034.01	177 510 834.28
预收账款	149 445 707.39	340 448 645.30
应付职工薪酬	29 199 008.25	30 265 879.59
应交税费	16 930 576.80	2 847 856.09
应付利息	—	—
应付股利	19 367 774.80	—
其他应付款	31 033 440.42	11 965 826.86
流动负债合计	575 525 701.67	593 039 042.12
非流动负债：		
长期借款	—	—
长期应付款	—	—
预计负债	9 446 356.92	7 592 626.51
递延收益	17 980 000.00	20 300 000.00
非流动负债合计	27 426 356.92	27 892 626.51
负债合计	602 952 058.59	620 931 668.63

从表 2-6 看到，楚天科技的流动负债占比较大，其中较多的流动负债是应付账款，其次是预先向客户收取的账款。短期借款是该公司从银行取得的信用借款，但没有长期借款。该公司的预计负债是当期和以前时期对已售出的产品在质保期内按销售收入计提的质保费；而递延收益为政府补贴的中小企业发展专项资金。楚天科技的这些负债项目中，带利息的负债仅有短期借款，其利息费用计入利润表的财务费用项目；而预计负债在预提的当期计入利润表的费用项目，递延收益则在摊提时也要列进利润表的收入项目。

总之，资产负债表上的很多负债项目也会同时影响利润表项目即影响当期损益。

（三）所有者权益项目

所有者权益，又称股东权益、净资产，是企业的所有者对净资产的要求权。投资者对企业获得的要求权有两个途径：一个途径是缴入资本，也就是向企业注入资金。注资的方式一般都是现金，也有设备、房屋和货物、特许经营权、专利权等无形资产，还有的是股权投资方式；另一个途径是留存收益。企业获得的净利润要按照法定的要求和自身发展的需要从净利润中留下相当的一部分作为盈余公积金，还要留出一部分净利润暂时不做任何安排，为以后补亏、结转盈余公积金和分配红利或股利积存资金。所以，留存收益是最受企业家欢迎的增资方式。

在资产负债表上，所有者权益或股东权益由以下几个项目构成。

1. 实收资本或股本

实收资本或股本是企业收到投资者按照合同协议约定或相关规定投入的构成注册资本的部分。企业要按照各个投资人投入的注册资本的比例向他们分配利润。例如，张某、李某和赵某三人投入企业的注册资本共计 1 000 万元，张某投入 500 万元，李某投资 300 万元，赵某投入 200 万元。日后企业获得税后利润 100 万元，全部分配给三位投资人，于是张某、李某和赵某三人各自获得的利润分别为张某 50 万元，李某 30 万元和赵某 20 万元。反之，如果企业发生了亏损而且没有利润的积累，那么这三位投资人必须按照各自的投资比例承担亏损份额。

2. 资本公积

资本公积是所有者的共有资本或准资本，是投资者投入资本超过注册资本的那部分。资本公积通常包括资本溢价或股本溢价和其他资本公积。一般来讲，有限责任公司初始创立时，投资人都按照合同约定的注册资本所占份额出资，一般不会出现资本溢价问题。有限责任公司在经过较长一段经营时期需要扩大规模发展的时候会吸收新的投资人增资，但其投资额不能与当期的所有者的投资资本相提并论，因为企业创立时的资本是风险最高的资本，贡献度最大。因此，新加入的投资人要想占有一定的注册资本份额，必须投入更多，超过其在企业注册资本中所占份额的那部分资本就是资本溢价。例如，钱某和蔡某共同投资 200 万元组建了一家有限责任公司，钱某投入 120 万元，占 60% 的股份，蔡某投入 80 万元，占 40% 的股份。3 年后，该公司账上留存收益的余额为 80 万元，所有者权益共计 280 万元。此时，该公司准备吸收新资本以扩大规模，经重新注册后，注册资本增至 280 万元。现有郭某提出给公司注资并占有与蔡某一样的股份。经参照公司法和三位股东之间的协商，郭某应出资 100 万元才可与蔡某同股。蔡某同意后立即将 100 万元转入该公司的银行账户里。于是，该公司三位所有者的股权比例如下。

钱某：实际投入 120 万元，占注册资本比例=120/280 = 42.85%；

蔡某：实际投入 80 万元，占注册资本比例 = 80/280 = 28.58%；

郭某：实际投入 100 万元，其中注册资本定为 80 万元，占注册资本比例为 28.57%。但郭某超过其注册资本的投资额 20 万元，作为资本溢价，计入资本公积。

3. 留存收益

一个企业交纳所得税后的利润属于其所有者，所有者既能将这部分利润支付给自己，也可以把利润留在企业内。支付的利润称为"分"，保留在企业的利润称为"留"。留存在企业的利润即留存收益是再投入到企业的货币，如同所有者直接投资一样，属于所有者的贡献，因为所有者完全可以按照他们的意志把这部分税后利润提取走用于其他方面。所以，留存收益也可以理解为内部形成资本，包括法定盈余公积、任意盈余公积和未分配利润三个项目。留存收益代表着企业经营活动效率的提高而增加的所有者要求权。但是，留存收益是一个常见的容易误解的概念。一方面，在我们的资产负债表上，没有直接用"留存收益"这个项目名称，它是一个组合名，包括上述的盈余公积项目和未分配利润项目；另一方面，从字面上看，很多人认为留存收益代表企业能随时根据需要提取的现金储备。事实上，就像其他投资一样，盈余公积和未分配利润仅仅是一个概念或一个限制，通常它们在形成的同时就被某个资产占用了。

法定盈余公积是指按照《公司法》的规定，根据企业净利润和法定比例计提的盈余公积。法定盈余公积主要用于企业扩大生产经营的规模，也可以用于弥补企业亏损或转增资本。

企业在计提了法定盈余公积之后，还可以根据需要，计提任意盈余公积。任意盈余公积的计提比例由企业自行确定。任意盈余公积的用途与法定盈余公积相同，企业在用盈余公积弥补亏损或转增资本时，一般先使用任意盈余公积，在任意盈余公积用完以后，再按规定使用法定盈余公积。

企业在提取盈余公积后，还应从净利润中提取一定比例的公益金（含法定的和任意的），以专门用于企业福利设施方面的投资。

未分配利润是指企业实现的净利润中留下的不做任何分配的利润，企业多用于以后年度向投资者分配红利。

总之，小企业的所有者权益由实收资本或股本、资本公积、盈余公积和未分配利润组成。期末所有者权益与期初所有者权益的关系式是：

期初所有者权益 + 净利润 − 股利（红利）＝ 期末所有者权益

如果当期有新增投入的资本，则：

期初所有者权益 + 净利润 − 股利（红利）+ 新增实收资本或股本 = 期末所有者权益

例如，楚天科技股份有限公司 2014 年 12 月 31 日的资产负债表中所有者权益节选部分如表 2-7 所示。

表 2-7　资产负债表（节选）　　　　　　　　单位：元

资产负债表项目	2014.12.31	2013.12.31
所有者权益：		
股本	116 798 800.00	66 000 000.00
资本公积	276 351 313.36	77 180 113.36
盈余公积	46 902 547.20	31 211 926.21
未分配利润	392 923 885.41	280 907 335.94
所有者权益合计	1 435 927 944.00	1 076 231 044.14

　　在楚天科技的资产负债表上，2014 年末的股本部分比上年末增加了 50 798 800 元，是由当年发行新股和公积金转增股本两部分组成；2014 年末资本公积的增加也是发行新股的股本溢价和资本公积转增股本两项影响的结果。由于 2014 年利润增长，按当年税后利润计提了 10% 的法定盈余公积，盈余公积也由此增加，同样，未分配利润也增加了。可见，楚天科技公司为所有者赚取了丰厚的收益。

　　所有者权益的构成如图 2-6 所示。

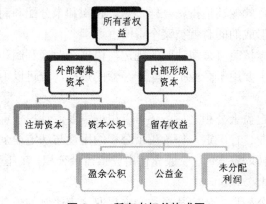

图 2-6　所有者权益构成图

第三节　利润表：管理利润

一、利润表概述

　　很多的企业人士经常说："利润是创造出来的，不是编报出来的。"这句话本身是没错的。利润来自生产和经营，来自人们的辛勤工作。然而，如何客观地展现企业在一定时期创造的利润，发现企业的盈利点并找出不足之处和需要改进提升的地方，却需要通过财报的阅读与分析才能了解。财务报表的编制和列报、分析是一个数据处理、寻找和发现问题、日后解决问题的一个不可或缺的管理过程。[①]通俗点讲，资产负债表和利润

————————

① 会计的数据处理过程须遵循统一的企业会计准则的相关要求，应该是一个规范过程。但很多人当把"利润"与"管理"这两个词汇联系在一起时，就会联想到虚增利润、操纵利润。这恐怕是一种误解。事实上，对盈余管理的正确理解和操作也越来越被人们接受了。

表可被看作是掌握经营活动的两把工具。资产负债表是经营的一个清单，从上面了解企业到底有什么资产、多少负债和属于股东的价值，以及它们的变化，企业经营者可以掌握资产和资金的现状。利润表就是反映经营活动的一张动态表，掌握企业经过一段时间的运营到底发生了多少费用，带来多少收入和赚得了多少利润。例如，企业月初有一批库存商品，反映在资产负债表上存货项目下，当期从事经营将其销售出去，带来的收入和利润，反映在利润表上的营业收入和营业成本以及毛利润中，存货的减少和当期的采购入库又都记录在资产负债表上的期末存货项目下，如图 2-7 所示。

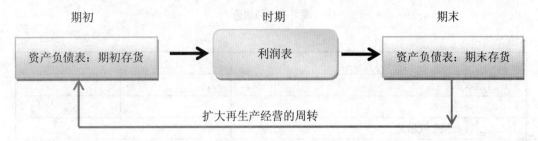

图 2-7 资产负债表与利润表的关系

利润表，通常也称作损益表、收益表，反映的是企业在一定时期取得的经营成果和其他结果。在利润表上，可以了解到企业在一定时期赚取的收入和发生的各项成本费用及两者配比后形成的净利润或净损失。

利润表的主要作用如下。

1. 帮助使用者了解企业利润的形成过程

利润表通过反映不同阶段的利润数额，揭示出企业最终阶段的净利润的形成过程和影响因素，帮助报表使用者了解企业主要的盈利点和主要的成本耗费点，找出影响利润的重要因素。

2. 有利于评价企业的业绩

利润表所反映的企业在某段时期的盈亏额实际上是对企业经营和管理水平进行评价的成绩单，从中可以衡量企业的经营管理业绩和评估投资价值，帮助企业经理和投资人做出相应的经济决策。

3. 有助于预测企业未来的经营成果

利用当期的和以前各期的利润表数据大致能看出企业经营的变化趋势和有关项目之间的关系。利润表可以帮助报表使用者分析和在一定程度上预测企业未来的收入和费用成本的变动趋向，以做到心中有数并通过预算过程应对未来的变化。

利润表的会计要素包括收入、费用和利润，公式是：

$$收入 - 费用 = 利润$$

从会计的原理上讲，收入会导致所有者权益增加但与所有者投入资本无关，费用导致所有者权益减少但与向所有者分配利润无关。如果企业实现了利润，表明所有者权益将增加，业绩得到了提升；反之，如果企业发生了亏损，表明所有者权益将减少，业绩下滑了。收入导致经济利益的流入，从而致使资产增加或负债减少；费用导致经济利益的流出，从而致使资产减少或负债增加。如果把资产负债表公式与利润表公式结合起来，则是下面的公式：

$$资产 = 负债 + 所有者权益 + （收入 - 费用）$$

二、利润表的格式和利润的计算公式

（一）利润表的格式

我国企业的利润表采用多步式格式，如表 2-8 所示。

表 2-8　利润表

编制单位：　　　　　　年　　　月　　　　　　　　　　　　　　单位：元

项目	本期金额	上期金额
一、营业收入		
减：营业成本		
营业税金及附加		
销售费用		
管理费用		
财务费用		
资产减值损失		
加：公允价值变动收益（损失以"-"号填列）		
投资收益（损失以"-"号填列）		
其中：对联营企业和合资企业的投资收益		
二、营业利润		
加：营业外收入		
减：营业外支出		
其中：非流动资产处置损失		
三、利润总额（亏损总额以"-"号填列）		
减：所得税费用		
四、净利润（净亏损以"-"号填列）		

例如：创业板上市公司"乐视网信息技术（北京）股份有限公司"2014 年末公布的利润表[①]如表 2-9 所示。

---

① 乐视网是一家在创业板上市的公司。这里，为了讲述利润表的原理，对乐视网的利润表做了简单化处理，即略去了证监会对上市公司所要求披露的除企业会计准则要求的项目以外的一些项目，但省略去的项目及其数额并不影响表中的数据。

表 2-9　合并利润表(简要)

2014 年 12 月　　单位：元

项目	本期金额	上期金额
一、营业收入	6 818 938 622.38	2 361 244 730.86
减：营业成本	5 828 133 468.42	1 668 684 007.47
营业税金及附加	56 848 870.42	25 921 973.17
销售费用	489 035 465.49	194 520 082.60
管理费用	175 454 652.60	89 988 324.29
财务费用	167 915 495.78	116 298 019.88
资产减值损失	53 689 254.75	27 769 539.78
加：公允价值变动收益（损失以"-"号填列）	—	—
投资收益（损失以"-"号填列）	5 038.44	-1 355 138.81
其中：对联营企业和合资企业的投资收益	-318 733.87	-90 791.38
二、营业利润	47 866 453.36	236 707 644.84
加：营业外收入	27 556 349.09	10 694 405.72
减：营业外支出	2 532 697.61	1 001 167.33
其中：非流动资产处置损失	474 357.04	1 167.33
三、利润总额（亏损总额以"-"号填列）	73 899 104.84	246 400 883.23
减：所得税费用	-55 879 456.04	14 020 132.73
四、净利润（净亏损以"-"号填列）	128 796 560.88	232 380 750.50
五、每股收益：		
（一）基本每股收益	0.44	0.32
（二）稀释每股收益	0.43	0.31

（二）利润表上的计算公式

利润表是以营业收入为起点，分三个步骤计算不同的利润，公式如下。

第一步：营业利润 = 营业收入 - 营业成本 - 营业税金及附加 - 销售费用 - 管理费用 - 财务费用 - 资产减值损失 + 公允价值变动收益 + 投资收益

第二步：利润总额 = 营业利润 + 营业外收入 - 营业外支出

第三步：净利润 = 利润总额 - 所得税费用

在以上三个步骤计算的利润里，应当注意下面几个项目的不同称谓：

毛利润，是指营业收入减去营业成本后的利润，公式如下。

毛利润 = 营业收入 - 营业成本

息税前利润，或称经营利润，是指未减去利息和未扣减所得税费用之前的利润，公式如下。

息税前利润 = 营业利润 + 财务费用

利润总额，或称税前利润，是指未扣除所得税费用之前的利润。

净利润，通常称作税后利润。

应当承认，企业的很多人员对财务和会计的知识并不精通，特别是对会计词汇一知半解，只知其然。有很多企业的会计人员说，公司领导到会计部门来问本月的利润有多少。我们的职业习惯是询问具体哪个利润项目。于是反问领导："您问的是哪部分利润？"对此，领导常常不以为然，面带怒色。我们只好把利润表直接拿给领导，让他们自己看，我们站在旁边给予解释。所以，企业的经理和管理人员应该掌握更多、更深的会计知识，对于有效管理企业是十分有用的。

三、利润表上的会计问题

一提到收入和费用，人们就想到现金的流入和现金的流出。毋庸置疑，收入会带来现金流入，费用成本会耗费现金，导致现金会流出企业。由于财务报表是每期都要编制和提供的，所以当一个时期结束编制财报时，当期挣得的营业收入，相应的现金不一定转入企业的银行账户，收入的赚取和现金的流入不在一个时间内，有时错后收到（如应收账款的回收），有时提前取得（如预收客户的定金）；当期发生的成本费用，相应的现金不一定从企业的银行账户转出，发生的成本费用与流出的现金不在一个时间内（例如，预付的保险费、预交的购货定金）。当然企业希望在一个财务报告期内取得收入、发生的费用和相应的现金流同时发生。

那么，怎样在利润表上列报收入和费用，是赚取收入和发生费用时就列报还是现金流入和流出时列报？在财务会计处理上，有两个制度或原则可供选择，即收付实现制和权责发生制。

（一）收付实现制

收付实现制，也称现金制，是以收到货支付的现金作为确认收入和费用等的依据。我国的行政事业单位采用收付实现制进行账务处理。很多小微企业和新创立企业应收、应付业务较少，也采用这种制度进行会计处理。当使用收付实现制时，公司只有在收到现金或支票时才予以确认已售商品的收入。确认公司的费用也适用同样的原则，发生的费用只有在实际支付时才予以确认。一般来说，使用收付实现制的企业不会出现虚夸利润的现象。

对于小微企业、初创公司，总是在实际收到营业收入款时才确认收入，在实际发生现金支出时才确认费用。这种会计记录方法简便易行，财务报表上列报的收入和费用信息真实可靠。另外，企业没有取得和支付现金确认收入和费用，从纳税角度讲，暂时不用申报纳税，从而避免过早纳税而导致企业资金链出现问题。

举例，A 企业当月促销向 B 单位销售商品 10 万元，但相应的现金须在日后的第三个月才能收到。按照收付实现制的要求，A 公司账面上在当月并不记录相应的收入，当月利润表上不反映这 10 万元尚未收到现金的营业收入；到了第三个月，A 公司实际收到这笔 10 万元营业收入款并转入了开户银行，就必须记录为营业收入并列报在利润表上。

（二）权责发生制

权责发生制，也称应计制，要求凡是当期已经实现的收入和已经发生或应当负担的费用，不论其现金是否收到和支付，都应当作为当期的收入和费用，列入利润表；凡是不属于当期的收入和费用，即使其现金已在当期收入和支付，也不应当作为当期的收入和费用。

在权责发生制下，企业确认收入和费用不以当期是否实际收到和支付款项为依据，而是以是否发生了实际的经营业务为记账和披露的凭据。现代企业的会计处理一般都是用权责发生制。因为这项制度能在报表上披露的损益相关性更强，会计信息更加具有价值。

举例，一家互联网服务公司 C，已创立三年有余，目前正处在业务快速发展期，每期的业务量较大且稳定。本月 1 500 万元营业收入，其中有 800 万元已经入银行账户；本月营业费用 900 万元，其中支付了 850 万元。在权责发生制下，C 公司记录的营业收入为 1 500 万元，营业费用为 900 万元，营业利润为 600 万元。利润表上列报的收入、费用和利润也是如此，假设无其他费用。

但是，假如 C 公司按照收付实现制基础记账和列报，营业收入则为 800 万元，营业费用为 850 万元，那么 50 万元就是 C 公司的亏损额了。

按照 2013 年施行的《小企业会计准则》，小型企业应采用权责发生制基础进行会计处理，由此资产负债表上就有应收、应付和预收、预付等项目，当期利润表上的营业收入和各项成本费用，与当期的现金流入和流出不一定一致。

但是，一般而言，很多业务量不大和赊销收购也较少的小微企业特别是零售企业、高科技企业和服务型企业经过有关部门的批准和会计师事务所的认可，可以采用收付实现制。

四、利润表重要项目的含义

经验告诉大家，创业企业在最初运营的几个时期，就是在"烧钱"，没有什么收入和回报，因为创立企业从事一项新的事业需要投入很多的物力和人力。不言而喻，获得丰厚利润是创业者梦寐以求的好事情，但首先要有付出甚至在较长时期需要很大的付出，然后才有收获，收入和利润的获得很慢。但是，公司的创业者和管理层不能回避这种事实，更不要因此而失去工作的热情和信心。阅读利润表，读懂利润表上各个项目，让企业家们更深入地了解每一个项目的内容及其变化，知晓企业的强弱点。

（一）营业收入

营业收入，或称销售收入，企业人士常常简称为"营收"，是在利润表中的第一项目，更是被人们最为看重而且被考察的最仔细的项目。企业融资、购置资源、发生耗费、制造产品和提供服务等都是用来获取收入的，而且获得的收入越高，覆盖回收成本的余地就越大，利润也就越多。权责发生制下的营业收入不划分现金销售收入和赊销收入。

在小企业，营业收入主要包括主营业务收入和其他业务收入。企业从事的各项经营业务都在其营业执照上的经营范围项内列示。例如，一家广告公司的营业执照上列有"设计、制作、代理、发布各类广告，电脑图文设计制作，企业形象策划，展览展示设计服务，会务服务，美术设计，动画设计"。对于这家广告公司来讲，设计、制作、代理、发布各类广告或许是主营业务，可是在某个时期该公司做的企业形象策划、展览展示设计服务较多，获得的收入最多，那么哪些是主营收入、哪些又是其他业务收入，很难说清楚。所以，在利润表上营业收入是一个统称概念，包括主营业务收入和其他业务收入。但是，阅读利润表时，企业的 CEO 或董事长应当了解得更加详细，了解收入的构成情况，以便与计划做比较，调整战略和预算，做出更好的决策，采取相应的措施。

例如，前述的乐视网公司采用权责发生制进行账务处理。该公司 2014 年和 2013 年的利润表上，营业收入分别是 6 818 938 622.38 元和 2 361 244 730.86 元。利润表上是一个完整的数字，看不出当期与上期的具体项目数据，也缺少具体项目的对比数据。此时，阅读者需要补充、附注信息。乐视网公司年报中收入相关的具体构成如表 2-10 和图 2-8 所示。

表 2-10　营业收入构成表　　　　　　　　单位：元

项目	2014 年	2013 年	与 2013 年相比
广告业务收入	1 572 061 798.67	838 955 356.28	733 106 442.39
终端业务收入	2 740 047 010.46	504 176 701.05	2 235 870 309.41
会员及发行业务收入	2 421 916 186.04	1 017 786 613.34	1 404 129 572.70
其中：付费业务	1 525 949 717.10	393 060 731.75	1 132 888 985.35
版权分销业务	704 591 996.39	624 725 881.59	79 866 114.80
影视剧发行业务	191 374 472.55	—	191 374 472.55
其他业务收入	84 913 627.21	326 060.19	84 587 567.02
合计	6 818 938 622.38	2 361 244 730.86	4 457 693 891.52

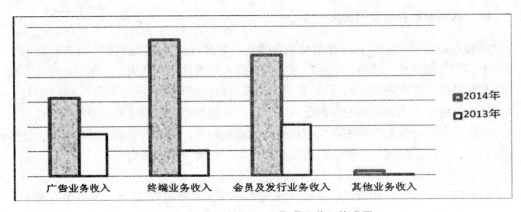

图 2-8　2014 年和 2013 年营业收入构成图

阅读乐视网表 2-10 和图 2-8 的收入构成可以直观地了解到，该公司的营业业务由广告业务、终端业务、会员及发行业务和其他业务四个项目组成。各项业务收入虽然在总营业收入中所占的比例不一样，但是 2014 年比上一年都取得了较大的增长，增幅较大的是终端业务收入和会员及发行业务收入，而且会员及发行业务中又新添了影视剧发行业务，也取得了不错的业绩。2014 年的营业收入总额比 2013 年增加了 44 亿多元，2014年营业收入是 2013 年营业收入的 2.9 倍，其中，终端业务收入 2014 年是 2013 年的 5.4

倍。通过阅读收入构成及其变化，阅读者可以看到乐视网公司业务结构、重点的变化和业绩的增长情况。

（二）营业成本

营业成本，或称销售成本，是指已经售出商品的生产成本或已经提供劳务的劳务成本以及其他销售的业务成本。但营业成本是在销售之前发生的费用，而不是在销售中和销售后发生的。

生产制造型企业的生产成本包括原材料采购成本或外购商品成本、直接人工成本及间接成本等加工费用。营业成本代表大部分的变动成本。单位变动成本是固定不变的，不随产量的变化而变化，变动成本总额却是由产量直接决定，即产量越大，变动成本总额就越大。

（三）毛利润

毛利润，简称毛利，如前所述，是营业收入减去营业成本后的剩余额。毛利润的作用，就企业自身而言，在于它覆盖利润表上除营业成本以外的所有其他各项费用支出如销售费用、管理费用、财务费用等，以及所得税费用，毛利润超过这些费用支出后的余额才是利润。

例如，前面举例的乐视网公司利润表中，2014 年的毛利润为：

毛利润 = 6 818 938 622.38 − 5 828 133 468.42 = 990 805 153.96（元）

毛利润补偿了所有的其他费用后的营业利润为 27 556 349.09 元。

企业关心毛利润，主要是关心产品的生产成本或服务成本的控制水平。但是，什么样的毛利才合适、才是一个可以接受的数额？这就需要有参照水平，如行业的毛利润平均值或最大和最小值、本企业的历史数额等。同时，毛利润的大小，在不同行业之间也有很大的差异。零售百货商场的商品种类很多、数量庞大，单位商品的零售价格较低，销售较快，相比汽车经销商，其存货周转就非常快，但较低的价格压低了毛利，尽管商品的毛利较低，但积累起来就构成了百货商场的相当可观的毛利润额。汽车、电视、高档服装等，它们的单位销售价格较高，销售较慢，但每件商品的毛利润较高。

投资人关心企业的毛利润，那是因为毛利润的变化反映企业的基本盈利能力和基本竞争能力的变化。如果他们所投资的企业，几期的毛利润不稳定并总体上有下降态势，至少能说明该企业的销路不畅或出现了问题，或者销售价格处于竞争的劣势，甚至无法根据投入成本的上涨而调整产出价格。

实际上，关于毛利，最关键的财务数值是毛利率。有关毛利率的分析评价，将在第三章进行讲解。

（四）期间费用

期间费用是指某个会计期间发生的费用，在利润表上，主要指销售费用、管理费用和财务费用等项目。期间费用不能直接归属于某个特定产品成本，而是随着时间推移而发生的与当期产品的管理和产品销售直接相关，而与产品的产量、产品的制造过程无直接关系，即容易确定其发生的期间，而难以判别其所应归属的产品，因而是不能列入产品生产成本，而在发生的当期从损益中扣除。

销售费用是企业在销售产品、自制半成品和提供劳务等过程中发生的各项费用，包括由企业负担的包装费、运输费、广告费、业务宣传费、装卸费、保险费、委托代销手续费、展览费、租赁费（不含融资租赁费）和销售服务费、销售部门人员的职工薪酬、差旅费、折旧费、修理费、物料消耗、低值易耗品摊销以及其他经费等。

销售费用一般随着销售额增加而增加，属于销售额的变动费用，因此通过对扣除销售费用后的利润情况的分析，可以在一定程度上看出企业营销能力的强弱，并且可以从另一方面反衬出产品的销路情况。例如，毛利率很高，但是销售费用一直居高不下，则可能企业的营销管理不顺畅，或者企业的产品销路不够好，需要高额的广告、促销等销售费用来维持。

毛利润减去销售费用后的利润反映企业营销管理水平的高低。

管理费用是指企业为组织和管理生产经营发生的其他费用，包括小企业在筹建期间内发生的开办费，行政管理部门发生的折旧费、修理费、办公费、水电费，以及管理人员的职工薪酬等，还有业务招待费、研究费、技术转让费，相关长期待摊费用的摊销、财产保险费、审计评估费、咨询顾问费、诉讼费、存货的盘盈或盘亏等。大部分的管理费用是固定费用，即不随销售额的变化而变化，其发生额只与会计期间有关。管理费用的大小在相当程度上反映企业内部管理水平的高低。

用扣除销售费用后的利润（即毛利润-销售费用）减去管理费用后的利润为息税前利润[①]，全称为扣除利息费用和所得税费用前的利润，一方面反映企业某个期间企业管理水平高低，另一方面反映企业某个期间经营业绩的好坏，所以，息税前利润也称作经营利润，反映企业从事生产经营活动带来的收益。

财务费用，是指企业为筹集生产经营所需资金发生的筹资费，包括利息费用（减利息收入）、银行相关手续费、小企业给予的现金折扣（减享受的现金折扣）等费用。一般来说，非金融企业如零售、制造业企业的财务费用并非是企业的常规业务费用，尽管它的发生与经营活动有一定的联系，但属于次要活动发生的费用。例如，乐视网公司 2014年的财务费用为 167 915 495.78 元，约占总营业成本的 2.5%。

对比息税前利润与利润表上营业利润项目之间的关系，可以反映出财务政策的问题。从企业管理角度讲，利息是由公司财务政策所决定的，与经营管理并无直接关系，因此使用息税前利润来衡量企业的经营业绩会比利润表中的"营业利润"更为准确，因为利润表中的"营业利润"实际上已经扣除了计入"财务费用"里的利息费用。如果企业的息税前利润很高，而营业利润很低，则表明企业的财务决策有问题，就应该改变企业的财务政策，以提高企业利润。

（五）营业外收支和利润总额

利润表包含的业务和事项范围主要是基本的、必需的经营活动，还有那些与正常的经营活动联系较少的业务或事项。企业的各项支出和收入中除了上述的营业收入和营业成本及与经营相关的费用外，还有很多是非经营性的收入和支出，这就是营业外收入和营业外支出。

---

① 息税前利润的英文缩写为 EBIT，即 Earnings Before Interest and Tax，在本书后面的章节中有很多地方会使用英文缩写形式。当前我国的利润表并没有直接列示息税前利润和毛利润等项目，但本书为了更加深入阅读和分析的需要，将利润表中的有关项目之间的关系做了细化。

营业外收入是指企业在经营业务以外取得的收入。小企业的营业外收入主要包括固定资产出售净收益、政府补助、捐赠收益、盘盈收益、出租包装物和商品的租金收入、逾期未退包装物押金、确实无法偿付的应付款、已作坏账损失处理后又收回的应收款项，以及罚款收入等。

营业外支出是指小企业在经营业务以外发生的支出，包括存货的盘亏、毁损、报废损失，坏账损失、非流动资产处置净损失，无法收回的长期债券投资损失，无法收回的长期股权投资损失，自然灾害等不可抗力因素造成的损失、税收滞纳金，罚金，被没收财物的损失，对外捐赠支出、赞助支出和违约金支出等。

这些收入和支出的特点是偶发性，非经常性，与正常的营业无直接关系，而且发生的数额一般不会太大。

区分营业收支与营业外收支主要在于，前者是企业常规的持续发生的，具有重复性，但后者一般是非常规的一次性事项，不具有重复不断发生的特点。所以，营业外收支与营业收入和营业费用不能混在一起进行反映。如果不做单独列示，势必会影响报表阅读人对公司盈利和业绩做出正确判断。因此，在利润表上，营业利润之后，列示营业外收入和支出项目。然后，用营业利润加上或减去营业外收支净额得出利润总额。

利润总额，反映企业当期实现的扣除所得税前的财务成果。

（六）所得税费用和净利润

所得税费用项目反映小企业根据所得税法确定的应从当期利润总额中扣除的所得税费用。

净利润，即税后利润，是企业当期实现的扣除所得税费用后的利润。净利润的报告关系到公司的价值。对于上市公司来讲，股票价格及其走势在一定程度上由公司的净利润决定；向公司授信的机构和评级机构也是观察和评价企业的净利润对信用产生的影响及变化。此外，对企业管理层的评价也是依据利润指标，净利润是外部股东评价企业经营管理水平的基本标准，因为决定企业税后利润分配给股东红利的数额多少。

通过对利润表中收入、毛利、销售费用、息税前利润及经营利润、净利润等各期数据的观察以及与各期数据做比较，与行业数据做对比，企业的投资人等外部的利益相关者和企业内部的经营管理者能够在较短的时间内判断出企业的经营成果好坏及对应的问题。从这点上讲，利润表就是企业经营的"晴雨表"。

第四节 现金流量表：现金流量的来源与去向

一、现金流量表概述

现金流量表反映的是企业在某个特定时期现金流量及其变化的财务报表。而现金的流入和流出表明了企业所从事的基本的而且普遍的经济活动。

从实务技术上讲，现金流量表同资产负债表和利润表等存在着勾稽关系。从提供信息内容看，现金流量表信息，诸如企业从经营中获得多少现金收入，扩大规模从哪些渠道取得的现金，购货、添置设备动用了多少现金等，其作用是其他财务报表所不具备的。

概括而言，现金流量表主要有以下作用。

1. 现金流量表能揭示企业当前的偿债能力和支付能力

在现代的市场经济环境下，企业的所有者和债权人等在阅读财务报表时，最关心的信息莫过于现金流量情况。所有者根据现金流量信息了解企业当前是否能及时支付股利和投资收益，并以此预期企业的经营前景和支付能力；债权人可以从中分析企业的当前和未来债务偿还能力。而企业的经营管理者掌握当前现金情况，可以合理安排资金，以提高财务的灵活性和应变能力，降低风险。由于企业资产负债表提供的信息反映的是企业所拥有的经济资源及其要求权，绝大多数资产项目只能隐含地表示未来的现金流量，并具有一定的不确定性；利润表是根据权责发生制进行编制的，有些项目的部分金额与当期的现金收支无关。可见，这两种财务报表不能直接反映企业一定时期内所发生的现金收入和现金支出等情况。然而，现金流量表可以直接列报企业当期现金的收入和支出以及变动项目或者间接地列报当期现金的变动项目，比利用资产负债表观察营运资本变化、计算和分析流动比率和速动比率来了解偿债能力和支付能力更直接、更清楚。财务报表使用者将资产负债表、利润表和现金流量表结合在一起能够全面地分析并掌握企业的财务状况和成果与其经济利益之间的关系。

2. 最能满足财务报表使用者的要求，便于他们预测企业未来的现金流量

现金流量表是反映企业过去一段时期以来的现金流入和流出的情况。一般来说，对未来变化趋势的预测总是建立在对过去实际经营业绩分析的基础上。换句话讲，现金流量表的重要作用之一是一个财务预测工具，而不仅仅是一个后视镜。报表使用者通过阅读和分析企业以往某个时期或连续的几个时期的现金流量表，利用可靠而相关的历史现金流量信息来预测企业未来现金流量的金额、时间和确定程度等，以便他们做出有关的经济决策。企业外部的所有者利用这个预测信息来决策是否保持和继续他们的投资；债权人通过现金流量表所做的预测，来判断和决策企业是否有能力偿还他们到期的本息，而潜在的投资人和债权人据此决策是否应向企业投资和贷款；企业内部的经营管理者根据现金流量表所做的决策，编制下一期的现金收支计划，确定现金净流量和最佳占用量，以便合理地安排经营活动，并采取有效的管理策略，尽量加快、增加现金的流入和合理地延缓、控制现金的流出，提高现金的利用效率。

3. 弥补权责发生制的不足

当前的会计是以权责发生制为基础。在权责发生制下，某个会计期间确认的收入和费用，有一部分是账项调整的结果，包括预计项目和应计项目的调整，这些项目不仅在当期不发生任何现金流量，而且所调整的金额大小取决于会计方法，含有一定的人为因素在内。这正是权责发生制的缺陷。而编制现金流量表，只是确认当期的现金收入和现金成本费用，而且都有可靠的凭证验证，受主观因素影响较小，因而这张报表提供的信息更真实可靠。现金流量表与资产负债表和利润表结合在一起，从不同侧面反映企业的财务状况和经营成果，形成一个相辅相成、功能完整的报表体系。

4. 增强会计信息的可比性

由于现金流量表的编制不使用权责发生制程序，同时，各个企业对会计要素具体项目的分类基本不影响现金流量表的内容。所以，编制现金流量表可以排除不同企业对同

一会计事项采用不同方法处理的影响，在某些方面提高了会计信息在不同企业之间的可比性。

另外，现金流量表所揭示的经营现金流量的变化能帮助财务报表使用者从另一个角度分析和判断企业财务状况和经营成果的可靠性，也在一定程度上防止个别企业利用会计方法粉饰财务状况和操纵经营成果现象的发生。

二、现金流量表的相关概念和项目分类

（一）现金流量表的相关概念

现金流量表是反映企业在某个会计报告期内从事各项业务活动等所发生的现金流入量、现金流出量和现金净变动额的财务报表。

现金概念包括狭义和广义两种。狭义的现金概念，是指企业的库存现金、存入银行或其他金融企业并可以随时用于支付的款项和其他货币资金[①]等。必须指出，银行存款和其他货币资金中那些不能随时用于支付的存款，例如，不能随时支取的定期存款等，不应作为现金，而应列作投资（后面将对投资进行具体讲述），而提前通知银行或其他金融企业后便可支取的定期存款，应属于现金范围内。而广义的现金概念还要包括现金等价物。

现金等价物是指企业持有的期限短、流动性强、易于转换为已知金额现金、价值变动风险很小的投资。能作为现金等价物的投资，其特点有以下三点。

（1）期限等于或短于三个月；

（2）可以流通，即能够交易；

（3）市场上的利率变化对其价值影响较小或可以忽略不计。[②]

但是，企业在若干年前进行的投资，即使离到期日不到三个月，由于它本身就不是短期投资，所以不能视为现金等价物。之所以限定投资期限应等于或短于三个月，是因为这项要求能将因市场利率变化而引起投资价值（如债券价格）波动的风险降到最低，保证在证券的持有期内其面值基本等于它的市场价值。企业进行短期投资，目的一般都是利用暂时闲置的资金赚取比存款利息更高的利息或投资收益。而一旦企业急需资金购买物资、商品和支付费用等，可以立即将这些短期投资在市场上转让以换回现金。企业的权益证券投资（如普通股票）一般不能作为现金等价物，因为像普通股票这样的权益投资没有到期日，而且股票的市场价格经常变化，股票转换为现金的具体金额有着相当的不确定性。

所以，企业的一项投资被列为现金等价物必须同时具备以下四个条件。

（1）期限短（一般指从购买日起，三个月到期的投资，如可在证券市场上流通的三个月内到期的短期债券投资等）；

（2）流动性强；

（3）容易转换为已知金额的现金；

---

① 其他货币资金，是指在"其他货币资金"科目内进行会计处理的具有特定用途的资金，包括外埠存款、银行汇票存款、银行本票存款、在途货币资金、信用证保证金存款和信用卡存款等。

② 市场利率变化大时，就会对证券价值产生较大的影响，这必然影响到证券的转让价格。

（4）价值风险很小。

一般而言，编制现金流量表运用的"现金"概念，既可以是狭义的，也可以是广义的。《小企业会计准则》提出的现金概念是广义的，它包括库存现金、各类存款、其他货币资金和现金等价物等。使用现金和现金等价物的概念编制现金流量表，所提供的信息具有能反映企业的当前偿债能力、支付能力和财务灵活性等作用。

所谓现金流量（Cash Flows），是企业在一定时期内现金的流入数量和流出数量的总称。例如，企业销售商品或提供劳务、出售设备、从金融机构获得的借款等取得的现金，我们将之形象地称作现金流入；购买货物、购置固定资产、偿还债务等而支付的现金，可称作现金流出。因此，如果说"现金"是从静态所定义的概念，那么"现金流量"则是从动态来解释的现金概念。从编制现金流量表的角度来理解，现金流量的概念也为广义的现金概念。所以，类似从银行提取现款，现金与现金等价物之间的转换等不会影响现金流量。而对现金流量产生影响的因素是现金各项目同非现金各项目之间的增减变动。

正如上述，现金流量表反映的是企业在某个时期内发生的现金流入量、现金流出量和现金净变动量。某个时期的现金净变动量是该时期的现金流入量和现金流出量之间的差额。

其实，通俗些理解，现金流量表就如同个人的银行账单。账单上，既有现金收入情况也有现金支出情况。在三张财报中，现金流量表是最客观的一份报表。因为，现金流量表只记载一定时期内对现金流量有影响的交易和事项。一项交易或者一个业务事项是否对现金流产生影响，几乎是没有任何争议的。

（二）现金流量表的列报分类

现金流量表的目的是提供有关企业的现金流入和现金流出的信息，也就是企业的现金来自哪里，又流向何处。因此，需要对影响现金流量的各种交易和业务事项做出划分。不同于资产负债表和利润表，现金流量表是根据经济活动的性质进行分类反映现金流量的。

企业应以怎样的形式将一定时期内的现金流量进行报告，以便于使用者利用？这便是按怎样的标准划分现金流量类别的问题了。

为了清晰地揭示各项业务活动影响现金的情况，需要对影响现金的业务活动进行分类列示，而且，根据"收支两条线"的现金管理原则，现金流量表的三类活动都分别按照现金流入量和现金流出量列报，而不能以相互抵消后的净额进行列示。影响现金流量的经济活动可分为三大类别，即经营活动、投资活动和筹资活动。图 2-9 直观地显示了企业三种现金的流向。

下面对三种活动的现金流量做一概括介绍。

1. 经营活动现金流量

一般而言，经营活动是企业为获取收入和盈利而必须进行的经济活动，譬如购买货物、销售商品、提供劳务、支付工资、制造产品、交纳税金等。管理企业的有关业务活动也属于经营活动的内容。企业的经营活动主要是企业在供应、生产和销售这三个阶段所从事的各项经济活动，由采购货物、制造产品、销售产品和管理活动所组成。

通常，企业的经营活动是对现金流量影响最大的因素，因此，经营活动产生的现金流量作为现金流量表的第一部分来列报。小企业会计准则定义的经营活动包含的活动较广，指企业投资活动和筹资活动以外的所有交易和事项。

所以，经营活动现金流量的列报需要分为经营活动现金流入量和经营活动现金流出量两个小类，并在这两个小类下划分若干的项目具体列示。

（1）经营活动现金流入量。它包括销售产成品、商品、提供劳务收到的现金（但增值税销售税额，列入收到其他与经营活动有关的现金项目内），也就是从客户那里收取的购货款项，收到其他与经营活动有关的现金等。

（2）经营活动现金流出量。它包括购买原材料、商品、接受劳务支付的现金（但增值税进项税额，列入支付其他与经营活动有关的现金项目内），支付的职工薪酬，支付的税费，支付其他与经营活动有关的现金。

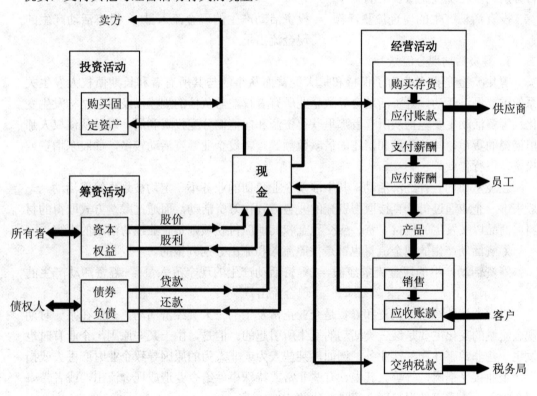

图 2-9　三类现金流量图

（3）经营活动产生的现金流量净额。一定时期的经营活动现金流入量减去经营活动现金流出量后，就得到经营活动现金流量净额，公式如下：

$$经营活动产生的现金流量净额 = 经营活动产生的现金流入量 - 经营活动产生的现金流出量$$

2. 投资活动现金流量

投资活动是指企业长期资产的购建和不包括在现金等价物范围内的投资及其处置活动。企业的投资活动按投资的对象，分为生产性投资和证券性投资。这里，企业的长期资产就属于生产性投资之一，包括固定资产、在建工程、无形资产和其他资产等；证券性投资，通常指原定期限在三个月以上的债券投资和全部权益性投资。但很多小企业和新创立企业，其资金多用于日常经营周转方面，很少有富裕的资金去做证券和其他理财产品投资。所以，小微企业在现金流量表上通常没有证券投资。企业从事投资活动特别是进行长期资产的投资业务，一般都会使该时期的现金大量流出，譬如，用现款购置机器设备、认购有价证券等。企业的投资活动不仅包括某个时期进行投资而发生的现金流出活动，还有与投资有关的各种现金流入活动，如回收的投资，变卖固定资产所得的现金收入，转让有价证券获取的现金等。

与经营活动现金流量一样，投资活动的现金流量也是按照其流入量项目和流出量项目分别列示在现金流量表上的。

投资活动产生的现金流量净额 = 投资活动产生的现金流入量 − 投资活动产生的现金流出量

3. 筹资活动现金流量

筹集资金是指企业为了保持和扩大经营而从事的与其所有者和长期债权人发生关系的重要经济活动，筹资活动会导致企业所有者权益与负债的规模以及财务结构发生变化。筹资活动主要包括从所有者那里获得资源和向他们分配投资利润，以及从债权人那里借得的货币、其他资源和偿还的借款数额等。新设企业筹资活动较多，如股东增资或投资，银行借款等。

企业从事的各种经济活动，其中涉及企业负债的业务不一定均被划作筹资活动。一般来讲，企业通过借款直接取得资金的业务应列作筹资活动，而通过赊购方式取得的材料、商品以及发生的应付工资、应交税金和其他应付款项则是企业经营活动的内容。

筹资活动产生的现金流量也都是按照流入和流出分别列报的。

筹资活动产生的现金流量净额 = 筹资活动产生的现金流入量 − 筹资活动产生的现金流出量

以上所述的经营、投资和筹资是企业正常发生的三大类经济活动，企业在某一时期现金流量的变化主要是这三类活动的发生所引起的。但是，由于某些原因，企业有时也发生一些非常事件和特殊业务，例如，某些人为或非人为的原因导致企业财产丢失或损失，企业接受捐赠，等等。其中，有些非常或特殊事件给企业造成现金流出，或者带来现金收入。这类事件引起现金流量变化的特点如下。

（1）偶然性或不经常发生，它们同正常的业务活动没有直接关系；

（2）特殊性，即它们不属于经营、投资和筹资活动的事件；

（3）除特定情况外，它们不会使现金大量流出和流入。

这些引起现金变化的非常性和特殊性事件，被统称作"特殊项目"，主要包括非常损失致使现金支出和收入有关的保险赔偿，各种罚款收支、滞纳金支出等。它们根据其性质，可分别归属到经营活动、投资活动或筹资活动的现金流量类别项目中。

除了上述的三种现金流量项目外，对企业进行外币业务产生的现金收入或现金支出情况，应按现金流量发生当日的市场汇率或平均汇率折算为记账本位币金额独立设一个类别予以反映。

4. 现金及现金等价物变动额

在当期，企业三类活动的净变动额合计就是"现金及现金等价物变动额"项目的数额，即：

$$\text{现金及现金等价物变动额} = \text{经营活动产生的现金流量净额} + \text{投资活动产生的现金流量净额} + \text{筹资活动产生的现金流量净额}$$

如果现金及现金等价物变动额是正数，表明企业当期现金的总流入大于当期现金的总流出；反之，如果是负数，就表明企业当期现金的总流入小于当期现金的总流出，而该负数则由上期末结存的现金余额补充。

例如，乐视网 2014 年现金流量表经营活动、投资活动和筹资活动等现金流量净额，以及现金及现金等价物变动额等节选信息如表 2-11 所示。

表 2-11　乐视网公司合并现金流量表（节选）　　　　　单位：元

项目	2014 年	2013 年
经营活动产生的现金流量净额	234 182 733.96	175 851 396.59
投资活动产生的现金流量净额	−1 525 677 639.53	−897 667 036.13
筹资活动产生的现金流量净额	1 153 267 014.87	1 114 659 986.03
汇率变动对现金及现金等价物的影响	−141 618.96	−646 637.66
现金及现金等价物净增加额	−138 369 509.66	392 197 708.83
加：期初现金及现金等价物余额	585 718 105.29	193 520 396.46
期末现金及现金等价物余额[*]	447 348 595.63	585 718 105.29

注：[*]表示资产负债表 2014 年末货币资金余额为 499 850 156.29 元。由于会计准则要求现金流量表列报可随时用于支付的款项，乐视网公司 2014 年末货币资金余额中有保函保证金和银行承兑汇票保证金等受限制支付的货币资金 52 501 560.66 元，所以这里的期末现金及现金等价物余额显示的数字是 447 348 595.63 元。

由表 2-11 可知，2013 年三类活动现金及现金等价物合计额是净增加额即正数，但 2014 年三类活动现金及现金等价物合计是净减少额即负数。

三、现金流量表的列报格式

在现金流量表上，列报（即计算）经营活动现金流量的格式有两种：直接法和间接法。但是，现金流量表上的其他两个部分，对投资活动现金流量和筹资活动现金流量只有一种列报方法或格式，都是分别列报它们的流入量和流出量及其净变动量的。

在现金流量表列示三类活动产生的现金流量中，经营活动现金流量是最重要的现金流量。销售商品或提供服务是企业生存和发展的先决条件，而且不像投资活动和融资活动产生的现金流量每年都有可能发生较大的变化，企业经营活动是常规的和不断发生的营业活动，持续产生现金流应当是合情合理的。不同阶段的经营活动现金流量也有其明显的特征，稳定增长期的成熟企业，其经营现金流量净额通常是正数，但处于初创期的小企业，来自经营活动的现金流为负数的情况非常普遍。

如何通过现金流量表了解企业的经营活动现金流量变化情况，应当从不同的角度进行分析。这就是现金流量表的两种列报格式：直接法和间接法。通过直接法格式的现金流量表可以了解某个时期经营活动现金的来龙去脉，而从间接法现金流量表上看到的信息，可以掌握经营现金流量变化的原因。

（1）直接法：将利润表上的每一项数据转化为其现金流量。

（2）间接法：净利润的基础上将其调整为经营活动产生的现金流量净额。

（一）现金流量表的直接法格式

直接法是以利润表中的收入和费用为基础，通过对与经营有关的资产、负债等项目进行调整，计算出经营活动的现金流入量和现金流出量及其净流量的方法。运用直接法，在现金流量表上直接列报进行经营活动发生的各项现金收入和各项现金支出，以经营活动产生的收入为起算点计算经营活动现金流入量，经营活动现金流出量要从经营活动现金流入量中减去，以确定经营活动提供或可以使用的现金净流量，这种方法也称作直接列示法。小企业现金流量表直接法格式如表 2-12 所示。

表 2-12　现金流量表（直接法）

项目	本期发生额	上期发生额
一、经营活动产生的现金流量：		
销售产成品、商品、提供劳务收到的现金		
收到其他与经营活动有关的现金		
经营活动现金流入小计		
购买原材料、商品、接受劳务支付的现金		
支付的职工薪酬		
支付的税费		
支付其他与经营活动有关的现金		
经营活动现金流出小计		
经营活动产生的现金流量净额		
二、投资活动产生的现金流量：		
收回短期投资、长期债权投资和长期股权投资收到的现金		
取得投资收益收到的现金		
处置固定资产、无形资产和其他非流动资产收回的现金净额		
投资活动现金流入小计		
短期投资、长期债权投资和长期股权投资支付的现金		
购建固定资产、无形资产和其他非流动资产支付的现金		
投资活动现金流出小计		
投资活动产生的现金流量净额		
三、筹资活动产生的现金流量：		
取得借款收到的现金		
吸收投资者投资收到的现金		

项目	本期发生额	上期发生额
筹资活动产生的现金流入小计		
偿还借款本金支付的现金		
偿还借款利息支付的现金		
分配利润支付的现金		
筹资活动产生的现金流出小计		
筹资活动产生的现金流量净额		
四、汇率变动对现金及现金等价物的影响		
五、现金及现金等价物净增加额		
加：期初现金及现金等价物余额		
六、期末现金及现金等价物余额		

我国小企业会计准则要求小企业必须编制直接法现金流量表。直接法格式现金流量表的特点是对企业经营活动中的具体项目的现金流入量和现金流出量进行详细列报，所以，这种列报方式的优点是便于报表使用者了解企业从事经营活动产生现金收入的具体来源和发生现金支出的具体去向，有助于评价企业未来的经营性现金流量；同时，直接列报经营活动的现金收入项目和现金支出项目，为观察分析影响现金净流量的具体因素提供了方便。

但是，运用直接法的一个基本前提是企业在经营过程中发生的现金收入、现金支出的种类较少而且简单，现金流量项目很容易划分，而如果企业收支业务种类多，收支渠道复杂，使用直接法编制现金流量表就比较困难了。

现举例说明直接法下现金流量表的分析。

例如，某小型公司 2015 年 1 月 1 日资产负债表上的货币资金余额是 300 万元；2015年 6 月 30 日货币资金余额为 200 万元。

2015 年 1 月至 6 月的半年度现金流量表如表 2-13 所示。

表 2-13　简要现金流量表

2015 年 6 月 30 日

项目	本期累计数（百万元）
一、经营活动产生的现金流量：	
销售商品收到的现金	3 600
购买商品支付的现金	4 100
经营活动产生的现金流量净额	−500
二、投资活动产生的现金流量：	
处置固定资产收回的现金	600
投资活动产生的现金流量净额	600

续表

项目	本期累计数（百万元）
三、筹资活动产生的现金流量：	
取得借款收到的现金	700
偿还借款本金支付的现金	-600
偿还借款利息支付的现金	-80
分配利润支付的现金	-220
筹资活动产生的现金流量净额	-200
四、现金及现金等价物净增加额	-100

从现金流量表来分析，现金及现金等价物净增加额为-100万元，即减少额，说明本期的现金总流入量小于总流出量，其不足额100万元动用了年初现金余额，从而使现金余额减少了100万余，货币资金由年初的300万减少到6月30日的200万元。具体来看，该公司本期经营活动现金流量净额为-500万元，筹资活动现金流量净额也为负数即-200万元，两方面一共短缺现金700万元。但公司本期处置变卖固定资产取得现金600万元，均用于弥补现金的缺口，其余100万元则动用了年初的现金储备。

第一，这里揭示出一个严重的问题：该公司依靠出售固定资产获得大量现金，能够维持多久？而且又借款取得大量现金700万元。没有一家成功的企业是长期依赖借债生存的，因为公司最终必须偿还借款。现金流量表上已经显示当期公司偿还旧债600万元。好企业最大的现金来源是从事的经营活动，而不是出售长期资产或借债。

第二，该公司2015年上半年并没有添置新的固定资产来替代补充已处置的设备，是公司准备退出这个行业还是持币待购寻找新的商机？这值得深入研究。

第三，该公司2015年上半年支付利息80万元和利润220万元，数额较大。尽管借款和处置资产取得的现金在补充了经营活动需要的现金后仍有余量，但还是使用了现金储备。那么该公司剩下的200万元现金储备能够维持以后的运营吗？

当然，分析时我们还要利用资产负债表和利润表做相关分析，以对该公司的财务状况形成一个较完整、较客观的认识。

（二）现金流量表的间接法格式

现金流量表的间接法，也称间接列示法，是以本期净利润为基础，通过对所有的非现金费用和有关的资产、负债等项目进行调整来计算经营活动产生的现金净流量的方法。如前所述，无论采用何种格式编制现金流量表的经营活动产生的现金流量，都不会影响投资活动现金流量和筹资活动现金流量的列示方式。同时，由于运用直接法格式编制现金流量表，企业还必须在补充资料中提供间接法格式的现金流量表经营活动产生的现金流量项目。所以在这里，将现金流量表补充资料即经营活动产生的现金流量间接法格式列示如表2-14所示。

表 2-14 现金流量表补充资料

补充资料	本期金额	上期金额
1. 将净利润调节为经营活动的现金流量：		
净利润		
加：资产减值准备		
固定资产折旧		
无形资产摊销		
长期待摊费用摊销		
处置固定资产、无形资产和其他长期资产的损失（收益以"-"号填列）		
固定资产报废损失（收益以"-"号填列）		
财务费用（收益以"-"号填列）		
投资损失（收益以"-"号填列）		
存货的减少（增加以"-"号填列）		
经营性应收项目的减少（增加以"-"号填列）		
经营性应付项目的增加（减少以"-"号填列）		
其他		
经营活动产生的现金流量净额		
2. 不涉及现金收支的重大投资和筹资活动：		
债务转资本		
一年内到期的可转换公司债券		
融资租入固定资产		
3. 现金及现金等价物的期末余额		
减：现金及现金等价物的期初余额		
现金及现金等价物净增加额		

运用间接法计算经营活动产生的现金流量净额，以当期的净利润为起算点，主要对下列三个内容进行调整计算。

第一，对属于利润表但不影响现金流量的某些项目金额进行消除。属于这类的项目主要有：计提的资产减值准备、计提的固定资产折旧、无形资产摊销、长期待摊费用摊销等。

第二，对属于利润表但不属于经营活动的某些项目金额进行消除。属于这类需要消除的项目有处置长期资产的损益、固定资产报废损失、财务费用和投资损益等。

第三，对在经营过程中影响现金流量的流动资产（不含现金等）项目和流动负债项目进行调增或调减。属于这类需要调整的流动性项目一般有：经营性应收账款的变动额、存货的变动额、经营性应付账款的变动额，以及其他项目的变动额。

　　按照间接法，在"净利润"的基础上，对以上各项目金额进行调增和调减，最终确定出"经营活动产生的现金流量净额"项目的数额。这个项目的数额应当与"直接法"下的该项目的数额相等。无论使用直接法还是使用间接法编制现金流量表，所计算出的经营活动产生的现金净流量都是一致的。

　　间接法的主要特点是以权责发生制确定的净利润为起点，经过逆运算将非现金项目、非经营性项目和经营性的流动资产、流动负债进行必要调整，求出经营活动的现金净流量。运用间接法编制现金流量表，使报表使用者通过本年净利润与经营活动现金净流量之间的差异能够比较清楚地把握它们之间的关系，并通过分析形成差异的若干项目，找出原因。但是，间接法现金流量表不提供具体的经营现金收入和支出的项目，因此对一般的报表使用人来讲，阅读难度较大，特别是对一些项目的调整，如折旧的调增、存货的变动调增等也不易理解。

　　但是，通过净利润与间接法下的经营活动现金流量调整过程的对比，便于分析经营活动产生的现金净流量变化的原因，以利于经营者发现问题和提高管理水平。运用间接法现金流量表的分析将在第四章做较详细的介绍。

　　例如，前述的创业板上市公司"楚天科技公司（300358）"的2014年和2013年现金流量表中直接法和间接法经营活动产生的现金流量信息如表2-15和表2-16所示。

表 2-15　现金流量表（直接法节选）　　　　　　　　　　单位：元

项目	2014 年发生额	2013 年发生额
一、经营活动产生的现金流量：		
销售产成品、商品、提供劳务收到的现金	798 645 991.92	998 781 644.42
收到其他与经营活动有关的现金	40 006 280.43	33 240 104.85*
经营活动现金流入小计	838 652 272.35	1 032 021 749.27
购买原材料、商品接受劳务支付的现金	468 163 735.38	562 976 057.46
支付的职工薪酬	193 674 277.06	190 538 775.79
支付的税费	96 607 179.08	59 378 566.03
支付其他与经营活动有关的现金	88 893 804.72	80 234 524.88
经营活动现金流出小计	847 338 996.24	893 127 924.16
经营活动产生的现金流量净额	-8 686 723.89	138 893 825.11

注：*表示含收到的税费返还款 79 867.33 元。因为，小企业在现金流量表上一般不单独设置收到的税费返还款项目，发生时都并入收到其他与经营活动有关的现金项目内。

表 2-16　现金流量表（间接法节选）　　　　　　　　　　单位：元

补充资料	2014 年金额	2013 年金额
1. 将净利润调节为经营活动的现金流量：		
净利润	156 906 209.90	134 975 692.56
加：资产减值准备	6 672 096.81	6 199 039.18
固定资产折旧	23 642 806.92	19 305 424.49

续表

补充资料	2014 年金额	2013 年金额
无形资产摊销	2 712 940.83	2 504 348.09
长期待摊费用摊销	786 822.72	
处置固定资产、无形资产和其他长期资产的损失（收益以 "−" 号填列）	544 503.98	1 495 231.09
财务费用（收益以 "−" 号填列）	1 676 854.71	1 278 361.56
递延所得税资产减少（增加以 "−" 号填列）	−929 772.48	−3 451 756.19
存货的减少（增加以 "−" 号填列）	39 788 043.78	−214 425 591.25
经营性应收项目的减少（增加以 "−" 号填列）	−169 293 471.08	−39 602 267.26
经营性应付项目的增加（减少以 "−" 号填列）	−71 193 759.98	230 615 342.84
经营活动产生的现金流量净额	−8 686 723.89	138 893 825.11

一是，从表 2-15 和表 2-16 来看，直接法下的经营活动产生的现金流量净额与间接法下的经营活动产生的现金流量净额是相同的。

二是，在表 2-15 的直接法下，2013 年的流入量明显大于流出量，现金净流量为正数；但 2014 年流入量小于流出量而出现了负数。2014 年经营活动产生的现金流量出现负净额，具体原因是什么？直接法也只能告诉我们流入量小于流出量了。

但是，间接法现金流量表显示了净利润与经营活动产生的现金流量净额之间的关系或差异：2013 年，净利润小于经营活动产生的现金流量净额，但 2014 年的净利润超过了当年的经营活动产生的现金流量净额。从净利润到经营活动现金净流量这个过程，至少有 10 个项目导致两者出现差异。第四章有净利润与经营活动现金流量净额之间关系的具体分析。

本章小结

本章讲解了创业企业财务报表的作用和编制生成步骤，资产负债表的内容和利润表的内容，现金流量表的内容。

（1）财务报表是对一个企业在一段时期实际从事的各类经济活动的一个数据反映，包括反映某个日期财务状况的资产负债表，显示一定时期的收入和费用及财务成果的利润表和某个时期现金流入量和现金流出量及其变动量的现金流量表。这三张财务报表常被称为三大报表。此外，还有一张报表——所有者权益变动表。

（2）财务报表使用人利用财务信息了解企业的财务状况和经营成果等，了解企业经营的历史、现状和预测企业发展趋势，以做出符合本身利益的决策和计划。

（3）财务会计的基本程序分为四个步骤：取得或填制及审核原始凭证；分析经济业务，编制记账凭证；过账，将凭证上的记录登记到有关的日记账和分类账中去；期末，根据分类账上的数据编制财务报表。

（4）资产负债表的作用主要是帮助报表信息使用人掌握企业的财务状况，主要有以下几个方面：掌握企业当前资源的种类和分布，评价企业的短期偿债能力和财务风险，以及预测企业发展趋势和前景。

（5）资产负债表的基本原理是：资产=负债+所有者权益。

（6）资产由流动资产和非流动资产组成，负债由流动负债和非流动负债组成，所有者权益由实收资本、资本公积和留存收益组成。

（7）利润表，也称作损益表、收益表，反映的是企业在一定时期取得的经营成果和其他结果。利润表的作用在于了解利润的形成过程，评价企业在某个时期的经营业绩并帮助预测企业的未来经营成果。

（8）利润表的基本原理是：收入-费用=利润或亏损。

（9）利润表是以营业收入为起点，分三个步骤计算不同的利润，公式如下：①营业利润=营业收入-营业成本-营业税金及附加-销售费用-管理费用-财务费用-资产减值损失+公允价值变动收益+投资收益；②利润总额=营业利润+营业外收入-营业外支出；③净利润=利润总额-所得税费用。

（10）利润表上的收入和费用的确认须遵循权责发生制。在权责发生制下，企业确认收入和费用不以当期是否实际收到和支付款项为依据，而是以是否发生了实际的经营业务为记账和披露的凭据。任何以盈利为目的的企业，不管是经营多年的企业还是初创企业，都要严格遵循权责发生制原则。

（11）对利润表中收入、毛利、销售费用、息税前利润及经营利润、净利润等各期数据的观察以及与各期数据之间的比较，与行业数据做对比，创业企业的投资人等外部的利益相关者和企业内部的经营管理者能够在较短的时间内判断出创业企业的经营成果好坏及存在的主要问题。

（12）现金流量表的重要作用是：①揭示企业当前的偿债能力和支付能力；②便于财务报表使用者预测企业未来的现金流量；③弥补权责发生制下选择预计、应计项目的调整方法的不足；④提高会计信息在一个企业内的不同时期、不同企业间的可比性等。

（13）现金流量表的格式有直接法和间接法两种，严格说，直接法和间接法是指经营活动现金流量的列表格式。我国的企业须按照直接法列报，与此同时还要在报表的附注中按照间接法列报经营活动现金流量。

思考题

1. 中小企业的财务报表包括哪些报表？每张财务报表提供什么信息？
2. 在财务会计程序中，为什么取得、编写会计凭证是最重要的步骤？
3. 应收账款与应付账款的区别是什么？
4. 所有者（股东）权益的其他常用名是什么？一家企业产生所有者权益的两个途径是什么？
5. 利润表能够传递什么信息？
6. 什么是权责发生制？为什么以盈利为目的的企业要以权责发生制编制财务报表？
7. 企业和投资人都非常关心毛利率，为什么？

8. 现金流量表的主要作用是什么？

9. 在现金流量表上，怎样将现金流量进行分类，这样分类的意义是什么？

10. 现金流量表的间接法格式下，对哪些内容进行调整后才能确定经营活动产生的现金流量净额？

11. 为什么净利润与经营活动现金流量净额常常不一致？

第三章　财务报表分析

第一节　财务报表分析概述

一、财务报表分析的主要目的和重要作用

财务报表是反映企业财务状况和经营成果的"晴雨表"，财务报表分析能帮助寻找有价值的投资，也是反映企业财务状况并进行预测的指南针，还是评价企业经营管理层绩效的有效手段。所谓财务报表分析，是以企业基本活动为对象，以财务报表为主要信息来源，以分析和综合为主要方法，对企业的财务状况、经营成果和现金流量状况做出一个综合评价的过程。其目的是了解过去、评价现在和预测未来，以帮助报表使用者改善决策。因此，企业的经营管理者、投资者和债权人等利益相关者都十分重视财务报表分析。当然，财务报表分析的目的和作用受其主体和服务对象的制约，不同的财务报表分析主体进行财务分析的目的不同，所起的作用也不尽相同。总的来说可以概括为以下几个方面。

（一）企业投资者和债权人进行财务报表分析的目的和作用

企业的投资者进行财务报表分析的最根本目的是了解企业的经营获利能力，因为盈利能力是投资者资本保值和增值的关键。但投资者不仅仅关心企业的盈利能力，为了确保资本保值增值，他们需要企业定期提供财务报表，从中获取有关权益的比例、盈利及其分配，以及资产配置现状等相关的财务信息，还可以运用财务报表对企业的资本结构、营运能力和发展潜力做出判断。只有当投资者认为企业有较强的发展潜力并有良好的发展前景时，他们才会保持和增加投资。否则，他们将尽可能地撤出投资。

与企业的投资人分析的目的和作用不同，企业债权人包括发放贷款的金融机构和企业债券认购人，他们最关心的是如何使贷款本金及时、足额收回，并且获得相应的报酬。因此，债权人通过财务报表分析了解企业资产的现状及其流动性和现金流量的大小、负债偿还的可靠程度等有关信息来决定是否给企业贷款，以及贷款的数额、期限和利率等相关因素。

（二）企业管理者进行财务报表分析的目的和作用

小企业的经营管理者进行财务报表分析的目的是综合性的、多方面的。从企业所有者利益的角度出发，企业管理者也最关心盈利能力。当然，他们不仅仅关心盈利的结果，更关心盈利的原因和过程。通过对企业资本结构、资产运营效率、偿债能力、经营风险与财务风险等方面的分析，企业管理者可以及时发现生产经营过程中存在的问题，并采

取积极有效的措施，使企业保持持续、健康和快速的发展。

（三）其他主体进行财务报表分析的目的和作用

其他财务报表分析主体主要是指与企业有关的国家行政管理与监督部门、供应商、客户等利益相关者。这些主体出于自身利益的考虑，也非常关心企业的经营业绩和财务状况。他们通过财务报表分析以便做出优化自身利益的决策。

二、财务报表分析的方法

在新创设的企业和很多小型企业里，许多会计人员把大部分精力放在进行会计账务处理和编制财务报表及纳税等内容上。在我们接触的很多小企业的会计人员中，大多数对编制完成的财务报表做进一步的分析不感兴趣，他们认为会计的任务就是日常的会计处理和按时完成报表，至于分析财务报表并从报表中发现公司的运营状况和存在什么问题，那是公司经理们的事务。遗憾的是，很多企业的高管、经理和外部人士并没有多少财务与会计的背景，对财务与会计方面的专业知识掌握不多甚至是空白。但是，企业经理恰恰更需要了解企业经营的状况和运营的动态，掌握企业资源的利用效率和盈利能力，掌握企业现金流的来龙去脉及存量。懂得财务数据及指标的经理就掌握了相当多的经营管理技巧和能力，就如同会读驾驶舱仪表的飞行员，即使挡风窗上有蒙蒙的雾气依然能轻松驾驶。

毫无疑问，企业经理人对各期的财务报表更感兴趣，他们非常关心企业已取得的业绩，关心企业的现状和未来的变化及发展。那么，就需要根据各期的财务报表数据做进一步的计算和分析，掌握财务数据和相关财务指标的含义。一方面，有利于他们客观评价历史的经营情况，找出经营和管理中存在的问题。例如，当期和以前时期的营业收入构成是否发生了改变，哪部分成本得到了控制或哪些费用超支，哪些业务得到了改善或出现了问题，掌握了驱动业绩的主要因素。另一方面，财务报表分析还能为预测未来提供依据，例如，了解了财务状况后，就能对原定的战略及计划中不合理的部分做出调整，权衡投资的风险与收益，做出合理的投融资决策。掌握财务报表分析的方法，挖掘财务数据的深刻内涵，无疑对经理们的管理和经营有着非常重要的帮助。

新创立企业和小企业的财务报表分析必须运用专门的方法。财务报表分析的方法很多，常用的而且比较适用于小企业和新创企业经营管理人员的方法主要有三种：趋势分析法、结构分析法和比率分析法。这些方法简便易行，便于掌握。

（一）趋势分析法

趋势分析法，是根据较长时期内不同时期序列的财务报表项目及其数据，进行系统的比较，明确其发展变化趋势。

趋势分析法可以具体划分为差额分析法和横向分析法等。差额分析法是比较两个时期财务报表相同项目的增减变动额及其幅度，来观测企业财务状况和经营成果的构成变动及其趋向；横向分析法是把若干时期财务报表汇总在同一张报表内，相连的各个时期按相同项目做横向排列，运用定基法或环比法计算各项目的百分比，以分析和观察它们的变化规律，揭示其发展趋势。

（二）结构分析法

结构分析法也称纵向分析法或比重分析法，是将财务报表某一个关键项目数值作为基数，计算其余纵向排列的项目数值相当于这一基数的百分比，以分析财务报表的结构数额。把许多时期纵向分析的财务报表有序地汇总在一起，进行横向比较，观察各个时期结构的变化趋向，从而使纵向分析也带有动态分析的特点，这样的结构分析将更具有意义。

上述的趋势分析和结构分析均利用不同的财务报表即资产负债表、利润表和现金流量表单独计算分析，因此也称为财务报表的独立分析。

（三）比率分析法

比率分析法是将同一期财务报表中的有关项目及其数据进行有机结合，求出它们之间的比值，用相对数形式反映企业的财务状况及其成果，分析其原因。

在各种财务分析方法中，比率分析法的特点是：

（1）能将那些不同性质的不能直接对比的财务报表项目有机地联系在一起，来衡量和评价企业财务状况和经营成果。

（2）便于在不同时期（或同一时间的计划与实际之间）和在不同企业之间用同一财务比率进行对比分析。

（3）计算简便、概念明确、揭示能力强。

财务分析除上述方法以外，还有因素分析法、相关分析法、图表分析法以及有关数学模型分析方法等。

三、财务报表分析的评价标准

标准是衡量事物的准绳或准则，可用于同类事物的比较。怎样在财务报表的分析中评价企业财务状况的好坏和经营成果的多少？如果没有一个合理的标准，则无法得出客观公正的结论。例如，企业仅依据计算出的某个年度的存货周转率来评价存货的管理效率是不能说明什么问题的，而这一年度的存货周转率必须同企业历史的周转率或同行业的平均存货周转率等进行比较才能做出客观合理的评价。可以认为，财务报表分析的结论是相对而言的。

财务报表分析的标准主要有以下几种。

（一）本企业的历史标准

财务报表分析的历史标准常用于趋势分析，但其运用的前提是企业的生产经营方向和规模等没有较大的变化。比如，某个小企业原先经销日用百货商品，而现在改为经营地方特色饭店，而且其规模也比以前扩大了，在这种情况下，财务报表分析就不能使用历史标准。

（二）行业平均值标准

这个标准可用于分析企业当期的财务报表，将分析的各项指标与同行业相同指标的平均值进行对比，以做出评价。但使用同行业标准也存在一些问题，即企业与企业之间在会计方法、经营条件和外部环境等许多方面存在着差别，这些都会影响企业计算出的指标数值，所以使用行业标准进行分析比较，只能是粗略的，其可比性或多或少有所降低。

（三）计划标准或制订的目标

计划标准或目标，通常在新创立企业、经营方向和经营规模发生较大变化的企业以及特殊类型企业中使用，处在正常经营中的企业也可使用。而计划标准和目标制订必须合理，才能客观公正地评析企业实际经营业绩。

此外，同类企业的水平，财务分析人员的经验、能力等都可以作为财务报表分析的标准。

第二节　财务报表的独立分析

在财务报表分析过程中，常常需要把一个企业两期或连续数期的财务报表进行对比分析，以观察企业以前各期经营业绩和财务状况的变动趋势，研究其变动规律，并为未来财务预测提供依据。财务报表独立分析是进行财务分析的有效方法，它包括趋势分析法和结构分析法。

一、趋势分析法

单期的财务报表数据只能表明企业本期的经营业绩和财务状况，因此，很难据此判断报表中每一项财务数据的适当性及发展变化的趋势，趋势分析法则正好能克服这个缺点。趋势分析法是通过观察连续数期的财务报表，比较各期的有关项目的数值，分析该项目数值增减变动的情况，从而评价企业过去的经营状况，并根据项目的发展趋势，对未来可能出现的结果做出预测。

趋势分析有两种比较方法：一种是定比，另一种是环比。定比是指选定某一年为基期（一般为第一年），然后，将其余各年与基期相比较；环比是指将本年数值和上一年的数值进行比较。采用定比还是环比，报表分析者可以根据报表分析的需要进行选择。对于趋势分析，我们既可以运用绝对数增减比较，也可以进行百分比增减比较。

（一）资产负债表的趋势分析

1. 对重要性项目重点比较

【例 3.1】康达清洁设备股份有限公司（以下简称康达公司）是一家国内的清洁设备生产企业，经营较稳健，业绩良好，在该行业内处于比较领先的水平。该公司所处的经营环境稳定，无重大变化。该公司当前的股票份数为 5 000 万股，在创业板上市流通。上市以来，公司一直保持比较稳定发展的态势。

表 3-1 是康达公司的比较资产负债表。从比较资产负债表上看，总资产从 2013 年的 43 517 万元增长到 2014 年的 49 306 万元，增加了 5 789 万元，增幅为 13.30%。总资产的增长是因为各项资产都有不同幅度的增长。其中，流动资产增长了 18.03%，长期投资增长了 16.74%，固定资产增长了 8.99%。同时，2014 年公司的流动负债较 2013 年增长了 32.77%，长期负债增长了 30.00%。而股东权益总额仅增长了 5.85%。公司的股本和资本公积连续三年都未发生变化，这说明股东权益的增加主要来源于利润。通过负债和股东权益的对比分析，我们不难发现公司负债金额的不断增加是资产规模扩大的主要原因。

2. 对变动幅度比较大的项目重点分析

根据表 3-1，康达公司的应收票据、预收账款等项目变动金额和幅度均较大。应收票据从 2012 年的 1 282 万元增长到 2013 年的 2 573 万元，再增长到 2014 年的 7 902 万元，说明公司在进行销售时倾向于使用票据结算方式，并且逐渐收缩信用政策，减少赊销，以尽量避免坏账，这从公司最近三年应收账款期末余额的逐渐减少可以得到验证；预收账款大幅度增加可能因为公司的产品比较畅销，客户为了及时购买到产品采取了预付货款的购买方式。

表 3-1　康达公司比较资产负债表　　　　　单位：万元

项目	2012 年年末数	2013 年年末数	2014 年年末数	2014 年比 2013 年增（+）减（-）	
				金额	占比
流动资产：					
货币资金	2 575	3 534	2 903	-631	-17.86%
应收票据	1 282	2 573	7 902	5 329	207.11%
应收账款	2 086	1 912	1 011	-901	-47.12%
减：坏账准备	207	254	266	12	4.72%
应收账款净额	1 879	1 658	745	-913	-55.07%
其他应收款	1 438	852	107	-745	-87.44%
预付账款	390	835	358	-477	-57.13%
存货	3 168	5 643	5 800	157	2.78%
其他流动资产	6	1	3	2	200.00%
流动资产合计	10 738	15 096	17 818	2 722	18.03
长期投资：					
长期股权投资	4 869	6 605	7 711	1 106	16.74%
固定资产：					
固定资产原价	20 468	27 443	29 545	2 102	7.66%
减：累计折旧	6 132	7 243	7 603	360	4.97%
固定资产净值	14 336	20 200	21 942	1 742	8.62%
减：固定资产减值准备	0	444	600	156	35.14%
固定资产净额	14 336	19 756	21 342	1 586	8.03%
工程物资	39	39	0	-39	-100.00%
在建工程	7 977	2 021	2 435	414	20.48%
固定资产合计	22 352	21 816	23 777	1 961	8.99%
无形资产	0	0	0	0	0.00%
固定及无形资产合计	22 352	21 816	23 777	1 961	8.99%
资产总计	37 959	43 517	49 306	5 789	13.30%
流动负债：					
短期借款	1 165	2 050	2 850	800	39.02%
应付票据	1 008	2 073	2 290	217	10.47%

续表

项目	2012年年末数	2013年年末数	2014年年末数	2014年比2013年增（+）减（-）	
				金额	占比
应付账款	1 391	1 809	1 974	165	9.12%
预收账款	1 472	827	4 831	4 004	484.16%
应付职工薪酬	10	10	2	-8	-80.00%
应付股利	1 487	1 115	818	-297	-26.64%
应交税费	78	518	-4	-522	-100.77%
其他应交款	24	4	40	36	900.00%
其他应付款	63	72	123	51	70.83%
一年内到期的长期负债	0	800	0	-800	-100.00%
其他流动负债	61	456	0	-456	-100.00%
流动负债合计	6 759	9 734	12 924	3 190	32.77%
长期负债：					
长期借款	1 485	2 350	3 350	1 000	42.55%
长期应付款	84	84	0	-84	-100.00%
专项应付款	0	143	0	-143	-100.00%
其他长期负债	282	0	0	0	0.00%
长期负债合计	1 851	2 577	3 350	773	30.00%
负债合计	8 610	12 311	16 274	3 963	32.19%
股东权益：					
股本	7 433	7 433	7 433	0	0.00%
资本公积	15 568	15 568	15 568	0	0.00%
盈余公积	2 383	3 297	4 090	793	24.05%
其中：法定公益金	547	866	1 131	265	30.60%
未分配利润	3 965	4 908	5 941	1 033	21.05%
股东权益合计	29 349	31 206	33 032	1 826	5.85%
负债及股东权益总计	37 959	43 517	49 306	5 789	13.30%

（二）利润表的趋势分析

由表3-2可知，康达公司的营业收入呈逐年增长态势，2013年为36 186万元，比2012年增加了6 903万元；2014年为39 377万元，比2013年增加了3 191万元。再进一步观察可知，其增长速度呈逐年下降趋势，2013年比2012年增长了23.57%，而2014年只比2013年增长了8.82%。康达公司2013年的营业成本较2012年增长了30.73%，2014年的营业成本较2013年增长了8.84%。由于2013年营业成本增幅高于营业收入的增幅，所以销售收入的增加并未带来利润的增加，反而有所下降。这说明公司在扩大销售的同时，未能有效地控制成本。另外，投资收益、营业外收入和营业外支出对利润也有一定的影响，应注意分析这些非常项目。

表 3-2   康达公司比较利润表   单位：万元

项目	2012 年	2013 年	2014 年	2014 年比 2013 年增（+）减（−）	
				金额	增长率
一、营业收入	29 283	36 186	39 377	3 191	8.82%
减：营业成本	24 145	31 565	34 355	2 790	8.84%
营业税金及附加	173	210	229	19	9.05%
销售费用	233	194	158	−36	−18.56%
管理费用	230	288	303	15	5.21%
财务费用	188	124	141	17	13.71%
二、营业利润	4 314	3 805	4 191	386	10.14%
加：投资收益	97	41	205	164	400.00%
营业外收入	1	23	48	25	108.70%
减：营业外支出	1	2	503	501	25 050.00%
三、利润总额	4 411	3 867	3 941	74	1.91%
减：所得税	647	513	1 299	786	153.22%
四、净利润	3 764	3 632	2 642	−990	−27.26%

二、结构分析法

结构分析法是指将财务报表中每一个项目用同一报表内某一关键项目的百分比来表示，其中的关键项目称为基数。通常将这些以结构比列示的报表称为共同比报表。在财务分析时，分析者往往将结构分析法和趋势分析法结合起来。

（一）资产负债表结构分析

在对资产负债表进行结构分析时，通常将资产总额作为基数，分析各项资产占总资产的比重，进而评价企业资产结构的合理性。也可以取负债和股东权益总额为基数，分析企业短期、长期负债及股东权益总额的比重，以寻求企业最优的资本结构。

表 3-3 是康达公司的共同比资产负债表。从中可以看出，在资产总额中，流动资产的比重有所上升，固定资产的比重则呈下降趋势；负债是公司资金的主要来源，其比重不断上升。

在负债内部，流动负债的比重升幅较大，从 2012 年的 17.81%，上升到 2014 年的 26.21%；而股东权益在资金来源中的比重不断下降。

表 3-3   康达公司共同比资产负债表

项目	2012 年年末数	2013 年年末数	2014 年年末数
流动资产：			
货币资金	6.78%	8.12%	5.89%
应收票据	3.38%	5.91%	16.03%
应收账款	5.50%	4.39%	2.05%
减：坏账准备	0.55%	0.58%	0.54%

续表

项目	2012 年年末数	2013 年年末数	2014 年年末数
应收账款净额	4.95%	3.81%	1.51%
其他应收款	3.79%	1.96%	0.22%
预付账款	1.03%	1.92%	0.73%
存货	8.35%	12.97%	11.76%
其他流动资产	0.02%	0.00%	0.01%
流动资产合计	28.29%	34.69%	36.14%
长期投资：			
长期股权投资	12.83%	15.18%	15.64%
长期投资合计	12.83%	15.18%	15.64%
固定资产：			
固定资产原价	53.92%	63.06%	59.92%
减：累计折旧	16.15%	16.64%	15.42%
固定资产净值	37.77%	46.42%	44.50%
减：固定资产减值准备	0.00%	1.02%	1.22%
固定资产净额	37.77%	45.40%	43.28%
工程物资	0.10%	0.09%	0.00%
在建工程	21.01%	4.64%	4.94%
固定资产合计	58.88%	50.13%	48.22%
无形资产	0.00%	0.00%	0.00%
固定及无形资产合计	58.88%	50.13%	48.22%
资产总计	100.00%	100.00%	100.00%
流动负债：			
短期借款	3.07%	4.71%	5.78%
应付票据	2.66%	4.76%	4.64%
应付账款	3.66%	4.16%	4.00%
预收账款	3.88%	1.90%	9.80%
应付职工薪酬	0.03%	0.02%	0.00%
应付股利	3.92%	2.56%	1.66%
应交税费	0.21%	1.19%	-0.01%
其他应交款	0.06%	0.01%	0.08%
其他应付款	0.17%	0.17%	0.25%
一年内到期的长期负债	0.00%	1.84%	0.00%
其他流动负债	0.16%	1.05%	0.00%
流动负债合计	17.81%	22.37%	26.21%
长期负债：			
长期借款	3.91%	5.40%	6.79%
长期应付款	0.22%	0.19%	0.00%
专项应付款	0.00%	0.33%	0.00%
其他长期负债	0.74%	0.00%	0.00%

续表

项目	2012 年年末数	2013 年年末数	2014 年年末数
长期负债合计	4.88%	5.92%	6.79%
负债合计	22.68%	28.29%	33.01%
股东权益：			
股本	19.58%	17.08%	15.08%
资本公积	41.01%	35.77%	31.57%
盈余公积	6.28%	7.58%	8.30%
其中：法定公益金	1.44%	1.99%	2.29%
未分配利润	10.45%	11.28%	12.05%
股东权益合计	77.32%	71.71%	66.99%
负债及股东权益总计	100.00%	100.00%	100.00%

（二）利润表结构分析

在对利润表进行结构分析时，一般将销售收入作为基数，分析成本、费用和利润等占销售收入的比重，从而评价企业的盈利能力以及成本控制等方面的绩效。

表 3-4 是康达公司的共同比利润表。从中可以看出，2012 年到 2014 年主营业务成本占营业收入的比重有所上升，导致营业利润、利润总额和净利润占营业收入的比重不断下降。尽管销售费用、管理费用和财务费用占营业收入的比重有所下降，但这丝毫不能扭转净利润占营业收入的比重下降的趋势。

表 3-4 康达公司共同比利润表

项目	2012 年	2013 年	2014 年
一、营业收入	100.000%	100.000%	100.000%
减：营业成本	82.454%	87.230%	87.246%
营业税金及附加	0.591%	0.580%	0.582%
销售费用	0.796%	0.536%	0.401%
管理费用	0.785%	0.796%	0.769%
财务费用	0.642%	0.343%	0.358%
二、营业利润	14.732%	10.515%	10.643%
加：投资收益	—	—	—
营业外收入	—	—	—
减：营业外支出	0.003%	0.006%	1.277%
三、利润总额	15.063%	10.686%	10.008%
减：所得税	2.209%	1.418%	3.299%
四、净利润	12.854%	10.037%	6.710%

（三）现金流量表结构分析

现金流量表的结构分析与资产负债表和利润表的结构分析有所不同，它包括流入结构、流出结构和流入流出比分析。表 3-5 是康达公司 2014 年现金流量结构分析。

1. 流入结构分析

流入结构分析分为总流入结构和经营、投资、筹资活动现金流入的结构分析。

康达公司的现金流入中，经营活动产生的现金流入占 88.46%，投资活动产生的现金流入占 0.22%，筹资活动产生的现金流入占 11.32%。可见，经营活动是现金流入的主要来源。

经营活动产生的现金流入中，销售产成品、商品、提供劳务收到的现金占了 99.87%；投资活动产生的现金流入中，取得的投资收益占了 55.56%；筹资活动产生的现金流入中全部是借款。

2. 流出结构分析

同流入结构分析一样，流出结构分析也分为总流出结构和经营、投资、筹资活动现金流出的结构分析。

康达公司的现金流出中，经营活动产生的现金流出占 78.29%，投资活动产生的现金流出占 9.47%，筹资活动产生的现金流出占 12.24%。

经营活动产生的现金流出中，购买原材料、商品、接受劳务支付的现金占 80.40%，支付各项税费占 13.15%，这两项是主要部分；投资活动产生的现金流出中，购建固定资产、无形资产和其他长期资产所支付的现金占了绝大部分，为 94.39%；筹资活动产生的现金流出则主要是偿还债务和分配股利、利润或偿付利息。

3. 流入流出比分析

康达公司经营活动流入流出比为 1.11，表明企业投资 1 元可获得 1.11 元的回报。显然，该值越大越好；投资活动流入流出比为 0.02，这表明康达公司正处于扩张时期。一般来说，当公司处于发展期时，该值较小，而处于成熟或衰退期时，该值较大；筹资活动流入流出比为 0.91，这表明公司的还款大于借款。

康达公司本年度经营现金净流入量为 3 598 万元，现金存量减少 631 万元，它们用于投资 3 779 万元，用于筹资 450 万元。

一般来说，对于处于成长期的企业，经营活动的现金净流量应为正数，投资活动的现金净流量应为负数，筹资活动的现金净流量则正负相间。

表 3-5　康达公司 2014 年现金流量结构分析　　　　单位：万元

项目	流入量	流出量	净流量	内部结构	流入结构	流出结构	流入流出比
一、经营活动产生的现金流量：							
销售产成品、商品、提供劳务收到的现金	35 525			99.87%			
收到的其他与经营活动有关的现金	47			0.13%			
现金流入小计	35 572			100.00%	88.46%		
购买原材料、商品、接受劳务支付的现金		25 707		80.40%			
支付给职工薪酬以及为职工支付的现金		1 102		3.45%			
支付的各项税费		4 204		13.15%			
支付的其他与经营活动有关的现金		961		3.00%			
现金流出小计		31 974		100.00%		78.29%	1.11

续表

项目	流入量	流出量	净流量	内部结构	流入结构	流出结构	流入流出比
经营活动产生的现金流量净额			3 598				
二、投资活动产生的现金流量：							
收回短期投资、长期债权投资和长期股权投资所收到的现金	0			0.00%			
取得投资收益所收到的现金	50			55.56%			
处置固定资产、无形资产和其他长期资产所收回的现金净额	3			3.33%			
收到的其他与投资活动有关的现金	37			41.11%			
现金流入小计	90			100.00%	0.22%		
短期投资、长期债权投资和长期股权投资支付的现金		217		5.61%			
购建固定资产、无形资产和其他长期资产所支付的现金		3 652		94.39%			
支付的其他与投资活动有关的现金		0		0.00%			
现金流出小计		3 869		100.00%		9.47%	0.02
投资活动产生的现金流量净额			-3779				
三、筹资活动产生的现金流量：							
取得借款所收到的现金	4 550			100.00%			
吸收投资者投资所收到的现金	0			0.00%			
收到的其他与筹资活动有关的现金	0			0.00%			
现金流入小计	4 550			100.00%	11.32%		
偿还借款本金所支付的现金		3 550		71.00%			
分配股利、利润或偿付利息所支付的现金		1 292		25.84%			
支付的其他与筹资活动有关的现金		158		3.16%			
现金流出小计		5 000		100.00%		12.24%	0.91
筹资活动产生的现金流量净额			-450				
合计	40 212	40 843	-631		100.00%	100.00%	

第三节　企业财务比率分析

本章第二节所介绍的财务报表结构分析和趋势分析，都是分析单一公司的基本方法。本节将介绍比率分析法。比率分析法是将同一期财务报表中的有关项目及其数据进行有机结合，求出它们之间的比值，用相对数形式反映企业的财务状况及其成果，分析其原因。运用财务比率进行财务报表分析，比起独立分析来讲，具有以下明显的优势。

首先，财务比率分析方法能将那些不同性质的不能直接对比的项目有机地联系在一起，来衡量和评价企业财务状况和经营成果。

其次，这种方法便于在不同时期（或同一时间的计划与实际之间）和在不同企业之间用同一指标进行对比分析。

最后，财务比率计算简便、概念明确、揭示能力强。

通过对财务比率的计算分析，可以对企业经营管理的各方面状况有一个整体了解。一般的中小企业的财务比率分析主要侧重在债务偿还能力、资产管理能力和获利能力三个主要方面的分析。主要的财务比率如图 3-1 所示。

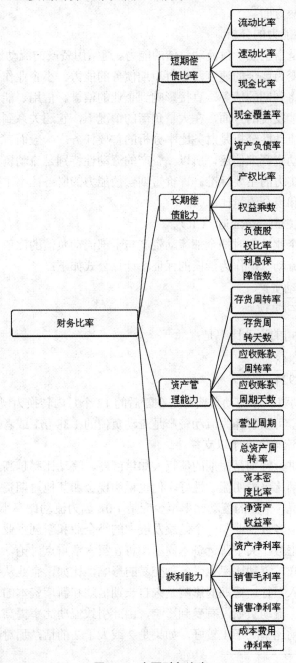

图 3-1　主要财务比率

下面将对这几个方面进行详细论述。

一、偿债能力分析

企业偿债能力是指企业偿还各种到期债务的能力。偿债能力分析是财务报表分析的一个重要方面，通过这种分析可以揭示企业的财务风险。因此，无论是债权人还是企业的管理者和投资者都十分重视企业偿债能力的分析。偿债能力分析主要分为短期偿债能力和长期偿债能力两方面。

（一）短期偿债能力的分析

短期偿债能力是指企业偿付流动负债的能力。通常用资产的流动性来衡量。流动性，是指企业将资产转变为现金的速度及支付短期债务的能力。小企业作为一个经济实体，能否偿还到期或即将到期的债务，直接影响到企业的信誉、信用、能否继续筹资等一系列关系企业能否持续发展的方面，在大量负债的情况下，它还关系到企业能否生存这一重大问题。因此，流动性分析是财务比率分析的首要任务。一般而言，企业的短期债务即流动负债应靠流动资产来偿还，所以，资产的流动性特别是流动资产流转的快慢成为检验企业当前财务实力的主要标准。评价短期偿债能力的财务比率主要有流动比率、速动比率、现金比率和现金流量比率。

1．流动比率（Current Ratio，CR）[①]

流动比率是指企业一定时期全部流动资产与全部流动负债的比值。它表明企业每 1元流动负债有多少流动资产作为偿债的保证。计算公式如下：

$$流动比率 = \frac{流动资产}{流动负债} \tag{3-1}$$

2014 年康达公司的流动比率是：

$$流动比率 = \frac{17\,818}{12\,924} = 1.38$$

原则上讲，流动资产和流动负债都是在随后的 12 个月内转换为现金。计算的流动比率 1.38 倍数来表示，可以解释为流动资产是流动负债的 1.38 倍，或者解释为 1 元的流动负债可有 1.38 元的流动资产予以支撑。

对于债权人来讲，特别是短期的债权人如供应商，流动比率越高越好。但对于企业自身来看，高的流动比率表明流动性好，但也说明现金和其他短期资产的无效利用。除了一些极特殊的情况，企业的流动比率至少应是 1.0，因为流动比率小于 1.0 意味着营运资本净额是负值，但多数企业和一个健康发展中的小企业和新创企业，它们的营运资本净额一般都应当是正数。关于营运资本问题，将在第六章重点讨论。

和其他比率一样，流动比率也受各种交易的影响。比如，企业从银行取得了长期借款或新增资本并存入银行。短期的影响是来自长期借款和新增资本的现金增加与长期借款或实收资本增加，流动负债没有受到影响，由此引致流动比率提高。

经验表明，流动比率大于 1 较好，如果是 2 或大于 2 的话，那对于债权人来说是再

---

① 本节讲述的一些常用的财务比率均注上英文，是为了后面各章节表述方便。

好不过了。但流动比率是静态的衡量指标，受到若干因素的影响，仅凭流动比率指标来判断企业的偿债能力有一定的片面性。在对流动比率进行分析时，应结合不同的行业特点、企业的资本结构、财务状况等因素。流动比率只有和同行业平均流动比率、本企业历史流动比率进行比较，才知道该比率是高还是低。一般来说，这种比较并不能说明流动比率为什么这么高或低。要找出过高或过低的原因必须分析企业的流动资产和流动负债所包括的内容及企业经营的因素。一般情况下，营业周期、流动资产中的应收账款数额和存货的周转速度是影响流动比率的重要因素。

2. 速动比率（Quick Ratio，QR）

流动比率虽然可以用来评价流动资产总体的变现能力，但存在一定的局限性。如果企业的流动比率较高，但流动资产的流动性较差，则企业的短期偿债能力仍然不强。因此，人们希望获得比流动比率更能体现企业变现能力的指标。这个指标就是速动比率，也被称为酸性测试比率。速动比率是指企业一定时期的速动资产与流动负债的比率。计算公式如下：

$$速动比率 = \frac{速动资产}{流动负债} = \frac{（流动资产-存货）}{流动负债} \tag{3-2}$$

康达公司 2014 年的速动比率为：

$$速动比率 = \frac{（17\,818-5\,800）}{12\,924} = 0.93$$

企业速动资产是将企业流动资产总额减去存货后的余额。因为存货在流动资产中的变现能力相对较差，存货长时间存放在库房里，出现毁损、被盗丢失等情况的可能性较大。可以认为，速动比率反映企业在存货不能及时变现的情况下，企业可动用流动资产清偿流动负债的能力。它是考虑了企业可能出现最不利的情况后而对资产流动性的衡量，因而用它衡量流动性是稳健的。一般情况下，小企业的速动比率为 1 时比较合适。该指标值越大，说明企业的偿债能力越强。同流动比率一样，速动比率也与行业差异有着密切的关系。例如，大量采用现金交易的零售业企业，应收账款比较少，这类企业的速动比率往往低于 1，但仍具有足够的流动性。影响速动比率可信性的重要因素是应收账款的变现能力。如果企业的应收账款中，有大部分不易收回，可能成为坏账，那么速动比率就不能真实地反映企业的偿债能力。

3. 现金比率

现金比率，是指企业的现金[①]和现金等价物（可交易证券）对企业流动负债的比率关系。它反映了企业在最坏情况下的偿付能力。计算公式如下：

$$现金比率 = \frac{（现金+现金等价物）}{流动负债} \tag{3-3}$$

康达公司 2014 年的现金比率是：

$$现金比率 = \frac{2\,903}{12\,924} = 0.22$$

---

① 现金是指资产负债表中的"货币资金"项目。

现金比率在企业应收账款和存货变现能力较弱的情况下有较大的意义。一般来说，该比率在 0.2 以上，企业的支付能力不会有太大的问题。但如果该比率过高，意味着企业的现金管理能力较差，相当数目的现金资产未能得到有效运用。

4. 现金覆盖比率（Cash Coverage，CC）

现金覆盖比率是指企业经营活动现金流量净额与流动负债的比率。计算公式为：

$$现金覆盖比率 = \frac{经营活动产生的现金流量净额}{流动负债} \tag{3-4}$$

康达公司 2014 年的现金覆盖比率是：

$$现金覆盖比率 = \frac{3\,598}{12\,924} = 0.28$$

企业偿还到期债务主要使用现金，而企业的现金主要来源是生产经营活动。现金覆盖比率反映本期经营活动产生的现金流量是否足以抵付即将到期债务的能力。一般而言，其值越大，说明企业越有能力偿还到期债务。但是，这一比率过高，说明企业现金用于投资方面不够充分，处于闲置的现金过多，这必然影响企业的获利能力。

（二）长期偿债能力的分析

企业短期债务的偿还主要依靠于流动资产包括流动负债的倍数和变现速度，而非企业的盈利能力。长期负债不然，企业获利能力强不但能确保各期利息的及时支付，而且能积累资金，提高企业长期的支付能力。因此，分析企业长期负债管理成效应侧重两个方面：第一，负债的安全程度；第二，企业的获利能力。前者能保护债权人的利益，后者不仅能保护债权人的利益，而且还能使企业和所有者获益。

长期偿债能力是指企业偿还一年期以上或超过一年的一个营业周期以上的债务的能力，它反映企业资本结构的合理性以及偿还长期债务本金和利息的能力。分析长期偿债能力所使用的比率包括资产负债率、股东权益比率、权益乘数、负债股权比率和利息保障倍数等。

1. 资产负债率（Total Debt Ratio，DR）

资产负债率是指企业的负债总额与资产总额的比率，也称为债务比率。它能够反映企业的财务结构状况，直接体现了企业财务风险的大小。计算公式如下：

$$资产负债率 = \frac{负债总额}{资产总额} \tag{3-5}$$

$$或 = \frac{总资产 - 总所有者权益}{总负债}$$

康达公司 2014 年的资产负债率是：

$$资产负债率 = \frac{16\,274}{49\,306} = 0.33$$

资产负债率为 0.33 说明该公司每 1 元资产中有 0.33 元的债务资本，那么则有 0.67 元（＝1-0.33）的权益资本即下述的股东权益比率。

资产负债率是反映债权人所提供的资金占企业全部资产的比率，用来衡量利用债权人提供资金，进行经营活动的能力，它反映债权人提供资金的安全度。作为反映企业偿还债务的综合能力的指标，该比率越高，企业偿还债务的能力越差；反之，偿还债务的能力越强。

从资产负债率本身来看，该指标并无好坏之分，但从不同信息使用者的分析角度来看却有很大的差别：

（1）从债权人的角度看，他们最关心的是贷给企业的资金的安全程度，即能否按期收回本金和利息。因此，债权人希望资产负债率越低越好，这样股东提供的资本占企业资本总额的大部分，企业的风险将主要由股东承担，企业有充分的资产保障能力来确保其负债按时偿还。

（2）从股东的角度看，投资的目的是为了实现其自身利益最大化。所以，当企业的投资报酬率大于其负债利率时，股东将倾向于进一步追加负债，以获得更多的投资收益。企业股东可以通过举债经营的方式，以有限的资本、付出有限的代价而取得对企业的控制权，并且可以得到负债经营的杠杆收益。因此，在财务报表分析中，资产负债率也被称为财务杠杆。

（3）从企业管理者的角度看，企业管理者既不愿意采用较高的资产负债率，以承受较大的风险，也不会保持较低的负债比例，使企业丧失利用财务杠杆获得收益的机会。因此，企业管理者会从企业的整体出发，选择较为合适的资产负债率。

资产负债率并不存在标准比率，它依据行业状况、企业实际经营和财务状况而定。处于不同行业的企业，资产负债率的大小有很大的差异，如批发和零售贸易业与机械、设备和仪表业的负债水平就明显不同；处于不同发展时期的企业，资产负债率也各有特点，处于快速成长期的企业，因其对资金的需求比较大，资产负债率可能会高一些。企业的资金是由负债和所有者权益构成的，因此，资产总额应该大于负债总额，即资产负债率应该小于1。如果企业的资产负债率大于1，说明企业资不抵债，有破产清算的风险。

2. 股东权益比率（Equity Ratio，ER）

股东权益比率，也称资产权益率、所有者权益比率或产权比率，是将企业一定时期的权益资本总额与资产总额相比的比率。计算公式如下：

$$股东权益比率 = \frac{股东权益总额}{资产总额} \qquad (3-6)$$

康达公司2014年的股东权益比率是：

$$股东权益比率 = \frac{33\,032}{49\,306} = 0.67$$

从公式可知，股东权益比率＝1－资产负债率。资产负债率和股东权益比率是从不同的角度来反映企业的长期财务状况。资产负债率主要说明企业总资产对负债的保障程度，反映企业偿还债务能力的综合指标；股东权益比率主要说明企业的资本结构，反映股东对企业的控制程度和稳定性。

在确定股东权益比率时，同时存在两个相反的作用因素。股东权益比率越大，资产负债率就越小，企业的财务风险就越小，长期偿债能力就越强。然而，对于一个经营业绩良好的小微企业，如果权益资本在资本结构中所占比重过大，必然会提高企业的筹资成本，企业不能获得较高的财务杠杆收益，最终不利于净资产收益率的提高和股东价值最大化目标的实现。

3. 权益乘数（Equity Multiplier，EM）

股东权益比率的倒数称为权益乘数。权益乘数也称作资本结构杠杆比率，衡量企业依赖贷款（负债）的程度。权益乘数等于资产总额除以股东权益总额，其计算公式为：

$$权益乘数 = \frac{资产总额}{股东权益总额} = \frac{1}{（1-资产负债率）} \tag{3-7}$$

康达公司 2014 年的权益乘数为：

$$权益乘数 = \frac{49\,306}{33\,032} = \frac{1}{1-0.33} = 1.49$$

权益乘数表示企业的负债程度，乘数越大，企业的资产负债率越大。当资本结构中的负债增加，这一比率逐渐提高并超过 1；当负债减少，这一比率减小并趋近 1。权益乘数大，一方面表明企业有较高的负债程度，能获得较高的财务杠杆收益，另一方面也表明企业面临着较高的财务风险。

4. 负债股权比率（Debt Equity Ratio，DER）

负债股权比率是指企业负债总额与股东权益总额的比率，也称净资产负债率。计算公式如下：

$$负债股权比率 = \frac{负债总额}{股东权益总额} \tag{3-8}$$

康达公司 2014 年的负债股权比率是：

$$负债股权比率 = \frac{16\,274}{33\,032} = 0.49$$

由计算公式可知，该指标实际上是资产负债率的又一表现形式，它反映企业承担负债的风险程度和企业的实际偿债能力，同时还反映股东权益对债权人利益的保障程度。从债权人的角度来说，该比率越低越好，这说明债权人的债权安全性有保障，企业的财务风险较小。

5. 利息保障倍数（Times Interest Earned Ratio，TIE）

企业举借债务，必须如期支付利息。如果企业举债经营赚取的利润多于所付利息，表明企业有一定的偿债能力，企业从举债经营中获得的利润超过所付利息的倍数越多，企业的偿债付息能力就越强。一般来说，企业如果按期支付债务利息费用，则证明其有着良好的信用，因而银行等债权人就愿意向企业提供债务资本，由此企业也就具备了再举借新债归还到期旧债的能力。利息保障倍数衡量和分析利息支付能力的财务比率，等于息税前利润与利息费用的比率，也称为已获利息倍数。计算公式如下：

$$利息保障倍数 = \frac{息税前利润}{利息费用} \tag{3-9}$$

康达公司 2014 年的利息保障倍数的计算如下：

$$利息保障倍数 = \frac{4\,082}{141} = 28.95$$

公式中的息税前利润是指利润表中的未扣除利息费用的税前利润，即"利润总额＋

利息费用"。由于在利润表中利息费用包含在财务费用中，因此，报表分析者往往使用"利润总额＋财务费用"来计算。此外，要注意的是该指标计算中作为分母的利息费用，它包括企业各类长、短期负债所要支付的全部利息费用，即不但包括记入财务费用账户的利息费用，也包括列入固定资产、在建工程等各项资本化支出的利息费用。

利息保障倍数一方面反映了企业获利能力的大小，另一方面也反映了获利能力对偿还到期债务的保障程度，因此，它是评价企业长期偿债能力大小的重要指标。从债权人的角度看，该指标的数值越大越好，指标值越大说明企业本期的经营利润对债务利息的保障程度越高。通常认为，这个指标不应该小于1，如果小于1说明以自身的能力偿还到期本金已有了困难，必须借新债还旧债，使公司财务状况陷于困境。对于康达公司来讲，利息保障倍数高达近29倍，偿还利息的能力不成问题。

以上所述的短期和长期的偿债能力比率，汇总表如表3-6所示。

表3-6 偿债能力比率汇总表

偿债能力比率		公式	简要说明
短期偿债能力	流动比率	流动资产/流动负债	资产的流动性及偿付短期账单能力
	速动比率	（流动资产-存货）/流动负债	排除流动性差的存货后的偿还能力
	现金比率	现金及现金等价物期末余额/流动负债	在最坏情况下的短期偿还能力
	现金覆盖率	经营活动产生的现金流量净额/流动负债	经营现金净流量能否偿还短期债务
长期偿债能力	资产负债率	负债/资产	财务结构状况及财务风险大小
	产权比率	股东权益/资产	股东对企业的控制程度及资本结构
	权益乘数	资产/股东权益或1/（1-资产负债率）	依赖负债的程度和财务风险大小
	负债股权比率	负债/股东权益	股东权益对债权的安全保障程度
	利息保障倍数	（利润总额+利息费用）/利息费用	按期支付债务利息的保障倍数

康达公司2012年至2014年的偿债能力比率以及所处行业2014年的相关比率均值如表3-7所示。

表3-7 康达公司偿债能力指标及行业均值

偿债能力比率	2012年末	2013年末	2014年末	行业均值 2014年
流动比率	1.59	1.55	1.38	1.21
速动比率	1.12	0.97	0.93	0.86
现金比率	0.38	0.36	0.22	0.20
现金覆盖率	0.34	0.31	0.28	0.30
资产负债率	0.23	0.28	0.33	0.51
产权比率	0.77	0.72	0.67	0.61
权益乘数	1.29	1.39	1.49	2.04
负债股权比率	0.29	0.39	0.49	0.53
利息保障倍数	24.46	32.19	28.95	15.72

从表 3-7 看到，康达公司自 2012 年以来，反映短期偿债能力的各项比率均在下降，但 2014 年高于行业的均值，说明该公司在所处的行业中流动性属于中等偏上水平。三年来该公司的负债年年增加，资产负债率在 2014 年达到了 33%，但还是低于行业的平均水平 51%。尽管康达公司的负债水平与行业均值相比属于较低水平，但其利息的保障水平较高，2014 年接近 29 倍，远高于约 16 倍的行业水平。总体来讲，康达公司偿债能力是较强的。

二、资产管理能力的分析

资产管理能力，也称作营运能力、资产利用能力，是指企业在资产管理与运转方面的能力，或者说企业运用资产的效率。它可以通过企业生产经营资金周转速度等有关指标反映出来。企业生产经营资金周转越快，表明企业资金利用的效果越好，效率越高，企业管理者的经营能力越强。衡量企业资产营运能力的比率是用资产负债表上的资产与利润表上的收入做比较，包括：存货周转率、应收账款周转率、营业周期和总资产周转率。这些指标或比率对小企业和新设企业尤为重要。因为，这些企业为了尽快地占有市场份额，更多地采取低价销售政策，以加快资产的周转和投资的回收速度。

（一）存货周转率（Inventory Turnover）和存货周转天数（Days Sales of Inventory）

存货是流动资产中最能代表企业营销能力的项目。在工业企业和商品流通企业，存货在流动资产中所占比重最大。所以，在财务分析中，对存货的分析同样占有十分重要的地位。

存货分析侧重在存货的利用效率即管理水平方面。一个企业存货管理水平的高低关键在于企业能否将存货保持在既能满足销售又能使其各项成本达到最低的这个水平上。存货储存过多，虽能满足市场销售和增加收入，但占用的资金也多，存货的管理费用以及利息费用等也会相应提高；但存货储量过少，往往会丧失某些销售的机会，降低收入，同时频繁采购，会增加订货成本。

分析和评价存货的管理水平可运用存货周转率和存货周转天数两个比率。

存货周转率是衡量和评价企业购入存货、投入生产、销售收回等各环节管理状况的综合性指标。它是一定时期内销售成本除以平均存货而得到的比率，也叫存货周转次数。计算公式如下：

$$存货周转率 = \frac{销售成本}{平均存货} \tag{3-10}$$

用时间表示的存货周转率就是存货周转天数。存货周转天数表示在一定时期内存货循环的次数；存货周转天数表示存货从购进到售出所等待的日数，即周转一次所经历的日数。

在正常的条件下，存货的管理效率高低直接从其周转速度中就可以分析出：存货周转率越高或周转天数越少，说明存货储备保证销售的可靠程度就越高，实现的营业收入和盈利额就越多，而且存货的储备量也就趋于合理；如果存货的储存过多，从上面的公式看，存货金额也就大，尽管能满足销售，在销售增长速度低于存货增长速度的情况下，存货周转率也会下降，这必然反映出企业存货管理的水平较低。

计算公式为：

$$存货周转天数 = \frac{360}{存货周转率} = \frac{360}{销售成本 \div 平均存货} = \frac{平均存货 \times 360}{销售成本} \qquad (3\text{-}11)$$

康达公司 2014 年的存货周转率及周转天数分别是：

$$存货周转率 = \frac{34\,355}{5\,721.5} = 6 \text{（次）}$$

$$存货周转天数 = \frac{360}{6} = 60 \text{（天）}$$

存货是流动资产的主要构成部分，通常占全部流动资产的较大比重。同时，存货又是流动资产中变现速度最慢的资产。因此，存货周转速度的快慢不仅直接影响到流动资产的周转速度，而且同企业的经济效益密切相关。

一般来说，存货周转次数越多，周转天数越少，表明企业存货的占用水平低，流动性强，存货管理质量较高；如果存货周转速度较慢，则表明企业可能存在存货积压，存货管理存在一定的问题。康达公司一年平均周转 6 次，每次平均需要 60 天。

（二）应收账款周转率（Receivables Turnover，RT）和应收账款周转天数（Days Sales of Receivables，DSR）

应收账款周转率是衡量应收账款周转速度的指标，也称收账次数，一定时期内应收账款转化为现金的平均次数。应收账款周转率越高，表示企业收账速度越快，平均收账天数越短，坏账损失越少。但从另一角度看，收账次数太多，或许表明企业的信用销售政策过于严格，付款条件过于苛刻，这样会限制销售量的扩大并影响盈利。

应收账款周转天数，也称平均收账期（Average Collection Period，ACP），是指企业从确认应收账款的权利到收到现金的平均时间长度，是应收账款周转率的一个辅助指标。

应收账款周转率等于一定时期内的赊销净额与应收账款平均净额的比率。计算公式为：

$$应收账款周转率 = \frac{销售净额}{应收账款平均余额} \qquad (3\text{-}12)$$

公式中，销售净额数据来源于利润表，是扣除销售折扣、折让后的净额，应收账款平均余额则是资产负债表中期初、期末未扣除坏账准备的应收账款总额的平均数。从理论上讲，为了保持分子和分母口径的一致，销售净额应扣除"现金销售"部分，使用赊销净额。但"现金销售"的数据难以取得而且绝大多数企业也不披露赊销业务，因此，通常把"现金销售"视为收账时间为零的赊销。

用时间表示的应收账款周转率就是应收账款周转天数。其计算公式为：

$$应收账款周转天数 = \frac{360}{应收账款周转率} = \frac{应收账款平均余额 \times 360}{销售收入} \qquad (3\text{-}13)$$

康达公司 2014 年的应收账款周转率和周转天数如下：

$$应收账款周转率 = \frac{39\,377}{1\,201.5} = 32.77 \text{（次）}$$

$$应收账款周转天数 = \frac{360}{32.77} = 10.98 \text{（天）}$$

该公司 2014 年平均周转次数为 32.77 次，平均赊销的周转天数约为 11 天。

与存货一样，应收账款在流动资产中也占有十分重要的地位。应收账款不仅关系到流动资产的周转速度，更关系到企业销售收入的质量。应收账款周转率也称平均收款期，反映企业资金的周转和利用情况。周转率越高，平均收款期越短，说明应收账款的回收越快，企业信用管理工作的效率越高。这不仅有利于减少或避免坏账损失的可能性，而且有利于增强企业资产的流动性，提高企业的偿债能力。如果应收账款周转率过低，则反映了企业资金利用率不高，或销售信用政策过于宽松，从而影响了资金的正常运转。

一般而言，应收账款周转率和应收账款周转天数没有一定的标准。企业应收账款的收款期同企业所处行业和生产经营特点有关，也与企业的信用政策有关。

（三）营业周期

营业周期是指从取得存货开始到销售存货并收回现金为止的这段时间。[①]营业周期的长短取决于存货周转天数和应收账款周转天数。计算公式如下：

营业周期 = 存货周转天数 + 应收账款周转天数 　　　　　　　　　　（3-14）

康达公司的营业周期 = 60 + 11 = 71（天）

营业周期是反映企业资金利用效率的一个重要指标，同时也是决定企业流动资金需求量的重要因素。一个营业周期短的企业，虽然其拥有的流动资产相对较少，流动比率相对较低，但其经营效率高。

（四）总资产周转率（Total Asset Turnover，AT）

总资产周转率是指衡量企业所有资产的利用效率或管理水平的比率，也是反映经营中全部资产的损耗速度。资产的基本功能在于能创造营业收入，因而，全部资产的利用程度也是用营业收入与之相比进行评价。通常，总资产周转率越大，表明企业总资产综合周转速度越快，企业经营能力就越强。特别是市场竞争激烈时，很多新创立的小企业通过薄利多销方式，以加快资产的循环周转，带来收入额的增长。

总资产周转率是一定时期内企业的销售收入与企业全部资产的平均总额的比率。计算公式如下：

$$总资产周转率 = \frac{销售收入}{资产平均总额} \qquad\qquad (3-15)$$

$$式中，资产平均总额 = \frac{（期初资产总额 + 期末资产总额）}{2}$$

康达公司 2014 年的总资产周转率是：

$$总资产周转率 = \frac{39\,377}{46\,412} = 0.85 \text{（次）}$$

康达公司的总资产周转率 2014 年为 0.85 次。也可以解释为平均 1 元资产可带来 0.85 元的营业收入。

---

① 应当指出，营业周期不同于现金周期。本书将在后面的章节具体讲解现金周期内容。

公式中的销售收入一般用销售收入净额，即扣除销售退回、销售折扣和折让后的净额。

总资产周转率是反映企业总资产周转的情况，衡量企业资产利用效率的一项指标。总资产周转率高说明企业资产利用水平高；反之，说明企业销售经营状况不佳。

与总资产周转率相关的比率指标是资本密度率（Capital Intensity Ratio），是指产生营业收入所需要的投资额，等于1/总资产周转率。

康达公司的资本密度率 = 1/0.85 = 1.176（元），其含义是产生1元营业收入大约需要1.18元的资产组合。

必须指出，很多企业经营多年，其资产越来越陈旧甚至过时，并且经过折旧和减值准备的计提，当前的账面价值较低，而且，意味着这样的老企业未来会有很大的资本支出重置资产。但新创立企业和经营时间不长的企业，其资产都较新，账面价值是比较高的，相比之下，新创立企业和经营年代较短的企业，总资产周转率肯定是比较低的。但这样的企业拥有的新设备未来会有更高的生产效率。

以上所述的资产管理能力比率，汇总表如表3-8所示。

表3-8 资产管理能力比率汇总表

资产管理能力比率		公式	简要说明
存货管理	存货周转率	营业成本/平均存货	每1元存货所能实现的产出
	存货周转天数	360/存货周转率	存货周转天数越少，越能保障销售
应收账款管理	应收账款周转率	销售净额/应收账款平均余额	应收账款转为现金的次数，越多越好
	应收账款周转天数	360/应收账款周转率	赊销到回收现金的日数，越少越好
	营业周期	存货周转天数+平均收账天数	越短越好，资产运营效率较高
总资产管理	总资产周转率	营业收入/资产平均总额	每1元资产产生的收入，越多越好
	资本密度率	1/总资产周转率	产生1元收入需要的资产，越少越好

康达公司2012年至2014年的资产管理能力比率以及所处行业2014年的相关比率均值如表3-9所示。

表3-9 康达公司主要资产管理指标及行业均值

资产管理能力比率	2012年	2013年	2014年	行业均值 2014年
存货周转率	8	7	6	5
存货周转天数	47	50	60	72
应收账款周转率	16	20	33	25
应收账款周转天数	23	18	11	14
营业周期	70	68	71	86
总资产周转率	0.77	0.89	0.85	0.63
资本密度率	1.30	1.13	1.18	1.59

从表 3-9 上的数据看，康达公司的存货周转率下降，存货的管理水平有降低趋势；但应收账款的管理能力在提高，收账天数由 2012 年的 23 天缩短到 2014 年的 11 天，回收销售账款的能力在提高；公司的总资产周转率也在提高，每 1 元营业收入需要的资产支持由 2012 年的 1.3 元降至 2014 年的 1.18 元，资产运用的效率有所提高。

而且康达公司资产运营的各项指标都好于行业的均值，这也说明该公司资产管理水平处于行业均值以上。

三、获利能力的分析

获利能力是企业正常经营赚取利润的能力。利润是企业生产经营的最终财务成果，是企业生存发展的基础，所以受到投资者、债权人和企业管理者的广泛关注。对股东来说，要选择利润丰厚的公司进行投资；对债权人来说，要选择信用好、盈利能力强、偿债能力有保证的公司。反映企业盈利能力的指标很多，通常使用的主要有：净资产收益率、资产净利率、销售毛利率、销售净利率和成本费用净利率。

（一）净资产收益率（Return On Equity，ROE）

投资人进行投资，其基本目的都是为了能获取较高的投资报酬，并使资本不断增值。因此，为投资人赚取利润和不断增加所有者的财富成为企业经营追求的一项主要目标。净资产收益率就是衡量、分析、评价和预测企业利用资源增加所有者财富的重要指标。从企业性质这一深层意义上讲，这一比率是评价企业经营成败的一个核心标准。净资产收益率是一定时期企业的净利润与股东权益平均总额的比率，也称为股东权益报酬率、净值报酬率或所有者权益报酬率，或简称为权益报酬率。计算公式如下：

$$净资产收益率 = \frac{净利润}{股东权益平均总额} \times 100\% \tag{3-16}$$

式中，$$股东权益平均总额 = \frac{（期初股东权益 + 期末股东权益）}{2}$$

康达公司 2014 年的净资产收益率是：

$$净资产收益率 = \frac{2\,642}{32\,119} \times 100\% = 8.23\%$$

净资产收益率反映企业所有者权益投资的报酬率，是所有财务比率中综合性最强的、最具代表性的一个指标。该比率越高，说明企业的获利能力越强。其具体分析方法详见财务比率综合分析中的杜邦财务分析体系。

（二）资产净利率（Return On Assets，ROA）

资产净利率是指一定时期企业的净利润与资产平均总额的比率，也称为资产收益率、资产报酬率或投资报酬率。计算公式如下：

$$资产净利率 = \frac{净利润}{资产平均总额} \times 100\% \tag{3-17}$$

式中，$$资产平均总额 = \frac{（期初资产总额 + 期末资产总额）}{2}$$

康达公司 2014 年的资产净利率是：

$$资产净利率 = \frac{2\,642}{46\,412} \times 100\% = 5.69\%$$

资产净利率表明企业资产利用的综合效果，全面反映企业资产的营运能力和盈利能力。该比率越高，说明企业资产运作能力强，资金周转快，资产的盈利水平高。康达公司 2014 年资产净利率为 5.69%，说明每百元资产获得税后利润为 5.69 元。

（三）销售毛利率（Profit Margin，PM）

销售毛利率，简称毛利率，是判断企业销售创造利润能力的最重要的指标。毛利率的高低取决于企业产品在市场上的竞争地位和成本水平。销售毛利率越高，不仅表明企业所提供的产品越高端，也表明企业可用于补偿期间成本特别是研发开支的空间越大。毛利率的高低也与企业的经营策略有关，采用薄利多销策略的企业，毛利率普遍较低；采用厚利少销策略的企业，毛利率普遍较高。但新创立的小企业经营者必须注意的是企业不能长期处在薄利少销尤其是毛利率为负的状况下经营。因为这种情况意味着小企业在无利或亏本状态下销售。

销售毛利率是企业的销售毛利润占销售收入净额的比率，也称毛利润率。计算公式为：

$$销售毛利率 = \frac{销售毛利润}{销售收入净额} \times 100\% = \frac{（销售收入净额-销售成本）}{销售收入净额} \times 100\% \qquad (3\text{-}18)$$

式中，销售收入净额是指产品销售收入扣除销售退回、销售折扣与折让后的净额。

康达公司 2014 年的销售毛利率是：

$$销售毛利率 = \frac{39\,377 - 34\,355}{39\,377} \times 100\% = 12.75\%$$

销售毛利率反映企业每 100 元销售收入能获取的毛利润额，也反映销售收入对产品成本的补偿能力。一般来讲，该指标越大，企业的销售盈利能力越强，产品在市场上的竞争能力越强。

（四）销售净利率（Net Margin，NM）

销售净利率是一个综合考虑了经营因素、财务因素和其他非经营财务因素后的收益评价指标。企业在扩大销售的同时，各项费用也会随之增加，但净利润并不一定同比增加。分析时需要关注在增加每 100 元销售额的同时，税后利润的增减幅度，以考察经营管理水平的高低。提高销售净利率的驱动因素有：扩大销量、提高售价、降低营业成本、降低销售费用和管理费用。

销售净利率等于企业净利润与销售收入净额的比率，计算公式为：

$$销售净利率 = \frac{净利润}{销售收入净额} \times 100\% \qquad (3\text{-}19)$$

康达公司 2014 年的销售净利率是：

$$销售净利率 = \frac{2\,642}{39\,377} \times 100\% = 6.71\%$$

在正常情况下，该比率越大，说明企业每 100 元销售收入能为企业带来更多的税后利润，企业的盈利能力越强。该公司的销售净利率为 6.71%，说明 2014 年每 100 元销售额中有 6.71 元的税后净利润。

（五）成本费用净利率

成本费用净利率是揭示利润表中各项成本、费用项目与净利润之间的对比关系的一项重要比率，即衡量生产经营过程中的所耗与所得的内在联系程度。成本费用净利率等于净利润与成本费用总额的比率。计算公式为：

$$成本费用净利率 = \frac{净利润}{成本费用总额} \times 100\% \qquad (3-20)$$

康达公司 2014 年的成本费用净利率是：

$$成本费用净利率 = \frac{2\,642}{36\,485} \times 100\% = 7.24\%$$

公式中的成本费用总额是企业为取得净利润而支付的代价。它主要包括营业成本、营业税金及附加、销售费用、管理费用和财务费用，以及所得税费用等，成本费用净利率表示每 100 元资产耗费所产生的盈利额。如果这项比率高，则表示企业资源消耗低而经济效益高。该比率越高，说明企业为取得单位净利润所付出的成本代价越少，盈利能力就越强。该比率是评价企业管理水平和产出效益的一项指标。

以上所述的衡量获利能力的比率，汇总表如表 3-10 所示。

表 3-10　获利能力比率汇总表

获利能力指标	公式（%）	简要说明
净资产收益率	净利润/股东权益平均总额	衡量投资者投资回报及管理层工作业绩
资产净利率	净利润/资产平均总额	反映总资产运用效果和盈利能力
销售毛利率	（营业收入−营业成本）/营业收入净额	衡量销售获利水平，采购和生产控制水平
销售净利率	净利润/营业收入净额	综合衡量价格、费用控制水平及竞争力
成本费用净利率	净利润/成本费用总额	反映获取利润与资源耗用之间的关系

康达公司 2012 年至 2014 年的获利能力比率以及所处行业 2014 年的相关比率均值如表 3-11 所示。

表 3-11　康达公司主要获利能力指标及行业均值

获利能力比率	2012 年	2013 年	2014 年	行业均值 2014 年
净资产收益率	12.82%	11.08%	8.23%	7.38%
资产净利率	9.92%	8.23%	5.69%	3.64%
销售毛利率	17.55%	12.77%	12.75%	10.29%
销售净利率	12.85%	9.27%	6.71%	5.73%
成本费用净利率	14.69%	10.20%	7.24%	7.11%

从表 3-11 获利能力指标来分析，康达公司从 2012 年到 2014 年这三年来，各项获利

指标均处于明显的下降趋势，反映出该公司成本费用控制水平的降低和市场竞争力的减弱。但从行业均值来讲，康达公司的获利水平尚处于中游偏上水平。应引起注意的是，成本费用净利率（7.24%）已接近行业平均水平（7.11%），暗示着该公司必须加强成本费用的控制。

四、上市公司财务比率分析

对上市公司而言，为了更好地反映股东的投资收益和证券市场对公司的评价，在进行财务报表分析时，除了计算基本的财务比率，还应采用另外一些指标，以反映公司财务目标的实现程度和投资者对公司的信心。这些指标主要包括：每股收益、市盈率、每股现金流量、每股股利、股利支付率、每股净资产。

（一）每股收益

每股收益（Earnings Per Share，EPS）是指本年净利润与年末普通股股份总数的比值。计算公式为：

$$每股收益 = \frac{净利润}{年末普通股股份总数} \tag{3-21}$$

在运用该计算公式时，应当注意以下几个问题。

（1）如果上市公司发行了不可转换优先股，在使用计算公式时，净利润要扣除优先股股利。此时，计算公式为：

$$每股收益 = \frac{净利润 - 优先股股利}{年末普通股股份总数} \tag{3-22}$$

（2）公式中分子为"本年度"的净利润，分母为"年末"普通股股份总数。这主要针对年度内普通股股份总数未发生变化的情形。若在年度内公司的普通股发生变动，为了使分子和分母口径保持一致，需要对分子分母进行调整，计算"加权平均发行在外普通股份数"。

加权平均发行在外普通股份数=∑（发行在外普通股份数×发行在外月份数）÷12

式中，"发行在外月份数"是指发行已满一个月的月份数，发行当月不计入"发行在外月份数"。

康达公司年末普通股股份总数为 5 000 万股，且年内普通股股数未发生变化。该公司的每股收益如下。

$$每股收益 = \frac{2\,642}{5\,000} = 0.528$$

该比率反映公司普通股每股收益的多少，是普通股股东衡量公司获利能力的主要指标，它直接影响公司未来的股价。该指标越大，说明公司的盈利能力越强。在分析时，可以进行公司的不同时期的比较，以了解公司盈利能力的变化趋势，也可以进行公司间的比较，以了解公司的相对盈利能力。

（二）市盈率

每股收益是绝对指标，没有考虑不同公司股票流通价格的差异，即没有考虑风险和报酬之间的对应关系。为了克服每股收益指标的局限性，需要引入市盈率这个指标。

市盈率（Price-Earnings Ratio，P/E）是每股市价为每股收益的倍数，计算公式为：

$$市盈率 = \frac{普通股每股市价}{普通股每股收益} \qquad (3-23)$$

康达公司 2014 年 12 月 31 日的每股收盘市价为 8 元，每股收益为 0.53 元。

该公司的市盈率如下：

$$市盈率 = \frac{8}{0.53} = 15.09$$

市盈率反映投资者对每 1 元净利润所愿意支付的价格，直接体现出投资者和市场对公司的评价和长远发展的信心，同时，它也很好地体现了股票投资中风险和报酬之间的关系。一般情况下，该指标大，说明公司具有良好的发展前景，并得到市场的好评。在普通股每股市价确定的情况下，普通股收益越高，市盈率越低，投资该股票的风险越小；在普通股每股收益确定的情况下，普通股每股市价越高，市盈率越高，投资该股票的风险越大。

在使用市盈率这个指标时，应注重行业间的比较。通常快速成长的新兴行业市盈率较高，而进入发展成熟期的行业市盈率较低。同时，对市盈率的分析应观察其长期趋势。因为市盈率的高低受净利润和普通股市价波动的影响，而其中股价的变动更是变幻莫测。因此，对市盈率的分析应观察其长期趋势。

由于一般的期望报酬率为 5%～20%，所以正常的市盈率为 5～20。当然，通常不能过分依赖 P/E 来评价某家公司的投资价值。

（三）每股股利与股利支付率

每股股利（Dividend Per Share，DPS）是指股利总额与年末普通股股份总数的比率。计算公式为：

$$每股股利 = \frac{股利总额}{年末普通股股份总数} \qquad (3-24)$$

公式中的股利总额，通常指支付给普通股股东的现金股利。

股利支付率（Dividend Payout Ratio，DPR）是指每股现金股利与普通股每股收益的比率。计算公式为：

$$股利支付率 = \frac{每股股利}{每股收益}$$

康达公司本年共派发普通股现金股利 818 万元，因此每股股利和股利支付率的计算如下：

$$每股股利 = \frac{818}{5\,000} = 0.16$$

$$股利支付率 = \frac{0.16}{0.53} = 0.30$$

每股股利和股利支付率不仅与公司盈利能力的强弱有关，还与公司的股利政策和现金是否充裕有关。

（四）每股经营现金流量

每股收益是会计利润，不能真正反映企业的盈利能力和支付能力，因此需要对企业的现金流量状况进行分析。每股经营现金流量是经营现金流量净额与普通股股数的比率。计算公式为：

$$每股经营现金流量 = \frac{经营现金流量净额}{普通股股数} \tag{3-25}$$

在运用该公式时，应注意以下几个问题：①经营现金流量净额应是经营活动现金流量净额扣除支付优先股股利后的余额；②普通股股数应为发行在外的普通股平均股数。

康达公司 2014 年的每股经营现金流量是：

$$每股经营现金流量 = \frac{3\,598}{5\,000} = 0.72$$

每股经营现金流量越高，说明公司通过经营活动产生现金的能力越强，公司的盈利能力和支付能力也越强。

（五）每股净资产

每股净资产是年末股东权益与年末普通股股数的比率，也称每股账面价值或每股权益。计算公式为：

$$每股净资产 = \frac{年末股东权益}{年末普通股股数} \tag{3-26}$$

公式中的年末股东权益是指扣除优先股权益后的余额。

康达公司 2014 年的每股净资产是：

$$每股净资产 = \frac{33\,032}{5\,000} = 6.61$$

该指标反映公司每股普通股所拥有的净资产额，一般来说该比率越大，说明公司的财务实力越强。在使用该指标时应注意年度间的比较，以了解公司财务状况的发展趋势。需要注意的是，由于股东权益使用的是历史成本计价，因此，该比率不能反映出净资产的变现价值和产出能力。

（六）市净率

市净率（Market to Book Ratio，M/B）是指普通股每股市价与每股净资产的比率。计算公式为：

$$市净率 = \frac{普通股每股市价}{普通股每股净资产} \tag{3-27}$$

康达公司 2014 年的 M/B 是：

$$市净率 = \frac{8}{6.61} = 1.21$$

该指标反映公司股票的市场价格是净资产的多少倍，它是市场对公司净资产质量的评价。一般来说，该指标越大，说明投资者和市场对公司越有信心，公司的发展前景越好。但是另一方面观点认为，市净率较低的股票更具有投资价值。

总结市场价值相关的比率如表 3-12 所示。

表 3-12 市场价值指标汇总表

市场价值比率	公式	简要说明
每股收益（EPS）	净利润/年末普通股股份总数	公司的获利水平及股东持股享有的利润份额
市盈率（P/E）	普通股每股市价/普通股每股收益	投资者为每股收益所愿意支付的价格
每股股利（DPS）	股利总额/年末普通股股份总数	每股所应得到的股利额及属于股东的盈利额
股利支付率（DPR）	每股股利/每股收益	每股收益中所得到的现金股利额
每股经营现金流量	经营现金流量净额/普通股股数	衡量每股的现金支付能力
每股净资产	年末股东权益/年末普通股股数	反映股东股份的价值，不同时期比较的增长值
市净率（P/B）	普通股每股市价/普通股每股净资产	反映市场对净资产的评价和投资倾向

康达公司 2012 年至 2014 年的市场价值相关比率以及所处行业 2014 年的相关比率均值如表 3-13 所示。

表 3-13 康达公司的市场价值指标及行业均值

市场价值相关比率	2012 年	2013 年	2014 年	行业均值 2014 年
每股收益	0.75	0.67	0.53	0.48
市盈率	7.04	8.80	15.09	16.16
每股股利	0.24	0.20	0.16	0.15
股利支付率	0.32	0.30	0.31	0.315
每股经营现金净流量	0.78	0.69	0.72	0.69
每股净资产	5.87	6.24	6.61	6.02
市净率	0.90	0.95	1.21	1.36

从表 3-13 中的康达公司市场价值相关比率分析，涉及市场价值的指标均略低于行业的市场价值均值。或许说明市场上的基本面普遍较好，投资者在多种选择下，康达公司不一定是唯一的选择。

五、财务比率综合分析——杜邦财务分析体系

财务比率仅仅是从偿债能力、资产管理能力、盈利能力等某一方面进行独立分析，不能很好地满足财务报表分析者的需求。因此，只有对企业的财务状况进行综合分析，才能更好地了解过去、评价现在和预测未来，以期帮助利益相关者改善决策。要对企业的财务状况和经营成果有一个总体的评价，就必须进行相互关联的分析，采用适当的标准进行综合性的评价。财务比率综合分析就是将偿债能力、资产管理能力和盈利能力等诸方面的分析纳入一个有机的整体之中，全面地对企业的财务状况、经营业绩和现金流量状况进行分析，从而对企业的经营状况做出一个综合的评价和判断。

财务比率综合分析的方法很多，这里介绍最常用的杜邦财务分析体系。

　　杜邦财务分析体系是由美国杜邦公司首先创造的，又称为杜邦系统（The Dupont System），它是利用各种财务比率指标之间的内在联系，对企业的经营状况和财务业绩进行综合分析与评价的一种系统分析方法。

　　杜邦系统主要反映以下几种比率的关系：

　　（1）净资产收益率=资产净利率×权益乘数

　　（2）资产净利率=销售净利率×资产周转率

　　（3）净资产收益率＝销售净利率×资产周转率×权益乘数

　　公式中，净资产收益率受销售净利率、资产周转率和权益乘数三个因素的影响。销售净利率反映了企业的盈利能力，销售净利率的高低取决于企业的销售收入和销售成本的高低。资产周转率反映企业的营运能力，即衡量企业运用资产取得销售收入的能力。对资产周转率的分析，除了要分析资产的组成结构，还要对总资产的各个构成要素：现金及可交易证券、应收账款、存货、其他流动资产和长期资产的使用效率进行分析。权益乘数则反映企业的资本结构和偿债能力状况。权益乘数主要受资产负债率的影响。资产负债率越大，权益乘数越高，这一方面能给企业带来较高的财务杠杆收益，另一方面也使企业面临较大的财务风险。由此可见，净资产收益率是杜邦财务体系的核心，是综合性最强的一个指标，体现出企业财务管理的目标。

　　杜邦体系在揭示了净资产收益率同销售净利率、资产周转率、权益乘数的关系后，再将净利润、总资产进行最后分解，从而全面系统地反映企业的财务状况以及财务体系内部各个因素之间的相互关系。杜邦体系实质上就是一种财务比率分解的方法。

　　康达公司 2014 年的杜邦财务分析体系见图 3-2。

　　由康达公司的杜邦财务分析体系可知，2014 年康达公司的净资产收益率如下：

净资产收益率=销售净利率 × 资产周转率 × 权益乘数

　8.23%　　=　　6.71%　　×　　0.8484　　×　　1.445

　　康达公司 2013 年的净资产收益率为：

净资产收益率=销售净利率 × 资产周转率 × 权益乘数

　10.95%　　=　　9.44%　　×　　0.8315　　×　　1.395

　　通过比较，我们可以看出，康达公司 2014 年净资产收益率较 2013 年下降 2.72%，而下降的原因主要是销售净利率从 2013 年的 9.44%下降到了 2014 年的 6.71%，这可能与公司在成本控制方面出现了问题有关。我们也可以对销售净利率做进一步的分解，直至发现最终问题的所在。同样，杜邦财务分析也可以用于同行业平均水平以及同类企业的比较，这有利于企业了解自己的缺点和不足。

　　总之，杜邦财务分析体系，是以净资产收益率为主线，将企业在某一时期的经营成果、资产营运能力以及企业的资本结构有机联系起来，层层分析，逐层深入，构成了一个完整的分析体系。这就是：

　　（1）经营效率，由销售净利率来衡量；

　　（2）资产利用效率，由全部资产周转率来衡量；

　　（3）财务杠杆，由权益乘数来衡量。

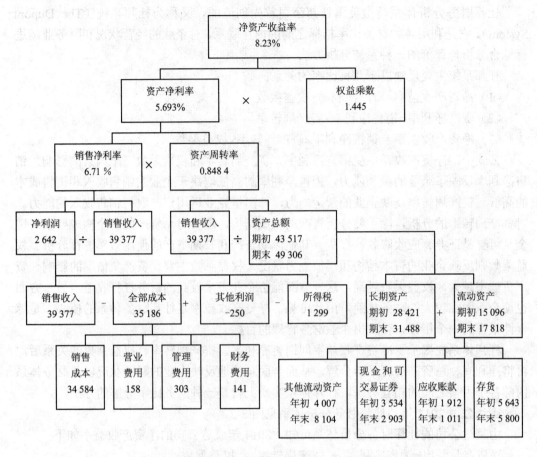

图 3-2　康达公司杜邦财务分析体系图

六、财务比率分析的局限性

比率分析有以下三个主要使用群体。

第一类群体：企业的管理层。创业企业的 CEO 及其管理团队一般都用财务比率来进行分析、控制，进而提高企业的经营水平。

第二类群体：银行的信贷分析人和评级机构。他们用财务比率分析来确认企业偿还其债务的能力。

第三类群体：风险投资商和证券分析师。其包括分析企业的经营效率和成长前景的风险投资分析师、分析企业现金生成能力以及企业倒闭时资产清算价值的估值人员。

财务比率分析为分析企业的经营和财务状况提供有用信息，它也有固有的问题和局限性，需要用我们的谨慎和判断去处理。下面是可能出现的一些问题。

（1）使用财务比率分析往往对小型的、经营内容集中的企业以及处于创业成长期企业比对那些大型的、多角化经营的企业更为有用。因为许多大型公司下属有很多完全不同行业的分公司或子公司。在这种情况下，建立一组有意义的行业平均比率标准用于比较是很困难的。

（2）通货膨胀会严重扭曲企业的资产负债表——如果是按历史成本记录账面价值，会与公允价值相差较大。而且，因为通货膨胀影响折旧费用和存货成本，利润也会受到影响。这样，对一个企业的不同时期进行比率的比较分析，或者对不同年份的企业进行比率比较分析时，还得依靠判断。

（3）季节性因素也会扭曲比率分析。比如，在计算服装服饰行业的企业的存货周转率时，如果一个使用秋季销售高潮时的存货数据，而另一个使用秋季之后的存货数据，这两者计算出的存货周转率将会很不一样。

（4）企业可以用"窗饰"技术使得其财务报表看上去更有实力。例如，一家创业两年的企业在 2015 年 12 月 25 日借了一笔 2 年期的款项，将所借的款项作为"货币资金"仅持有数日，然后提前在 2016 年 1 月 10 日偿还这笔贷款。这样做提高了它的流动比率和速动比率，使得其 2015 年底的资产负债表看起来很不错。然而，这一财报的改善就是一种"窗饰"行为，15 天后资产负债表又回到原来水平了。

（5）很难泛泛地认定一个财务比率数值是"好"还是"不好"。比如，一个高的流动比率可能表明流动性状况较强，这是好的，但或许也会表明现金过多，这是不好的（因为存在银行账户里多余现金是非收益性资产）。类似地，一个高的固定资产周转率可能意味着公司有效地使用了其资产，但也可能意味着公司资本不足、无法购买足够的资产。

（6）在很多情况下，一个企业可能有一些财务比率看起来"好"，而另一些财务比率看起来"差"，这让人们很难判断一个企业的财务状况到底是好还是坏。在出现这种情况时可以利用统计程序来分析各比率的综合影响。许多银行和其他贷款机构利用统计程序来分析企业的财务比率，在此分析的基础上，按照企业陷入财务困境的概率对公司进行分类。[①]

财务比率分析方法非常有用，但分析人员应意识到以上问题的存在，并在必要时对分析做出调整。不能机械地不加深入思考地进行财务比率分析，但若能有判断地使用财务比率分析，可以帮助我们深入地了解企业的经营。好的财务比率分析，其最重要、也最困难的部分是解释结果，以得出有关企业财务状况的综合结论。

第四节　会计数据的修订

事实上，企业对外披露的财务报表更侧重于债权人和税务机关的需求。因此，企业管理者和股东在进行财务分析时，应对报表中的相关会计数据进行调整和修订，以更好地满足财务报表分析、掌握企业经营状况、投融资效率和企业业绩评价的需要。

一、经营性资产和经营性资本

不同的企业有着不同的财务结构，其拥有的非经营性资产的数量及状况也不尽相同。而这些差异对净资产收益率等传统财务指标产生了一定的影响，它们可能使得经营业绩

---

① 所用的方法是离差分析。参见 Edward T. Altman. Financial Ratios, Discriminant Analysis, and the Prediction of Corporate Bankruptcy, Journal of Finance, 1968 年 9 月，第 589－609 页。或 Eugene F. Briham 和 louis C. Gapenski. International financial management. 第 9 版.（Cincinatti, OH: South-Western College Publishing, 2007），第 25 章. .

水平相同的两个企业之间或同一个企业内部的两个部门之间表现出不同的经营效率。如果这种情况普遍存在，那么继续将净资产收益率等传统指标作为考核经营管理者业绩的依据必然会有失偏颇。我们知道，净资产收益率等传统指标受到企业的财务结构和拥有的非经营性资产的数量及状况等因素的影响，而这些因素往往是企业管理者无法控制的。所以，为了客观地评价企业经营管理者的业绩，必须对管理者所能控制的经营性资产所产生的经营收益，即息税前利润（Earnings Before Interest and Taxes，EBIT）进行考核。为了满足这种考核的需要，我们就要按照一定的方法和步骤对传统的会计数据进行修订。

将企业的全部资产分为两大类：经营性资产和非经营性资产。经营性资产是由企业经营所需要的资产组成，它可进一步分为经营性流动资产如存货，经营性长期资产如厂房设备等；非经营性资产包括现金和超出正常经营水平所需的短期投资、对子公司的投资以及为未来经营而持有的土地等。

企业生产经营活动所需的资本主要由投资者[①]提供。当然，企业经营所需的资金并非都来自于投资者，还有一部分资金是在企业日常经营活动中产生的，如应付账款、应付职工薪酬和应交税费等。这些资金相当于供应商、职工和税务机关给企业的短期借款，企业可以在一定期限内无偿使用。将这些资金称为经营性流动负债。例如，康达公司需要 1 亿元的资金，但它有 1 000 万元的应付账款、500 万元的应付职工薪酬、500 万元的应交税费，那么它所需投资者投入的资金为 8 000 万元。

把经营中所需的流动资产称为经营性流动资产，经营性流动资产减去经营性流动负债称为经营性营运资本。具体公式如下：

经营性营运资本＝经营性流动资产－经营性流动负债

$$＝全部无息的流动资产－全部无息的流动负债 \qquad (3\text{-}28)$$

完成了对会计概念的修订后，接下来应该思考一下怎样在实际中运用这些概念。需要注意的是，公式中在计算经营性营运资本时，应采用无息的流动资产和无息的流动负债。经营性营运资本是企业为保证正常经营而必须持有的。所有的企业必须持有一定数量的现金以维持正常经营。企业一方面收到销售货款，另一方面支付采购货款和工资等，然而由于现金的流入和流出并不能完全匹配，即每一时期的现金流入量并不等于现金流出量。因此，企业必须在银行账户上保持一定数量的现金以满足日常经营活动的需要。也就是说，企业是为了经营目的才持有该部分现金的。同样，存货、应收账款等无息流动资产也均为经营所必须持有的。但是，企业持有的短期投资一般是投资决策所产生的，并非是经营活动所必需的。因此，通常短期投资不在经营性营运资本的计算范围内。如果企业持有的短期投资是作为现金的替代物，并因此减少了对现金的需求，那么该部分短期投资也可以列为经营性流动资产的一部分。

无息的流动负债，如应付账款、应付职工薪酬和应交税费等项目，是在企业日常的经营活动过程中产生的，并非由投资者所提供。因此，在计算经营性营运资本时，应将这些经营性流动负债从经营性流动资产中减去。其他支付利息的流动负债如应付银行的票据，是投资者提供的资本，在计算经营性营运资本时就不要减去。

---

① 从广义上讲，投资者包括股东和债权人。

判断一个项目是否应列入计算经营性营运资本范围的时候，主要依据该项目是企业经营的自然结果，还是管理层决策的结果。如果是管理层自主选择决策的结果，那么该项目就不是一个经营性资产或负债项目。

通过上述分析我们可以得到：

经营性营运资本＝（现金+应收账款+存货）－（应付账款+应计负债①）　　　（3-29）

经营性资本总额＝经营性营运资本+经营性长期资产

二、税后净经营利润

两家经营业绩水平相同的企业，如果债务水平不同，那么它们所承担的利息费用不同，若不考虑其他因素的影响，它们的净利润也将是不同的。债务水平较高的企业，净利润较低。

由此可以看出，采用净利润指标并不能十分有效地体现企业的经营业绩和经理人员的经营管理水平。为了较为真实地反映公司的经营业绩和管理层的经营效率，我们引入了一个新的评价指标——税后净经营利润（Net Operating Profit After Taxes，NOPAT），其计算公式如下：

$$NOPAT = EBIT \times (1 - T) \tag{3-30}$$

式中，$EBIT$——息税前利润；

　　　　T——所得税税率。

税后净经营利润是指在不考虑负债和持有有价证券的条件下的税后利润，它消除了负债等因素对企业经营业绩的影响，因而能够客观地评价经理人员的业绩。

三、自由现金流量

由现金流量表得知，现金流量净额等于净利润加上非现金项目调整，它是企业管理者可以完全控制和自由支配的。为此，我们介绍另一个指标自由现金流量（Free Cash Flow，FCF），它是指企业为了持续经营而对全部必需的固定资产和营运资本进行投资后所剩余的可供投资者分配的现金流量。自由现金流量是企业管理者可以完全控制和自由支配的。其计算公式如下：

FCF＝经营活动产生的现金流量净额－经营性资产投资总额　　　（3-31）

式中，经营活动产生的现金流量净额＝$NOPAT$+折旧

　　　　经营性资产投资总额＝经营性资产投资净额+折旧

　　　　经营性资产投资净额＝本年年末经营性资本总额－上年年末经营性资本总额

或者，FCF＝$NOPAT$－经营性资产投资净额

自由现金流量（FCF）是可供投资者（包括股东和债权人）分配的现金数额。自由现金流量具有如下五个作用。

（1）支付债务利息，企业的净成本是税后利息费用；

（2）偿还债务；

---

① 应计负债包括应付工资、应付福利费和预提费用等科目。

（3）向股东支付股利；

（4）向股东回购股票；

（5）购买可交易证券或其他非经营性资产。

上述五个作用中的几项活动所引起的现金流量收支净额等于FCF。例如，一家企业可能要支付利息和股利，也可能要发行新债券，还可能要出售一些可交易证券。在这些活动中，有一部分会引起企业现金流出（如支付利息和股利），而另一部分则会引起企业现金流入（如发行债券和可交易证券），但这几项活动所引发的现金流量收支净额等于自由现金流量。

FCF是可供投资者分配的现金数量，企业的经营价值取决于未来的自由现金流量。因此，经理人员增加企业价值的方法就是增加企业的自由现金流量。遗憾的是，上述只是理论分析的结果，实际情况却往往并非完全如此。我们知道，在计算 FCF 时已经考虑了为支持增长所需要的全部经营性资产，也就是说，公司是没有必要使用 FCF 购买经营性资产的。然而 FCF 是以股东价值最大化为基础的，当存在股东—管理者的委托代理关系时，这一基准可能就会发生偏移，事实证明的确如此。有证据表明：一些有着极高自由现金流量的企业却经常会做出不能增加价值的投资。

四、评价 FCF、NOPAT 和经营性资本

在企业实际经营活动中常常会面临这样的情况：企业的 NOPAT 为正值，但由于进行了大量的经营性资产的投资，结果 FCF 为负值。如果企业的自由现金流量为负值，投资者必须追加投资以维持企业正常经营。这个时候，企业往往采用增加借款的方式来追加投资。

对企业来说，FCF 为负值是否意味着即将出现经营危机，这有赖于对产生负值原因的进一步分析。

如果 NOPAT 为负值时，FCF 也为负值的话，那么这是一个危险的信号，表明企业可能处于经营困难时期。而对于许多处于高速成长阶段的企业来说，经常是 NOPAT 为正值，但由于为了保持快速增长的势头，就在经营性资产上进行了大量的投资，从而导致了自由现金流量负值的出现。

NOPAT 是一个绝对量指标，在对企业的盈利能力进行分析时，没有考虑投入资本额的大小，因此，缺乏一定的可比性。为了弥补这一缺陷，我们引入另一个指标——资本投资收益率（Return On Invested Capital，ROIC），它是 NOPAT 与企业投入的经营性资本的比率。其计算公式如下：

$$ROIC = \frac{NOPAT}{经营性资本} \tag{3-32}$$

ROIC 反映了每 1 元经营性资本所带来的税后经营利润。引入了这个相对量指标后，就为对存在着规模差异的企业之间经营业绩的比较提供了一个较为客观的依据。如果 ROIC 大于资本加权平均成本（Weighted Average Cost of Capital，WACC），那么即使 FCF 为负值，企业的价值也仍在不断增长。

本章小结

本章主要介绍企业和投资人财务报表分析思路和常用的分析方法。

（1）财务报表分析，是以企业基本活动为对象，以财务报表为主要信息来源，以分析和综合为主要方法，对企业的财务状况、经营成果和现金流量状况做出一个综合评价的过程。

（2）财务报表分析的基本方法有趋势分析法、结构分析法和比率分析法。此外，还有因素分析法、相关分析法和数学模型分析法等。

（3）财务报表分析的主要评价标准有本企业历史标准、行业平均标准、计划标准或目标。

（4）创业企业的财务比率主要分为短期偿债比率、长期偿债比率、资产管理比率和获利能力比率。

（5）杜邦财务分析体系是利用各种财务比率之间的内在联系，对经营状况和财务成果进行综合分析的体系。运用杜邦财务分析体系可以了解到引致所有者财富变化的经营和财务两方面的原因。

思考题

1. 财务报表分析的重要作用是什么？

2. 在各种财务报表分析方法中，比率分析被认为是最重要的方法。为什么？

3. 假如某个企业的资产负债表中有 150 万元的留存收益，是否就可以认为有 150 万元的现金，为什么？

4. 以下四类人群关心财务报表信息，他们是企业的管理人士、股权投资人、短期债务的债权人和长期债权人。他们使用财务比率的各自重点是什么？

5. 怎样理解杜邦财务分析体系的作用？

6. 如果一个企业的净资产收益率较低，但 CEO 有意提高这个比率，请说明如何利用债务融资做到这一点？过多的债务在什么情况下给企业带来危害？

7. 财务报表的比率分析会带来哪些问题？

8. 什么是经营性资产？什么是经营性营运资本？对资产和资本做这样的划分，作用是什么？

9. 什么是自由现金流？自由现金流的重要作用是什么？

第四章 现金流量分析

第一节 现金流量的分类

1975 年 10 月份，美国第 17 家最大的商品经销商格兰特公司（W.T. Grant 公司）宣告破产，引起世人的关注。但是令人费解的是，Grant 公司在 1974 年营业收入为 18 多亿美元，净收益达 840 多万美元，营运资本超过了 4.12 亿美元；但穆迪和标准普尔却看出了问题，他们取消了对 W.T. Grant 1974 年的商业票据的信用评价。银行为了提供融资支持，146 家银行同意提供总额为 5.25 亿美元的贷款，其中纽约的三家资金中心银行就提供了 2.3 亿美元，截止到 1974 年 9 月，总贷款额度扩大到 6 亿美元，而在 1973 年年末，该公司股价仍按其净收益的 20 倍进行交易。问题：

（1）为什么净收益和营运资本都是正数的公司会在一年后宣告破产呢？

（2）为什么投资者会购买一个濒临破产公司的股票呢？

（3）为什么银行也乐于对它发放贷款呢？

问题就出在投资人和银行没有对 Grant 公司的现金流量情况做深入地了解和分析，主要在当时，美国的企业并不存在现金流量表。而在 20 世纪 80 年代中期以前，美国及其他发达国家并没有要求编制现金流量表，而是仅仅编制基于营运资本的财务状况变动表。美国的财务会计准则委员会（FASB）经过几年的研究和反复论证，于 1987 年发布了第 95 号财务会计准则公告《现金流量表》。公告提出，必须将财务状况变动表改为"现金流量表"。

第三章曾讨论了资产负债表、利润表和现金流量表，还重点讲解了毛利润、营业利润和净利润。小微企业和新创立企业的资金通常使用的频数很大，企业的 CEO 及其经营管理层都是而且也必须是把经营与管理均建立在现金流的基础上，并不是建立在利润基础上。不管是大企业还是小企业，如果现金经常处在入不敷出的状态，那么企业最终会陷入财务困境。企业获利是长期发展的保障，但企业拥有充足的现金则是目前生存的前提条件。贷款银行、供应商、税务机构等都需要企业如期用现金支付，他们通常并不看企业的利润有多少，关注的主要是现金流量。"现金为王"已是企业界金融界人士的共识。

也正如第三章所述，为了清晰地揭示各项业务活动影响现金的情况和便于财务报表使用者的利用，对企业影响现金流量的经济活动分成三个大类别，即经营活动现金流量、投资活动现金流量和筹资活动现金流量。

经营活动是与盈利活动相关的业务活动，除了在利润表体现的收入和费用外，还包括其他的反映在资产负债表上的经营活动，如增加客户的信用额度、对存货增加投放资金涉及项目，如应收账款、存货、预付账款、应付账款、预收账款和各种应计费用等。通常，经营活动现金流量是企业主要的现金流来源。

投资活动属于获取和处置非现金资产的业务活动。通过投资活动获得的资产能给企业在相当长的时期带来收益，如固定资产的构建、投资债券、长期股权投资等。投资活动现金流量表现为投资大量现金购置设备、购买债券和对其他企业做现金收购，还有回收投资取得现金等。

筹资活动是获取资金和分配维持企业活动的行为。它包括从投资者那里筹集资金、向银行申请贷款等。投资活动现金流量涉及股东投入的股本资金、从银行借得的债务资金，以及支付的股利和利息等。

无论是现金流入量、流出量以及净流量一般都是分成三类活动。

例如，乐视网公司的现金流量如图 4-1、图 4-2 和表 4-1 所示。

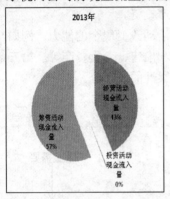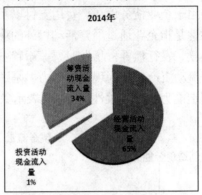

图 4-1　2013 年和 2014 年三类活动现金流入量占比

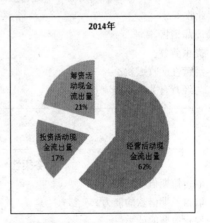

图 4-2　2013 年和 2014 年三类活动现金流出量占比

表 4-1　乐视网 2013—2014 年现金流量净额

	2014 年	2013 年
经营活动现金流量净额	234 182 733.96	175 851 396.59
投资活动现金流量净额	（1 525 677 639.53）	（897 667 036.13）
筹资活动现金流量净额	1 153 267 014.87	1 114 659 986.03

从以上图表来看，乐视网的现金流入量 2013 年主要来自筹资活动，其次是经营活动；2014 年的经营活动现金流入量最大，其次是筹资活动。这两年的流出量情况是：2013 年流出量最大的是经营活动，其次是筹资活动。流入与流出相抵后净流入量即净额最大的都是筹资活动，其次是经营活动，而投资活动流入与流出相抵后的净额，两年都是负数，而且 2014 年的筹资流量净额高达 11.5 多亿元，比 2013 年多出 3 860 多万元。可以看出，乐视网公司始终在投资扩张，需要大量的融资来支持投资支出。2013 年到 2014 年的经营活动产生的现金流量也在提高，流量净额 2014 年为 2.34 多亿元，比 2013 年增长了 33%。

了解现金流量的分类，实际上是把握一个企业的现金创造能力和财务柔性。

现金创造能力是指企业通过经营活动产生现金的业绩。换言之，现金创造能力是指企业通过自身的经营活动增加净资产的能力。一般而言，经营活动是企业现金最重要的来源，直接用于企业债务偿还、费用支付以及资产投资。

财务柔性是指企业通过经营活动以外的业务活动改变现金的能力。例如，从银行取得贷款和还款、发行债券，增发股票、添置资产和出售、变卖资产等。第三章中提到的流动性，即流动资产转变为现金的能力，是财务柔性的一部分。

现金创造能力和财务柔性用图 4-3 表示如下。

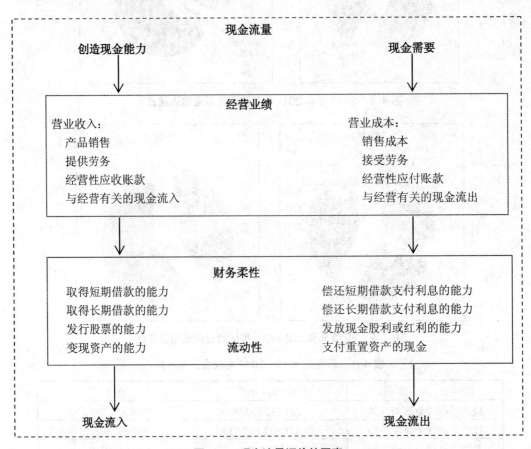

图 4-3 现金流量评价的因素

第二节　现金流量的分析

一、净利润与经营活动现金净流量的关系

第二章曾提及，利润表是在权责发生制下反映一个企业在某段时期（如月度、季度和年度）收入和费用及利润或亏损的报表。其目的是通过消耗的资源与消耗资源所获得收入进行配比以揭示企业某段时期的经营业绩。尽管利润表反映的经营业绩有其客观公正的合理性，但也忽视了经营活动中的另一个重要因素：现金流量。这一缺陷也促使企业通过编制另外一张财务报表"现金流量表"反映某段时期与经营业绩相关的现金流入和现金流出。

经营活动创造的利润和产生的现金正流量越多说明企业经营越好。因为某个时期的经营流量净额为正数，表明企业当期就有较强的偿债和支付能力，这是企业和债权人最希望看到的状况。不仅如此，企业的投资人也越来越关注企业偿债能力的评价了。因为，企业经营的成败一方面来自于经营本身，另一方面受当期现金流是否充足以偿债支付的影响。现金流量的短缺引致资金链的断裂会直接导致企业破产。美国的格兰特公司，森宝餐饮公司（Sambo's Restaurants）等大型公司和大批网络公司的倒闭都是因经营现金流量的短缺所引发的。瑞克·韦曼（Rick Wayman）在其"怎样评价EPS质量"的文章中指出，现金是华尔街的国王，能创造出不断增长的现金流量的公司比公布负数经营现金流量的公司要好。

如前所述，利润表有两个会计要素：收入和费用，收入和费用相减后等于利润。

即：收入－费用＝利润

现金流量表上直接法列示了经营活动现金流入量和经营活动现金流出量，其差额是经营活动产生的现金流量净额，在投资界常常称作"现金盈余（Cash Earnings）"，公式如下：

经营活动产生的现金流入量－经营活动产生的现金流出量

＝经营活动产生的现金流量净额

把利润表上的净利润调整为经营活动产生的现金流量净额，可以避免权责发生制确认的损益受管理层对会计政策和会计估计的影响这一缺陷，从而把握两者之间的关系，尤其是与营业收入和营业成本相关的存货、应收账款和应付账款的变动对经营活动现金净流量产生的具体影响。

第二章已经阐述，从净利润到经营活动现金净流量需要经过三个步骤的调整。

第一步：对不影响现金流量的某些利润表项目金额进行消除。属于这类的项目是指那些非现金费用，一般包括计提的资产减值准备、计提的固定资产折旧、无形资产摊销、长期待摊费用摊销等，公式如下：

排除非现金费用的净利润 ＝ 净利润 ＋ 资产减值准备计提额 ＋ 折旧计提额
　　　　　　　　　　　　＋ 无形资产和其他长期资产的摊销

从理论上讲，这一部分的调整消除掉了具有人为色彩的调整项目，如折旧的年限、

预计残值和折旧方法的选择，摊销的时间长短和方法的选择，是投资人非常关注的指标。因为，不同的企业往往折旧的计提政策和资产成本的摊销政策，以及资产减值情况都不一样。剔除了这些管理层和会计师的主观影响后的净利润更容易比较不同企业的盈利能力，同时剔除不影响现金流量项目后的利润能显示出更多的业绩，特别是那些资本密集型企业，各期折旧计提较大，对利润的影响也非常大，所以这样的企业是非常重视这个指标的。

在这基础上，再排除利息费用和所得税费用，就得出另一个现金利润指标"息税折摊前利润"（英文简写为 EBITDA）。EBITDA 一方面剔除了主观确认的非现金费用的影响，但加回折旧和摊销费用并不增加经营活动现金流量，而只是把计算净利润时所确认的费用消除掉；另一方面也排除了债务融资成本的影响，而专注于经营业绩的现金净流量。但是，EBITDA 尚未加入营运资本净变动的影响，如果一家企业成长性很慢且很少有应收、应付的交易发生，EBITDA 所反映的经营活动现金净流量还能够基本上反映经营活动现金流量的事实。

第二步：对不属于经营活动的某些利润表项目金额进行消除。属于这类需要消除的项目有处置长期资产的损益、固定资产报废损失、财务费用和投资损益等。长期资产的投资与处置，以及融资政策的选择及利息支出，都会对利润表的某些项目产生影响，包括现金影响和非现金影响。但不管怎样的影响，为了客观地显示企业的经营业绩而非其他业绩，必须对这些不属于经营活动的交易和事项影响金额进行剔除。公式如下：

排除非经营活动的净利润 = 不影响经营现金流量的净利润 + 处置固定资产、无形资产和其他长期资产的损失 + 财务费用 + 递延所得税资产减少额

第三步：对在经营过程中影响现金流量的流动资产（不含现金及等价物）项目和流动负债项目进行调增或调减。属于这类需要调整的流动性项目一般有：经营性应收账款的变动额、存货的变动额、经营性应付账款的变动额，以及其他项目的变动额。

第三步是在第二步的基础上对经营性营运资本项目进行的调整。公式如下：

经营活动产生的现金流量净额 = 排除非经营活动的净利润 + 存货的减少额 + 经营性应收账款的减少额 + 经营性应付账款的增加额

经过以上三个步骤的调整，净利润与经营活动现金流量净额之间的差异可以明显地列报出来。

第二章所举例中，楚天科技公司的现金流量表补充资料"间接法现金流量表"如表 4-2 所示。

表 4-2　现金流量表（补充资料节选）　　　　　　　　单位：元

补充资料	2014 年金额	2013 年金额
将净利润调节为经营活动的现金流量：		
净利润	156 906 209.90	134 975 692.56
加：资产减值准备	6 672 096.81	6 199 039.18

续表

补充资料	2014 年金额	2013 年金额
固定资产折旧	23 642 806.92	19 305 424.49
无形资产摊销	2 712 940.83	2 504 348.09
长期待摊费用摊销	786 822.72	
处置固定资产、无形资产和其他长期资产的损失（收益以"–"号填列）	544 503.98	1 495 231.09
财务费用（收益以"–"号填列）	1 676 854.71	1 278 361.56
递延所得税资产减少（增加以"–"号填列）	-929 772.48	-3 451 756.19
存货的减少（增加以"–"号填列）	39 788 043.78	-214 425 591.25
经营性应收项目的减少（增加以"–"号填列）	-169 293 471.08	-39 602 267.26
经营性应付项目的增加（减少以"–"号填列）	-71 193 759.98	230 615 342.84
经营活动产生的现金流量净额	-8 686 723.89	138 893 825.11

表 4-2 的间接法格式的现金流量表中就能看出 2014 年经营现金净流量为负数的原因：

（1）2014 年的净利润大于经营活动产生的现金流量净额，2013 年的净利润小于经营活动产生的现金流量净额。2014 年的销售额比上一年提高幅度较大，净利润增长也较大。其中，对影响利润表但不影响现金流量的项目如表 4-3 所示。

表 4-3　影响利润表但不影响现金流量的项目表　　单位：元

排除的非现金费用利润表项目	2014 年金额	2013 年金额
资产减值准备	6 672 096.81	6 199 039.18
固定资产折旧	23 642 806.92	19 305 424.49
无形资产摊销	2 712 940.83	2 504 348.09
长期待摊费用摊销	786 822.72	
非现金费用项目净影响额	33 814 667.28	28 008 811.76

影响利润表但不属于经营活动的项目金额列示如表 4-4 所示。

表 4-4　影响利润表但不属于经营活动的项目表　　单位：元

排除的非经营活动利润表项目	2014 年金额	2013 年金额
处置固定资产、无形资产和其他长期资产的损失（收益以"–"号填列）	544 503.98	1 495 231.09
财务费用（收益以"–"号填列）	1 676 854.71	1 278 361.56
递延所得税资产减少（增加以"–"号填列）	-929 772.48	-3 451 756.19
非经营活动项目净影响额	1 291 586.21	-678 163.54

排除以上两类的影响额 2014 年为 35 106 253.49 元（=33 814 667.28+1 291 586.21），2013 年为 27 330 648.22 元（=28 008 811.76-678 163.54）。

（2）虽然 2014 年末的存货余额比上年末少（见第二章的表 2-8 所示），但 2014 年支付了更多的以前所欠付的购货款，共支付以前年度的应付账款 71 193 759.98 元；销售额中赊销额也较大，产生了大量应收账款，比 2013 年增加了 169 293 471.08 元，导致相应的销售现金数额推迟收回；当期销售中尚未收到的应收账款与支付以前年度的应付账款共计减少经营活动现金流量 240 487 231.06 元（=169 293 471.08+71 193 759.98），反映了楚天科技公司付给供应商账款要先于收到客户的账款；而当年存货的减少抵消了 39 788 043.78 元的现金减少额，但依然导致经营活动产生的现金流量净额出现 -8 686 723.89 元。即这三个经营项目对经营活动现金流量的影响见表 4-5。

表 4-5　营运资本对经营现金流量的影响　　　　单位：元

经营性项目	2014 年金额	2013 年金额
存货的减少（增加以"-"号填列）	39 788 043.78	-214 425 591.25
经营性应收项目的减少（增加以"-"号填列）	-169 293 471.08	-39 602 267.26
经营性应付项目的增加（减少以"-"号填列）	-71 193 759.98	230 615 342.84
营运资本项目净影响额	-200 699 187.28	-23 412 515.67

根据以上计算，楚天科技公司的净利润与经营活动产生的现金流量净额之间的关系，如表 4-6 所示。

表 4-6　净利润与经营活动现金流量净额关系汇总表　　　　单位：元

项目	2014 年	2013 年
净利润	156 906 209.90	134 975 692.56
1.非现金费用项目净影响额	33 814 667.28	28 008 811.76
2.非经营活动项目净影响额	1 291 586.21	-678 163.54
3.经营性营运资本项目净影响额	-200 699 187.28	-23 412 515.67
经营活动产生的现金流量净额	-8 686 723.89	138 893 825.11

2013 年的净利润小于经营活动产生的现金流量净额，看来非现金费用项目（如折旧、摊销等）拖累了净利润；2014 年净利润大大超过了经营活动产生的现金流量净额，主要是经营性营运资本项目（即应收账款和应付账款）给现金流量造成了负影响。

值得考虑的是，楚天科技公司的管理经营层本来可以控制好经营活动的现金流量。比如，选择一个适度的销售规模和延迟支付货款的策略，让经营性现金流量净额控制在正数额内。特别是选择延迟支付应付账款的策略对净利润不会产生任何影响。

二、不同生命周期的现金流量特征

当今，创业已经是中国经济新常态下的经济继续前行的新动力。但是，创业者必须清楚地认识到，创业是一个艰苦的漫长的过程，从创业伊始到成长、快速发展，企业的投融资和经营历程往往跌宕起伏，危机四伏，发展有时会遇到瓶颈而举步维艰，有时会一路畅通无阻而使利润激增。其实，每个企业的发展，如同人的成长须经历幼儿和孩童期、青春期、成人期，以及衰老期，必然要经历创业导入期、成长发展期、成熟稳定期、老化衰退期或整合蜕变期。美国经济学家雷蒙德·弗农（Raymond Vernon）教授提出了著名的生命周期理论，指出产品的市场寿命，即一种新产品从开始进入市场到被市场淘汰的整个过程。弗农认为，产品生命是指市场上的营销生命，产品和人的生命一样，要经历形成、成长、成熟、衰退这样的周期。就产品而言，也就是要经历一个开发、引进、成长、成熟、衰退的阶段。

一个创业企业应当对创业产品项目的生命周期有一个较完整的规划。但是，创业者往往很难对产品的不同阶段有一个比较准确的判断。但是，在企业产品生命周期内的各个阶段，其投资、融资和经营，及其收入、利润和现金流量都会表现出不同的特征，因此，不妨通过投融资和经营的状况、营业收入、利润和现金流量的大小所表现出的数量特征及其描述对所处的阶段做出判断。

一个企业或其产品的生命周期大致要经历引入期、成长期、成熟期和衰退期四个阶段。创业企业在创业初期一般都从事生产经营一种产品或提供一类服务而非多种产品或服务。所以，产品的生命周期理论尤其适合解释新创立企业的实务。

（一）引入期

引入期，是指创意产品从研究设计、开发实验、投入制造到投放市场进入测试阶段。新产品投入市场，便进入了介绍、宣传、开发期。此时顾客对产品尚不了解，除一少数部分追求新奇的顾客外，几乎无人实际购买该产品。生产者为了扩大销路，不得不投入大量的促销费用，对产品进行宣传推广。

在引入期和成长的早期阶段，由于生产技术方面的限制，生产成本高，广告促销费用较大，销售量很有限，属于市场培育阶段，企业获得营业收入无法弥补产品设计和新产品推广所支出的现金费用，发生净亏损。经营活动的现金净流量通常是负值，投资活动的现金净流量一般也是负值，因为企业发生很多购置固定资产的费用。而在这一早期阶段，企业必须从外面取得股权融资和债务资金，以支持经营活动和投资活动的开展。所以，引入期和成长的早期，现金流量的特征一般如下。

筹资活动现金净流量：正数；

投资活动现金净流量：负数；

经营活动现金净流量：负数。

（二）成长期

当产品通过引入期，销售渐渐获得成功之后，便进入了成长期。成长期是产品通过市场试销，顾客逐渐接受该产品，产品在市场上站住脚并且打开了销路。需求量和销售额开始快速上升。

由于规模效应，生产成本大幅度下降，营业收入和净利润迅速增长。随着经营的改善和利润的逐步提高，随后经营活动现金净流量开始由负转正。但由于企业的发展需要扩张，投资活动依然较多，投资活动现金流出量仍然很大，此阶段的投资活动现金净流量多为负值。为了支持投资规模的扩大和技术提升，还是要筹集外部资金，如增筹股本、借款等，但企业在成长发展的中后段可以有内部留存收益融资等的选择。在成长期的中后阶段，现金流量的特征一般如下。

筹资活动现金净流量：正数；

投资活动现金净流量：负数；

经营活动现金净流量：正数。

（三）成熟期

成熟期指产品进入批量生产并在市场上站稳脚跟，经过成长期之后，随着购买产品的人数日益增加，营业收入稳定，企业已经进入了收获期。但进入成熟期后段，市场需求趋于饱和，虽然成本低但产量大。销售增长速度趋缓直至转而下降，由于竞争的加剧，导致同类产品生产企业之间不得不加大在产品质量、花色、规格、包装服务等方面的投入，在一定程度上也增加了成本。

随着企业产品的发展进入成熟期，现金流量的形式也会发生改变。在所有的现金流量中，经营活动现金净流量是最大的现金来源，因为市场已经完全接受了企业产品，购买产品已成为消费者的习惯，企业的存货量、应收账款和应付账款等营运资本需求已经稳定下来，波动很小。同时，在成熟期的中后阶段，企业的设备等长期资产运行良好，日常保养维护较多，而不需要增添多少新设备。如果企业对外有长期投资，此时也处在收获投资收益阶段。所以，投资活动现金净流量在成熟期中后段通常是正值。在成熟期的中后阶段，经营活动能够产生大量的现金以补充企业各方面的资金需求，无须在从外部筹集资金，但是需要用大量的现金酬报投资人和偿还在创业引入期和成长期所借入的长期债务本金。成熟期中后阶段的现金流量特征如下。

筹资活动现金净流量：负数；

投资活动现金净流量：正数；

经营活动现金净流量：正数。

（四）衰退期

衰退期是指产品逐渐老化进入了淘汰或更新换代阶段。随着科技的发展以及消费习惯的改变等原因，产品的销售量和利润持续下降，产品在市场上已经老化，不能适应市场需求，市场上已经有其他性能更好、价格更合适的新产品，可以满足消费者的需求。此时企业产品的生命周期也就陆续结束，最后完全撤出市场。当原产品进入衰退期时，企业一般不会简单的一弃了之，也不应该固执地维持原有的生产和销售规模。企业必须研究商品在市场的真实地位，然后决定是继续经营下去，还是放弃经营。

在衰退期，随着营业收入的下降，净利润也在下降，经营活动现金净流量在慢慢减少，各项投资在回收。在衰退时期，企业要偿还借款、支付利息，支付红利等。衰退期的现金流量特征如下。

筹资活动现金净流量：负数；

投资活动现金净流量：正数；

经营活动现金净流量：正数。

以上所述的产品生命周期各个阶段的营业收入、净利润、经营活动产生的现金流量净额、投资活动产生的现金流量净额和筹资活动产生的现金流量净额之间的关系如表4-7所示。

表 4-7 产品或服务生命周期各阶段的财务数据特征

生命周期		营业收入	净利润	经营活动 现金流量净额	投资活动 现金流量净额	筹资活动 现金流量净额
引 入 期	前阶段	很少	负数	负数	负数	正数
	中阶段	渐增	负数	负数	负数	正数
	后阶段	上升	负数	负数	负数	正数
成 长 期	前阶段	上升	增长	负数	负数	正数
	中阶段	上升	增长	正数	负数	正数
	后阶段	速增	增长	正数	负数	正数
成 熟 期	前阶段	速增	稳定	正数	负数	正数
	中阶段	稳定	最大	正数	正数	正数
	后阶段	缓降	缓降	正数	正数	负数
衰 退 期	前阶段	下降	下降	正数	正数	负数
	中阶段	下降	下降	正数	正数	负数
	后阶段	速降	负数	正数	正数	负数

产品或服务生命周期各阶段的财务数据特征也可以直观地用图 4-4 描述。

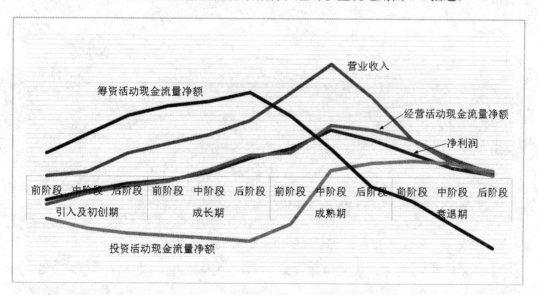

图 4-4 产品或服务生命周期各阶段的财务数据特征曲线

【例 4.1】第二章举例的创业板上市公司——乐视网信息技术（北京）股份有限公司成立于 2004 年 11 月份，2010 年 8 月在创业板上市。该公司是唯一在境内上市的视频网站。乐视网的市值已由成立初期的 30 多亿元增长到现在的 400 多亿元（2014 年年末），是目前创业板价值最高的上市公司。

经过近 10 年的发展，乐视网公司的营业收入和利润年年增长，公司的经营和发展如日中天，见表 4-8 和图 4-5。

表 4-8 乐视网 2010—2014 年营业收入、净利润和现金流量 单位：元

利润表和现金流量表项目	2010 年	2011 年	2012 年	2013 年	2014 年
营业收入	238 258 165.65	598 555 886.31	1 167 307 146.72	2 361 244 730.86	6 818 938 622.38
净利润	70 099 429.37	130 877 875.16	189 965 814.26	232 380 750.50	128 796 560.88
经营活动产生的现金流量净额	65 485 087.00	146 904 755.98	106 199 921.42	175 851 396.59	234 182 733.96
投资活动产生的现金流量净额	-263 481 351.34	-864 172 939.25	-763 807 270.05	-897 667 036.13	-1 525 677 639.53
筹资活动产生的现金流量净额	707 788 345.90	307 313 359.67	717 823 061.05	1 114 659 986.03	1 153 267 014.87

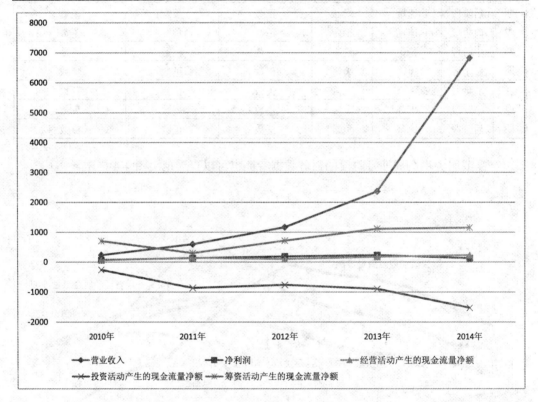

图 4-5 乐视网 2010—2014 年现金流量特征

表 4-8 和图 4-5 显示，从 2010 年以来，营业收入增长迅速，净利润也呈现出增长的趋势；经营活动产生的现金流量净额与净利润的增长近似，4 年均为正数；4 年来的投资活动现金流量净额均为负数，而且投资数额越来越大，不断扩规；四年来的筹资活动现金流量净额都是正数，而且从 2010 年的 7 亿多元净现金流入到 2014 年的 11 多亿元的净现金流入，说明乐视网公司发展迅速。

上面的表 4-8 和图 4-5 的营业收入和净利润，以及各类现金流量的走势，表现出该公司正处在成长期中后阶段，特征明显：营业收入的增长非常迅速，净利润也在稳步增长，经营活动的现金流量净额处于正数范围内，投资活动的现金流量净额为负数，筹资活动的现金流量净额为正数。

第三节 现金管理

一、现金管理概述

现金为王的意思是，无论做什么事，都不能没有钱。现金是商业汽车的润滑油，汽车没有润滑油，发动机等机器部件就会因磨损过度而毁坏。商业活动没有充足的现金就无法进行下去。投资者非常关注新创业企业在运行最初的一段时期的财务状况而非赚取的利润。因为，他们要弄清楚企业是否存在"现金熔炉"，把投入的钱烧得精光。因为谁也不愿意冒险投资一家花掉的现金比赚得现金多的企业。

前述的现金流量表为投资者、债权人和企业经理们提供了大量的现金流信息。特别是对投资者来讲，他们能从中看到企业是否存在"现金熔炉"问题，即那些花现金比赚现金多的现象，而现金流量分析可以找出企业有可能因过度开支而倒闭的因素。然而，投资者、债权人和企业经理们不可能等到现金流量表编报出来后才匆匆处理问题。就企业来讲，需要事前和事中对现金进行管理；对投资人来讲，他们需要通过以往的现金流量表和（或）未来的现金流量计划等评估一家企业是否具有投资潜力，而远离那些烧钱的企业；对于银行等债权人来讲，分析企业的现金流量以及了解企业是否有明确的现金管理方法是回避企业偿债风险的必要手段。

现金管理是一项非常专业和细致的财务工作，包括最佳现金持有额的预测、现金预算等。

财务管理的目标无论是利润最大化还是价值最大化都是以现金流量为基础的。因此，对于一个创业企业的财务管理而言，管理现金流量是头等大事。其中的一项任务就是确定企业为确保正常经营不被打断，在任何时候必须持有的现金数额。本节将讨论影响现金持有量的各个因素，以及目前很多企业使用的现金管理办法。

企业持有现金通常有以下目的或原因[①]。

1. 交易性目的

交易性目的是指企业为了满足日常经营现金支付的需要所必须保持的一定数额的现金。与日常支付和收款相关的现金余额被称为交易性余额。在平时，与企业交易相关的支付需求很多，如支付职工薪酬、支付货款、缴纳税金以及支付股东红利等；现金收入主要来自商品的销售和服务的提供、资产的处置收入、增筹的资本等。换言之，企业既取得营业收入，也发生支出，但两者不可能同步同量，因此企业必须持有适当的现金余额。而且，企业为了抵消支票结算和现金管理咨询的服务成本，银行一般都要求企业维持存款的补偿性余额。

2. 预防性目的

预防性目的是指企业必须置存一定量的现金以应付突发性事件。企业有时会发生意

---

① 约翰·梅纳德·凯恩斯（John Maynard Keynes）的经典著作《就业，利息和货币通论》（The General Theory of Employment, Interest and Money）指出流动性偏好的三个动机：交易、预防和投机。

外支付，造成现金收支的不平衡。企业通常会为随机的、不可预测的现金流波动，保留一部分现金储备。这些安全存量被称为预防性余额。一般来说，现金流动的不确定性越大，企业需要置存的现金越多；反之，则可适当减少现金的置存数额。另外，预防性现金的需求量的大小还受到企业临时借款能力的影响。如果企业可以很容易且低成本地借入短期资金，则可减少预防性现金数额；反之，则应增加预防性现金数额。

3. 投机性目的

投机性目的是指企业置存现金，以便在合适的时机从事投机活动，并从中获取收益。如在适当时机购入价格有利的有价证券或廉价的原材料等。通常除金融机构和投资公司外，一般企业很少为投机性动机而特别置存现金，当遇到不寻常的购买机会时，常常是临时设法筹集资金。企业有时持有现金余额可使公司利用可能出现的廉价采购机会。这部分现金称为投机性余额。当然，持有现金肯定能够提高或保持企业资产的流动性，但不一定在存款账户上有多少现金余额。从这个角度讲，如果企业有一张额度很大的信用卡，那么可以在不持有现金的情况下抓住了难得的打折机会。

大多数企业的现金账户均可视为由交易性、预防性和投机性余额三个部分组成，但企业不能为每种用途分别计算所需现金的数量并加总，最后得出一个总的理想现金余额。因为同一资金经常服务于多种目的。例如，预防性和投机性余额也可用来满足补偿性余额的需求。然而，企业在确定目标现金余额时，确实需要将三个因素全部考虑进去。

除了上述三个因素，企业维持现金余额的目的还在于通过使它的流动性状况与行业中其他企业的流动性水平相符来保护它的信用等级。高的信用等级能够使企业以有利的条件从供应商处采购商品，同时保持和银行良好的信贷关系。

随着电子转账和互联网支付这些高速资金运转的无纸化智能机制日益广泛的运用以及信用体系的逐步完善，为现金的交易、预防和机会的把握所需保存一定量的余额也在慢慢地发生变化。

二、现金管理的成本与效益

无论是新创立的企业还是创立已久的企业，都应当懂得一个管理现金的基本原理或常识：持有现金是有成本的。现金持有的成本一般包括机会成本、短缺成本和管理成本三种。

（一）机会成本

现金资产是非盈利性资产，银行存款即便有利息收入，也是非常低的，只能看作是起一种轻微的保值作用。但是企业将这部分现金资产进行投资，则可能像企业其他资金一样获得大致相同的利润率，如对外贷款也可以获取按当时资本市场利率计算的利息收入。但企业放弃这些投资行为，而置存现金，这表明企业为了维持一定的现金存量，而放弃了一些获利机会。可见现金作为企业一种特殊的资产形式是有代价的，这种代价便是其放弃投资的机会成本，一般可用企业投资收益率来表示。通常认为，金融市场的利率越高，企业的投资收益率越高，那么持有现金资产的成本也越大。所以，这要求企业财务人员在既保持企业一定现金存量和不丧失投资获利的可能性之间进行合理的抉择，选择最合理的现金存置量。

（二）短缺成本

短缺成本是指企业由于缺乏必要的现金资产，不能应付必要的业务开支，而使企业蒙受的损失。现金的短缺成本一般有如下三种。

1. 丧失购买能力的成本

这主要是指企业由于缺乏现金而不能及时购买原材料等生产必需物资，而使企业正常生产不能得以维持的代价。这种代价虽然不能十分明确地测定，但一旦发生，则会对企业造成很大的损失。

2. 使用损失和得到折扣好处成本

其一是指企业由于现金短缺而不能按时付款，使之失信于供货单位，而造成供货方以后拒绝供货或不接受延期付款的代价，这种损失对企业来讲，可能是长久和潜在的，造成企业信誉和形象的下降。其二是指如企业缺乏现金，不能在供货方提供的现金折扣期内付款，便会丧失享受现金折扣优惠的好处，而相应提高购货成本的代价。这两种短缺成本的损失也不能十分精确地加以测定，但对于企业造成长远的损害也是不可轻视的。

3. 丧失偿债能力的成本

这是指企业由于现金严重短缺而根本无力在近期内偿付各种负债而给企业带来重大损失的成本。由于现金短缺而造成企业财务危机，甚至导致破产清算的先例不胜枚举，在所有现金短缺成本中，此项成本可能对企业来讲是致命的。虽然对于那些突发性事件，财务人员确定不能做到料事如神，但在制定企业现金体系，乃至企业整个财务管理体制时，充分注重现金短缺成本可能对企业造成的重大伤害，认识现金管理的重要性，则是非常必要的。

（三）管理成本

现金管理成本是指对企业置存的现金资产进行管理而支付的代价。如要建立完整的企业现金管理内部控制制度，制订各种现金收支规定和现金预算执行的具体办法等。它还包括支付给具体现金管理人员的工资费用和各种保护现金安全而建立安全防范措施及购入的相应设备装置等。这种现金管理成本的高低一般与企业现金存置量并没有明显的关系，故在大多数情况下被视为一种相对固定的成本。

因此，搞好现金管理是在满足企业经营需要的同时，尽可能地降低持有现金的成本，提高使用现金的效益。也就是说，在考虑机会成本、短缺成本和管理成本的基础上，确定一个企业持有现金的最佳余额，使得企业持有现金的综合成本最低。其次，企业在考虑采取任何现金管理方法的同时，要进行成本效益分析。因为任何控制措施都会产生相应的成本，企业在考虑现金管理的效率达到何种程度才是最适宜时，要分析改进管理所带来的边际收益和管理本身所发生的边际成本，只有现金管理产生的边际收益大于其边际成本时，采用该种现金管理方法才是有价值的，否则还是放弃采用该种现金管理方法。例如，某家公司采用某种现金管理方法可以节约现金投资 10 000 元，假设借款利率为 7%，也就是说采用该种现金管理方法的边际收益是 700 元。如果为采用该种现金管理方法，公司需要额外花费的管理成本低于 700 元，那么该现金管理方法能够产生价值，公司应该采用；若是高于 700 元，则公司反而得不偿失，就不应该采用该种现金管理方法。

三、现金预算

现金预算是对现金的收入和支出所做的规划，是用于对现金流量进行管理控制的工具。利用现金预算，企业可以对现金流量制定出具体的实施方案，对于新创企业和小企业来讲，无论是现金短缺时避免资金链条断裂的发生，还是有剩余现金时做短期投资项目，没有比现金预算更重要的其他计划了。

现金预算的内容包括现金收入、现金支出、现金多余或不足的计算，以及不足部分的筹措方案和多余部分的利用方案等。

现金预算实际上是其他预算有关现金收支部分的汇总，以及收支差额平衡措施的具体计划。它的编制，要以其他各项预算为基础，或者说其他预算在编制时要为现金预算做好数据准备。

（一）销售预算

销售预算是整个预算的编制起点，其他预算的编制都以销售预算作为基础。

销售预算的主要内容是销量、单价和销售收入。销量根据市场预测和销售合同并且结合企业的生产能力来确定，单价依据市场的竞争条件和产品特性通过价格决策确定。在现金预算中最难编制的是销售预算，因为销售预算受外部的市场因素影响，而市场存在着很大的不确定性。销售收入是销量和单价的乘积，在销售预算中计算得出。

通常，销售预算分品种、分月份、分季度，或者还可以分销售区域、分推销员进行编制等。现举例说明一家生产型小微企业的现金预算编制过程。

【例 4.2】轩博家具制造公司是一家专门生产桌椅家具的小企业，该公司创立才一年多。目前公司的产品已经被部分消费者认可，有了一定的知名度。表 4-9 和表 4-10 分别是轩博家具制造公司（一家小微企业）的销售预算，为了叙述简便，仅以一种产品的季度数据编制为例。

表 4-9　销售预算　　　　　　　　单位：元

季度	1	2	3	4	全年
预计销售量（件）	100	150	200	180	630
预计单位售价	200	200	200	200	200
销售收入	20 000	30 000	40 000	36 000	126 000

表 4-10　预计现金收入　　　　　　　　单位：元

上年应收账款	6 200				6 200
第一季度	12 000	8 000			20 000
第二季度		18 000	12 000		30 000
第三季度			24 000	16 000	40 000
第四季度				21 600	21 600
现金收入合计	18 200	26 000	36 000	37 600	117 800

为了编制现金预算，销售预算中通常包括预计现金收入的计算。第一季度的现金收入包括上年应收账款在本年第一季度收到的货款和本季度销售收到的货款。在本例中，假设每季度销售收入中，当季度收到现金 60%，另外的 40% 要到下季度才能收到现金。

（二）生产预算

生产预算是在销售预算的基础上编制的，主要内容有销售量、期初和期末存货、生产量。表 4-11 是轩博家具制造公司的生产预算。

表 4-11 生产预算　　　　　　　单位：件

季度	1	2	3	4	全年
预计销售量	100	150	200	180	630
加：预计期末存货	15	20	18	20	20
合计	115	170	218	200	650
减：预计期初存货	10	15	20	18	10
预计生产量	105	155	198	182	640

期初和期末存货是由于企业的生产和销售不能做到同步同量，一定的存货可以保证在发生意外需求时按时供货，并可均衡生产以降低生产成本。存货数量通常按下期销售量的一定百分比确定。本例按 10% 安排期末存货。年初存货是编制预算时预计的，年末存货根据长期销售趋势确定，本例假设年初有 10 件存货，年末留存 20 件。

生产预算的"预计销售量"来自销售预算，其他数据计算得出：

预计期末存货=下季度销售量×10%

预计期初存货=上季度期末存货

预计生产量=（预计销售量+预计期末存货）-预计期初存货　　　　　　　（4-1）

在实际编制生产预算时，应根据企业的实际情况和市场条件多方面考虑，产量受到生产能力的限制，存货数量受到仓库容量的限制。因此在实际考虑生产量和库存量时，应综合考虑加班所增加的生产成本和存货的库存成本和资金占用费。另外，由于市场环境瞬间万变，企业应尽可能做到零库存。

（三）直接材料预算

直接材料预算以生产预算为基础编制，同时考虑原材料存货水平。主要内容有直接材料的单位产品用量、生产需用量、期初和期末存货等。表 4-12 是轩博家具制造公司的直接材料预算。

表 4-12 直接材料预算　　　　　　　单位：千克

季度	1	2	3	4	全年
预计生产量（件）	105	155	198	182	640
单位产品材料用量	10	10	10	10	10
生产需用量	1 050	1 550	1 980	1 820	6 400
加：预计期末存货	310	396	364	400	400

续表

季度	1	2	3	4	全年
合计	1 360	1 946	2 344	2 220	6 800
减：预计期初存货	300	310	396	364	300
预计材料采购量	1 060	1 636	1 948	1 856	6 500
单价（元）	5	5	5	5	5
预计采购金额（元）	5 300	8 180	9 740	9 280	32 500

"预计生产量"的数据来自生产预算，"单位产品材料用量"的数据来自标准成本资料或消耗定额资料。年初和年末的材料存货量根据当前情况和长期销售趋势预测估计，各季度"期末材料存货"根据下季度生产量的一定百分比确定，本例按 20%计算。各季度"期初材料存货"是上季度的期末存货。

预计采购量=（生产需用量+期末存货）–期初存货　　　　　　　　　（4-2）

为了编制现金预算，需要预计各季度的材料采购现金支出。每个季度的现金支出包括偿还上期应付账款和本期应支出的采购货款，如表 4-13 所示。本例假设材料采购的货款有 50%在本季度内付清，另外 50%在下季度付清，上年应付账款 2 350 元。

表 4–13　预计现金支出　　　　　　　　　　　　　单位：元

上年应付账款	2 350				2 350
第一季度	2 650	2 650			5 300
第二季度		4 090	4 090		8 180
第三季度			4 870	4 870	9 740
第四季度				4 640	4 640
现金支出合计	5 000	6 740	8 960	9 510	30 210

（四）直接人工预算

直接人工预算以生产预算为基础编制，主要内容有预计产量、单位产品工时、人工总工时、每小时人工成本和人工总成本。"预计产量"数据来自生产预算，单位产品人工工时和每小时人工成本数据来自标准成本资料，人工总工时和人工总成本是在直接人工预算中计算出来的。表 4-14 是轩博家具制造公司的直接人工预算。

表 4–14　直接人工预算

季度	1	2	3	4	全年
预计产量（件）	105	155	198	182	640
单位产品工时（小时）	10	10	10	10	10
人工总工时（小时）	1 050	1 550	1 980	1 820	6 400
每小时人工成本（元）	2	2	2	2	2
人工总成本（元）	2 100	3 100	3 960	3 640	12 800

（五）制造费用预算

制造费用预算通常分为变动制造费用和固定制造费用两部分。变动制造费用以生产预算为基础编制，如果有完善的标准成本资料，用单位产品的标准成本与产量相乘，即可得到相应的预算金额。如果没有标准成本资料，就需要逐项预计计划产量需要的各项制造费用。固定制造费用，需要逐项进行预计，通常与本期产量无关，按每季度实际需要的支付额预计。表4-15是轩博家具制造公司的制造费用预算。

表4-15 制造费用预算　　　　　　　　　　　单位：元

季度	1	2	3	4	全年
变动制造费用：					
间接人工	105	155	198	182	640
间接材料	105	155	198	182	640
修理费	210	310	396	364	1 280
水电费	105	155	198	182	640
小计	525	775	990	910	3 200
固定制造费用：					
修理费	1 000	1 140	900	900	3 940
折旧费	1 000	1 000	1 000	1 000	4 000
管理人员薪酬	200	200	200	200	800
保险费	75	85	110	190	460
财产税	100	100	100	100	400
小计	2 375	2 525	2 310	2 390	9 600
合计	2 900	3 300	3 300	3 300	12 800
减：折旧	1 000	1 000	1 000	1 000	4 000
现金支出费用	1 900	2 300	2 300	2 300	8 800

（六）产品生产成本预算

产品生产成本预算是生产预算、直接材料预算、直接人工预算、制造费用预算的汇总，主要内容是产品的单位成本和总成本。单位产品成本的有关数据来自前述三个预算，生产量、期末存货来自生产预算，销售量来自销售预算。生产成本、存货成本和销售成本等数据，根据单位成本和有关数量计算得出。制造费用按照小时费用率分摊到单位产品。其计算公式为：

变动制造费用分配率=3 200÷6 400=0.5（元/小时）

固定制造费用分配率=9 600÷6 400=1.5（元/小时）

表4-16是轩博家具制造公司的成本预算。

表 4-16　成本预算

项目	单位成本			生产成本（640 件）	期末存货（20 件）	销售成本（630 件）
	每千克或每小时	投入量	成本（元）			
直接材料	5	10 千克	50	32 000	1 000	31 500
直接人工	2	10 小时	20	12 800	400	12 600
变动制造费用	0.5	10 小时	5	3 200	100	3 150
固定制造费用	1.5	10 小时	15	9 600	300	9 450
合计			90	57 600	1 800	56 700

（七）销售费用和管理费用预算

销售费用预算是指为了实现销售预算所需支付的费用预算，以销售预算为基础，分析销售收入、销售利润和销售费用的关系，力求实现销售费用的最有效使用。在安排销售费用时，要利用本量利分析方法，费用的支出应能获得更多的收益。在草拟销售费用预算时，要对过去的销售费用进行分析，考查过去销售费用支出的必要性和效果。销售费用预算应和销售预算相配合，应有按品种、按地区、按用途的具体预算数额。

管理费用多属于固定成本，在编制管理费用预算时，要分析企业的业务成绩和经济状况，充分考察每种费用是否必要，以便提高费用效率。一般以过去的实际开支为基础，按预算期的可预见变化来调整。表 4-17 是轩博家具制造公司的销售费用和管理费用预算。

表 4-17　销售费用和管理费用预算　　　单位：元

项目	金额
销售费用：	
销售人员工资	2 000
广告费	5 500
包装、运输费	3 000
保管费	2 700
管理费用：	
管理人员工资	4 000
福利费	800
保险费	600
办公费	1 400
合计	20 000
每季度支付现金（20 000÷4）	5 000

（八）现金预算

现金预算由现金收入、现金支出、现金多余或不足、资金的筹集和运用组成。表 4-18 是轩博家具制造公司的现金预算。

表 4-18 现金预算 单位：元

季度	1	2	3	4	全年
期初现金余额	8 000	8 200	6 060	6 290	8 000
加：销售现金收入（表4-10）	18 200	26 000	36 000	37 600	117 800
可供使用现金	26 200	34 200	42 060	43 890	125 800
减：各项支出					
直接材料（表4-12）	5 000	6 740	8 960	9 510	30 210
直接人工（表4-14）	2 100	3 100	3 960	3 640	12 800
制造费用（表4-15）	1 900	2 300	2 300	2 300	8 800
销售和管理费用（表4-17）	5 000	5 000	5 000	5 000	20 000
所得税费用	4 000	4 000	4 000	4 000	16 000
购买设备		10 000			10 000
股利		8 000		8 000	16 000
支出合计	18 000	39 100	24 220	32 450	113 810
现金多余或不足	8 200	（4 940）	17 840	11 440	11 990
向银行借款		11 000			11 000
还银行借款			11 000		11 000
借款利息			550		550
合计			11 550		11 550
期末现金余额	8 200	6 060	6 290	11 440	11 440

"现金收入"包括期初现金余额和预算期现金收入，销售取得的现金收入是主要的现金来源。年初的"现金余额"是在编制预算时预计的，"销售现金收入"的数据来自销售预算，"可供使用现金"是期初现金余额与本期现金收入之和。

"现金支出"包括预算期的各项现金支出，"直接材料""直接人工""制造费用""销售和管理费用"的数据分别来自前述的有关预算。所得税、购置设备、股利分配等现金支出，有关的数据分别来自另行编制的专门预算。

"现金多余或不足"列示现金收入合计与现金支出合计的差额。差额为正，说明收大于支，现金有多余，可用于偿还过去向银行取得的借款，或者用于可交易证券投资。差额为负，说明支大于收，要向银行取得新的借款，或者转换可交易证券。本例中，轩博家具制造公司需要保留的现金余额为 6 000 元，不足此数时需要向银行借款。假设银行借款的金额要求是 1 000 元的倍数。因此，第二季度借款额为：

借款额 = 最低现金余额 + 现金不足额 = 6 000 + 4 940 = 10 940 ≈ 11 000（元）

第三季度现金多余，可用于偿还借款。一般按"每期期初借入，每期期末归还"来预计利息，假设利率为 10%，则应计利息为 550 元。还款后，仍需保持最低现金余额，否则只能部分归还借款。

现金预算的编制以各项经营预算和资本预算为基础，反映各预算期的收入和支出状况，并做对比说明。现金预算的目的在于资金不足时筹措资金，资金多余时及时处理现金余额，并且提供现金收支的控制限额，充分发挥现金管理的作用。

四、现金管理的基本方法

准确而合理地制订现金预算是做好现金管理的起点，同时，公司必须掌握和运用提高现金管理效率的方法，以尽量加速现金的回收和控制现金支出。

（一）现金流量同步

现金流量同步是企业尽量使它的现金流入与现金流出发生的时间趋于一致，使其所持有的交易性现金余额降到较低水平。基于这种认识，企业可以根据现金流入的状况，重新安排付出现金的时间，尽量使现金流入与现金流出趋于同步。

（二）利用浮游量

现金的浮游量是指企业账户上存款余额与银行账户上所示的存款余额之间的差额。有时，企业账簿上的现金余额已为零或负数，而银行账簿上该公司的现金余额还有不少。这是因为有些支票公司虽已开出，但顾客还没有到银行兑现。如果能正确预测浮游量并加以利用，可节约大量资金。

当一个公司在同一国家内有多个银行存款户时，则可选用一个能使支票流通在外的时间最长的银行来支付货款，以扩大浮游量。利用现金的浮游量，公司可适当减少现金数量，达到现金的节约。但是，一个公司的利益，就是另一个公司的损失，因而，利用浮游量往往对供应商不利，有可能破坏公司和供应商之间的关系，这一因素应加以考虑。

（三）加速收款

为了提高现金的使用效益，加速现金周转，企业应尽量加速收款，即在不影响未来销售的情况下，尽可能地加快现金的收回。如果现金折扣在经济上可行，应尽量采用，以加速账款的收回。企业加速收款的任务不仅是要尽量使顾客早付款，而且要尽快地使这些付款转化为可用现金。为此，必须满足如下要求：①减少顾客付款的邮寄时间；②减少企业收到顾客开来支票与支票兑现之间的时间；③加速资金存入自己往来银行的过程。为达到以上要求，可采用以下措施。

1．锁箱法

锁箱法是通过承租多个邮政信箱，以缩短从收到顾客付款到存入当地银行的时间。采用锁箱法的具体做法如下。

（1）在业务比较集中的地区租用当地加锁的专用邮政信箱。

（2）通知顾客把付款邮寄到指定的信箱。

（3）授权公司邮政信箱所在地的开户行，每天数次收取邮政信箱的汇款并存入公司账户，然后将扣除补偿余额以后的现金及一切附带资料定期送往公司总部。这就免除了公司办理收账、货款存入银行的一切手续。

采用锁箱法的优点是大大地缩短了公司办理收款、存储手续的时间，即公司从收到支票到这些支票完全存入银行之间的时间差距消除了。这种方法的主要缺点是需要支付额外的费用。由于银行提供多项服务，因此要求有相应的报酬。这种费用支出一般来说与存入支票张数成一定比例。所以，如果平均汇款数额较小，采用锁箱法并不一定有利。

是否采用锁箱法要看节约资金带来的收益与额外支出的费用孰大孰小。如果增加的费用支出比收益小，则可采用该方法；反之，就不宜采用。

2．授权付款法

授权付款法是指利用预先授权支票（PAC_s）进行付款，预先授权支票与普通支票类似，但它不包含也不需要私人签字，只需经过合法授权。

当公司定期从固定的客户那里收取固定的货款时，使用 PAC_s 系统能更有效地把应收账款转换为公司可用现金。实践证明，PAC_s 现金管理系统非常适合保险公司、储蓄与贷款协会、消费信用公司、租赁公司。PAC_s 系统主要是可以减少支票的邮寄和处理时滞，与普通现金回收系统和锁箱系统相比，PAC_s 系统可使客户无须签署支票和邮寄支票。

授权付款法的具体做法如下。

（1）客户授权公司直接从他的活期存款账户内开出支票并支取现金。

（2）客户与他的开户银行签订 PAC_s 承兑保障合同。该合同规定，当银行收到 PAC_s 时，有权通过银行清算系统支付 PAC_s。

（3）公司准备一份包括所有有关定期支付信息的磁带。

（4）为了加强控制，在每个处理周期（1 个月、半个月或 1 周），公司保留一份上述磁带拷贝。所授权的支票一般要存入公司在其开户银行的活期账户内，并送至客户的开户银行。

（5）公司的开户银行收到磁带后，产生一系列 PAC_s 存入公司的账户内，并通过银行系统进行清算，然后将控制报告送给公司。

采用授权付款法有以下优点：

（1）有助于比较准确地预测未来现金流。

（2）可以减少费用开支，可以消除开具账单与邮寄时间，同时也大大减少了收款的文书处理工作。

（3）使客户更轻松自由。许多客户不喜欢承受定期付款的麻烦，使用 PAC_s 系统可以替客户开列支票，支付货款。

（4）增加了公司营运现金。与其他支票处理系统相比，PAC_s 系统可以大大减少支票的邮寄时滞和处理时滞。

3．集中银行法

集中银行法是指通过设立多个策略性的收款中心来代替通常在公司总部设立的单一收款中心，以加速账款回收的一种方法。其目的是缩短从顾客寄出账款到现金收入企业账户这一过程的时间。

具体做法如下。

（1）企业以服务地区和各销售区的账单数量为依据，设立若干收款中心，并指定一个收款中心（通常是设在公司总部所在地的收账中心）的账户为集中银行。

（2）公司通知客户将货款送到最近的收款中心而不必送到公司总部。

（3）收款中心将每天收到的货款存到当地银行，然后再把多余的现金从地方银行汇入集中银行——公司开立的主要存款账户的商业银行。

设立集中银行主要有以下优点。

（1）账单和货款邮寄时间可大大缩短。账单由收款中心寄发给该地区顾客，与总部寄发相比，顾客能较早收到。顾客付款时，货款邮寄到最近的收款中心，通常也比直接邮往总公司所需时间短。

（2）支票兑现的时间可缩短。收款中心收到顾客汇来的支票存入该地区的地方银行，而支票的付款银行也在该地区内，因而支票兑现较方便。

但集中银行法也有如下缺点。

（1）每个收款中心的地方银行都要求有一定的补偿余额，而补偿余额是一种闲置的不能使用的资金。开设的中心越多，闲置的资金也越多。

（2）设立收款中心需要一定的人力和物力，花费较多。所以，财务经理在决定采用集中银行时，一定不可忽视这两个缺陷。

（四）付款控制

现金管理是对现金的收支进行管理，因此，与加速收款相对应，做好现金管理的另一方面是控制付款。

1. 应付账款集中法

应付账款集中法是把公司的所有应付账款集中起来统一安排，根据公司的资金状况和应付账款的付款条件和付款期限，统筹规划以获得资金的最大使用效果。一方面，它可以尽量推迟付款时间；另一方面，在公司资金许可的情况下，对于有现金折扣的应付账款应优先考虑，尽量享受现金折扣。例如，供应商为公司提供的付款条件为："2/10，n/30"，若决定享受现金折扣，则应尽量在第10天付款，避免过早付款；若公司决定放弃现金折扣则应尽量推迟在第30天付款，推迟付款时间注意应不影响公司的信用。

2. 零现金余额账户

很多小企业发展到一定规模后向中型和大型企业演变。在现今"互联网+"时代下，小企业发展扩张非常迅猛，很多企业经过创业初期确立了基本市场和品牌后很快在各地区就设立了许多分支机构、部门，这些众多的分支机构会在不同的银行开立账户。为此，企业在银行账户上常常要保持较大现金余额以便应付定期的经营性支出。一般来说，购买汽车传动装置的货款与其让汽车制造公司总部支付不如让下属传动与底盘部门支付更好。传动与底盘部门订购货物、收货并检验，然后签发支票支付货款。这些事如果让公司总部来做显然浪费时间，但是让下属部门直接付款也存在弊端。一些部门会利用自己的现金支出账户建立超额现金储备，并以此盗用公司收益。为了防止这种行为，产生了零现金余额账户。零现金余额账户的目的在于：①加强公司对现金支付的控制；②减少公司在地方银行账户上用于支付账款的超额现金；③增加现金支付时滞。

零现金余额账户在保持公司下属各部门的现金支出权限的同时，增强了公司总部对现金流出的控制能力。在这种系统下，公司下属各部门的管理者有权在他们各自的银行账户上签发支票，但原来众多的独立支付账户现在都集中到了公司的中心银行账户。实际上，这些独立账户内根本没有现金，所以称为"零现金余额"。这些独立账户具有活期存款账户的所有特点，如有各自的名称、账号等。

零现金余额账户支付的操作如下：首先，由公司授权的代理机构在他们特定的账户内开出支票。其次，这些支票由银行结算系统进行结算，当天即可送至公司的中心银行，中心银行付款后，特定的现金支出账户出现负余额。再次，在每天营业结束时，将负的现金余额调整到零，公司在中心银行的活期存款账户内的资金相应减少。最后，在每天营业开始时，中心银行将反映公司总账户与每一个零现金余额账户前一天支付活动的报告电传至公司总部，公司总部管理准现金投资的财务主管就可利用这些报告所提供的现金余额信息制订合适的证券投资计划。

公司利用零现金余额账户有如下优点。

（1）可以集中控制现金支出，即使付款机构连续停业也没有关系。

（2）缩短了现金管理活动的时间。例如，不必过于关注大量的银行账户内的现金余额状况和向那些资金短缺的账户转移资金以及调整账目等事宜。

（3）减少了在远程账户上的超额现金。

（4）减少了现金管理成本。

（5）由于增加了现金支出时滞，公司可用资金也增加了。因为通过地方银行账户支付货款可以加快支票结算速度，同样的支票如果通过公司在更远的中心银行的零现金余额账户来支付，会延长结算时间。

3．控制付款账户

控制付款账户是设立专门的付款账户，对公司的付款进行控制。对于公司的所有开支付款，根据现金预算统一在付款账户支付，并且对于不同的付款账户，根据公司及各个部门、业务机构的实际情况，设定付款限额。一方面公司能够很好地对付款进行控制，另一方面可以提高现金的使用效率。

第四节　最佳现金余额的确定

现金是一种流动性最强的资产，又是一种盈利性最差的资产。现金过多，会使企业盈利水平下降，而现金太少，又有可能出现现金短缺，影响生产经营。在现金余额问题上，也存在风险与报酬的权衡问题。确定最佳现金余额的方法一般有以下几种。

一、鲍莫模型

这一模型最早由美国学者鲍莫（William J. Baumol）于1952年提出[1]，来源于存货的经济批量模型（Economic-Order Quantity Model），因此也称为存货模型。

在鲍莫模型中，假设收入是每隔一段时间发生的，而支出则是在一定时期内均匀发生的。在此时期内，企业可通过销售有价证券获得现金。可用图4-6加以说明。

---

① William. J. Baumol. The Transactions Demand for Cash: An Inventory Theoretic Approach. The Quarterly Journal of Economics 65(November 1952), pp.545~556.

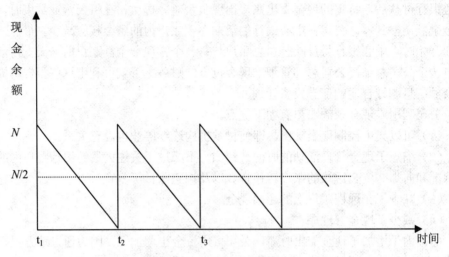

图 4-6　现金余额的鲍莫模型

在图 4-6 中，假定某个创业两年的公司，其现金支出需要在某一期间（例如一个月）内是稳定的。该公司原有 N 元现金，当此笔现金在 t_1 时用掉之后，出售 N 元有价证券补充现金；随后当这笔现金到时又使用完了，再出售 N 元有价证券补充现金。如此不断重复。

鲍莫模型的目的是求出使总成本最小的 N 值。现金余额的总成本包括两个方面。

1. 现金持有成本

现金持有成本即持有现金所放弃的报酬，是持有现金的机会成本，这种成本通常为有价证券的利息率，它与现金余额成正比例的变化。

2. 现金转换成本

现金转换成本即现金与可交易证券转移的固定成本，如经纪人费用、税负及其他管理成本，这种成本只与交易的次数有关，而与持有现金的金额无关。

如果现金余额大，则持有现金的机会成本高，但转换成本可减少。如果现金余额小，则持有现金的机会成本低，但转换成本要上升。两种成本合计最低条件下的现金余额就是最佳现金余额。

假设，TC——总成本；

　　　b——现金与可交易证券的转换成本；

　　　T——特定时间内的现金需求总额；

　　　N——理想的现金转换数量（最佳现金余额）；

　　　i——短期可交易证券利息率。

则：$TC = \dfrac{N}{2}i + \dfrac{T}{N}b$ 　　　　　　　　　　　　　　　（4-3）

年总成本、持有成本和转换成本的关系如图 4-7 所示。

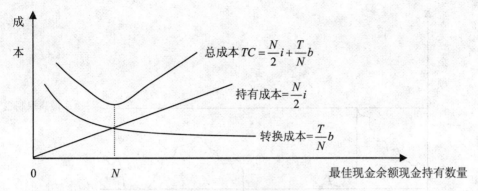

图 4-7　最佳现金余额图

图 4-7 中，TC 是一条凹形曲线，可用导数方法求出最小值。

$$TC' = \left(\frac{N}{2}i + \frac{T}{N}b \right)' = \frac{i}{2} - \frac{Tb}{N^2}$$

令：$TC' = 0$，则：$\dfrac{i}{2} = \dfrac{Tb}{N^2}$，

$$N^2 = \frac{2Tb}{i}$$

最佳现金余额 $N = \sqrt{\dfrac{2Tb}{i}}$　　　　　　　　　　　　　　　　（4-4）

【例 4.3】某小企业预计全年需要现金 300 万元，现金与可交易证券的转换成本为每次 100 元，可交易证券的利息率为 6%。则运用上述公式确定最佳现金余额。

$$N = \sqrt{\frac{2Tb}{i}} = \sqrt{\frac{2 \times 3\,000\,000 \times 100}{6\%}} = 100\,000 元$$

鲍莫模型可以精确地测算出最佳现金余额和变现次数，表述了现金管理中基本的成本结构，它对加强企业的现金管理有一定的作用。但是这种模型以现金支出均匀发生、现金持有成本和转换成本易于预测为前提条件。因此，只有在上述因素比较确定的情况下才能使用此种方法。

二、米勒—欧尔模型

米勒和欧尔设计了一个在考虑现金流入、流出不稳定情况下确定现金最佳持有量的模型。他们假设每日现金净流量的分布接近正态分布，每日现金流量可能低于也可能高于期望值，其变化是随机的。

图 4-8 显示了米勒—欧尔模型，该模型有一最高控制线 A 和最低控制线 B，当企业持有的现金流量达到 A 时，企业会购买证券，以使现金持有量降到回归线 C，而当企业现金持有量降到 B 时，企业将卖出部分证券，使现金余额增至 C。从图 4-8 上还可看出，C 线并非处在 A、B 线中间，而是稍微偏向 B 线。

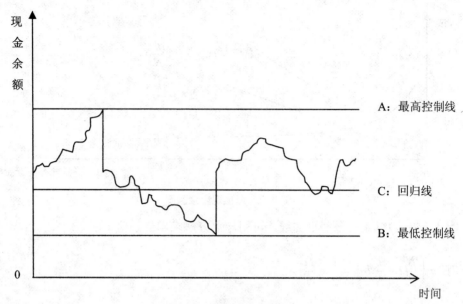

图 4-8 米勒—欧尔模型

企业最低现金持有额通常由现金管理部经理决定。在决定 B 值时，须综合考虑企业冒现金短缺的风险程度、借款能力、日常周转所需现金等因素后决定。

A 到 B 之间的差值为：$A-B=3\left(\dfrac{3}{4}\times\dfrac{b\times\sigma^2}{i}\right)^{\frac{1}{3}}$ （4-5）

回归线 $C=B+\dfrac{1}{3}(A-B)$ （4-6）

式中，A——最高现金持有量；

      B——最低现金持有量；

      C——回归线；

      b——证券转换为现金或现金转换为证券的成本；

      σ——公司每日现金流变动的标准差；

      i——以日为基础计算的现金机会成本。

【例 4.4】某公司现金管理部经理决定 B 值应为 10 000 元，估计公司现金流量标准差为 1 000 元，当年的年机会成本为 15%，换算为 i 值是 0.000 39，b=150 元。根据该模型，可求得：

$$C=10\,000+\left(\dfrac{3}{4}+\dfrac{150\times1\,000^2}{0.000\,39}\right)^{\frac{1}{3}}=16\,607\text{（元）}$$

$$A=10\,000+3\times\left(\dfrac{3}{4}+\dfrac{150\times1\,000^2}{0.000\,39}\right)^{\frac{1}{3}}=29\,821\text{（元）}$$

三、其他方法

（一）现金周转模型[①]

现金周转期是指从现金投入生产经营开始，到最终转化为现金的过程。它大致包括如下三个方面。

（1）存货周转期，是指将原材料转化成产成品并出售所需要的时间。

（2）应收账款周转期，是指将应收账款转换为现金所需要的时间，即从产品销售到收回现金的期间。

（3）应付账款周转期，是指从收到尚未付款的材料开始到现金支出之间所用的时间。

上述三个方面与现金周转期之间的关系可用图 4-9 加以说明。

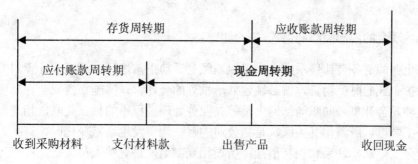

图 4-9　现金周转期示意图

根据图 4-9 所示，现金周转期可计算如下：

现金周转期 = 存货周转期 + 应收账款周转期 - 应付账款周转期　　　　（4-7）

现金周转期确定后，便可计算最佳现金余额。

最佳现金余额 = 企业年现金需求总额 ÷360× 现金周转期　　　　　　　（4-8）

现金周转模型简单明了，易于计算。但是这种方法假设材料采购与产品销售产生的现金流量在数量上一致，企业的生产经营过程在一年中持续稳定地进行，即现金需要和现金供应不存在不确定的因素。如果以上假设条件不存在，则求得的最佳现金余额将发生偏差。

（二）因素分析模型

因素分析模型是根据上年现金占用额和有关因素的变动情况，确定最佳现金余额的一种方法。

最佳现金余额=（上年现金平均占用额-不合理占用额）×（1±预计营业收入变化的%）

（4-9）

因素分析模型考虑了影响现金余额高低的最基本因素，计算也比较简单。但是这种模型假设现金需求量与营业量呈同比例增长，有时情况并非完全如此。

【例 4.5】邦联快递公司 2015 年平均占用现金为 2 000 万元，经分析其中有 500 万元为不合理占用额，预计 2016 年的销售收入比 2015 年增长 20%，则 2016 年的最佳现金

---

① 关于现金周转模型，本书将在第六章做较详细的讲解。

余额计算如下：

　　最佳现金余额＝(2 000－500)×(1＋20%)＝1 800 （万元）

　　因素分析模式考虑了影响现金余额高低的最基本因素，即假设现金需求量与销售收入同比例增长，但有时实际情况并非完全如此。

　　上述各种计算模式分别从不同角度来计算最佳现金余额，各有优缺点，企业可以根据生产经营特点加以综合运用。另外，现金余额的多少是多种因素共同作用的结果，数学模型并不能把各种影响因素都考虑进去，所以在很多情况下，还需要财务管理人员根据经验而定。

第五节　现金的内部控制

一、现金的内部控制制度

　　在企业的财务会计体系中，为了保证经营活动正常进行，提高会计资料的真实可靠性和保护企业的财产物资，就必须建立一系列的会计管理措施。内部会计制度是会计人员以及涉及会计事项的职能部门人员等在业务处理过程中的相互关联、相互制约的一种职责分工制度。所谓相互关联，是指公司的财产物资发生增减变化时，有关人员之间如何职责分工，保持联系和相互衔接；所谓相互制约，是这些人员彼此怎样相互监督，防止差错和舞弊并督促照章办事。

　　会计的内部控制制度涉及内容较多，其中内部牵制制度是内控制度的主要内容之一。内部牵制制度是要求对涉及资产的增减和会计事项的处理，都有适当的职责分工，一切事务的处理，在程序上都要经过两个以上的部门和人员之手共同负责，相互制约。这样，从纵向关系看，这项制度可以强化上级对下级的监控，下级也可以牵制上级的专横独断，共同完成任务，不至于有所疏忽；在横向关系看，这个制度要求各不隶属的不同部门，均有完整合法的记录，以便能相互牵制，自动检查，防止和减少差错和舞弊。

　　现金即货币资金①的内部控制制度是企业最重要的内部控制制度，其主要特征是：要求货币资金收支与记录的岗位分离，收支凭证经过有效复核或核准，收支及时入账且收支分开处理，建立严密的清查和核对制度、做到账实相符，制定严格的现金管理及检查制度等。现金内部控制制度的主要内容和企业建立的现金内部控制制度的具体内容因企业的规模大小和货币资金收支量多少而有所不同，但一般应包括以下五项主要内容。

　　(1) 现金业务的全过程分工完成、各负其责，即权责分明；

　　(2) 现金收支业务的会计处理程序制度化；

　　(3) 现金收支业务与会计记账分开处理；

　　(4) 现金收入与现金支出分开处理；

　　(5) 内部稽核人员对现金实施制度化的检查，对数据进行独立的内部审核。

---

　　① 第二章介绍现金流量表时曾提到，狭义的现金概念是指企业的库存现金、存入银行或其他金融企业并可以随时用于支付的款项和其他货币资金，也统称为货币资金。本节所讲的现金就是货币资金概念。

通俗讲，上述的五项内容表达的是：对于财产物资的收支保管，实行钱、物、账分工管理。管账的，不管钱与物的收支及其保管；管钱、管物收支的，不记总账，不编凭证；管钱的，不能登记往来分户明细账；例如，如果管钱的人员还登记往来分户明细账，很有可能发生这样的情况：①他（她）私自挪用现金销货款，记入"应收账款"账户，过了一段时间再还回现金。②他（她）将收回的应收账款不入账而挪用，然后作为坏账转销。也就是，不能由一个人既记账又经管实物资产。例如，记账人员不应经管现金；出纳人员不应该接触明细账；总账记账员不该接触明细分类账记录。

美国舞弊稽核师协会（ACFE）在 2004 年向国家职业欺诈和职权滥用协会提交的一份报告中声称，被侵吞的财产中最主要的项目是现金。显而易见的原因是现金容易被隐藏和转移，而且有最为直接明确的价值。现金侵吞共有三种类型：揩油、盗窃和欺骗性开销。在被调查的 508 起案件中，87%与现金有关。关于现金欺诈的含义和主要表现形式如表 4-19 所示。[①]

表 4-19　现金欺诈的表现形式

项　目	揩油	盗窃	欺骗性开销
含义	在现金业务被录入到会计系统前，将现金转移	在现金业务被录入到会计系统后，将现金转移	编造无中生有的开支
主要表现	销售成本上升但销售收入持平或下降	对现金与账簿记录不一致情况解释不清	广告费、咨询费、培训费等"软"费用增加
	现金减少，应收账款增加	更改或伪造存款单	销售方住址与员工的住址相同
	收到的应收账款被延期记账	银行存款余额调节表中的在途现金额上升	赔偿支付过多

二、现金记录的内部控制措施

内部控制是指企业为降低风险而制定的政策和流程。具体而言，内部控制是用来保护企业财产、确保会计记录的准确、完整和可靠。如今，绝大多数企业包括许许多多的小微企业都在使用财务会计系统软件进行会计处理。但无论使用什么会计软件，会计的内部控制依然防范风险的基本保障和手段，特别是按照内部控制制度防止会计系统出现失误或者舞弊问题。

如果在对涉及现金的某项交易或事项的会计处理违反了企业会计准则或操作失误，可能的原因之一是内部控制制度有漏点。那么，企业一般使用三种方法来降低失误风险：预防性控制、检查性控制和纠正性控制，如图 4-10 所示。

[①] Association of Certified Fraud Examiners. 2004 Report to the Nation on Occupational Fraud and Abuse, www.cfenet.com/resources/rttn.asp; Joseph T. Wells. Enemies Within. Journal of Accountancy (December, 2001).

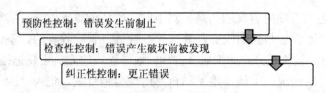

图 4-10 现金内部控制类型

1. 预防性控制

在错误发生之前制止出现的会计失误的方式，主要是防范会计系统出现错误。例如，通过设置密码，用户在被授权后才能进入会计系统。

2. 检查性控制

在会计错误产生破坏前发现问题。例如，每天在下班前出纳人员会清点保险柜里的现金、收据等凭证并将其与录入系统中的有关账户的总额进行核对；核对银行对账单；每月核对会计账簿等。检查性控制可以帮助企业及时发现错误并立即加以纠正。

3. 纠正性控制

更正那些已经被发现的会计错误。例如，每日记账时发现现金短缺，一方面要查找是否是日记账记录错误，另一方面查找是否是出纳人员的工作失误所致。根据查找出的原因，及时地对出现的错误进行纠正。

本章小结

本章重点讲解：①现金流量的分析和现金流量的管理；②最佳或目标现金余额的确定。

（1）现金创造能力是指企业通过自身的经营活动增加净资产的能力。一般而言，经营活动是企业现金最重要的来源，直接用于企业债务偿还、费用支付以及资产投资。

（2）财务柔性是指企业通过经营活动以外的业务活动改变现金的能力。

（3）经营活动创造的利润和产生的现金正流量越多说明企业经营越好。因为某个时期的经营流量净额为正数，表明企业当期就有较强的偿债和支付能力。

（4）企业的投资人也越来越关注企业偿债能力的评价了。因为，企业经营的成败一方面来自于经营本身，另一方面受当期现金流是否充足以偿债支付的影响。现金流量的短缺引致资金链的断裂会直接导致企业破产。

（5）把利润表上的净利润调整为经营活动产生的现金流量净额，可以避免权责发生制确认的损益受管理层对会计政策和会计估计的影响这一缺陷，从而把握两者之间的关系，尤其是与营业收入和营业成本相关的存货、应收账款和应付账款的变动对经营活动现金净流量产生的具体影响。

（6）一个企业处在其生命周期的不同阶段，其营业收入、净利润、经营活动现金净流量、投资活动现金净流量和筹资活动现金净流量之间的关系会表现出不同的特征。

（7）对于一个创业企业的财务管理而言，管理现金流量是头等大事。其中的一项任务就是确定企业为确保正常经营不被打断，在任何时候必须持有的现金数额。

（8）持有现金的目的或动机有三个：交易性、预防性和投机性。大多数企业的现金账户均可视为由交易性、预防性和投机性余额三个部分组成，但企业不能为每种用途分别计算所需现金的数量并加总，最后得出一个总的理想现金余额。

（9）无论是新创立的企业还是创立已久的企业，都应当懂得一个管理现金的基本原理或常识：持有现金是有成本的。现金持有的成本一般包括机会成本、短缺成本和管理成本三种。

（10）现金预算的内容，包括现金收入、现金支出、现金多余或不足的计算，以及不足部分的筹措方案和多余部分的利用方案等。销售预算是整个预算的起点，其他预算都是以销售预算为基础的。

（11）现金管理的方法主要有：现金流量同步法、利用浮游量法、加速收款法，以及付款控制法等。

（12）企业对现金余额的管理应当考虑风险与报酬均衡的问题。确定最佳现金余额的方法主要有鲍曼模型、米勒—欧尔模型和传统的现金周转模型、因素分析模型等。各种计算模式分别从不同角度来计算最佳现金余额，各有优缺点，企业可以根据生产经营特点加以综合运用。

（13）现金的内部控制制度是企业最重要的内部控制制度，其主要特征是：要求货币资金收支与记录的岗位分离，收支凭证经过有效复核或核准，收支及时入账且收支分开处理，建立严密的清查和核对制度，做到账实相符，制定严格的现金管理及检查制度等。

思考题

1. 各期的净利润与经营活动现金流量净额不同的根本原因是什么？

2. 为什么"现金为王"受到广泛的重视？为什么现金流量显得更客观而少了人为操纵的可能？

3. 为什么企业既要有利润表还要有现金流量表？

4. 企业生命周期中的不同阶段，其经营现金流量会呈现怎样的特点？

5. 实际工作中，现金流量的变化趋势与理论上的现金流量变化往往不太一样，为什么？

6. 为什么说现金管理非常重要？

7. 即使企业银行账户里有足够的资金，为什么现金预算还是那么重要？

8. 很多处于初创期的企业都存在花的钱比赚的钱要多的情况。对此，在评价一个企业是否具有投资潜力及价值时，如何分析其现金流量并做出较为合理的判断？

9. 小企业的财务经理应当懂得现金浮游量概念，这对于有效管理企业的现金流非常重要。为什么？

10. 现金管理的内部控制制度主要讲了五个内容，实际上可以分为三类，即职责划分、手续完备和独立审计。你对这五个内容如何归类？

11. 在实际工作中，找一找三类现金内部控制手段的例子。

第五章 财务计划的制订和财务控制

第一节 财务计划概述

一、财务计划的重要作用

财务计划是企业为实现其战略目标,对未来的营业收入、盈利和资产以及资金需求情况等所做的安排。很多新创立企业和小企业不太重视编制财务计划,他们都认为,只要努力和认真地投入到经营中,就会成功。这些企业的创始人或 CEO 认为每月、每季度和每年编制财务报表是为了向税务机构提交并纳税需要,以及申请贷款时向银行提交来满足银行的要求而已。如果说财务报表对企业有用,那就是从公司自己的会计员或记账公司那里拿来瞧一瞧"净利润",是否盈利就行了,然后就把财务报表扔到抽屉里了。企业的财务计划也非常简单,只要保证企业下一个月或更长些的现金支付就可以了。这些企业的理念是只要能够取得销售收入,企业就会生存,因为创造了利润。事实上,利润并不会总能转化为能够支付账单的现金。很多的新创企业和小微企业在经营和财务方面缺少正式的财务计划。当经营过程中出现问题和发生危机时或者当机会来临时,企业往往束手无措,无法做出合理的选择。

从某种意义上讲,计划仅仅是对未来年度中的各种情况的假设。计划不会准确无误,计划的收入和费用要想与计划一致而没有任何偏差,只是在一种情况下能够做到:降低计划的收入,当达到计划的收入后便不再继续销售;把来年的费用计划得多一些,没用完的到了年末全部花光,以达到计划费用的目标。那么,这样的计划是没有任何意义的。

计划的真正意义在于制订计划的过程。通过制订计划,企业事先对达到经营目标可能发生各种情况进行预想和估计,如成本、原材料价格、国家的相关政策、利率和汇率可能的变化、客户的消费偏好、竞争对手在做什么、市场可能会做出怎样的反应、市场资源是否重新配置,等等,这些变化可能给企业带来多少影响包括正面的和负面的影响。这些假设和考虑都是编制计划的基础。所以,企业制订计划包括财务计划的真正意义在于对未来变化做出估计和预防,在于对实际与计划不相符时尽快做出调整和有效的控制,以实现企业的目标。

企业的战略目标是为了最大化地提高企业价值而提出的具体经营方向。例如,目标市场份额、目标权益报酬率(ROE)或者每股收益增长率等。企业的战略目标作为企业经营活动的指南,仍然比较宽泛。因此,需要将战略目标量化为战略计划,即制订长期计划。长期计划是指企业根据未来市场对产品或劳务需求的预测,确定产品组合战略和扩大现有市场及开拓新市场的措施，进行资源分配及任务安排。企业在长期战略计划的基础上，要对短期的市场需求做出预测，以制订符合长期发展战略的短期计划。

　　企业的财务计划是整个计划中的一个主要组成部分，它既涉及短期计划中的销售预算、广告预算、生产预算、材料及其采购预算、其他费用开支预算等，也包括长期计划中的资本性支出即固定资产投资预算、研究与开发预算等，更重要的是企业需要将各项预算进行分析和汇总，编制现金预算和预计财务报表，确定各项预算及其活动能否最终达到预期的利润水平和能否满足其资金需求。如果未能达到预期的要求，必须重新开始各项预算、预计财务报表编制的计划过程。图 5-1 概括地反映了财务计划工作的主要内容。

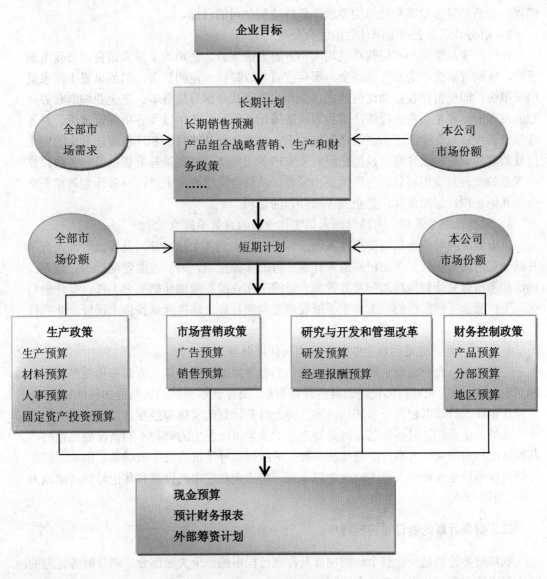

图 5-1　财务计划内容

本章重点介绍预计财务报表的编制和保本点控制的内容。

企业制订财务计划，其重要作用有以下几个。

1. 财务计划是财务控制的主要依据

企业最终制订的财务计划不仅体现财务决策的结果，而且还体现企业战略目标和政策，以及国家的各项政策、法规和制度等要求。而财务控制是财务计划的执行阶段。在这一阶段，企业主要以财务计划为主要依据，对日常经营活动和其他事件进行监控，处理反馈的信息、及时发现问题及其差异，找出原因并采取相应的措施，尤其是一旦发现现有的财务计划不符合经营环境因素的变化，会按照计划制订过程中所考虑的因素和预案及时做出相应的调整，根据调整修订后的财务计划对企业各项业务活动进行控制，以确保各项活动符合效率和效益的要求，最终达到公司的目标。

2. 财务计划是企业全部计划的综合反映

任何企业从事生产和经营活动均离不开资金的支持。公司为了扩大销售，必须增加资产，而购置新资产需要筹措资金。留存收益可以提供一定的资金，但如果资本需求量增长很快，即使留存收益的比例很高，企业也需要从外部筹措资本。在企业编制财务计划的过程中，要全面考虑投资决策和筹资决策相互的影响作用以及各项经营政策、财务政策及其预算与资金需求和供给之间的关系，按照企业战略目标和环境可能发生的变化反复测算和调整各项预算，以便企业对未来的各项资产投资决策与筹资决策、各项预算与现金的来源与使用有效、合理地做出安排。从资金这层意义上讲，财务计划贯穿于企业的其他各项计划和预算，是企业各项计划的总和。

3. 财务计划是激励、考核管理人员工作业绩的有效手段

企业编制的财务计划需要根据各项指标分解落实到各个执行部门及各级管理人员，并赋予相应的责权利。企业根据财务计划一方面实施控制，另一方面定期地进行检查、评价和考核有关计划执行部门及其管理人员的工作业绩，激励他们努力工作，促使他们提高工作质量并敦促他们在工作中不能脱离企业的目标，这样能从整体上保证企业经营的协调一致。

4. 财务计划能促使创业企业的管理团队使用财务信息

一般来讲，企业会要求财务部门提供他们看得懂的财务信息，而非那种纯粹对外的利润表。作为只为企业内部使用的财务计划数据，财务计划提供的信息更加具体和详细，更能让企业的管理者们充分理解其内容，便于财务计划的实施和控制。

此外，企业制订财务计划，势必要充分对未来可能发生的种种不利情况做出推测，并制订出相应的应付方案及防范措施，为今后应付意外情况的发生做准备。因此，财务计划可以帮助企业管理人员主动地把握未来，防止企业未来的投资和其他经营活动成为一个"黑匣子"。

二、财务计划的制订和控制程序

制订财务计划是企业整个计划制订及控制过程中的一个关键部分。制订财务计划的基本程序或方案可分为以下五个步骤。

（一）编制预计财务报表

预计财务报表是企业根据销售预测和其他各项计划等数据所编制的计划期基本财务报表，主要包括预计利润表和预计资产负债表，也可以包括预计现金流量表。

企业编制预计财务报表的主要作用如下。

（1）利用预计财务报表分析各项经营计划可能对预计的利润和其他财务状况指标所产生的影响。

（2）在企业完成全部计划的制订并实施后，利用预计财务报表监控经营活动，以便及时发现偏差并予以更正，确保企业的生产经营活动正常进行。

（二）确定未来资金需求

确定资金需求是根据企业现有的财力和在未来销售、资产利用等预测的基础上对未来的经营变化所需要的资金数量做出的估算。资金需求量包括用于未来的资本支出方面资金、用于增加存货和应收账款方面的资金，用于研究和开发计划方面的资金，以及重大的广告宣传方面的资金等。

（三）确定资金的具体来源

预测资金的具体来源包括确定由企业内部产生的资金数量和需要从企业外部筹集的资金数量，同时应明确从外部筹集的资金渠道、方式和时限。例如，根据企业要求的负债比率和流动比率确定新增外部资金的负债和股东权益比例以及长、短期负债的数量。

（四）建立一个资金分配和运用的控制系统

企业制订财务计划，不仅需要编制预计财务报表和确定未来的资金需求量及其来源渠道等，还必须建立一个有效的资金分配和运用的控制系统，明确各部门、各单位及个人计划执行过程中的经济权限和责任，以有利于在执行计划中确保计划的贯彻实行。

（五）确立计划调整程序

企业制订财务计划的最后一项内容就是建立一个能根据环境、条件的变化而对原基本计划进行修改、调整的工作程序，使企业能够对偏离计划的各种变化及时地做出反应并予以调整，确保企业目标的实现。

以上的财务计划制订的程序如图 5-2 所示。

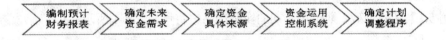

图 5-2　财务计划制订程序

第二节　销售预测

每一位经营管理者都很清楚，销售预测是编制财务计划的基础，对公司的存亡很重要，新创立企业和小微企业尤其如此。销售预测有很多方法，有些是客观且比较复杂的数量方法，也有些是主观性较强的判断型方法，前者得出的结果精确些。多数大学里商学院都开设数量方法课程，当然很多职业经理人也很喜欢数量方法。但现实中，很少有企业运用预测的数量方法,特别是那些新创立企业和小微企业。大部分企业更倾向于使用个人和同事们的直觉。即使使用了数量方法做分析,但在最后的决策中还是要加入很多主观的因素如对外部经营环境的认识、对宏观走向的判断、企业产品质量分析和经验值等。很多企业的管理人相信自己对未来销售的主观判断绝不逊于数量模型分析。

在实际工作中,小微企业在对未来销售做预测时,一般都有意识地在预测值上再做一些调整。他们的理念是,好的预测,不仅仅是数字的精确。很多人认为,一旦预测销售额过高,生产能力就会过剩,会带来不必要的损失;又有些人认为,一旦实际销售额高出预测值,就无法保证市场的供给,会损失一部分客户,甚至永远失去这部分市场。所以,对于销售预测,更是一门艺术,而不是科学。以下将介绍一些简单易行的销售预测数量方法。

预测是决策和制订计划的基本环节,而销售预测是财务预测中最重要的内容。销售预测是企业根据过去的销售情况和现有生产能力,结合未来市场需求的调查,对计划期商品销售量及收入所进行的预计和测算。它是影响企业资金筹措量的主要因素。企业使用的销售预测方法多种多样,但比较实用的方法是时间序列分析法。

时间序列分析法也称趋势分析法,是指根据企业历史的资料,将过去若干时期的实际数据按照时间顺序进行排列,分析事物未来变化趋势的一种预测方法。

现将常用的几种时间序列分析方法包括简单平均法、加权平均法、简单移动平均法、加权移动平均法、指数平滑法和回归分析法等讲述如下。

一、简单平均法

简单平均法是根据过去若干个按时间顺序排列起来的实际销售数据,计算出平均值,以此作为未来期间销售量的预测值。计算公式如下:

$$\overline{X} = \frac{\Sigma X_i}{n} = \frac{X_1 + X_2 + \cdots + X_n}{n} \tag{5-1}$$

式中, $\overline{X}$ ——预测平均值,这里为预测销售量;

X_i ——过去某个时期的销售量;

n ——观测数据的期数。

【例 5.1】某公司第 1 期至第 6 期的实际产品销售量如表 5-1 所示。

表 5-1　各期产品实际销售数量　　　　　　　　　单位:台

期数	第 1 期	第 2 期	第 3 期	第 4 期	第 5 期	第 6 期	合计
实际销售量	1 020	1 100	1 050	1 150	1 300	1 100	6 720

根据表内数据,可预测第 7 期的销售量如下:

第7期销售量预测值 $= \dfrac{6\,720}{6} = 1120$ (台)

该公司预测第 7 期的销售量 1 120 台也可以作为第 8 期、第 9 期等各期的销售量预测值。

运用简单平均法也可以预测未来时期的销售额或销售增长率。

简单平均法适用于产销量较稳定的公司进行预测分析。但这种方法没有考虑各期数据的变动情况，因此其预测的结果与实际情况可能会出现较大的差异。

二、加权平均法

加权平均法是根据若干个按时间顺序排列的销售数据，以时间顺序为权数，计算销售的加权平均值，以此作为预测未来期间销售量的一种方法。计算公式如下：

$$W\bar{X} = \frac{\sum_{i=1}^{n} X_i W_i}{\sum W_i} = \frac{X_1 W_1 + X_2 W_2 + \cdots + X_n W_n}{W_1 + W_2 + \cdots + W_n} \tag{5-2}$$

式中，$W\bar{X}$——加权平均预测值，这里为预测的销售量；

W_i——各期销售量的权数，即时间序数。

【例 5.2】按照【例 5.1】所给的资料，求第 7 期的销售量预测值如下：

$$第7期销售量预测值 = \frac{1\,020 \times 1 + 1\,100 \times 2 + 1\,050 \times 3 + 1\,150 \times 4 + 1\,300 \times 5 + 1\,100 \times 6}{1 + 2 + 3 + 4 + 5 + 6}$$

$$= \frac{24\,070}{21} \approx 1\,146(台)$$

加权平均法是假设实际销售的各期销售量离预测期越近，对预测的销售量影响就越大，预测的权数就应越大；反之，离预测期越远，预测所使用的影响就越小，其权数也就越小。这种方法在一定程度上克服了简单平均法的计算结果与实际不符的缺点。

三、简单移动平均法

简单移动平均法是将按时间顺序排列的过去若干期的实际销售数据的简单平均值作为下一期的销售预测值，下次预测再往后顺推一个期间，依此类推。但运用这种方法要求每次预测选取的期间个数必须相同。通过这种向后移动，使销售量曲线的变化趋于平滑，从而表现出销售量变化的趋势。

简单移动平均法的计算公式如下：

$$M = \frac{\sum_{t=1}^{n} X_t}{n} \tag{5-3}$$

式中，M——预测的移动平均值，这里为预测期的销售量；

X_t——各期的销售量；

n——选取的期间个数。

【例 5.3】仍采用【例 5.1】所给的资料，计算期数为 3 的简单移动平均值如下所示：

$$第4期销售预测值 = \frac{1\,020 + 1\,100 + 1\,050}{3} = 1\,057(台)$$

$$第5期销售预测值 = \frac{1\,100 + 1\,050 + 1\,150}{3} = 1\,100(台)$$

$$第6期销售预测值 = \frac{1\,050 + 1\,150 + 1\,300}{3} = 1\,167（台）$$

$$第7期销售预测值 = \frac{1\,150 + 1\,300 + 1\,100}{3} = 1\,183（台）$$

与简单平均法一样，简单移动平均法是各期数值差异的平均化。由于这种方法使预测期同在此之前的各期紧密相连，因此预测的结果比较接近于实际。它适用于对各期销售量变化较大的情况进行预测。

四、加权移动平均法

加权移动平均法是根据若干个按时间顺序排列起来的实际销售数据，以时间序数为权数，预测下一期销售值。时间不断往后移，预测期越近，选取的期数值就越大，以此为权数，求其平均值。计算公式如下：

$$WM = \frac{\sum_{i=1}^{n} X_i W_i}{\sum W_i} = \frac{X_1 W_1 + X_2 W_2 + \cdots + X_n W_n}{W_1 + W_2 + \cdots + W_n} \tag{5-4}$$

式中，WM——预测的加权移动平均值，这里为预测期销售量；

　　　　X_i——各期销售量；

　　　　W_i——各期销售量的权数，即时间序数。

【例 5.4】仍使用【例 5.1】所给的资料，求期数为 3 的加权移动平均值如下所示：

$$第4期销售量预测值 = \frac{1\,020 \times 1 + 1\,100 \times 2 + 1\,050 \times 3}{1 + 2 + 3} = \frac{6\,370}{6} = 1\,062（台）$$

$$第5期销售量预测值 = \frac{1\,100 \times 1 + 1\,050 \times 2 + 1\,150 \times 3}{1 + 2 + 3} = \frac{6\,650}{6} = 1\,108（台）$$

$$第6期销售量预测值 = \frac{1\,050 \times 1 + 1\,150 \times 2 + 1\,300 \times 3}{1 + 2 + 3} = \frac{7\,250}{6} = 1\,208（台）$$

$$第7期销售量预测值 = \frac{1\,150 \times 1 + 1\,300 \times 2 + 1\,100 \times 3}{1 + 2 + 3} = \frac{7\,050}{6} = 1\,175（台）$$

在以上的计算中，预测第 4 期销售量时，以前 3 期为选取的期数，因此，第 1 期权数为 1，第 2 期权数为 2，第 3 期权数为 3；在预测第 5 期销售量时，第 2 期权数为 1，第 3 期权数为 2，第 4 期权数为 3，依此类推。

加权移动平均法是将简单移动平均法与加权平均法相结合的一种预测方法，既考虑了时间推移，又考虑了近期与远期对预测的不同影响，即选取的实际数值离预测期越近，其权数就越大，对预测值的影响就越大。这种方法也适用于各期销售波动较大的产品。

五、指数平滑法

指数平滑法是根据历史的实际数据计算平均值，在对未来时期的发展进行预测时，给予近期数据以较大的权重，并随时间推移而逐步向下移动，使近期数值在平均值计算中产生较大影响，使销售曲线的变化趋于平缓，便于反映发展趋势。这种方法实质上是加权移动平均法的另一种形式，但加权是按指数形式进行的。计算公式如下：

$$F_t = \alpha A_{t-1} + (1-\alpha) F_{t-1} \tag{5-5}$$

式中，F_t——预测期的预测值，这里指预测期的销售量；

　　　　A_{t-1}——上期实际销售量；

　　　　F_{t-1}——上期预测销售量；

　　　　α——平滑系数，且 $0<\alpha<1$。

用文字表述上面的公式如下：

预测期销售量 =上期实际销售量×平滑系数 + 上期预测销售量 ×（1 - 平滑系数）

α的取值大小应根据实际情况而决定，如果近期情况对预测的作用较大，则α值可取大一些，反之，α值取小一些。α数值越大，则近期倾向性变动的影响越大，α数值越小，则其影响越小。但是通常α值不超过 0.5，在 0.1~0.4 之间。

【例 5.5】仍使用【例 5.1】所给的资料，设α =0.3，第 1 期的销售量预测值为 1 060台，那么第 2 期至第 7 期的预测数如表 5-2 所示。

表 5-2　各期销售量预测表

预测期	αA_{t-1}	$(1-\alpha) F_{t-1}$	F_t预测销售量（台）
第 2 期	0.3 ×1 020=306	0.7×1 060=742	1 048
第 3 期	0.3 ×1 100=330	0.7×1 048=734	1 064
第 4 期	0.3 ×1 050=315	0.7×1 064=745	1 060
第 5 期	0.3 ×1 150=345	0.7×1 060=742	1 087
第 6 期	0.3 ×1 300=390	0.7×1 087=761	1 151
第 7 期	0.3 ×1 100=330	0.7×1 151=806	1 136

指数平滑法要求历史资料完备且企业一贯采用该方法。它常用于短期的销售预测。

六、回归分析法

回归分析法是研究变量和自变量之间关系的一种数理统计方法，包括含有一个自变量的一元线性回归分析法和含有两个或两个以上自变量的多元回归分析法。然而，对企业的销售预测常运用一元线性回归分析方法。

运用一元线性回归分析预测销售量，其回归方程式是：

$$y = a + bx \tag{5-6}$$

式中，x——自变量，即时间变量，这里为年份；

　　　　y——因变量，即销售量；

　　　　$a，b$——回归系数。

回归系数可根据收集的数据应用最小二乘法的原理求得。

$$a = \frac{\Sigma y - b\Sigma x}{n}$$

$$b = \frac{n\Sigma xy - \Sigma x \Sigma y}{n\Sigma x^2 - (\Sigma x)^2}$$

式中，n 为实际观察的期数。若 n 为奇数，则取 x 的间隔期为 1，将 $x=0$ 置于基础期的中间；若 n 为偶数，取 x 的间隔期为 2，将 $x=1$ 和 $x=-1$ 置于基础期的上下两期。在计算出 a、b 值以后，代入回归方程式 $y = a + bx$，则为预测销售量的方程式，再将预测期的时间变量代入方程式就能计算出所预测的销售量。

【例 5.6】假如某公司 2009 年至 2014 年的实际销售量如表 5-3 所示。

表 5-3　各年实际销售量

年　份	2009	2010	2011	2012	2013	2014
销售数量（件）	265	300	280	350	420	500

根据所给的实际销售量运用一元线性回归方程预测 2015 年至 2017 年的销售量。首先将有关的数据进行整理计算如表 5-4 所示。

表 5-4　销售量预测表

年份	时间变量 x	实际销售量 y	xy	x^2
2009	-5	265	-1 325	25
2010	-3	300	-900	9
2011	-1	280	-280	1
2012	1	350	350	1
2013	3	420	1 260	9
2014	5	500	2 500	25
$n=6$	$\Sigma x=0$	$\Sigma y=2\ 115$	$\Sigma xy=1\ 605$	$\Sigma x^2=70$

$$a = \frac{\Sigma y - b\Sigma x}{n} = \frac{2\ 115 - 0}{6} = 352.5$$

$$b = \frac{n\Sigma xy - \Sigma x \Sigma y}{n\Sigma x^2 - (\Sigma x)^2} = \frac{6 \times 1\ 605}{6 \times 70} = \frac{9\ 630}{420} = 22.93$$

根据计算出的 a 值和 b 值所求的回归方程式为：

$y = 352.5 + 22.93x$

据此，预测 2015 年至 2017 年销售量如下。

2015 年：$y = 352.5 + 22.93 \times 7 \approx 513$（件）

2016 年：$y = 352.5 + 22.93 \times 9 \approx 559$（件）

2017 年：$y = 352.5 + 22.93 \times 11 \approx 605$（件）

第三节　预计财务报表的编制

一、预计财务报表编制的销售百分比法

预计财务报表也称计划财务报表或模拟财务报表，是指运用一定的方法预先编制的计划期主要财务报表，即编制预计资产负债表和预计利润表等。编制预计财务报表是为了指定未来各项资产的占用水平、资金的需求量、各项成本费用水平等，以满足预测的未来销售需要并以此作为控制的依据。

预计财务报表编制的方法很多，销售百分比法是一种常用的方法。

销售百分比法是根据有关的资产、负债以及成本费用占销售收入的百分比来估计未来时期的资产负债表项目和利润表项目的一种编制方法。运用销售百分比法的前提条件如下。

（1）掌握直接与销售相关的财务报表项目。

（2）资产负债表上的大多数项目的当前水平最适宜当前的销售水平。

（3）利润表上的所有变动成本与销售收入直接相关。

运用销售百分比法的基本步骤如下。

（1）确定上年末资产负债表上与销售收入有直接比例关系的项目，并分别计算这些项目余额占上年销售收入的百分比。

（2）运用计算的资产负债表有关项目占销售收入的百分比和预计的计划年度销售收入，按上年资产负债表项目确定计划年度资产负债表有关项目的预计余额。

（3）将上年末资产负债表除与销售收入有直接比例关系的项目以外的项目余额直接填入计划年度资产负债表相应的项目内。然而，在此后的分析中，至少有一个项目的余额会改变。

（4）计算计划年度资产负债表上的留存收益（包括盈余公积和未分配利润）的预计余额。也就是说用估计的计划年度留存收益的增加额加上年末留存收益余额，求得计划年度末留存收益的预计余额。

（5）计算需要追加的资金需要量。汇总以上第2～4步确定的资产负债表上的资产项目预计余额和负债及所有者权益项目的预计余额，按照"资产 = 负债 + 所有者权益"会计公式，确定需要追加筹集的资金数额。

（6）确定需要追加筹集的资金具体来源，即明确利用债务融资还是追加所有者权益的资金，以及确定各自的具体数额。

（7）正式编制预计资产负债表和预计利润表。

现举例说明运用销售百分比法编制计划财务报表。

【例5.7】云杉达公司运用简单平均法对近5年的销售增长率做了预测，以此作为2016年的销售增长率，如表5-5所示。

表 5-5 销售增长率预测

年份	增长率
2011	49%
2012	47%
2013	53%
2014	56%
2015	45%
5 年的简单平均值	50%

根据近年的销售趋势预测 2016 年的销售增长率为 50%，销售收入额从 2015 年的 250 万元将增加到 375 万元。该企业 2015 年 12 月 31 日编制的资产负债表和利润表（均为简要形式）如表 5-6 和表 5-7 所示。

表 5-6 资产负债表（简要形式）

2015 年 12 月 31 日 单位：元

资产	年末数	负债及所有者权益	年末数
货币资金	50 000	应付账款	200 000
应收账款	425 000	其他应付款	50 000
存货	500 000	应付职工薪酬和应交税费	125 000
流动资产合计	975 000	流动负债合计	375 000
固定资产净值	750 000	长期负债	360 000
		股本	750 000
		留存收益	240 000
资产合计	1 725 000	负债及所有者权益合计	1 725 000

表 5-7 利润表（简要形式）

2015 年 单位：元

项　　目	本年累计数
营业收入	2 500 000
营业成本	1 750 000
营业税金及附加	125 000
销售费用和管理费用	446 946
财务费用	28 800
利润总额	149 254
所得税费用	49 254
净利润	100 000

其他资料如下。

（1）2015 年的固定资产已满负荷运行，只能满足 250 万元销售的需要；

（2）2015 年没有多余或不必要的流动资产；

（3）确定的 2016 年目标销售收入利润率（净利润）为 4.5%；

（4）2016 年净利润的 47%将用于向股东分配现金股利；

（5）资本结构保持的水平是：负债比率 = 50%，流动比率≥2.5；

（6）适用的所得税率为 25%。

根据以上有关资料，编制 2016 年的预计资产负债表和利润表。具体步骤如下。

第一步，确定 2015 年 12 月 31 日资产负债表上与 2015 年销售收入有比例关系的项目余额占销售收入的百分比，见表 5-8 的第 2 列所示。

表 5-8　2016 年末资产负债表初始预计额

资产负债表项目	2015 年年末资产负债表上直接相关项目余额占 2015 年销售收入 250 万元的百分比（第 2 列）	2016 年 12 月 31 日资产负债表项目的初始预计余额（第 3 列 = 第 2 列×预计销售额 375 万元）
货币资金	2%	75 000
应收账款	17%	637 500
存货	20%	750 000
流动资产合计	39%	1 462 500
固定资产净值	30%	1 125 000
资产合计	69%	2 587 500
应付账款	8%	300 000
其他应付款	—	50 000
应付职工薪酬和应交税费	5%	187 500
流动负债合计	—	537 500
长期负债		360 000
股本		750 000
留存收益		329 438
可使用的资金		1 976 938
需要追加的资金		610 562
负债及所有者权益合计		2 587 500

编制预计资产负债表的关键环节是确定那些直接随销售的变动而变动的资产负债表项目。就本例而言，由于该公司的各项资产都达到了充分利用程度，如果要达到更高的销售水平，就必须增加各个有关的资产。与此相适应，需要更多的资金以满足各项业务开支和资产购置的需要；同时，销售量增加，就必须增加存货储备，而且应收账款也会因销售的增加而增加。

在资产负债表上，与资产增加相配比，负债和所有者权益也应同时增加，使得资产负债表上数额平衡。具体而言，增加资产，公司必须筹集相等数量的资金（负债和所有者投资），其中，有一些自动生成的资金来源，即那些随销售增加而自行增加的应付或应计项目，这些项目与销售有着直接的比例关系。例如，增加存货采购量，会相应增加应付账款；销售及其他经营业务的增多，需要支付的职工薪酬也随之增加；在其他条件不变的情况下，销售收入的提高会使利润增加，因而税金及税后的净利润及其分配额也必然相应提高。

确定了直接随销售收入变化而变化的项目，同时也意味着确定了那些不直接随销售变化而成比例变化的项目，如短期借款、应付债券、短期投资、实收资本和资本公积等。

第二步，按 2015 年 12 月 31 日资产负债表有百分比的项目，初步编制 2016 年 12 月 31 日资产负债表：分别以 2015 年有关各项目的百分比乘以 2016 年预测的销售额 375 万元，计算出 2016 年 12 月 31 日相应的预计金额，见表 5-8 的第 3 列下的有关数据。

第三步，将 2015 年年末资产负债表上与销售收入没有直接关系的项目金额填入 2016 年年末资产负债表（即第 3 列）的相应行内。还须强调的是，在以后的分析中，这里至少有一个项目的金额会改变。具体而言，在表 5-8 内将 2015 年年末资产负债表上的"其他应付款""长期负债"和"股本"等项目的金额直接填在第 3 列的相应栏内。

第四步，计算 2016 年资产负债表上留存收益的预计额，用估计的 2016 年留存收益的增加额加上 2015 年年末留存收益余额求得。2016 年年末留存收益预计额的计算如下：

首先，根据 2016 年目标销售收入利润率 4.5%和预计销售额 375 万元，计算净利润。

2016 年净利润 $= 3\ 750\ 000 \times 4.5\% = 168\ 750$（元）

其次，按 47%的比率向所有者分配投资收益和预计净利润计算 2016 年的年末留存收益增加额（取整数）。

2016 年留存收益增加额 $= 168\ 750 \times (1 - 47\%) = 89\ 438$（元）

最后，计算 2016 年年末留存收益余额。

2016 年的年末留存收益余额 $= 240\ 000 + 89\ 438 = 329\ 438$（元）

将预计的 2016 年年末的留存收益余额 329 438 元填入表 5-8 第 3 列"留存收益"项目内。

第五步，计算 2016 年需要追加的资金。汇总表 5-8 第 3 列内 2016 年 12 月 31 日资产项目的预计额，总额为 2 587 500 元，再汇总负债和所有者权益项目的预计额，可使用的资金总额为 1 976 938 元，以资产预计总额 2 587 500 元减去可使用资金总额 1 976 938 元，其差额 610 562 元则为短缺的负债及所有者权益，它是该公司需要从外部追加筹集的资金量。

第六步，确定 2016 年从外部追加筹资的具体来源。经过以上步骤，初步编制了该企业的 2016 年资产负债表。其中，"需要追加的资金"项目为 610 562 元，还要具体确定其来源。根据资料，该公司 2016 年的负债比率为 50%，流动比率大于或等于 2.5，它们对从外部筹资的性质做了限制。因此，需要追加资金的具体来源及其数额的计算如下：

首先，追加债务的限制。

允许的最高负债额 $=$ 全部资产预计额$\times 50\%$

$\qquad\qquad\qquad = 2\ 587\ 500 \times 50\%$

$$= 1\ 293\ 750 \text{（元）}$$

其次，计算 2016 年可增加的最高负债额。

允许的最高负债额　　　　　　　　　　　　　1 293 750 元

减：2016 年 12 月 31 日负债预计额

流动负债　　　　　　　　　　537 500

长期负债　　　　　　　　　　360 000

最多可追加的负债额　　　　　396 250

再次，计算 2016 年追加的流动负债额。

在确定了追加负债的最高限制后，要进一步计算应从外部筹措的流动负债数额。根据所给资料，该企业的流动比率在 2016 年保持在 2.5 或更高的水平上，则：

最高流动负债　＝ 流动资产预计额 ÷ 2.5

　　　　　　　＝ 1 462 500 ÷ 2.5　＝ 585 000（元）

最多可从外部追加筹措的流动负债

　　　　　　　＝ 最高流动负债 − 2016 年 12 月 31 日流动负债初始预计额

　　　　　　　＝ 585 000 − 537 500 ＝ 47 500（元）

确定了追加流动负债的最高额，也确定了 2016 年追加的长期负债最高额，即：

2016 年追加的长期负债 ＝ 396 250 − 47 500 ＝ 348 750（元）

最后，计算所有者需要追加投入的资本。

该公司 2016 年需要追加资金量为 610 562 元，由于只能增加的负债资金为 348 750 元，并且其中另有 47 500 元可以是短期债务，如果企业要想最大限度地运用负债筹集资金，还需要所有者再投入资本，即：

需要股东投入资本 ＝ 610 562 − 396 250 ＝ 214 312（元）

下面，将以上计算结果汇总，2016 年需要追加外部筹资的具体项目是：

短期负债（短期借款）　　　　47 500

长期负债　　　　　　　　　　348 750

股本　　　　　　　　　　　　214 312

　合计　　　　　　　　　　　610 562

第七步，正式编制 2016 年的预计财务报表。

根据以上六个步骤的计算结果和有关资料编制预计资产负债表和预计利润表。

首先，编制 2016 年预计财务报表，如表 5-9 所示。

表 5-9　预计资产负债表（简要形式）

2016 年 12 月 31 日　　　　　　　　　　　　　　　　　单位：元

资　产	年末数	负债及所有者权益	年末数
货币资金	75 000	短期借款	47 500[a]
应收账款	637 500	应付账款	300 000
存货	750 000	其他应付款	50 000
流动资产合计	1 462 500	应付工资和未交税金	187 500

续表

资 产	年末数	负债及所有者权益	年末数
固定资产净值	1 12 5000	流动负债合计	585 000
		长期负债	708 750[b]
		股本	964 312[c]
		留存收益	329 438
资产合计	2 587 500	负债及所有者权益合计	2 587 500

注：a 表示需要追加筹集的短期负债，本例为从银行取得的短期借款。

　　b 表示 708 750 = 360 000 + 348 750。

　　c 表示 964 312 = 750 000 + 214 312。

其次，编制 2016 年预计利润表。

该企业 2016 年预计销售收入为 375 万元，目标销售收入净利润率为 4.5%，所得税率为 25%，"由于预计的利润总额 = 预计的净利润÷（1 – 25%）"，而预计的净利润为 168 750 元（3 750 000 × 4.5%）。所以，2016 年预计的利润总额计算如下。

2016 年预计的利润总额 = 168 750 ÷（1 – 25%）

= 225 000（元）

2016 年预计的营业成本和其他费用总额为：

2016 年预计的营业成本和其他费用 = 3 750 000 – 225 000

= 3 525 000（元）

如果该企业的营业成本和营业税金及附加占销售收入的比例仍保持 2015 年的水平，即：

2015 年营业成本比重 = 2015 年营业成本÷ 2015 年营业收入

= 1 750 000 ÷ 2 500 000 = 0.70

2015 年营业税金及附加比重 = 2015 年营业税金及附加÷ 2015 年营业收入

= 125 000 ÷ 2 500 000 = 0.05

那么，2016 年营业成本和营业税金及附加的预计额计算如下：

2016 年营业成本 = 3 750 000 × 0.70 = 2 625 000（元）

2016 年营业税金及附加 = 3 750 000 × 0.05 = 187 500 （元）

2016 年销售费用、管理费用和财务费用的预计总额 = 3 525 000 – 2 625 000

– 187 500

= 712 500（元）

应当说明，由于 2016 年短期借款和长期负债的增加，相应的利息费用也随之增加，但该公司的目标净利润已规定为 168 750 元，而营业成本与营业税金及附加受价格和税率等外部因素的影响，一般属于不可控制的项目。该公司可以控制的项目主要是销售费用和管理费用等。所以，不管利息费用水平如何，2016 年销售费用、管理费用和财务费用须控制在 715 500 元以内。

按照以上数据编制 2016 年预计利润表，如表 5-10 所示。

表 5-10　预计利润表（简要形式）

2016 年　　　　　　　　　　　　　　　　　单位：元

项　目	计划年度累计数
营业收入	3 750 000
营业成本	2 625 000
营业税金及附加	187 500
销售费用、管理费用和财务费用	712 500
利润总额	225 000
所得税费用（25%）	56 250
净利润	168 750

对计划期需要追加的资金量，可以按照上述编制计划资产负债表的方法进行计算后确定。在某些情况下，公司可以使用更为简便的方法进行预测，也就是使用下面的公式：

$$AFN = (A^*/S) \triangle S - (L^*/S) \triangle S - MS_1(1-r) \tag{5-7}$$

式中，AFN——需要追加的资金；

　　　A^*/S——与销售有直接比例关系的资产占销售收入的百分比；

　　　L^*/S——与销售有直接比例关系的负债占销售收入的百分比；

　　　S_1——预计的计划年度销售收入总额，而 S_0 表示上年度的销售收入总额；

　　　$\triangle S$——销售收入变动额；

　　　M——销售收入利润率（以净利润作为分子）；

　　　r——股利分配率，$(1-r)$ 表示留存收益率。

根据【例 5.7】云杉达公司的有关资料，将有关项目的数据代入上面的公式（5-7）：

$AFN = (0.69) \triangle S - (0.08 + 0.05) \triangle S - 0.045 (S_1)(1 - 0.47)$

　　　$= 0.69 \times 1\ 250\ 000 - 0.13 \times 1\ 250\ 000 - 0.045 \times 3\ 750\ 000 \times 0.53$

　　　$= 862\ 500 - 162\ 500 - 89\ 438$

　　　$= 610\ 562$（元）

为了使 2016 年的营业收入从 2015 年的 2 500 000 元提高到 3 750 000 元，其增加的营业收入 1 250 000 元需要增加资产 862 500 元。为满足资产增加的要求，162 500 元来自随销售增加而自动生成的负债，89 438 元来自内部生成的留存收益，其余的 610 562 元则需要从公司外部筹措。

二、生产能力的剩余对外部筹资量的影响

（一）运用销售百分比方法需要考虑的其他问题

以上编制预计财务报表的方法是建立在企业满负荷经营的假设上，也就是当前资产负债表上的大多数项目余额只能支持当前的销售量。然而，在实际经营中，公司有时业务量不足，资产处在非满负荷的运行状态，特别是有剩余的厂房和设备等生产能力。如果公司预测未来年度销售会增长，那么资产只有在预测销售超过现有生产能力时才会增加。在这种情况下，公司应按照以下步骤估计需要增加的资金量：

（1）在不增加现有资产的前提下，即在充分利用现有资产的情况下，公司销售收入可达到的水平。计算公式如下：

$$生产能力销售收入 = \frac{当前销售收入}{当前资产利用率} \qquad (5\text{-}8)$$

（2）以生产能力销售收入为基础，计算目标固定资产占销售收入的比重。计算公式如下：

$$目标固定资产占销售收入的百分比 = \frac{现有固定资产净值}{生产能力销售收入} \qquad (5\text{-}9)$$

（3）利用目标固定资产占销售收入的百分比和预计的销售收入，计算计划期固定资产净值。计算公式如下：

计划期固定资产净值 = 预计销售收入×目标固定资产占销售收入的百分比（5-10）

根据以上步骤计算出计划期固定资产净值预计额后，与其他资产项目的预计额相加，再同负债及所有者权益的初始预计额相减，确定计划期从外部追加筹措的资金量。

【例5.8】仍利用【例5.7】的部分资料。假如该公司在2015年固定资产的利用率仅为80%，那么在满负荷条件下的销售收入应该是：

$$2015年生产能力销售收入 = \frac{2\,500\,000}{0.80} = 3\,125\,000 \text{（元）}$$

$$目标固定资产占销售收入的百分比 = \frac{750\,000}{3\,125\,000} = 0.24 = 24\%$$

2016年固定资产净值 = 3 750 000 × 24% = 900 000（元）

在【例5.7】中，预计固定资产净值为1 125 000元，比本例的计算结果900 000元多225 000元，在其他资产预计额不变的情况下，由于固定资产净值预计900 000元而不是1 125 000元，所以2016年需要从外部筹集的资金总量为385 562元，比【例5.7】确定的需要追加的资金总量少225 000元。

（二）规模经济

企业的许多资产在运用中都或多或少存在规模经济现象。在这里，规模经济是指当企业的销售规模出现较大变化（增加或减少）时，某些资产对销售的比率也随之变化。当销售增加时，存货与销售之间的比率的变化是最典型的规模经济现象。一般而言，企业均需要保持一个安全存货量，销售水平较低时也是如此。当销售扩大时，有些存货会随着销售的提高而同比例地提高；但有些存货虽然也随着销售的增加而增长，却不是按照同一比例提高。图5-3描述了存货与销售之间的变化关系。

图5-3a描述的是存货对销售的比率和按照与销售的增长同比例提高的情形；图5-3b则描述的是存货对销售的比率并非按照与销售的增长而同比例增长的情形，即当销售为200万元时，存货对销售的比率为1.5，即150%，然而当销售提高到400万元时，存货对销售的比率则从1.5下降到1.0。

考虑各类资产的规模经济问题，关系到公司是否追加筹资以及追加筹资的规模等。

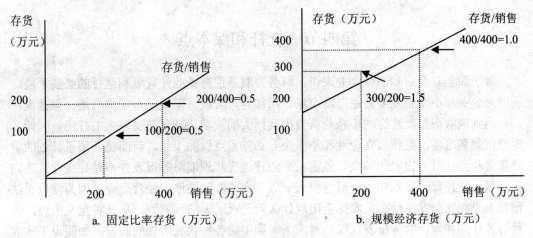

a. 固定比率存货（万元）   b. 规模经济存货（万元）

图 5-3 规模经济

（三）块状资产

在许多行业中，由于技术的快速发展，企业要想在市场竞争中取得优势，必须大规模地、成套地增加固定资产，这被称为"块状资产"。图 5-4 描述了这种情形。

在图 5-4 中，75 万元的固定资产每年最多能满足 100 万元的销售需要。换言之，如果企业要想参与竞争，至少具备 75 万元的固定资产。

在不同的销售水平下，固定资产对销售的比率（固定资产/销售）也会有所不同，进而会影响公司的筹资量。在 A 点，代表 50 万元的销售水平，固定资产依然为 75 万元，固定资产与销售的比率为 1.5，即固定资产/销售 ＝ 75/50 ＝ 1.5。然而，销售扩大 50 万元至 100 万元时即在 B 点，无须增加任何固定资产。在 B 点处，固定资产/销售 ＝ 75/100 ＝ 0.75。但是，此时一定注意，一旦销售超过 100 万元，即使仅仅有一个很小的增加，也将要求企业成块地增加固定资产，如扩大厂房、添置新设备等，进而需要企业去筹措大量的资金。

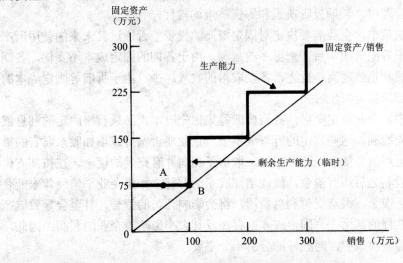

图 5-4 块状资产

第四节　杠杆和保本点

对于新创立企业和小微企业来讲，财务控制是保持企业经营顺利运行的必要手段。新创立企业和小微企业多处在开辟市场、增加客户阶段。但是，市场如战场、似猛虎，一旦遇到风吹雨打，这样的小企业就会出现巨大的波动，甚至遭受巨大的打击。因此，提前预测和准备，是新创立企业和小微企业必须重点做的工作。前面已介绍了计划的重要意义和预计财务报表的编制。预测未来经营情况和预编财务报表并不是让企业管理完全按照这些预算、计划和预计财务报表一成不变或者僵硬地去经营企业，因为谁也无法预知未来到底会发生什么，实际会出现什么问题永远无法预测到。从某种意义上讲，各种财务计划和预计财务报表仅仅是对未来时期中的各种状况所做的假设，如假设采购成本、价格、人工费、能源价格、利率和汇率、政府政策、市场需求等会发生怎样的变动，会给企业带来什么影响。这些都是企业做计划、预算的基础。

因此，计划、预算的真正含义在于它能够提出重要的而且需要持续跟踪的差异，而非没有差异。有差异的地方就是企业应当继续学习和必须弥补改进的地方。只有这样，企业才会产生价值，这就是控制的意义。本节所介绍的内容就是有关财务控制的重要方法、保本点、经营杠杆和财务杠杆。新创立企业和小微企业运用这些方法对未来可能发生的情况做出预估，以便于及时采取必要手段进行控制，按照既定的目标运行。

一、杠杆和决策

"杠杆"是物理学中常用的术语。杠杆作用是指运用一个杠杆加上一个较小的力量可举起较重的物体。在商业词汇中，杠杆意指固定成本。所谓固定成本，是指在一定的经营水平下，总额不随业务量变化而变化的成本。例如，一家公司的杠杆程度较高，意味着在其他条件保持不变的前提下，经营上一个很小的变动将给未来成果带来很大的变化。

在企业财务管理中，长期投资决策和筹资决策均与杠杆有关。

在长期投资决策中，企业需要决定对固定资产的投资能否通过其未来的使用所产生的收入在补偿折旧等固定成本后带来更多的盈利。由于各期的固定成本不变化，各期取得的收入越多，盈利也就越高；反之，各期取得的收入越少，由于折旧等固定成本的作用，盈利也就越低，甚至发生亏损。

在筹资决策中，企业决定举借债务资金或筹集优先股本，必须负担固定的利息或按期支付固定的优先股利。这些固定的筹资成本成为企业能否保持或增加股东财富的重要因素。如果企业运用债务资金经营得很好，取得了利润并有充足的现金，在按期支付固定的利息或优先股利之后还有盈余，就能增加股东的财富；如果企业举债经营未能获得足够的利润并缺乏现金，很难支付利息费用，将会影响公司的信誉，甚至会导致破产。

由上可知，杠杆的利用——固定成本的存在及其大小影响着企业的利润。因此，在长期投资决策和筹资决策中，对杠杆的分析十分重要。

二、经营保本点和经营杠杆

（一）经营保本点分析

经营保本点是指经营收入恰好补偿经营成本的这个分界点，分界点可以是销售数量也可以是销售额。在经营保本点上，经营利润即息税利润等于零。经营保本点分析的目的主要在于通过研究经营成本的结构、销售水平和经营利润三者之间的关系来确定企业保本销售数量或保本销售收入，帮助企业财务经理决定能补偿全部经营成本的最低销售水平，并计算在各种销售水平下所能获得的经营利润。

运用经营保本点分析，必须将企业的全部经营成本分成固定经营成本和变动经营成本两种互不包容的类型。然而必须指出，从长期来看，所有的成本均是变动的。所以，经营保本点分析方法仅限于短期的财务分析。

所谓固定经营成本，是指在一定的经营水平下，总额不随销售量变化而变化的经营成本。在工业企业，固定经营成本的主要项目有：固定资产折旧费用、公司行政管理人员的工资、租赁费用、保险费用、固定的广告费支出等。

在一定的业务范围内，固定经营成本总额独立于销售数量，它是一个衡量。然而，固定经营成本必须分摊至所销售的全部产品中。所以，随着销售量的增加，单位产品中的固定经营成本将下降。

变动经营成本是指总额直接随销售数量的变化而变化的经营成本。在工业企业，变动经营成本的主要项目有：产品生产的直接材料费用和直接人工费用、包装费用等。

当销售量提高或下降时，单位产品的变动经营成本仍保持不变，变化的只是变动经营成本总额。

销售量、固定经营成本和变动经营成本三者之间的关系如图 5-5 所示。

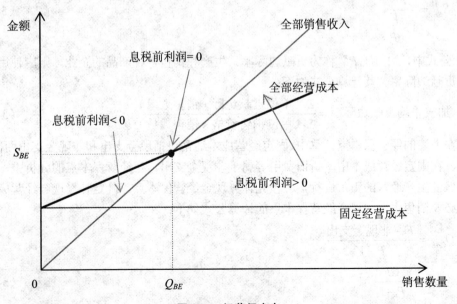

图 5-5　经营保本点

在图 5-5 中，固定经营成本是一条与纵轴相交的水平线，包括变动经营成本和固定经营成本在内的全部经营成本则以固定经营成本为起点的一条直线来表示，全部销售收入以一条从原点开始的直线来表示。从原点到 Q_{BE} 点，全部经营成本线位于全部销售收入线以上表示企业的全部经营成本不能用全部销售收入来弥补，将会产生经营亏损。超过 Q_{BE} 点的销售，全部销售收入就位于全部经营成本以上，企业将产生盈利。而 Q_{BE} 点就是企业的全部经营收入即全部销售收入等于全部经营成本的分界点——经营保本点。

经营保本点计算公式的推导如下：

假设，Q ——销售数量；

Q_{BE}——经营保本点销售数量；

S_{BE}——经营保本点销售收入；

P ——单位销售价格；

V ——单位变动经营成本；

F ——固定经营成本总额；

$EBIT$——息税前利润。

销售收入－（变动经营成本总额 ＋ 固定经营成本总额）＝ 息税前利润

经营保本点就是使息税前利润等于零的销售数量。上式可用符号表示如下：

$$P \times Q - (V \times Q + F) = EBIT = 0 \tag{5-11}$$

变换上面的公式，得出经营保本点 Q_{BE} 的计算公式：

$$Q_{BE} = \frac{F}{P - V} \tag{5-12}$$

公式中，"$P - V$" 称为单位贡献边际。

经营保本点也可以使用销售收入来表示，见下面公式：

$$S_{BE} = \frac{F}{1 - \dfrac{V}{P}} \tag{5-13}$$

公式中，"$1 - V/P$" 称为贡献边际率。生产和销售多种产品的企业，则应使用加权平均贡献边际率。其计算公式如下：

$$加权平均贡献边际率 = \frac{\Sigma（单位贡献边际 \times 销售数量）}{\Sigma（单位销售价格 \times 销售数量）} \tag{5-14}$$

在上述的经营保本点计算中，固定经营成本通常包括现金支出和非现金支出两部分。例如，在固定经营成本中，折旧费用等属于非现金支出。在经营保本点的分析中，企业为了保证生产经营的正常进行，应预先计算现金经营保本点，确定补偿现金经营成本开支的必要销售水平。现金经营保本点的计算公式如下：

$$
\begin{aligned}
Q_{CBE} &= \frac{F - 非现金支出}{P - V} \\
&= \frac{CF}{P - V}
\end{aligned} \tag{5-15}
$$

式中，Q_{CBE}——现金经营保本点销售量；

CF——现金固定经营成本。

【例 5.9】为了便于分析和利用，将【例 5.7】云杉达公司 2016 年预计利润表中的有关成本费用做进一步分类如表 5-11 所示。

表 5-11　预计利润表

2016 年　　　　　　　　　　　　　　　单位：元

项目	全年预计额
营业收入	3 750 000
营业成本	2 625 000
营业税金及附加	187 500
营业利润	937 500
固定经营成本（不含折旧费用）	398 000
折旧费用	227 000
息税前利润（$EBIT$）	312 500
财务费用（利息）	87 500
税前利润	225 000
所得税费用（25%）	56 250
净利润	168 750
每股收益（67 000 股）	2.52

其他资料：计划销售数量 $= Q = 187\,500$（件）

单位销售价格 $= P = 20$（元）

单位变动经营成本（包括产品销售成本和产品销售税金及附加）

$$= V = （2\,625\,000 + 187\,500 ）÷ 187\,500$$

$$= 2\,821\,500 ÷ 187\,500$$

$$= 15（元）$$

固定经营成本为 625 000 元，包括折旧费用 227 000 元和不含折旧费用 398 000 元，如租赁费、保险费及管理办公费等。

假设所有的营业收入均为现金收入，除折旧费用以外的成本费用均用现金开支。

第一，经营保本点的计算。

经营保本点分析涉及利润表的上半部分，即从营业收入到息税前利润。

根据云杉达公司 2016 年计划利润表，运用公式（5-12）计算经营保本点如下：

$$Q_{BE} = \frac{F}{P-V} = \frac{625\,000}{20-15} = \frac{625\,000}{5} = 125\,000（件）$$

用补偿固定经营成本所需要的营业收入即用公式（5-13）计算经营保本点如下：

$$S_{BE} = \frac{F}{1-\dfrac{V}{P}}$$

$$= \frac{625\,000}{1-\dfrac{15}{20}} = \frac{625\,000}{0.25} = 2\,500\,000（元）$$

计算结果表明，该公司用销售数量表示的经营保本点约为 125 000 件，每 1 元的营业收入中，有 0.25 元用来补偿固定经营成本，所以必须销售 2 500 000 元的产品才能保本。

第二，现金经营保本点的计算。

根据云杉达公司的资料，在预计利润表中，唯有折旧费用 227 000 元是非现金支出，所以 2016 年的现金经营保本点为：

$$Q_{CBE} = \frac{CF}{P-V}$$

$$= \frac{398\,000}{20-15} = \frac{398\,000}{5} = 79\,600（件）$$

该公司的现金经营保本点为 79 600 件，大大低于经营保本点 125 000 件，这是因为非现金固定经营成本（即折旧费用）约占全部的固定经营成本的 36%。

（二）经营杠杆

当企业成本结构中存在固定经营成本时，就有了经营杠杆。经营杠杆通常反映企业所利用的固定资产及其相关的固定经营成本。只要企业利用经营杠杆，就有一定的经营风险[①]，这意味着固定经营成本的存在会对经营收入进而对息税前利润产生影响。在对经营保本点进行估计的基础上，经营杠杆作用的大小对需要用经营杠杆程度的大小来衡量。

经营杠杆程度也称经营杠杆系数，反映经营利润（即息税前利润）的变动对销售变化的敏感程度。一个企业的经营杠杆程度越高，在其他条件不变的前提下，意味着销售发生一个很小的变化就将导致经营利润发生很大的变动。经营杠杆程度的计算公式如下：

$$DOL = \frac{经营利润变动百分比}{销售变动百分比}$$

$$= \frac{\dfrac{\Delta EBIT}{EBIT}}{\dfrac{\Delta Q}{Q}} \qquad (5\text{-}16)$$

式中，DOL——经营杠杆程度或系数；

$EBIT$——预计的息税前利润；

$\triangle EBIT$——预计的息税前利润变动量；

Q——预计的销售数量；

$\triangle Q$——预计的销售变动数量。

$$\frac{\Delta EBIT}{EBIT} = \frac{[Q^*(P-V)-F]-[Q(P-V)-F]}{Q(P-V)-F}$$

[①] 经营风险一般是指公司经营中的不确定性，即不考虑负债融资的情况下，未来 $EBIT$ 的不稳定性。

$$= \frac{(Q^*-Q)(P-V)}{Q(P-V)-F}$$

其中，Q^*表示改变经营后的销售数量。

$$\frac{\Delta Q}{Q} = \frac{Q^*-Q}{Q}$$

将 $\frac{\Delta EBIT}{EBIT} = \frac{(Q^*-Q)(P-V)}{Q(P-V)-F}$ 代入上式，经整理得出下面的公式：

$$DOL = \frac{\dfrac{(Q^*-Q)(P-V)}{Q(P-V)-F}}{\dfrac{Q^*-Q}{Q}}$$

$$= \frac{(Q^*-Q)(P-V)}{Q(P-V)-F} \times \left[\frac{Q}{Q^*-Q} \right] = \frac{Q(P-V)}{Q(P-V)-F}$$

即在特定的销售数量 Q 下，经营杠杆程度的计算公式是：

$$DOL_Q = \frac{Q(P-V)}{Q(P-V)-F} \tag{5-17}$$

如果公司生产和销售多种产品，则应从整体上评价公司的经营杠杆，直接利用利润表的有关数据，而不需要掌握经营预测的变动数据。DOL 的计算公式是：

$$DOL_S = \frac{(Q \times P)-(Q \times V)}{(Q \times P)-(Q \times V)-F} = \frac{S-VC}{S-VC-F}$$

$$= \frac{毛利润}{EBIT} \tag{5-18}$$

式中，S——预计的销售收入总额；

　　　VC——预计的变动经营成本总额。

为了说明经营杠杆程度的计算和利用，现仍以【例 5.9】为例，为了计算经营杠杆程度，现假设当销售提高 10%对经营利润的影响，如表 5-12 所示。

表 5-12　187 500 件和 206 250 件销售水平及其影响　　　　　单位：元

项　目	预计经营水平	预计变动后经营水平	变动数	变动百分比
销售数量（件）	187 500	206 250	18 750	+10%
营业收入	3 750 000	4 125 000	375 000	+10%
变动营业成本	（2 812 500）	（3 093 750）	（281 250）	+10%
毛利润	937 500	1 031 250	93 750	+10%
固定经营成本	（625 000）	（625 000）	（0）	0
息税前利润	312 500	406 250	93 750	+30%

云杉达公司的经营杠杆程度使用公式（5-16）计算如下所示。

$$DOL = \frac{\dfrac{\Delta EBIT}{EBIT}}{\dfrac{\Delta Q}{Q}}$$

$$= \frac{30\%}{10\%} = 3$$

$DOL = 3$ 说明息税前利润变化比率是预计销售 187 500 件（3 750 000 元）变化比率的 3 倍。换言之，如果该公司的销售数量从 187 500 件提高到 206 250 件，即增长 10%，息税前利润将提高 10% 的 3 倍，即 30%。在 206 250 件的新销售量下，$EBIT$ 即经营利润将比 187 500 件销售量的经营利润 312 500 元增加 30%，新的经营利润是：

312 500（1 + 30%）= 406 250（元）。

该公司销售提高 10%，毛利润也将提高 10%，即增加 93 750 元。由于固定经营成本 625 000 元保持不变，所以息税前利润增加 93 750 元，提高了 30%。如果固定经营成本与销售也按同比例增加，那么息税前利润的增加比率是一样的。但事实上固定经营成本并未增加。所以，2016 年预计销售增长 10% 而引致经营利润增长 30%，是经营杠杆作用的结果。

也可以运用下面公式计算 187 500 件时的经营杠杆程度如下。

$$DOL_Q = \frac{Q(P-V)}{Q(P-V)-F}$$

$$Q_{187\,500} = \frac{187\,500(20-15)}{187\,500(20-15)-625\,000} = \frac{937\,500}{312\,500} = 3$$

假设未来的实际经营水平比预计经营水平下降 10%，经营利润又怎样变化，DOL 是多少？如表 5-13 所示。

表 5–13　187 500 件和 168 750 件销售水平及其影响　　　　　单位：元

项目	预计经营水平	预计变动后经营水平	变动数	变动百分比
销售数量（件）	187 500	168 750	（18 750）	−10%
营业收入	3 750 000	3 375 000	（375 000）	−10%
变动营业成本	（2 812 500）	（2 531 250）	（281 250）	−10%
毛利润	937 500	843 750	93 750	−10%
固定经营成本	（625 000）	（625 000）	（0）	0
息税前利润	312 500	218 750	（93 750）	−30%

根据表 5-13，得到与按照表 5-12 计算的 DOL 相同的结果，即：

$$DOL = \frac{30\%}{10\%} = 3$$

或$= \dfrac{187\,500(20-15)}{187\,500(20-15)-625\,000} = 3$

这说明，DOL 是一个特定的以销售水平为基础来计算的。它反映在这个最初特定的销售水平上，一旦销售发生变化，无论是增加还是减少，必然引致经营利润发生变化。

经营保本点是企业补偿全部经营成本所应达到的销售水平，经营杠杆程度反映的是销售水平的变化对经营利润将产生影响的程度。如果公司预计的经营水平接近于经营保本点，则因销售的下降而导致经营出现亏损的可能性就大。

【例 5.10】假设云杉达公司、景观公司和志微公司均经营单一的甲产品。预计 2016 年三家公司均按 20 元的单价销售甲产品。这三家的经营成本和经营保本点如表 5-14 所示。

表 5-14　甲产品的经营保本点比较表

项目		云杉达公司	景观公司	志微公司
单位产品销售价格 P（元）		20	20	20
单位经营变动成本 V（元）		15	12	15
变动贡献边际 $P-V$（元）		5	8	5
固定经营保本总额 F（元）		625 000	625 000	600 634
经营保本点	销售数量 QBE（件）	125 000	78 125	120 127
	销售收入 SBE（元）	2 500 000	1 562 500	2 402 536

分析一下表 5-14 的计算结果。

（1）云杉达公司的单位贡献边际与志微公司的单位贡献边际相等，但均低于景观公司的单位贡献边际；同时，云杉达公司的固定经营成本与景观公司的固定经营成本相等，但均高于志微公司的固定经营成本，所以云杉达公司的经营保本点为最高。

（2）景观公司的单位贡献边际最大，与其他两家公司相比，景观公司需要产生贡献边际以补偿固定经营成本的产品最少，所以其经营保本点最低。

（3）在这三家公司中，志微公司的固定经营成本最低，而其产品的贡献边际与云杉达公司的单位贡献边际相等，与其他两家公司相比，它的经营保本点高于景观公司但低于云杉达公司。

从以上分析可以看出，经营保本点的高或低一方面取决于单位贡献边际的大小，另一方面取决于固定经营成本的多少。不同的经营保本点，意味着在其他条件不变的前提下，企业未来经营水平的变化对经营利润所产生的不同影响。

【例 5.11】承【例 5.10】，云杉达公司、景观公司和志微公司预计 2016 年三种不同销售水平下的经营杠杆程度的值如表 5-15 所示。

表 5-15　甲产品不同销售水平下的经营杠杆程度

项目	销售水平		经营成本（元）			息税前利润（元）	贡献边际总额（元）	经营杠杆程度
	数量（件）	收入（元）	变动成本	固定成本	全部成本			
	(1)	(2)=P×(1)	(3)=V×(1)	(4)	(5)=(3)+(4)	(6)=(2)－(5)	(7)=(2)－(3)	(8)=(7)÷(6)
云杉达公司	157 500	3 150 000	2 362 500	625 000	2 987 500	162 500	787 500	4.85
	187 500	3 750 000	2 812 500	625 000	3 437 500	312 500	937 500	3.00
	237 500	4 750 000	3 562 500	625 000	4 187 500	562 500	1 187 500	2.11
景观公司	157 500	3 150 000	2 047 500	625 000	2 612 500	477 500	1 102 500	2.31
	187 500	3 750 000	2 437 500	625 000	3 062 500	687 500	1 312 500	1.91
	237 500	4 750 000	3 087 500	625 000	3 712 500	1 037 500	1 662 500	1.60
志微公司	157 500	3 150 000	2 362 500	600 634	2 963 134	186 866	787 500	4.21
	187 500	3 750 000	2 812 500	600 634	3 413 134	336 866	937 500	2.78
	237 500	4 750 000	3 562 500	600 634	4 163 134	586 866	1 187 500	2.02

　　从表 5-15 的计算结果可以看出，在经营成本结构一定的条件下，不同的预测销售水平有着不同的经营杠杆程度。公司的预测销售水平越接近于经营保本点，经营杠杆程度就越大，说明企业越有可能因销售水平下降导致经营出现亏损，因为销售下降，经营利润也随之减少，补偿固定经营成本的余地也在缩小。同理，在生产和销售水平相同的情况下，产品的贡献边际越低，每个产品的收入中能用于补偿固定经营成本的数额就越少，企业离经营保本点就越近，经营杠杆程度就越高。

　　总之，企业的经营杠杆程度越高，经营水平离经营保本点就越近，经营利润对销售水平的改变就越敏感，高敏感意味着高风险。就不同公司而言，经营杠杆程度较高的公司，其风险较大。

三、财务保本点和财务杠杆

（一）财务保本点

　　财务保本点是指企业的经营利润（即息税前利润）恰好等于全部固定筹资成本的这一分界点。在财务保本点上，息税前利润等于零，因而每股收益也为零。

　　在上述经营保本点的分析中，我们已经了解到，固定经营成本是决定经营保本点高低的一个重要因素，而财务保本点的大小则取决于固定的筹资成本。一般来讲，固定筹资成本包括利息费用和优先股股利，它们的数额固定并必须在向普通股股东支付股利以前支付。对财务保本点进行的分析主要是为了帮助企业分析各种筹资结构对股东权益的影响。

　　财务保本点计算公式的推导如下：

　　假设，I ——债务的利息费用；

D_{PS} ——支付给优先股股东的股利；

T ——适用的所得税率；

EPS ——每股收益；

$Shrs_c$ ——流通在外的普通股票份数。

应当明确，财务保本点是使每股收益为零的息税前利润水平，即：

$$EPS = \frac{(EBIT - I)(1-T) - D_{PS}}{Shrs_c} = 0$$

如果上述公式中的分子等于 0，即：

$$(EBIT - I)(1 - T) - D_{ps} = 0$$

$$EBIT_{\text{财务保本点}} = I + \frac{D_{ps}}{(1-T)} \tag{5-19}$$

如果公司未发行优先股票，只需用经营利润抵补利息费用，此时，财务保本点就等于利息费用。

从前面的分析中了解到，经营保本点和经营杠杆的分析涉及利润表的上半部分，即从产品销售收入到息税前利润；而这里的财务保本点和后面阐述的财务杠杆则涉及利润表的后半部分，即从息税前利润到每股收益为止。

现举例说明财务保本点的计算。

【例 5.12】承【例 5.9】，云杉达公司 2016 年预计利润表的后半部分如表 5-16 所示。

表 5-16　利润表　　　单位：元

项目	全年预计额
息税前利润	312 500
财务费用（利息）	60 634
税前利润	251 866
所得税费用（25%）	83 116
净利润	168 750
每股收益	2.52

根据该公司利润表下半部分所列信息，筹资成本仅为利息费用一项，即 60 634 元。所以，只要息税前利润达到 60 634 元，云杉达公司就可达到财务保本点。见下面的计算（单位：元）：

息税前利润……………………………………60 634

财务费用（利润）……………………………（60 634）

税前利润………………………………………0

所得税费用……………………………………（0）

可向普通股东分配的利润……………………　0

每股收益　　　0/67 000 = 0

现计算该公司 2016 年的财务保本点如下：

$$EBIT_{财务保本点} = 60\ 634 + \frac{0}{1+0.25}$$
$$= 60\ 634（元）$$

（二）财务杠杆

财务杠杆是指企业利用的固定费用资金，通常指负债和优先股本。一般而言，企业给予所有者的投资报酬是变动的，而支付给债权人的利息和给予优先股股东的报酬则是固定不变的。对企业来讲，这些固定的费用成为其财务杠杆发挥作用的杠杆。

企业存在经营杠杆，意味着销售的变化会对经营利润产生或大或小的影响，若又有财务杠杆，则预示着经营利润的变化将对每股收益产生一定的影响。分析财务杠杆的作用是继分析经营杠杆以后，进一步分析销售水平的改变对归属所有者的净利润的影响。正因如此，经营杠杆被称为第一阶段的杠杆，而财务杠杆则被称为第二阶段的杠杆。财务杠杆作用的大小应通过财务杠杆程度来衡量。

财务杠杆程度也称财务杠杆系数，是每股收益对经营利润即息税前利润变化的敏感性程度的衡量。企业财务杠杆程度越高，预示着每股收益对经营利润波动的反应就越敏感，财务风险[①]就越大。财务杠杆程度的计算公式如下。

假设，DFL ——财务杠杆程度或系数；

EPS ——预计的每股收益；

$EBIT$——预计的息税前利润。

$$\frac{财务杠}{杆程度} = \frac{每股收益变化百分比}{息税前利润变化百分比}$$

$$= \frac{\dfrac{\Delta EPS}{EPS}}{\dfrac{\Delta EBIT}{EBIT}} \tag{5-20}$$

将该公式进一步推导如下：

$$DFL = \frac{\dfrac{\Delta EPS}{EPS}}{\dfrac{\Delta EBIT}{EBIT}} = \frac{\dfrac{EPS*-EPS}{EPS}}{\dfrac{EBIT*-EBIT}{EBIT}}$$

公式中，$EPS*$ 和 $EBIT*$ 分别表示销售数量变化后的 EPS 和 $EBIT$。

$$EPS = \frac{(EBIT - I)\ (1-T)}{Shrs_c}$$

$Shrs_c$ 表示发行在外的普通股股份数，EPS 变动百分比可简化为下式：

---

① 财务风险是指企业利用债务而额外给所有者增加的风险。

$$每股收益变化百分比 = \frac{\dfrac{(EBIT*-I)(1-T)}{Shrs_c} - \dfrac{(EBIT-I)(1-T)}{Shrs_c}}{\dfrac{(EBIT-I)(1-T)}{Shrs_c}}$$

$$= \frac{(EBIT*-I)(1-T)-(EBIT-I)(1-T)}{(EBIT-I)(1-T)}$$

$$= \frac{EBIT*-I-EBIT+I}{(EBIT-I)}$$

$$= \frac{EBIT*-EBIT}{(EBIT-I)}$$

将该式代入 DFL 公式，得：

$$DFL = \frac{\dfrac{EBIT*-EBIT}{(EBIT-I)}}{\dfrac{EBIT*-EBIT}{EBIT}} = \frac{EBIT*-EBIT}{(EBIT-I)} \times \frac{EBIT}{(EBIT*-EBIT)}$$

$$= \frac{EBIT}{EBIT-I} = \frac{EBIT}{EBIT-财务保本点}$$

$$DFL = \frac{EBIT}{EBIT-I} = \frac{EBIT}{EBIT-财务保本点} \tag{5-21}$$

【例 5.13】承【例 5.9】，云杉达公司预计 2016 年甲产品销售数量 187 500 件。但若销售数量提高 10%，即达到 206 250 件时，公司的每股收益如何变化，如表 5-17 所示。

表 5-17 187 500 件和 206 250 件销售水平及其对每股收益的影响 单位：元

项目	预计经营水平	预计变动后的经营水平	变动数	变动百分比
销售数量（件）	187 500	206 250	18 750	+10%
息税前利润	312 500	406 250	93 750	+30%
财务费用（利息）	（87 500）	（87 500）	（0）	+0
税前利润	251 866	318 750	93 750	+41.7%
所得税费用（25%）	（56 250）	（79 688）	（23 438）	+41.72%
净利润	168 750	239 068	70 318	+41.7%
每股收益（67 000 股）	2.52	3.57	1.05	+41.7%

现计算财务杠杆程度如下：

$$DFL = \frac{\Delta EPS / EPS}{\Delta EBIT / EBIT} = \frac{41.7\%}{30\%} = 1.39$$

还可以运用另一个公式，在 187 500 件预计的初始销售水平下，云杉达公司财务杠杆程度的计算如下。

$$DFL_{187\,500} = \frac{EBIT}{EBIT - I} = \frac{312\,500}{312\,500 - 87\,500} = \frac{312\,500}{225\,000} = 1.39$$

DFL 为 1.39 时可以解释为：云杉达公司预计的息税前利润每变化 1%，将会导致每股收益变化 1.39%。息税前利润提高 30%，将使普通股股东的盈利提高约 41.7%（30% × 1.39），它与每股收益的增长一致（这里，普通股股票流通在外的股数不变）。如果该公司的息税前利润低于预计的 30%，每股收益也将低于预计 2.52 元的 41.7%，即 1.05 元。

上述公式所计算的 DFL 是在特定的初始 $EBIT$ 水平上进行的。当销售变化时，息税前利润也将变化，计算的财务杠杆程度也随之改变。例如，销售数量为 157 500 件时，该公司的 EBIT 将为：

$$162\,500 = [157\,500（20 - 15）] - 625\,000，DFL 为：$$

$$DFL_{157\,500} = \frac{162\,500}{162\,500 - 87\,500} = \frac{16\,250}{75\,000} = 2.17$$

与 187 500 件相比较，当销售为 157 500 件时，该公司补偿固定经营成本更为困难，所以，其财务杠杆程度就更大些。该公司的销售接近于财务保本点（$EBIT = 87\,500$ 元）时，财务杠杆程度就很高。一般来讲，某个企业的财务杠杆程度越大，它越接近于财务保本点，每股收益对于经营利润的变化就越敏感。较大的敏感性意味着较大的风险。所以，DFL 较大的企业比较少的企业的风险更大。

四、全部杠杆——经营杠杆与财务杠杆的联合

以上关于经营杠杆和财务杠杆对利润影响的分析表明：

（1）在特定的销售水平和固定经营成本下，经营杠杆程度越高，息税前利润对销售数量的变动越敏感；

（2）在特定的销售水平和固定筹资成本下，财务杠杆程度越高，每股收益对息税前利润的变动就越敏感。

如果一家企业的经营杠杆程度和财务杠杆程度均很大，那么销售的一个微小变化将引致每股收益发生很大的波动。

如果将经营杠杆与财务杠杆合并成一体，形成全部杠杆，就能综合分析和评价销售与利润之间的变化关系。

全部杠杆，也称联合杠杆、复合杠杆、综合杠杆，它是指销售数量的变化使每股收益发生的变化。

全部杠杆用全部杠杆程度来表示。全部杠杆程度也称全部杠杆系数，是每股收益对销售变化敏感性的衡量。全部杠杆程度的计算公式如下：

全部杠杆程度 = 经营杠杆程度×财务杠杆程度

$$全部杠杆程度 = DTL = \frac{\dfrac{\Delta EPS}{EPS}}{\dfrac{\Delta Q}{Q}} = \frac{\dfrac{\Delta EBIT}{EBIT}}{\dfrac{\Delta Q}{Q}} \times \frac{\dfrac{\Delta EPS}{EPS}}{\dfrac{\Delta EBIT}{EBIT}}$$

$$= DOL \times DFL$$

或 $= \dfrac{S-VC}{S-VC-F} \times \dfrac{S-VC-F}{(S-VC-F)-\text{财务保本点}}$

$= \dfrac{S-VC}{EBIT} \times \dfrac{EBIT}{EBIT-\text{财务保本点}} = \dfrac{S-VC}{EBIT-\text{财务保本点}} = \dfrac{Q(P-V)}{[Q(P-V)-F]-I}$ (5-22)

就云杉达公司而言，根据 2016 年预计销售水平，当销售增加 10%时，息税前利润将提高 30%；如果息税前利润提高 30%，每股收益将提高 41.7%。

将两者结合在一起，销售提高 10%，导致每股收益增加 30%。这就是经营杠杆与财务杠杆联合在一起所产生的影响。

例如，当销售为 187 500 件时，联合杠杆程度为：

$$DTL_{187\,500} = \dfrac{187\,500(20-15)}{187\,500(20-15)-625\,000-87\,500} = \dfrac{937\,500}{225\,000} = 4.17$$

也可以将该公司的经营杠杆程度和财务杠杆程度相乘，得出的结果与上面公式计算的结果一样：$DTL = DOL \times DFL = 3 \times 1.39 = 4.17$。这个数值表示销售数量每 1%的变化，每股收益将改变 4.17%。

DTL 值能被用来计算销售数量变动后的新的每股收益（$EPS*$）。

本章小结

本章主要讲解：①销售预测方法和预计财务报表的编制；②经营杠杆与财务杠杆的衡量及其对经营和财务产生的影响。

（1）计划的真正意义在于制订计划的过程。企业制订计划包括财务计划的真正意义在于对未来变化做出估计和预防，在于对实际与计划不相符时尽快做出调整和有效的控制，以实现企业的目标。

（2）制订财务计划的程序可分为以下五个步骤：编制预计财务报表，确定未来资金需求，确定资金的具体来源，建立一个资金分配和运用的控制系统，以及确立计划调整程序。

（3）销售预测是编制财务计划的基础，对公司的存亡很重要。小微企业在对未来销售做预测时，一般都有意识地在预测值上再做一些调整。它们的理念是，好的预测，不仅仅是数字的精确，还要加入很多主观的因素如对外部经营环境的认识、对宏观走向的判断、企业产品质量分析和经验值等。

（4）常用的几种时间序列分析方法包括简单平均法、加权平均法、简单移动平均法、加权移动平均法、指数平滑法和回归分析法等。

（5）预计财务报表是为了指定未来各项资产的占用水平、资金的需求量、各项成本费用水平等，以满足预测的未来销售需要并以此作为控制的依据。

（6）预计财务报表编制的方法很多，销售百分比法是一种常用的方法。销售百分比法是根据有关的资产、负债以及成本费用占销售收入的百分比来估计未来时期的资产负债表项目和利润表项目的一种编制方法。

（7）从某种意义上讲，各种财务计划和预计财务报表仅仅是对未来时期中的各种状况所做的假设，如假设采购成本、价格、人工费、能源价格、利率和汇率、政府政策、市场需求等会发生怎样的变动，会给企业带来什么影响。这些都是企业做计划、预算的基础。

（8）新创立企业和小微企业的财务控制是保持企业经营顺利运行的必要手段。财务计划或预算的真正含义在于它能够提出重要的而且需要持续跟踪的差异，而非没有差异。有差异的地方就是企业应当继续学习和必须弥补改进的地方。只有这样，企业才会产生价值，这就是企业控制的意义。

（9）在企业财务管理中，长期投资决策和筹资决策均与杠杆有关。杠杆的利用——固定成本的存在及其大小影响着企业的利润。

（10）经营保本点分析的目的主要在于通过研究经营成本的结构、销售水平和经营利润三者之间的关系来确定企业保本销售数量或保本销售收入，帮助企业财务经理决定能补偿全部经营成本的最低销售水平，并计算在各种销售水平下所能获得的经营利润。

（11）当公司成本结构中存在固定经营成本时，就有了经营杠杆。经营杠杆通常反映公司所利用的固定资产及其相关的固定经营成本。只要公司利用经营杠杆，就有一定的经营风险，这意味着固定经营成本的存在会对经营收入进而对息税前利润产生影响。在对经营保本点进行估计的基础上，经营杠杆作用的大小需要用经营杠杆程度的大小来衡量。

（12）财务保本点是指企业的经营利润（即息税前利润）恰好等于全部固定筹资成本的这一分界点。在财务保本点上，息税前利润等于零，因而每股收益也为零。财务保本点进行的分析主要是为了分析各种筹资结构对股东权益的影响。

（13）财务杠杆是指企业利用的固定费用资金，通常指负债和优先股本。分析财务杠杆的作用是继分析经营杠杆以后，进一步分析销售水平的改变对归属所有者的净利润的影响。

（14）将经营杠杆与财务杠杆合并成一体，形成全部杠杆，就能综合分析和评价销售与利润之间的变化关系。全部杠杆是指销售数量的变化使每股收益发生的变化。

（15）全部杠杆用全部杠杆程度来表示。全部杠杆程度也称全部杠杆系数，是每股收益对销售变化敏感性的衡量。

思考题

1. 为什么财务计划和控制对于一个公司的生存至关重要？
2. 什么是预计财务报表？编制这种报表的目的是什么？
3. 过去的趋势如何影响销售预测？
4. 为什么准确的销售预测对于获利能力至关重要？
5. 假如一个公司当前使用了其固定生产能力的75%实现了150万元的销售额，那么这个公司满负荷运转时销售水平是多少？
6. 在经营保本点分析中考虑利息了吗？原因何在？
7. "高经营杠杆度"的含义是什么？企业拥有高经营杠杆度又意味着什么？
8. 经营保本点与经营杠杆两个概念之间有什么联系？
9. 财务保本点与经营保本点有什么不同？

10. 为什么进行财务保本点分析很重要？

11. 假如一家公司支付 120 000 元的利息和 70 000 元的优先股股利。这个公司的所得税税率是 30%，那么它的财务保本点是多少？

12. 假如一个公司正常情况下产生经营收益，息税前利润是 440 000 元。公司支付利息 120 000 元和优先股股利 70 000 元。如果这家公司的所得税率为 30%，那么它的财务杠杆度是多少？

13. 综合杠杆程度提供了什么信息？"高综合杠杆程度"意味着什么？

第六章 营运资本管理

第一节 营运资本概述

一、营运资本管理的重要意义

能够盈利的企业会失败吗？如果盈利很好的企业倒闭了，听起来像是一个欺骗，实际上这是真事。盈利性企业，特别是处于成长期的小微企业，随时可能出现倒闭。发生此类情况的所有小微企业肯定是营运资本的过失。

有一位创业者有个新产品的好创意，经过努力一家大企业承诺将长期购买这个产品。每件售价 1 000 元，成本 500 元，需要大约不到 300 元的销售和管理费用，这意味着最后每件产品净赚 200 元的利润，看上去这家企业将会稳定的获利。于是，创业者非常兴奋激动地开始租场地、招聘管理人员和生产工人，并且购进了一年的货物。创业者和员工们经过 3 个月的奋斗生产出这个新产品，于是把产品出售给那家承诺购买其产品的大企业，这个企业还承诺将在 30 天内付款。但是，到了第 30 天时，应收账款没有收到，此时这个新创立 3 个月的企业的现金基本上花光了。这个创业者给大企业经理打了电话，但答复是他提供的产品存在一些细微技术问题而且还抱怨发货单与订货单有些不符。通过沟通，这个大企业客户答应待这些问题解决后再付款。但是，创业者和相关技术人员检查完产品以后，发现该客户纯粹找借口来拖延付款。此时这个新创立 3 个月的企业利润表上显示每销售出一件产品就产生 200 元的利润。但是资产负债表所显示的结果有大量的存货、大笔的应收账款，但现金余额接近于零。那意味着创业者在经营的第 4 个月不能支付租金、税金和员工薪酬。这家新创立企业除非有银行或投资人帮助它摆脱目前的困境，否则将很快倒闭。

这个新创立企业创始人的失败源于营运资本管理的两个错误：一是购买了太多的存货；二是没有对其客户进行信誉评级，赊销太多。因为创业者缺乏经验并缺少相关的财务知识。有些似乎很小的疏忽会毁掉其一切付出。

在第二章介绍财务报表时了解到，企业应该对利润表上的收入和费用进行控制，投资人要知晓利润的变化原因。作为创业企业和小微企业的经营者和管理者，还要对资产负债表上的营运资本和长期资产的投融资进行有效的控制。很多新创立企业的 CEO 和创立较久的小企业的财务负责人一提起财务问题就会滔滔不绝地提到现金流管理、应收账款收款和应付账款控制等苦乐不均问题。在企业的财务管理中，营运资本管理是非常重要的一个环节，它关系到企业日常的运营及支付能力，对短期资产和流动负债管理不好，往往会失去许许多多的商机。实践证明，许多公司倒闭正是因为营运资本管理出现了问题。

营运资本也称营运资本净额，是指企业的流动资产减去流动负债所剩下的部分。流动资产包括现金、存货、应收款项等，而流动负债包括应付款项、应付职工薪酬、应计项目等，这些项目构成了营运资本账户。下面公式（6-1）表达了流动资产与流动负债之间的关系式：

$$营运资本净额 ＝ 流动资产 － 流动负债 \tag{6-1}$$

企业对营运资本进行管理就是制定一个合理的营运资本管理政策，并以此为依据进行控制。营运资本管理政策是研究流动资产项目和流动负债项目的目标水平和流动资产融资的政策。

新创立企业的财务目标是资源利用最大化，企业的终极目标是追求企业价值最大化。在这里，企业价值是一个长期价值的概念。也就是说，企业通过长期经营使其价值及股东财富实现最大化。营运资本管理涉及存货的管理、应收账款的管理、应付账款的管理和短期借款的管理等日常经营的方方面面。如果没有良好的营运资本管理，企业就无法正常的经营，无法充分利用资源，无法实现短期资产的有效利用及其价值最大化，也就无法实现长期资产价值最大化，企业的目标就无法达到。

为了充分利用企业的资源，使股东财富增值及企业价值达到最大，应使流动资产和流动负债、购货与流动负债、销售和流动资产之间保持均衡状态。只要达到某种均衡，企业就可以及时偿还流动负债，供应商就会继续提供原料，从而能满足销售需要，使企业持续稳定地经营下去。而如果营运资本管理较差，流动性出现了问题，就会引发较为严重的财务问题，甚至导致破产。事实上，营运资本管理的一项重要原则是"不要把现金都花光"。这是创业者从创业第一天开始就应该考虑的基本规则。

二、营运资本账户之间的关系

营运资本账户主要包括：货币资金、应收账款、应收票据、存货、应付职工薪酬、应付账款、应付票据、应交税费等项。这些账户都有内在的联系。一个账户余额的改变，往往同时伴随着其他账户余额的变化。把握这些账户之间的关系，才能清晰地把握营运资本流转的脉络，如图6-1所示。

步骤1，采购生产所需要的原材料和其他物料，并投入生产制造过程加工成产品。如果采购采用的是信用方式，那么在增加库存的同时也增加了应付账款。

步骤2，销售商品，存货出库。现金销售，现金增加；赊账销售，应收账款增加。

步骤3，a.支付应付账款，使现金减少；b.支付各项费用和纳税，也使现金减少。

步骤4，收回销货款，减少应收账款，并增加现金。

步骤5，开始新一轮的资金循环。

营运资本的循环期或长或短，主要取决于企业所处的行业。例如，食品和生鲜品店，营运资本周转就很短，但建设施工企业的营运资本周期就很长。无论什么行业，营运资本管理的目的是尽可能地缩短其循环天数。

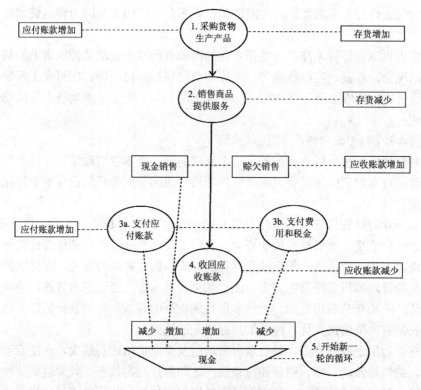

图 6-1　营运资本循环[①]

　　新创立的小企业对如何来管理营运资本并非很了解。控制住营运资本的投融资规模和处理好存货、应付账款以及应收账款，现金支付与现金收款之间的时间搭配关系是营运资本管理的核心。下面的图 6-2 表示了营运资本各项目之间的时间搭配关系。

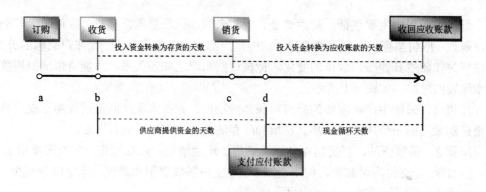

图 6-2　现金循环天数[②]

　　① 资料来源：Justin Longnecker, Carlos Moore, William Petty: Small Business Management. 2000 by South-Western College Publishing House. 本书作者整理。

　　② 资料来源：Terry s. Maness and Jone T. Zietlow. Short-Term Financial Management. (New York:Dryden Press/Harcourt Brace, 1998)。

图 6-2 中所列示的日期的含义如下。

a 日：订购货物，以备生产或日后的销售。

b 日：按时收取货物。

c 日：以信用方式销售货物。从 b 日到 c 日，投入资金购买货物。

d 日：应付账款到期偿还。从 b 日到 d 日，供应商为企业购买货物提供融资；从 c 日到 e 日，所投入的资金转变为应收账款。

e 日：收回应收账款，这段时间称为现金循环期。从 d 日到 e 日，企业持有的应收账款须转换为现金。

为了说明存货的产生和出售过程以及流动资产和流动负债之间的关系，我们用一个具体例子加以分析。

【例 6.1】恒盛公司是一家塑料用品生产厂家。公司的固定资产为 3 000 000 元。假设固定资产全是股权融资所购。在正常情况下，预计公司每天生产并出售 1 000 件产品，每件售价 30 元，每件产品的直接生产成本为 20 元，为了方便起见，假设单位直接生产成本分为两部分，一部分是外购的原材料成本 12 元，其余的是人工成本 8 元，除此之外，没有其他与产品生产和出售相关的成本。恒盛公司以赊欠方式从供应商处采购原材料，在购买日后 30 天以现金支付货款。该公司也允许自己的客户赊购，要求客户在购货后 30 天内以现金支付货款。假设恒盛公司的所有客户都在商品出售后的第 30 天付款，恒盛公司也在采购原材料后的第 30 天支付货款，并且每 30 天向员工支付一次工资。这样，所有的现金流量都在商品的采购、生产和销售之后的第 30 天发生。并且，假定所有的现金流量发生在当天一早，随后才进行当天的采购、生产和销售。

在运营的第 1 天，恒盛公司拥有 1 000 件存货，每件成本为 20 元，该公司的存货额为 20 000 元，其中包括应支付供应商的原材料成本 12 000 元和员工工资 8 000 元。该公司第 1 天的资产负债表如表 6-1 所示。

表 6-1　第 1 天资产负债表　　　单位：元

资产	余额	负债及股东权益	余额
货币资金	0	短期借款	0
应收账款	0	应付账款	12 000
存货	20 000	应付职工薪酬	8 000
流动资产	20 000	流动负债	20 000
固定资产	3 000 000	股本	3 000 000
		留存收益	0
资产总额	3 020 000	负债及股东权益总额	3 020 000

第 1 天，假设所有存货都被售出，售价为 30 元，则第 1 天销售结束后的资产负债表如表 6-2 所示。

表 6-2 第 2 天资产负债表 单位：元

资产	余额	负债及股东权益	余额
货币资金	0	短期借款	0
应收账款	30 000	应付账款	12 000
存货	0	应付职工薪酬	8 000
流动资产	30 000	流动负债	20 000
固定资产	3 000 000	股本	3 000 000
		留存收益	10 000
资产总额	3 030 000	负债及股东权益总额	3 030 000

把第 1 天的利润计在"留存收益"项目下。但在实际操作中，不是每天都将利润划在留存收益中。

在第 2 天，补充存货后销售之前，存货为 20 000 元，应付账款增加 12 000 元，应付职工薪酬增加 8 000 元，应收账款不变，所以此时的资产负债表如表 6-3 所示。

表 6-3 第 2 天资产负债表（补充存货后销售前） 单位：元

资产	余额	负债及股东权益	余额
货币资金	0	短期借款	0
应收账款	30 000	应付账款	24 000
存货	20 000	应付职工薪酬	16 000
流动资产	50 000	流动负债	40 000
固定资产	3 000 000	股本	3 000 000
		留存收益	10 000
资产总额	3 050 000	负债及股东权益总额	3 050 000

在第 2 天，产品销售之后，存货减少，而应收账款增加了 30 000 元，此时的资产负债表如表 6-4 所示。

表 6-4 第 2 天资产负债表（销售后） 单位：元

资产	余额	负债及股东权益	余额
货币资金	0	短期借款	0
应收账款	60 000	应付账款	24 000
存货	0	应付职工薪酬	16 000
流动资产	60 000	流动负债	40 000
固定资产	3 000 000	股本	3 000 000
		留存收益	20 000
资产总额	3 060 000	负债及股东权益总额	3 060 000

通过前两天生产和销售后的资产负债表的变化情况，我们发现应收账款、应付账款、应付职工薪酬和留存收益的金额都在持续增加，这种增加一直持续到第 30 天。在第 30 天末，这些账户的余额如下：

应收账款＝30 000×30＝900 000（元）

应付账款＝12 000×30＝360 000（元）

应付职工薪酬＝8 000×30＝240 000（元）

留存收益＝10 000×30＝300 000（元）

在第 30 天末，该公司的资产负债表如表 6-5 所示。

表 6-5　第 30 天资产负债表　　　　　　　　　　　　　　　　单位：元

资产	余额	负债及股东权益	余额
货币资金	0	短期借款	0
应收账款	900 000	应付账款	360 000
存货	0	应付职工薪酬	240 000
流动资产	900 000	流动负债	600 000
固定资产	3 000 000	股本	3 000 000
		留存收益	300 000
资产总额	3 900 000	负债及股东权益总额	3 900 0000

由于恒盛公司采取赊购、赊销的策略，并且它们的支付期均是 30 天，所以在前 30 天，恒盛公司不发生任何的现金支付。它的现金账户一直为零，没有变化。此后，在第 31 天，恒盛公司将支付第一天的原材料货款 12 000 元以及前 30 天的员工薪酬合计 240 000 元；同时，收回第一天销售产品的货款 30 000 元。此时，该公司的现金流出大于现金流入，所以公司需要借入一笔现金以满足现金支付的需求。具体数额的计算是：

贷款数额＝ 12 000 + 240 000 - 30 000 ＝ 222 000（元）

假设该公司通过银行短期借款满足这笔现金需求，还假设所有现金流量都发生在第 31 天一早，则营运资本账户的变动情况为：应收账款减少 30 000 元，应付账款减少 12 000 元，应付职工薪酬减少 240 000 元，由于从银行借入资金，所以短期借款增加 222 000 元。此时该公司的资产负债表如表 6-6 所示。

表 6-6　第 31 天资产负债表（借款后）　　　　　　　　　　　单位：元

资产	余额	负债及股东权益	余额
货币资金	0	短期借款	222 000
应收账款	870 000	应付账款	348 000
存货	0	应付职工薪酬	0
流动资产	870 000	流动负债	570 000
固定资产	3 000 000	股本	3 000 000
		留存收益	300 000
资产总额	3 870 000	负债及股东权益总额	3 870 000

在第 31 天，恒盛公司仍进行与此前相同的采购、生产和销售。购买原材料使应付账款增加 12 000 元，员工的生产劳动使应付职工薪酬增加 8 000 元，应收账款增加 30 000 元，留存收益增加 10 000 元。所以在第 31 天结束的时候，资产负债表如表 6-7 所示。

表 6-7　第 31 天资产负债表　　　　　　　　　　　　单位：元

资产	余额	负债及股东权益	余额
货币资金	0	短期借款	222 000
应收账款	900 000	应付账款	360 000
存货	0	应付职工薪酬	8 000
流动资产	900 000	流动负债	590 000
固定资产	3 000 000	股本	3 000 000
		留存收益	310 000
资产总额	3 900 000	负债及股东权益总额	3 900 000

从此以后，只要恒盛公司的采购与销售政策不发生变化，恒盛公司会达到一种平衡：

（1）该公司的应收账款余额不再发生变化，因为每天它将赊销 30 000 元产品，同时收回以前销售的货款 30 000 元。

（2）该公司的应付账款余额不再发生变化，因为每天它将赊购 12 000 元的原材料，同时支付以前赊购原材料的货款 12 000 元。

（3）该公司的应付职工薪酬余额每天增加 8 000 元，当累积 30 天后就变为零，重新开始累积，这是因为每 30 天支付员工工资一次。

从第 32 天开始，货币资金账户余额不再为零，它每天将增加 18 000 元，这是因为每天的现金流入是 30 000 元，而现金支出是 12 000 元。货币资金账户余额累积到第 61 天，此时现金在支付了员工工资之后，仍有剩余，余额为 300 000 元，这是该公司在前 30 天实现的现金所表现的利润。公司可以选择偿还银行贷款，也可以选择追加投资。从此之后，在达到这种稳定状态之后，每天公司都可以实现 18 000 元的现金利润。

在以上的案例中，我们具体形象地描绘出了一个公司营运资本各账户的变化情况。需要特别指出的是，一旦达到稳定状况之后，应收账款、应付账款账户余额将不再发生改变，因为，这些账户每天的增加额与减少额相抵消。所以一旦公司运营和现金循环稳定下来，我们可以采用下面这个公式计算这些账户的余额：

账户余额＝日经营额×该账户存在的平均天数　　　　　　　　　　（6-1）

在本案例中，恒盛公司的应收账款和应付账款的账户余额计算如下：

应收账款余额＝30 000×30＝900 000（元）

应付账款余额＝12 000×30＝360 000（元）

运用前面介绍的账户余额公式有利于我们对营运资本进行管理。我们可以在营运资本发生前，根据公司的生产能力估算出日经营额，并根据公司同供应商和客户制定的供销政策中得到账户存在的平均天数。这样，可以在实际经营之前较为准确地估算出对营运资本的需求，这对于进行营运资本管理具有非常重要的意义。

刚才假设恒盛公司每天生产的 1 000 件产品都在当天销售出去了。现在考虑这样一种情况，如果恒盛公司一天的产品不能完全销售出去呢？下面我们来看具体情况。

假设恒盛公司在前 40 天的运行是正常的，也就是说公司每天的产品都销售出去了，所以在第 40 天末，该公司的资产负债表如表 6-8 所示。

表 6-8　第 40 天资产负债表　　　　　　　　　单位：元

资产	余额	负债及股东权益	余额
货币资金	162 000	短期借款	222 000
应收账款	900 000	应付账款	360 000
存货	0	应付职工薪酬	80 000
流动资产	1 062 000	流动负债	662 000
固定资产	3 000 000	股本	3 000 000
		留存收益	400 000
资产总额	4 062 000	负债及股东权益总额	4 062 000

那么在第 41 天一早，当现金流量发生后，而采购、生产和销售发生前，该公司的资产负债表如表 6-9 所示。

表 6-9　第 41 天资产负债表（采购、生产和销售前）　　　　单位：元

资产	余额	负债及股东权益	余额
货币资金	180 000	短期借款	222 000
应收账款	870 000	应付账款	348 000
存货	0	应付职工薪酬	80 000
流动资产	1 050 000	流动负债	650 000
固定资产	3 000 000	股本	3 000 000
		留存收益	400 000
资产总额	4 050 000	负债及股东权益总额	4 050 000

假设恒盛公司在第 41 天只能销售出 500 件产品，此时，恒盛公司的存货余额将不再是零，而是 10 000 元。与第 41 天一早相比，由于赊销产品 500 件，应收账款增加额为 15 000 元，应付账款增加额为 12 000 元，应付职工薪酬增加额为 8 000 元，留存收益增加额为 5 000 元。所以第 41 天结束时，该公司的资产负债表如表 6-10 所示。

表 6-10　第 41 天资产负债表（采购、生产和销售后）　　　　单位：元

资产	余额	负债及股东权益	余额
货币资金	180 000	短期借款	222 000
应收账款	885 000	应付账款	360 000
存货	10 000	应付职工薪酬	88 000
流动资产	1 075 000	流动负债	670 000
固定资产	3 000 000	股本	3 000 000
		留存收益	405 000
资产总额	4 075 000	负债及股东权益总额	4 075 000

比较第 41 天末采购、生产和销售后的资产负债表与第 40 天末的资产负债表,我们发现,应收账款余额减少了,存货增加了,应付账款和应付职工薪酬的余额没有发生变化,而留存收益余额的增加额不是 10 000 元,而是减少到了 5 000 元。这些变化都是由于销售数量变化所引起的。

假如这种状况持续下去,那么恒盛公司的存货会大量增加,现金收入会减少,最终恒盛公司会陷入危机,甚至破产。

这个案例表明了营运资本各账户之间的关系,即一个营运资本账户的改变,会影响到其他的营运资本账户。

第二节 现金循环期

现金[①]是一个企业生存和发展的基础,如果无法实现现金流入,即使企业有很高的利润,它依然面临着巨大的经营风险,随时有停产甚至倒闭的可能。因此,研究营运资本必须研究现金在企业中的循环。

现金循环包括长期现金循环和短期现金循环。这里主要讨论短期现金循环。短期现金循环是指在一年内用现金支付货款和费用直至销售回收现金所经历的时间。短期现金循环过程为:现金→流动资产和流动负债→现金。完成这样一个现金循环所用的时间称作现金周转期。

结合上节案例分析一下恒盛公司的短期现金循环情况。

(1)恒盛公司从供应商处采购原材料,由于是赊购并不立即支付现金,所以会形成应付账款,而不会影响现金流动。

(2)恒盛公司组织工人进行加工生产,这样就形成了应付职工薪酬。

(3)恒盛公司销售产品,由于采用赊销政策,所以会形成应收账款。

以上三个步骤完成了从现金到流动资产和流动负债的过程。

在 30 天后,恒盛公司收到销售产品的货款,支付赊购原材料的账款,并支付员工的工资。这样就完成了从流动资产和流动负债到现金的过程。综合以上几个步骤才完成了一次现金循环。

将上面的现金循环过程一般化。

(1)公司从供应商处采购原材料,形成应付账款。

(2)公司组织工人加工原材料制造产品,产生应付职工薪酬。

(3)公司将产品赊销出去,形成应收账款。

(4)公司在某一天支付购买原材料的货款,支付工人工资,产生现金流出。如果公司的现金无法满足现金流出需求,它就必须融资来满足现金流出。

(5)公司收回应收账款,完成了一次现金循环。只要企业持续经营下去,这样的循环就会持续进行。

现金循环一次经历的天数被称为现金周转期或现金周转天数。现金周转期对于一个

---

① 正如第二章和第四章所界定的"现金"概念,指前述的货币资金,包括库存现金、银行存款和其他货币资金等。

公司来讲是很重要的，因为现金周转期越短，说明企业回收现金的能力越强，相应的营运资本越少，经营风险越小。那么如何控制现金周转期呢？现金周转期由存货周转期、应收账款回收期、应付账款递延期构成，如图 6-3 所示。

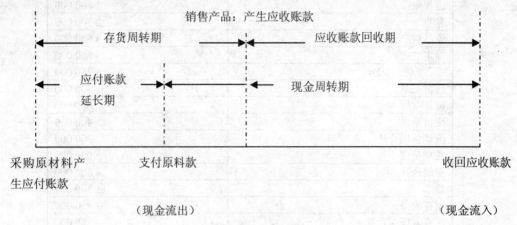

图 6-3　现金周转期

存货周转期是指从原材料购买到生产加工成产品，再到销售这些产品所需要的平均时间。存货周转期的计算方法是存货除以每日平均产品销售成本，公式如下：

$$存货周转期 = \frac{存货}{日平均产品销售成本} = \frac{存货}{年产品销售成本/360} \qquad (6-2)$$

应收账款回收期是指从销售产品形成应收账款到实际收到货款所用的平均时间。应收账款回收期的计算方法是应收账款除以日平均赊销额，公式如下：

$$应收账款回收期 = \frac{应收账款}{日平均赊销收入} = \frac{应收账款}{年赊销收入/360} \qquad (6-3)$$

应付账款延长期是指从购买原材料和劳动力形成应付款项到向供应商和员工实际支付现金之间的平均时间。应付账款回收期的计算方法是应付账款除以日平均赊购额，公式如下：

$$应付账款延长期 = \frac{应付账款}{日平均赊购额} = \frac{应付账款}{年赊购额/360} \qquad (6-4)$$

现金周转期是指从公司实际支付原材料货款和工人工资的现金流出到销售产品获得现金流入所等待的平均天数。所以现金周转期可以用以下这个公式进行计算：

$$现金周转期 = 存货周转期 + 应收账款回收期 - 应付账款延长期 \qquad (6-5)$$

【例 6.2】表 6-11 给出了阳光织品公司 2015 年的资产负债表。该公司在 2015 年的销售收入是 15 000 000 元，销售成本是 12 300 000 元。根据表 6-11 给出的数据，计算该公司的现金周转期。

根据前面介绍的公式计算该公司的现金周转期如下：

$$存货周转期 = \frac{2\,700\,000}{12\,300\,000/360} = 79.0（天）$$

表 6–11　阳光织品公司资产负债表　　　单位：元

项目	2015 年年末
货币资金	150 000
应收账款	1 800 000
存货	2 700 000
流动资产合计	4 650 000
固定资产	3 800 000
资产总额	8 450 000
应付账款	300 000
应计费用	600 000
应付票据	400 000
流动负债合计	1 300 000
长期负债	3 000 000
负债合计	4 300 000
股本	1 300 000
留存收益	2 850 000
所有者权益合计	4 150 000
负债及股本权益总额	8 450 000

$$应收账款回收期 = \frac{1\,800\,000}{15\,000\,000/360} = 43.2（天）$$

$$应付账款延长期 = \frac{300\,000}{12\,300\,000/360} = 8.8（天）$$

$$现金周转期 = 79.0 + 43.2 - 8.8 = 113.4（天）$$

所以，根据以上资料和计算过程，计算出的阳光织品公司 2015 年的现金周转期约为 113 天。

从现金周转期的构成来看，控制现金周转期，必须通过控制存货周转期、应收账款回收期和应付账款延长期来实现。缩短现金周转期，意味着缩短存货周期、应收账款回收期或延长应付账款延长期，或者兼而有之，从而减少公司的营运资本，降低经营风险。

为了更好地理解缩短现金周转期的益处，我们再来考虑【例 6.1】的恒盛公司。假设恒盛公司在运行一年以后，它的现金周转期为 50 天，公司为了扩大市场占有率，决定增产 500 件。假设恒盛公司扩产后它的生产成本和销售价格保持不变，仍然为 20 元和 30 元。这样，除了添置固定资产之外，它的营运资本也必须扩大。为了满足生产的需要，恒盛公司每天必须投资 20×500＝10 000 元。并且这种投资需要持续 50 天，所以它的投资总额为 10 000×50＝500 000 元。

但是，如果公司能够缩短现金周转期而又不影响公司的生产和销售，情况会发生怎样的变化呢？现在假设公司将现金周转期缩短到 45 天，则公司用于营运资本的投资总额减少为 10 000×45＝450 000 元。这样，恒盛公司所需的营运资本减少了，融资压力减小了，公司的运行风险也减少了。由此可以看到，缩短现金周转期给企业带来的好处。

企业在考虑缩短现金周转期时，有几个问题是做决策时必须加以认真考虑的。

1. 缩短存货周转期，可以缩短现金周转期

存货周转期缩短意味着存货储备量减少，在销售形势转好时，有可能面对无法向客户及时供货的窘境。而一旦发生这样的情况，企业可能会丧失许多客户，尤其是那些长期稳定的客户，使他们转而购买竞争企业的产品。对企业来说，损失很大。所以，缩短存货周转期一定要慎重，必须结合企业的生产情况、市场销售情况与未来走向，以及客户的忠诚度，做出科学决策。

2. 缩短应收账款回收期，可以缩短现金周转期

缩短应收账款回收期是一种销售策略的变化，这很可能会丧失一些客户，减少销售量，增加存货，增加营运资本，使存货周转变慢，延长存货周转期，反而有可能延长了现金周转期，无法达到缩短现金周转期的目标。因此，企业在考虑缩短应收账款回收期时，应认真考虑本企业的生产和销售情况、存货周转情况和客户的忠诚度。

3. 延长应付账款延长期，可以缩短现金周转期

延长应付账款延长期，可能是以损害本企业在供应商中的信誉为代价的。丧失了稳定的供应商，会危及企业经营的正常运转。所以延长应付账款延长期，应该十分慎重。

在实际中，企业常常会根据企业实力的变化、市场的变化，在适当的范围内，通过缩短存货周转期、缩短应收账款回收期、延长应付账款延长期来改变现金周转期，从而降低营运资本，提高资产报酬率。

第三节　营运资本的投融资管理政策

营运资本投融资管理政策，包括流动资产的投资政策和融资政策。流动资产的投资政策主要是解决在实际中如何决定流动资产各个项目的数量水平，其融资决策则是解决如何为这些流动资产筹措资金的问题。

一、营运资本投资管理政策

营运资本投资管理政策即流动资产投资管理政策有三种可供选择的类型，即"宽松型""中庸型"和"紧缩型"。这三种政策的区别在于，在销售水平一定的情况下，对流动资产需求量的不同。宽松型流动资产投资政策是指以较多的现金、应收账款和存货来支持一定的销售水平。与之相反，紧缩型流动资产投资政策则要求在一定销售水平下，使现金、应收账款和存货达到最小的占用水平。而中庸型流动资产投资政策是介于前两种极端状态之间。具体来看，采用三种不同的营运资本投资政策的影响如下所述。

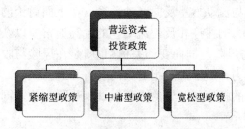

图 6-4　三种营运资本投资管理政策

（一）采用紧缩型流动资产投资政策

紧缩型流动资产投资管理政策，也称作"心狠"政策。这种政策是在销售量、生产量、成本、订货间隔期和支付期限都一定的情况下，企业持有的流动资产的一个最小量。此时增加流动资产将导致外部融资需求的增加，利润却不会增加。但是企业将流动资产控制在最小量，没有缓冲空间，很可能缓付货款或拖欠员工的工资等，影响企业的信誉，或者出现存货短缺情况，使企业没有抓住时机而影响了销售额。

（二）采用宽松型流动资产投资政策

宽松的流动资产投资管理政策也称作"肥猫"政策。采用这种政策的企业，安全存货量较大，这样可以使企业降低停产脱销的风险，但占用过多的存货，因过多赊销而形成的大量应收账款或持有较多的现金都有可能使企业产生较多的资金占用成本（如存货的储存成本、现金的机会成本等）。

（三）采用中庸型流动资产投资政策

如上所述，中庸型政策则介于紧缩性政策与宽松型政策之间。它可以使企业获得比采用宽松型政策时更高的资本报酬率，又不至于像采用紧缩型政策时产生拖欠支付的现象。

紧缩型流动资产投资政策，要求缩短存货周转期和应收账款回收期，所以会使现金周转期较短；而在宽松型流动资产投资政策下，存货量和应收账款数量均较大，所以存货周转期和应收账款回收期均较长，导致现金周转期也较长；中庸型流动资产投资政策介于中间状态。

第三章曾介绍了资产净利率（ROA）指标，即 ROA=净利润/（流动资产+非流动资产）。从该公式来看，减少流动资产占用量（如从宽松型政策转向限制型政策），将会提高潜在的获利能力。假如减少流动资产的投资水平而且还能适当地维持公司的销售水平，那么资产回报率（ROA）将会提高。较低水平的现金、应收账款和存货使该公式中的分母变小，而作为分子的净利润大致保持不变。可见，用资产净利率衡量营运资本的投资政策，宽松型的流动资产投资方案能给企业提供最高的潜在获利能力。

然而，从宽松型政策转向紧缩型政策除了增加获利能力，还会造成一些负面影响：现金的减少将降低公司偿还到期债务的能力；采取严格的信用条件和偏紧的营销政策会降低应收账款，可能导致顾客和销售的减少；存货水平的降低会因存货短缺而丧失一些销售机会。所以，紧缩的政策将导致风险的增加，它是经营和财务风险最高的营运资本政策，是一种强调获利能力胜于流动性的政策。流动资产投资政策的讨论中可以得出下面两个基本原理。

原理 1：获利能力与流动性呈反向变动关系。在上面讨论的营运资本政策中，流动性的排序正好与获利能力的排序相反。流动性的提高通常要以获利能力的降低为代价。

原理 2：获利能力与风险呈同向变动关系（也就是在风险与收益间有一个权衡问题）。为了追求过高的获利能力，就必须承担更大的财务和经营风险。在上述三种流动资产政策中，获利能力与风险的排序是一致的，可以说，风险与收益同生共灭。

上述原理如图 6-5 所示。

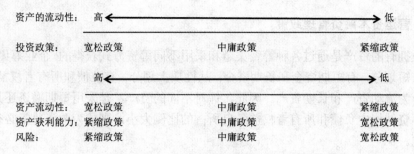

图 6-5 流动资产投资政策与盈利能力、风险的关系图

总而言之，每项流动资产（现金、短期投资、应收账款和存货）的最优水平取决于公司管理层对待获利能力与风险之间的权衡关系的态度。

由于三种政策具有以上这些区别，所以企业在选择流动资产投资政策时，必须谨慎处理，仔细权衡经营风险和收益水平。

【例 6.3】某家公司财务经理提供给 CEO 三个可选择的营运资本投资政策供他参考：

（1）宽松型政策，即对 100 万元的销售额需要 30 万元流动资产投资，偿债风险最小；

（2）紧缩型政策，支持 100 万元的销售额需要 16 万元流动资产投资，偿债风险最高；

（3）中庸型政策，支持 100 万元的销售额需要 23 万元流动资产投资，偿债风险适中。

该公司在相同销售收入下采用不同的流动资产投资政策如图 6-6 所示。

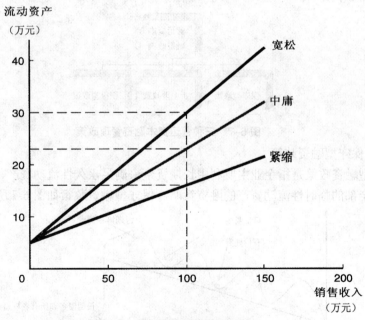

图 6-6 营运资本投资管理政策

投资政策	支持 100 万元销售收入的流动资产
宽松	30 万元
中庸	23 万元
紧缩	16 万元

二、营运资本融资管理政策

企业拥有的资产是通过各种筹资渠道和采用不同筹资方式获得的。企业筹集的资金，从期限长短划分，有短期资金和长期资金；从性质上划分，有负债和所有者权益。同时，资产又分为流动资产和长期资产。因此，针对不同的资产，是采用短期融资还是长期融资，在筹资结构中负债和所有者权益各自所占的比例大小，则成为融资决策必须考虑的重要问题。

一般而言，企业长期资产主要靠筹措长期资金来取得。然而，对于流动资产来讲，需要视其在生产经营中的具体作用，才能决定所适应的融资政策。按流动资产的作用可分为永久性流动资产和临时性流动资产两大类。

永久性流动资产，也称经常性流动资产，是企业为维持日常生产经营活动而持有的最低水平的各项流动资产。无论企业处在经营的高峰还是低谷，这部分流动资产都具有一定的稳定性。而永久性流动资产和固定资产，又统称为永久性资产。

临时性流动资产或称波动性流动资产，是那些随着生产经营的季节性变动和循环性波动而发生变化的流动资产。

短期融资政策即营运资本融资管理政策主要是指与临时性流动资产和永久性流动资产有关的资金融通政策，主要分为三种：保守型融资政策、积极型融资政策和折中型融资政策如图 6-7 所示。

图 6-7 三种营运资本融资管理政策

（一）保守型融资政策

保守型融资政策是指企业主要利用长期资金来满足永久性流动资产、固定资产和一部分甚至全部的临时性流动资产的融资策略。保守型融资政策如图 6-7 所示。

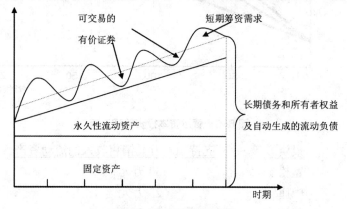

图 6-8 保守型融资政策

在图 6-8 中，企业的全部永久性流动资产和固定资产靠长期债务、所有者权益和自动生成的流动负债[①]来融通。临时性资金需求则利用能上市交易的有价证券来调节，即在企业经营的淡季，由于对资金需求的下降，代表短期筹资需求的曲线会处于代表长期资金供给虚线之下，企业将闲置的资金用于购买可上市交易的有价证券储备起来并赚取一定的收益；在经营旺季到来时，代表短期筹资需求的曲线会位于代表长期资金供给虚线之上，此时企业将可交易有价证券出售以换回现金，还可以借入少量的短期借款，以满足季节性的临时需要。

保守型融资政策的显著优点是企业利用长期资金将不受市场短期负债利率波动的影响，也不会因短期债务到期而不能及时偿还，或者被迫举借新债来偿还旧债，更不会出现变卖流动资产来偿还到期短期债务的情况。

虽然这种融资政策具有以上优点，但在实际中很少被企业运用。其原因主要是：第一，除了那些实力雄厚、信誉良好的大型企业外，大多数企业很难从金融市场上随时筹措到所需要的长期资金；第二，长期资金的成本高于短期资金的成本，即使把淡季闲置的资金用于投资有价证券，但从中获得的投资收益也很难补偿长期资金来源的资金成本。

（二）积极型融资政策

实行积极型融资政策也称作激进型融资政策，其做法是：企业一般利用短期资金来满足全部的临时性流动资产和一部分永久性流动资产的需要，其余的永久性流动资产和固定资产则依靠长期资金来融通。积极型融资政策如图 6-9 所示。

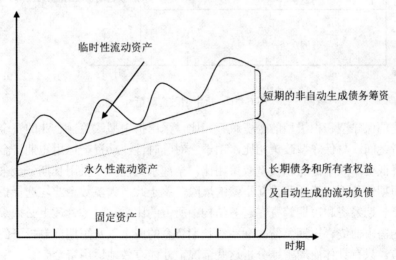

图 6-9 积极型融资政策

采用积极型融资政策的各个企业，表现出的融资程度也不同。有的企业以短期借款融通全部的永久性流动资产和部分固定资产，这样的企业表现出非常激进的融资态度，其风险也非常大。

积极型融资政策的优缺点与保守型融资政策正好相反。前者的主要优点在于能较大

[①] 自动生成的流动负债是指那些随销售增长而同比例增加的流动负债，主要包括应付账款、应付职工薪酬、应交的所得税、营业税等。除此之外的流动负债则为非自动生成的流动负债。

地降低资本成本，因为短期资金来源的成本一般要低于长期资金。然而，企业较多地利用短期借款筹资，就要频繁地偿还到期债务，如果市场利率变化较大，企业则面临着利率上涨而使利息支出较多的风险。如果企业有着较高的经营风险，在一定程度上影响经营活动现金的流入量，这会使企业很难按期支付债务。因此，一般的企业不愿意冒险或损失信誉来降低资金成本。

（三）折中型融资政策

既然保守型融资政策过于稳健，而积极型融资政策又过于冒险，在市场存在大量不确定因素的情况下，这两种政策显然是两个极端。因此，绝大多数企业往往采用介于以上两种政策之间的折中型的融资政策。采用这一政策，临时性流动资产以短期的非自动生成的债务资金来源来筹措，而永久性流动资产和固定资产的资金来源完全是长期负债、所有者权益以及自动生成的流动负债。折中型融资政策如图6-10所示。

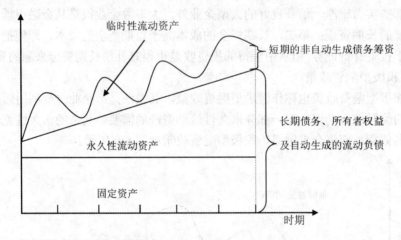

图6-10　折中型融资政策

与前述的保守型和积极型的融资政策相比，采用折中型政策，企业的资金成本和风险介于二者之间。与保守型政策相比，由于它对临时性流动资产运用短期资金来融通，因此能够降低资本成本；与积极型政策相比，全部永久性资产采用长期资金来融通，则能减少对短期债务不能偿还和重新举债的风险。鉴于此，大多数企业均选择折中型融资政策。至于长期筹资和短期筹资在财务结构中所占的比重，财务管理上必须综合考虑临时性资产的需求曲线、短期负债的利率、长期资金的成本以及短期证券投资的报酬率等再进行决策。只有具体而周密地分析这些情况，才能有效地运用资金。

本章小结

本章所阐述的营运资本及其相关概念将有利于更好地理解如何管理好流动资产和流动负债，从而更好地掌握调动企业的资源，控制好现金流量。

（1）营运资本与一个公司的短期和流动资产相关。很差的营运资本管理通常会导致公司陷入财务困境甚至破产。如果一个公司不能支付现金账单那么它就不能长期生存。

（2）营运资本管理过程和营运资本账户之间的关系描述为：①一个公司预定并收到

了制造产品所需的材料。如果公司是采用信用采购（未支付货款）的，当收到材料时存货增加的同时应付账款增加。②工人把材料变成产成品，因为当工作完成时薪酬是未支付的，这样就建立了一定时期的累计工资。③如果产成品以信用的形式销售（暂不收款项）那么应收账款就增加。④在一些点上企业必须付清它的应付账款和累计工资。⑤当公司收回销售产品的现金时一个循环就完成了。

（3）新创立的小企业对怎样来管理营运资本并非很了解。控制住营运资本的投融资规模和处理好存货、应付账款以及应收账款，现金支付与现金收款之间的时间搭配关系是营运资本管理的核心。

（4）现金周转期代表了资金以现金资产被投资的时间长短。在客户支付其采购货物款之前，企业通常要先支付制造和销售产品的原材料和劳务费用。在企业从为其产品投资——也就是支付原材料和劳务费用到收到销售产品的现金支付这段时间里，需要利用外部融资来支持企业的运营。如果企业缩短现金周转期，那么也降低了对可选择的融资需求。

（5）现金循环包括长期现金循环和短期现金循环。这里主要讨论短期现金循环。短期现金循环是指在一年用现金支付货款和费用直至销售回收现金所经历的时间。短期现金循环过程为：先由现金转换为流动资产和流动负债，在从流动资产和流动负债转回到现金。完成这样一个现金循环所用的时间称作现金周转期。

（6）现金循环一次经历的天数被称为现金周转期或现金周转天数。现金周转期对于一个公司来讲是很重要的，因为现金周转期越短，说明企业回收现金的能力越强，相应的营运资本越少，经营风险越小。现金周转期由存货周转期、应收账款回收期、应付账款递延期构成。

（7）那么如何控制现金周转期呢？从现金周转期的构成来看，控制现金周转期，必须通过控制存货周转期、应收账款回收期和应付账款延期来实现。缩短现金周转期，意味着缩短存货周期、应收账款回收期或延长应付账款延长期，或者兼而有之，从而减少公司的营运资本，降低经营风险。

（8）一个企业应该实行什么样的营运资本投资管理政策呢？流动性好的公司能更好地度过财务困境，但是在繁荣时期它产生的回报率也低于流动性差的公司。因此，在流动性（风险）和回报之间有个权衡，一个企业应当对实行流动资产投资管理政策做出决定：①宽松型流动资产投资政策（或"肥猫"政策），这意味着应当持有大量的现金资产；②紧缩型流动资产投资（或"心狠"政策），意味着流动资产持有量应当最小化；③介于这两者之间的中庸型流动资产投资政策。

（9）企业如何筹集营运资本所需的资金呢？短期融资通常要比长期融资风险高但成本低。因此，一个企业须决定其能够承受的融资风险水平。能够承受大融资风险的企业选择积极型融资管理政策，它们喜欢用更多的短期债务来筹集流动资产；不能或不愿意承受太大融资风险的企业往往选择保守型融资政策。大部分公司采取期限匹配的融资政策，这是介于积极的和保守的融资政策之间的一种折中方法。

思考题

1. 为什么创业企业必须重视营运资本的管理？

2. 一个创业者如何运用现金周转期知识来更好地管理企业的营运资本？

3. 企业以赊购方式购买原材料，哪些营运资本账户会受到影响？

4. 什么是现金周转期？如何运用现金周转期改善企业的流动资产管理？

5. 现金周转期可以是负的吗？解释一下。

6. 流动资产投资政策有哪几种？在学习之后，你认为哪一种政策更好？

7. 什么是永久性流动资产和临时性流动资产？区分这两者的意义何在？

8. 流动资产筹资政策分别有几种？试评价这几种筹资政策。

9. 站在借款人的立场上，你认为长期借款和短期借款哪个风险更大？请解释。如果短期利率高于长期利率，借入短期贷款有意义吗？

10. 如果长期借款使借款人面临的风险更小，为什么还有人或企业需要短期借款？

第七章 资本预算

第一节 资本预算概述

一、什么是资本预算

资本预算是帮助企业经理进行长期资产决策的分析方法和说明。例如，企业需要一条新的生产流水线，于是就需要财务上对投资该流水线项目进行细致分析，以帮助经理们决定哪些方案可以接受，哪些方案要放弃。一般而言，创业企业和小微企业可能要做的资本预算及决策包括以下几个内容。

（一）开发或者引进一种有发展前景的新产品

新创立企业，一切资产都是从无到有，购置设备用于开发新产品、生产产品、经营与管理所必需的物质基础。对于小企业来讲，引入一项发展前景很好的新产品，预测市场需求量充足而且现有设备不能加工新产品或能够加工但已经满负荷运转，则必须增添新设备，必须通过资本预算来测算新产品的成本与效益。

（二）固定资产更新决策

更新或重置决策是企业最普通的固定资产投资决策，在一般的生产经营中也经常遇到。固定资产更新是指企业报废旧的固定资产而更换新固定资产的活动。现实中，固定资产更新决策直接关系到企业是否继续生产和经营当前的产品，是否维持当前的生产经营能力等重大问题。

（三）降低生产成本决策

由于科技进步导致固定资产发生无形损耗，迫使企业降低产品的生产成本，提高市场竞争力，因此，企业须决策是否淘汰旧设备而购置技术先进的新设备。

（四）新增固定资产决策

新投入固定资产主要有两个目的：其一，扩大现有产品的销售量，以满足市场需求；其二，对现有产品进行更新换代，增加花色品种等。为了实现目标，企业都要对新增的固定资产项目及数量做出成本—效益的分析评价。

二、固定资产投资的特点

固定资产投资是企业最重要的投资。所谓固定资产投资是指用于购买和建造新的固定资产或更新改造原有固定资产的资金投入及其运动过程。

固定资产是指小企业为生产产品、提供劳务、出租或经营管理而持有的，使用寿命超过一年的有形资产。其包括：房屋、建筑物、机器、机械、运输工具、设备、器具、工具等。[①]

在现代的市场经济环境中，企业为了生存和发展，其基本前提是能使其生产经营能力得以保持和扩大。固定资产是企业重要的生产经营能力，而保持这个能力必须通过投放在固定资产上的资金的循环和周转来实现。固定资产的资金循环方式为：企业购建或得到固定资产，将固定资产的投资额按照其在生产中的损耗程度和发挥作用的大小，以折旧的形式计入成本费用，从营业收入中予以收回，用收回的资金更新固定资产，保持原有生产能力。

固定资产在其循环和周转的过程中主要体现如下的特点。

（一）循环周期长

企业的固定资产一经投入使用，就能在许多个营业周期中发挥作用，为企业创造效益。但固定资产与流动资产不同，它的实物形态在使用寿命终止之前一般不会发生变化或变化很小，即固定资产不是一次消耗掉的。这个特点决定了固定资产的投资应随固定资产的损耗程度和发挥作用的多少而逐步地转化为成本费用，从其产生的收入中给予补偿，即一次投资分次回收。

（二）成本回收的时间与实物更新的时间是分离的

固定资产随着时间的推移和在生产经营中的使用而发生耗损，为了保持企业生产经营能力，投放在固定资产上的资金逐步地予以回收、补偿，而在这一回收过程中，固定资产的原型基本保持不变，其性能在日常的维护中也能维持，直到其完全丧失使用价值时随即予以报废，然后使用资金对原有固定资产进行实物更新。这就是说，固定资产的成本回收与实物更新在不同的时间进行。根据这个特点，固定资产的成本收回应按照它所发挥的作用和损耗程度，合理地计提折旧费，以确定各期的损益，保证固定资产更新时的资金需要。

（三）投资数额较大

固定资产投资是企业主要的长期投资。企业固定资产的状况反映企业的生产经营规模和生产技术水平。企业投资固定资产的目的在于如何运用，使之形成生产能力，间接地为企业提供经济效益，而不在于出售。一个有长远经营目标的小企业必然要购建那些技术水平高和质量高的固定资产，因而其投资数额肯定是相当大的，必须充分对行业的选择、市场的竞争力和投资项目等内容加以对比分析，以确保固定资产投资能给企业带来较高的经济效益。

三、资本预算的重要意义

虽然小型微利企业并不经常进行长期资产的决策，但是资本预算也是非常重要的。因为正确的投资决策可以给企业带来很大的经济利益。相反，一个错误的投资决策对小微企业来讲是致命的。良好的资本预算对企业价值的实现和扩大再生产具有重要的作用。

---

① 该定义来自 2013 年施行的《小企业会计准则》。

（一）长期资产投资是实现企业价值最大化的重要前提

企业若要生存和发展，就必须不断地提升企业的价值。而固定资产投资在企业投资中占据着举足轻重的地位。对于创业企业和小微企业的所有者和经理们来讲，厂房和设备的添加意味着企业准备向更大的方向发展，意味着企业日后利用厂房设备增加产量和销售。因此，它是实现企业价值最大化的目标和前提。

（二）固定资产投资是企业生产经营的必要手段

企业若要维持正常的生产经营，就必须拥有厂房、机器、设备，并及时地进行更新。在此基础上，要想实现扩大再生产，还必须新建厂房、增添机器设备等。这些都建立在固定资产投资的基础上，它是企业生产经营不可缺少的条件。

但必须指出，对于新创企业和小微企业来讲，应当慎重地做资本预算。第一，资产预算的影响是长期的，在购买长期资产时，企业就失去了灵活性，例如，企业投资的一套设备使用期为 8 年，那么该资本预算决策的影响就是 8 年，企业的投资就被锁定了 8 年。第二，长期资产与未来的经营及销售有着直接关系，一旦购置了长期资产，企业就要为此做至少与资产寿命期相同的销售预测。第三，资本预算应当准确，不准确的资本预算，其后果非常严重。根据资本预算进行的投资过高，不仅仅导致支出过大，而且造成资产的能力过剩，开工不足，资源浪费；如果资本预算不足，投资过低，以致生产数量跟不上增量的销售需求，失去市场份额。另外，资本预算决策应当讲求时间效率，市场有需求就应当在预测和决策长期资产投资的基础上立即投资，因为市场机会稍纵即逝。

新创企业和小微企业并不经常进行长期资产的投资决策，但资本预算也是非常重要的，因为，正确的投资决策会给企业带来收益。相反，错误的决策对小企业是致命的。

第二节　固定资产投资决策的方法及原则

一个企业重大项目决策的成败直接关系到企业的经营业绩，甚至影响到企业未来的生存与发展。延缓决策会丧失良好的投资获利机会，而贸然决策也可能将企业推向破产的边缘。因此，固定资产投资决策是一个重要的财务决策。在对固定资产进行投资决策时必须运用科学的方法，做出合理的决策，把握时机，规避风险。

固定资产投资决策也称资本预算，其方法多种多样，对投资方案评价和分析的角度和标准各不相同，得出的结果往往也各异。因此，投资决策的正确与否在一定程度上取决于方法选择是否客观和恰当。

对固定资产投资的分析、决策所运用的财务方法有很多种，归纳起来分为两个基本类别：一类是非折现方法，主要包括投资回收期法和投资报酬率法两种；另一类是折现方法，主要有净现值法、内含报酬率法和获利指数法等。但无论采用什么方法，都是回答一个问题：一项投资的未来收益是否能够超过这项投资的成本？

一、非折现方法

非折现方法制定资本预算决策有两个方法，这就是投资回收期法和投资报酬率法。非折现方法的特点是不考虑货币的时间价值。这类方法只依据项目的投资和预计的净现金流量来对各方案进行计算和比较。

（一）投资回收期法

投资回收期法是一种用收回投资支出的现金的时间来进行资本预算的方法，简单地说，就是需要多长时间能够收回原始投资，也就是通过项目的现金净流量收回初始投资所需要的时间，一般以年为单位。这种方法涉及的是现金流量而不是会计利润。它可以衡量项目收回初始投资的速度。企业为了避免风险，一般都希望尽快收回投资，换言之，企业在决策中关注"时间"和资产流动性，所以运用这一方法进行决策分析比较好。

投资回收期的决策原则如下。

（1）互斥性方案[①]：选择投资回收期最短的投资方案，而放弃投资回收期较长的方案。

（2）独立性方案[②]：在资金有保障的前提下，选择在规定的投资回收期以内的所有投资方案。

若每年的现金净流量相等，投资回收期的计算公式为：

$$投资回收期 = \frac{初始投资额}{年现金净流量}$$

公式中，年现金净流量为净利润与折旧之和。如果每年的现金净流量不相等，则只能在逐期累计其现金流量的基础上测定。

【例 7.1】若甲、乙两个项目的初始投资分别为 45 000 元和 100 000 元，各年份的税后现金净流量如表 7-1 所示。

表 7-1 项目的税后现金净流量　　　　　　　　　　　　　　单位：元

年 份	税后现金净流量	
	甲项目	乙项目
1	20 000	35 000
2	20 000	30 000
3	20 000	25 000
4	20 000	20 000
5	—	15 000
6		40 000

以表 7-1 中所示的各年现金净流量及其累计额为基础来计算甲、乙两个项目的回收期。

由于甲项目的各年税后现金净流量相等，均为 20 000 元，所以可以直接运用上面所给的公式进行计算：

---

① 互斥性方案是指投资方只能在各个方案中选择一个方案而必须放弃其他方案。
② 独立性方案是指彼此之间并不排斥的两个或多个方案，也可指一个方案。

$$甲项目的投资回收期=\frac{45\,000}{20\,000}=2.25（年）$$

然而，乙项目投资回收期的计算就较为复杂，因为各年税后现金净流量并不相等。其计算方法是：用初始投资额-100 000 元按照时间顺序，同各年的现金净流量相加，当投资成本余额小于下一年的现金净流量时，用投资成本余额除以下一年的现金净流量，最后汇总年数即可求出投资回收期。

具体计算过程是：第 1 年末投资成本余额为-65 000 元（-100 000 + 35 000），第 2 年末余额为-35 000 元（-65 000 + 30 000），第 3 年末为-10 000 元（-35 000 + 25 000），小于第 4 年末现金净流量 20 000 元，由此判定回收期应该在第 3 年与第 4 年之间。为了确定准确的时间，我们用 10 000 元除以 20 000 元，得到 0.5 年，然后，用 3 加上 0.5 即为乙项目的回收期 3.5 年。

若假定企业要求的投资回收期不得超过 3 年，则甲项目接受，乙项目拒绝。若项目互斥，则甲项目接受而乙项目被舍弃。

非折现回收期法的优点是计算简便、直观，原理通俗易懂，能促使企业尽快收回投资，因而可以减少企业的投资风险，减少因时间变化而造成的损失。

非折现回收期法尤其适用于小企业的投资决策。例如，一家小企业的一辆微型面包车的发动机出现问题，以致油耗非常大。企业经理考虑是更换发动机还是维修发动机。更换新的发动机要一次支付现金 2 万元，但维修发动机的修理费用为 4 000 元。经理推算了一下：维修发动机后的油耗每月平均节省 200 元，一年共节省 2 400 元，不到 2 年就可以收回维修成本。但如果更换成新的发动机，月平均节省 300 元油费，全年节省 3 600 元，需要 5 年半多的时间才能回收投资成本。这就是基于投资回收期方法的决策。一般而言，发展前景看好但又难以进入资本市场的新创企业和小企业，可以采用这种方法，因为资金的快速回笼有利于这类企业的持续发展和扩大经营。

但是，非折现回收期法也有以下比较明显的缺陷。

第一，忽略了货币的时间价值。这种方法实际上假设在计算期内任何时点上的现金流量的价值都相等，这显然是不科学的。

第二，没有考虑在回收期以后的现金流量的贡献。非折现回收期法优先考虑近期收益大的项目，可能会错误地放弃了早期收益较低，而中后期收益较高的投资项目。

第三，企业投资回收期的确定，往往依赖于管理者的知识与经验等主观因素来判断，缺乏客观统一的判断标准。

总之，非折现投资回收期法具有片面性和局限性，尤其不适用于那些投资额大、寿命期长的项目决策，只能作为一个辅助方法，与其他的方法相结合使用。

（二）投资报酬率法

小企业投资的目的就是为了获得利润，投资报酬率（Average Rate of Return, ARR），也称为投资会计收益率，是从通过年平均税后利润与投资的平均账面价值之间的关系比来评价企业投资的一种资本预算方法。采用此种决策方法时，应事先确定一个企业要求的目标投资平均报酬率。在进行决策时，只有大于或等于这个目标投资报酬率时，项目才被接受，否则予以拒绝。若为互斥项目，则选择投资平均报酬率最高的项目。

此种方法的计算公式有多种，最简单常用的公式为：

$$投资报酬率（ARR）=\frac{年平均税后利润}{年平均投资额}\times100\%$$

年平均税后利润=平均年净现金流量-平均年折旧额

年平均投资额=初始投资-0.5（折旧额）

这里假设项目采用直线折旧法，实际上年平均投资额计算的是项目寿命中期的账面价值。

【例7.2】根据【例7.1】的资料，分别计算甲、乙两个项目的投资平均报酬率。假设按直线法折旧，账面余额为零。

甲项目：

$$年平均税后利润=20\,000-\frac{45\,000}{4}=20\,000-11\,250=8\,750（元）$$

$$年投资平均额=45\,000-0.5\times45\,000=22\,500（元）$$

$$ARR_{甲}=\frac{8\,750}{22\,500}\times100\%=38.89\%$$

乙项目：

$$年平均税后利润=\frac{35\,000+30\,000+25\,000+20\,000+15\,000+40\,000}{6}-\frac{100\,000}{6}$$

$$=27\,500-16\,666.67=10\,833.33（元）$$

$$年投资平均额=100\,000-0.5\times100\,000=50\,000（元）$$

$$ARR_{乙}=\frac{10\,833.33}{50\,000}\times100\%=21.67\%$$

若为互斥项目，则甲项目被接受，乙项目被拒绝。

投资平均报酬率法的优点是简明易懂，便于计算，从某种程度上反映了投资所产生的盈利水平。如果测算的投资报酬率大于投资者认为可以接受的最低收益率，那么这个项目就可以接受。

但投资报酬率法也存在不少缺点。

第一，忽略了货币的时间价值，即今年的1元钱和明年的1元钱具有相同的价值。

第二，只考虑了投资所得，而忽略了投资回收，因为这种方法依据的是会计利润而不是收到的净现金流量。投资人一般都对企业未来所能产生的现金流更感兴趣。

第三，在采用不同的折旧法的情况下，此种方法更难客观地分析投资的经济效益，因为不同的折旧方法，会得出不同的税后净利润，税后净利润更不是一个平均数，所以投资报酬率法带有很大的假设性。

在企业，投资报酬率方法的使用非常广泛，但它却没有投资人所关心的一个评价原则：以最小的风险尽快地收回更多的现金。

总之，投资报酬率法有时会做出错误的决策，也只能作为辅助方法使用。在实际工作中，往往将投资回收期法和投资报酬率法与其他方法结合起来使用，从而使投资决策更加合理。

在现实中，投资报酬率方法很有用处，常见的情况是创业者和需要再融资的小企业经理在融资时经常被潜在投资人提出以下问题。例如，创业者融资前给一位潜在的投资人介绍公司的项目时，潜在的投资人会问及投资项目的报酬率是多少？创业者回答道"30%"。这位潜在的投资人或许回答"有些项目比你的项目高出 6 个百分点"。

二、折现方法

将货币的时间价值[①]和资本成本的原理运用到投资的财务决策上，就是折现的投资决策分析方法。折现方法一般有净现值法、内含报酬率法和获利指数法。

（一）净现值法

净现值（Net Present Value，NPV）是指项目投入使用后预期未来每年的现金净流量的现值减去初始投资以后的余额。我们知道，根据货币时间价值的原理，今天的 1 元钱和明天的 1 元钱不相等，所以只有把未来各期的净现金流量按照资本成本折算成现在的价值，使所有的净现金流量建立在统一的时间基础上，才具有可比性，投资项目的分析与决策也才能客观地反映事实。计算净现值的常用公式为：

$$NPV = \frac{NCF_1}{1+k} + \frac{NCF_2}{(1+k)^2} + \cdots + \frac{NCF_n}{(1+k)^n} - C = \sum_{t=1}^{n} \frac{NCF_t}{(1+k)^t} - C$$

式中，NCF_t——第 t 年的现金净流量；

k ——折现率（资本成本或必要报酬率）；

$\dfrac{1}{(1+k)^t}$——复利现值系数，可从书后的附录二中查得；

n——项目投入使用至寿命终结时的年数；

C——初始投资额（此处须指出的是，初始投资有最初一次发生和分次发生两种不同情况。这里，为了分析简便，假设为一次发生的情况）。

净现值法的决策原则是：

（1）独立性方案：若 $NPV > 0$，则接受它，否则拒绝。

（2）互斥性方案：在 $NPV > 0$ 的前提下，选择 NPV 最大的项目。

应用净现值法的步骤如下。

第一，预测投资项目的现金流量序列和投资成本的现金流量序列；

第二，评估项目风险，确定折现率 k；

第三，计算净现值。

为了便于分析，我们分别就现金流量的两种情形即各年税后现金净流量相等和各年税后现金净流量不等，来阐述净现值法的具体应用。

（1）税后现金净流量相等的情形。

【例 7.3】根据【例 7.1】所给的资料，若资本成本为 10%，计算甲项目的净现值。

---

① 关于货币时间价值的原理，本书将在第八章做专门讲解。

$$NPV_{甲} = \frac{20\,000}{1.1} + \frac{20\,000}{1.1^2} + \frac{20\,000}{1.1^3} + \frac{20\,000}{1.1^4} - \frac{45\,000}{1.1^0}$$

$$= 18\,181.82 + 16\,528.93 + 15\,026.30 + 13\,660.27 - 45\,000$$

$$= 18\,492.09(元)$$

或者，我们用复利现值系数来计算，如表 7-2 所示。

表 7-2　甲投资项目净现值计算表　　　　　　　　　　　单位：元

年份 （1）	税后现金净流量 （2）	复利现值系数 （3）	现值 （4）=（2）×（3）
1	20 000	0.909	18 180
2	20 000	0.826	16 520
3	20 000	0.751	15 020
4	20 000	0.683	13 660
		3.170	63 400
	减：初始投资额 C		−45 000
	净现值		NPV = 18 400

从上表可以看出，两种方法的计算结果应该相同。计算数字有微小的差别是由于精确程度不同而造成的误差。

若甲投资项目为独立性项目，根据决策原则，由于净现值为正值，则予以采纳。

（2）税后现金净流量不相等的情形。

【例 7.4】根据【例 7.1】所给的资料，若资本成本为 10%，计算乙项目的净现值。

$$NPV_{乙} = \frac{35\,000}{1.1} + \frac{30\,000}{1.1^2} + \frac{25\,000}{1.1^3} + \frac{20\,000}{1.1^4} + \frac{15\,000}{1.1^5} + \frac{40\,000}{1.1^6} - \frac{100\,000}{1.1^0}$$

$$= 31\,818.18.18 + 24\,793.39 + 18\,782.87 + 13\,660.27 + 9\,313.82 + 22\,578.96 - 100\,000$$

$$= 20\,947.49(元)$$

同样地，也可以用复利现值系数来计算，如表 7-3 所示。

表 7-3　乙投资项目净现值计算表　　　　　　　　　　　单位：元

年份 （1）	税后现金净流量 （2）	复利现值系数 （3）	现值 （4）=（2）×（3）
1	35 000	0.909	31 815
2	30 000	0.826	24 780
3	25 000	0.751	18 775
4	20 000	0.683	13 660
5	15 000	0.621	9 315
6	40 000	0.564	22 560
			120 905
	减：初始投资额 C		−100 000
	净现值		NPV = 20 905

根据计算结果，若假设甲、乙项目互斥，虽然二者净现值都为正值，但由于乙项目的净现值更大，所以乙项目被采纳，而拒绝甲项目。

从理论上讲，净现值法是资本预算各种方法中最正确和最为有效的方法。它具有以下几方面的优点。

第一，使用现金流量而不是会计收益，因而更客观地反映企业的实际财务状况，不会受会计原则的影响。

第二，考虑了货币时间价值，体现了"今天1元钱的价值大于明天1元钱的价值"的现值原则。

第三，投资项目的净现值 NPV 可明确告诉我们该项目给企业增加的价值，而其他方法不能做到。

但是，净现值法也存在以下某些缺点。

第一，净现值法所使用的折现率是资本成本。在运算过程中，所使用的资本成本保持不变，而事实上，资本成本长期保持不变的情况是不可能的，按此计算出来的净现值或多或少带有经验和主观色彩。

第二，净现值法以预期净现金流量为基础，而准确预测项目未来的现金流量非常困难。

第三，净现值概念本身往往会给企业的决策者造成误解。例如，财务决策者提出某项投资的净现值为零，但仍可以接受，因为净现值为零并不等于企业没有利润。

第四，当投资规模不同时，仅用净现值法来评判不同方案，很可能做出错误的决策。尽管如此，净现值法仍不失为一个最有效的方法。

（二）内含报酬率法

内含报酬率（Internal Rate of Return，IRR）是指投资项目的净现值为零，也就是在项目的现金流出量和现金流入量相等时的折现率。

即：

$$\frac{NCF_1}{1+k} + \frac{NCF_2}{(1+k)^2} + \cdots + \frac{NCF_n}{(1+k)^n} - C = 0$$

或：

$$\sum_{t=1}^{n} \frac{NCF_t}{(1+k)^t} - C = 0$$

或：

$$\sum_{t=0}^{n} \frac{NCF_t}{(1+k)^t} = 0$$

式中：NCF_t ——第 t 年的净现金流量；

k ——内含报酬率；

n ——项目使用年限；

C ——初始投资额。

从上述公式来看，折现率 k 是根据方案本身的净现金流量计算出来的，它暗含在投资预期税后现金净流量中，故称之为内含报酬率。

采用此种方法时，首先应确定一个必要的报酬率，这个必要的报酬率通常是企业的资本成本，若内含报酬率大于等于必要报酬率就采纳；反之则拒绝。在互斥性项目的投资决策中选用内含报酬率最大的项目。

求解 k 的过程可以采用试错法，其具体过程是：一是，按照一个估计的折现率计算投资方案预期税后现金净流量的现值；二是，将税后现金净流量现值加总，与初始投资额比较：若税后现金净流量现值总和大于投资支出，应再试用更高的折现率重新计算税后现金净流量的现值，若计算出的净现金流量总和小于投资支出，则需试用小一些的折现率重新计算。如此循环反复，当投资方案预期税后现金净流量现值与初始投资额相等或很接近时，即两者相减后等于零或趋于零时，此时的折现率就是这个投资方案的内含报酬率。

在实际计算中，为了简便，我们往往借助年金现值系数表，然后用插值法来计算。我们通过下面的举例来概括说明试错法是如何计算投资项目的内含报酬率的。

【例 7.5】假设某公司正在考虑一个项目。初始投资为 50 000 元，投资以后 4 年内每年税后现金净流量预期为 15 000 元，求内含报酬率。

$$50\ 000 = \frac{15\ 000}{1+k} + \frac{15\ 000}{(1+k)^2} + \frac{15\ 000}{(1+k)^3} + \frac{15\ 000}{(1+k)^4}$$

$$50\ 000 = 15\ 000(PVIFA_{k,4})$$

$$PVIFA_{k,4} = 3.333$$

查年金现值系数表，用插值法计算：

折现率年金现值系数

$$\left.\begin{array}{l}7\% \\ ?\% \\ 8\%\end{array}\right\}x\%\quad\left.\begin{array}{l}3.387 \\ \left.\begin{array}{l}1\%\ 3.333 \\ \end{array}\right\}0.054 \\ 3.312\end{array}\right\}0.075$$

$$\frac{x}{1} = \frac{0.054}{0.075} \Rightarrow x = 0.720$$

故：$IRR = 7\% + 0.72\% = 7.72\%$

内含报酬率法考虑了货币时间价值，反映投资项目的真实报酬率。但计算的过程比较复杂，在实际工作中往往用试错—插值法或利用财务计算器。

此外，内含报酬率法还有一些缺点，主要是：

第一，借贷不分，以至于出现折现率上升，NPV 也上升的反常现象。

第二，有时会有多个内含报酬率或无内含报酬率的情况。

第三，对规模不同的投资项目进行互斥选择时，有时采用内含报酬率的方法会导致错误的决策。

第四，内含报酬率法简单地认为各期的资本成本一致，而实际上短期利率与长期利率往往不同。

尽管内含报酬率法有种种缺陷，但在实际中，若使用得当，它仍不失为一个有效性较强的决策方法。

（三）获利指数法

获利指数（Profitability Index，PI）是指投资项目预期报酬的总现值与初始投资额的现值之比。其常用公式为：

$$PI = \frac{预期报酬总现值}{初始投资额} = \frac{\sum_{t=1}^{n} \frac{NCF_t}{(1+k)^t}}{C_0}$$

获利指数法反映了某项目带来的收益与成本的相对效率，因此又称为收益/成本比率法。采用此法进行决策时，若为单选方案，则获利指数大于等于 1，则接受，否则拒绝。在多个互斥项目方案中，则应选择获利指数最大的项目。

【例 7.6】根据【例 7.1】所给的资料，若公司资本成本为 10%，计算甲、乙两项目的获利指数。

在【例 7.3】和【例 7.4】中我们已经分别计算出甲、乙项目的预期净现金流量现值之和为 63 400 元和 120 905 元，又已知初始投资额分别为 45 000 元和 100 000 元，根据公式计算得出：

$$PI_甲 = \frac{63\,400}{45\,000} = 1.41$$

$$PI_乙 = \frac{120\,905}{100\,000} = 1.21$$

甲、乙两个方案获利指数均大于 1，若两个项目独立，均可接受；若两项目互斥，则选择甲方案。

获利指数法考虑了货币的时间价值，由于用相对数表示，因而有利于不同投资规模的方案之间进行对比。获利指数法与净现值法最为接近，缺点是对投资项目未来现金流量的准确预测和对折现率的正确估算比较困难。

第三节　固定资产投资决策方法的比较

一、非折现方法与折现方法的比较

以上介绍的五种固定资产投资决策的基本方法实际上分为两大类：一类是非折现方法，包括投资回收期法和投资报酬率法；另一类是折现方法，包括净现值法、内含报酬率法和获利指数法。在 20 世纪 50—60 年代，投资回收期法风靡全球。后来，人们日益发现它的局限性，创立了以货币时间价值为基础的折现现金流量的决策方法。从 20 世纪 70 年代开始，折现方法已经占据了主导地位，并形成了以内含报酬率法和净现值法等折现方法为主，投资回收期法为辅的决策指标体系。

相对于非折现方法，折现方法具有以下主要优点。

第一，非折现方法忽略了货币的时间价值，这违背了财务管理中的现值原则，而折现方法通过统一的折现率将不同时期的现金流量折现到同一时点，从而使不同时点的现金流量才具有可比性。

第二，投资回收期法忽略了货币的时间价值，因而实际上夸大了投资的回收速度，而且要求的回收期是人为主观做出的，缺乏客观科学的依据。

第三，投资平均报酬率法忽略了货币时间价值，实际上夸大了项目的盈利水平，而内含报酬率法则真实地反映了项目的报酬率。

第四，对于寿命不同、规模不同或现金流入时间不同的投资方案，采用非折现方法往往会做出错误的决策。

二、为什么小企业和创业期企业多选择非折现方法

很多小企业和创业期企业在投资固定资产时，基本上不做详细的财务分析。即使有些企业做一些分析，也只是使用这里所述的投资回收期方法和投资报酬率方法。因为，这些企业往往倾向于从现金角度思考问题，比较关心基本的生存问题。所以，在进行投资决策时，通常会从近期影响的视角出发，因而，这种"现金—生存"的角度通常会带来短视效应，从而引致看重投资回收期的分析。投资回收期方法的缺陷是显而易见的，但由于这种方法能让小企业感觉到投资支出多长时间能够收回，以用于偿还贷款或进行新的投资，所以，这种方法很受欢迎。同时，小企业和创业期企业从银行取得贷款时，要向银行证明能够在特定的时间内偿还借款，而非利用 NPV 和 IRR 方法向银行指出这个项目是否可以接受。

三、净现值法与内含报酬率法的比较

NPV 与 IRR 均属于折现方法，两种方法均考虑了货币的时间价值，在多数情况下，二者能够得出相同的结论。

当对独立性投资项目进行评价时，两种方法得出的结论是一致的，也就是无论采用哪种方法，都会得出相同的"采纳"或者"放弃"的结论。其原因在于：净现值法使用资本成本作为折现率来对预期净现金流量进行折现；而运用内含报酬率法，实际上按内含投资报酬率进行折现。如果一项投资的内含报酬率大于其资本成本，这项投资的净现值必然大于零。

但是，在互斥性项目中，有时两种方法得出的结果会出现不一致的现象，即报酬比例高的投资项目，其报酬的绝对值未必高。导致相反决策结果的条件有两个：第一，投资规模不同；第二，预期税后现金净流量发生的时间不同。有的项目在早期产生大量的现金流量，而另一些项目随着投入使用的时间推移，越到后期现金流入量越多。

下面举例说明这个问题。

【例 7.7】有甲、乙两个互斥项目，其现金流量如表 7-4 所示。假设折现率为 10%。

表 7-4　甲、乙两个投资项目现金流入与流出　　　　　　　　单位：万元

项目	现金流出量	1 年后现金流入量
甲项目	1 000	1 200
乙项目	5 000	5 800

$$NPV_{甲} = \frac{1\,200}{1.1} - 1\,000 = 1\,090.91 - 1\,000 = 90.91（万元）$$

$$NPV_{乙} = \frac{5\,800}{1.1} - 5\,000 = 5\,272.73 - 5\,000 = 272.73（万元）$$

相反则：

$$1\,000 = \frac{1\,200}{1 + IRR_{甲}} \Rightarrow IRR_{甲} = 20\%$$

$$5\,000 = \frac{5\,800}{1 + IRR_{乙}} \Rightarrow IRR_{乙} = 16\%$$

现在分析一下这两个项目：甲项目的投资规模明显低于乙项目，两个项目的现金流入量也存在很大的差异。若采用净现值法 $NPV_{甲} < NPV_{乙}$，应选择乙项目；若采用投资报酬率法 $IRR_{甲} > IRR_{乙}$，应选择甲项目。那么，究竟哪种方法的结论更合理呢？

由于企业财务目标是股东价值最大化或企业价值最大化，从这个角度来讲，净现值从现金净流量上直接反映了企业价值的增大，因而净现值法更为可取。我们不妨将上例的数据用图的形式来表示，以便更清楚直观地评析这两种方法的优劣。如图 7-1 所示。

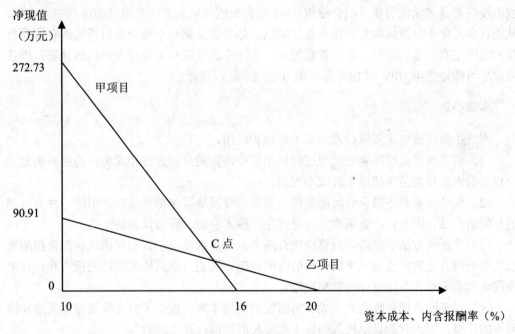

图 7-1　资本成本、内含报酬率与净现值的关系

从资本成本、内含报酬率与净现值之间的关系图看，当资本成本大于 C 点，按照净现值法和内含报酬率法所得出的结论是一致的。甲项目的净现值和内含报酬率均大于乙项目；然而，一旦资本成本小于 C 点，则两种方法得出的结论是完全矛盾的，甲、乙项目各自的内含报酬率不变，但其净现值却相反。在本例中，甲、乙项目的资本成本均为 10%，低于 C 点，此时甲项目的内含报酬率高于乙项目，但乙项目的净现值却高于甲项目。在这种情况下，我们应采用净现值法的结果，即采纳乙项目，这是因为净现值是以现金净流量绝对额来表现投资报酬，乙项目的净现值 272.73 万元表明它预期能给企业带来比甲项目的 90.91 万元更多的收益，这样从绝对量上增加了企业的财富。而乙项目净现值高于甲项目，其根本原因在于，乙项目无论在投资支出还是税后现金净流量即投资规模均大于甲项目。

资本预算对于小微企业和创业期企业来讲也是很重要的，因为它们缺少资本市场的融资渠道，而固定资产项目耗资又较大。但这些企业很少有使用像 NPV 和 IRR 这样的已经发展成熟的相对科学的折现预算方法。这是因为：

其一，小微企业和创业期企业的资金存量较少，一般在某段时期只投资单一项目，所以很多企业的管理者们认为没有必要使用折现的资本预算方法。实际上，这是一种错误的观念。小微企业和创业期企业恰恰需要更加精细测算的资本预算的折现方法，因为一旦项目投资失败对企业来讲是致命的。

其二，小微企业和创业期企业的现金流量没有多大的保障，它们更关心当前的生存能力，看重的是短期利益，未来最多也就看到两三年的现金流，对长期资产项目的投资计划和预测没有多大的吸引力。

但是，创业企业和小微企业的投资项目基本上是一个，风险集中。但大中型企业一般的投资都是多元化的项目组合结构，一个项目失败可以从另一个项目的成功中来补偿，从项目多元化中分散风险并获得收益。所以，尽管创业期和小微企业对折现的资本预算技术的应用有一定的限制，如投资额较小、折现率的选取和未来现金流的估计等，但还应该尽可能地使用 NPV 和 IRR 等折现方法制定资本预算。

本章小结

本章主要讲解资本预算技术的基本原理和应用。

（1）资本预算是帮助企业经理进行长期资产决策的分析方法和说明，是用来确定企业投资的未来收益是否超过了其成本支出。

（2）创业企业和小微企业可能要做的资本预算及决策包括开发或者引进一种有发展前景的新产品、固定资产更新决策、降低生产成本决策、新增设备决策等。

（3）非折现方法制定资本预算决策有两个方法，这就是投资回收期法和投资报酬率法。非折现方法的特点是不考虑货币的时间价值。这类方法只依据项目的投资和预计的净现金流量来对各方案进行计算和比较。

（4）投资回收期是收回方案成本所需要的预期年限，提供了有关投资方案风险和流动性的信息，因为它能显示投入的资本在多长时间内存在"风险"。

（5）折现方法是将货币的时间价值和资本成本的原理运用到投资的财务决策上的投资决策分析方法。折现方法一般有净现值法、内含报酬率法和获利指数法。

（6）净现值法（NPV）以方案的必要报酬率对所有的现金流量折现，然后将所得结果加总。如果所得净现值总和是正的，方案就可以接受。

（7）内含报酬率（IRR）是方案净现金流量等于 0 时的折现率。如果内含报酬率大于方案的必要报酬率，方案就是可接受的。

（8）对独立方案来说，净现值法和内含报酬率法会做出同样的接受或拒绝决策，但对互斥方案则会产生冲突。如果冲突发生，一般应采用净现值法。净现值法和内含报酬率法均比投资回收期法要先进，但净现值法是方案获利能力唯一最好的计量尺度。

思考题

1. 请解释互斥项目的含义并举例说明。

2. 请解释回收期法会偏向选择短期资产投资的原因。

3. 内含报酬率法暗含着一个假设条件：早期获得的现金流量能按内含报酬率用于再投资。那么，这个假设有局限性吗？如果有，在什么情况下这个假定可能导致决策的失误？

4. 在固定资产投资决策中，为什么要以现金流量而不是会计收益作为评价投资项目的基础？

5. 一家创立 1 年多的企业每个月使用大约 1 万元的存货，请你帮助公司采购部门的经理做一个购买决策。他如果立刻全部买下 15 万元的存货，就能够得到很大的折扣。然而，提前很久买下这些存货有浪费的风险。他知道大额的采购经常通过资本预算的方法来分析，因而他向你求助是否购买这批打折的存货。你会怎么建议他？资本预算适用吗？

6. 证明一个项目的获利指数（PI）。初始投入（C_0）和净现值（NPV）是以下面的等式相互联系的。$NPV = C_0(1 - PI)$。提示：NPV、PI 均用 C_0 和所有其他现金流量的总和表示。

第八章　创业企业估值

2013 年 8 月，Flickr 联合创始人斯图尔特·巴特菲尔特（Stewart Butterfield）宣布成立 Slack 公司，成立 24 小时内便获得 8 000 个企业客户。Slack 是一家位于洛杉矶的商业软件公司，是一个专门对企业推出的内部沟通工具，功能是将企业内部所有的通信方式整合在一起，如电子邮件、即时消息等。斯图尔特·巴特菲尔特有一个目标：估值一定要达到 10 亿美元，否则分文不取。其实，即使估值达不到 10 亿美元，他也没什么可担心的，因为 Slack 根本不缺现金，Slack 的业务量已经相当了得，每周都有数以千计的人签约并使用它的办公协作工具。斯图尔特·巴特菲尔特认为，Slack 需要的不是钱，而是达到 10 亿美元估值所带来的声望及影响。果然，2014 年 10 月，Slack 宣布完成了一轮 1.2 亿美元的投资，估值也超过了 10 亿美元。

科技的快速发展推动了新兴行业的繁荣，智能手机、云计算和传感器等掀起了新型网服务以及带动了如 IDC，CDN 云计算基础设施的扩展。如今，科技行业满是估值上10 亿美元的新创企业。2013 年 11 月，Cowboy Ventrues 的创始人艾琳·李（Alieen Lee）在 TechCrunch 的一篇博客文章里提出了"独角兽"一词，专指这类公司。《财富》杂志在全球范围内搜索，共有 80 多家被风险投资机构给出 10 亿美元甚至更高估值的新创企业。如今，风险投资机构开始瞄向了更大的目标，开始搜索有潜力的能够快速达到 100亿美元估值的新创立企业，Emergence Capital Partners 的一位风投家杰森·格林（Jason Green）称之为"十角兽"，2013 年年末，只有一家公司跨越了这个门槛：脸书公司（Facebook）。现在至少有 8 家，其中就包括优步（Uber），其估值高达 412 亿美元，超过了至少 70%的《财富》美国 500 强公司的市值。

事实上，最大的独角兽生活在中国，这家公司就是智能手机生产商小米。小米的估值已经达到 460 亿美元。曾在 2009 年押宝 Facebook 的著名投资人尤里·米纳尔（Yuri Milner）认为，小米是下一家市值达到 1 000 亿美元的公司。目前，中国有很多家公司的估值都超过了 10 亿美元：点评网是 Yelp 和 Groupon 的结合，月活跃用户达 1.9 亿；惠民网，国内规模最大的 O2O 电子商务平台，一只非常低调做事的大独角兽，2015 年 1月份获得 A 轮近亿美元融资后，目前的估值已达到 20 亿美元；蘑菇街是专注于时尚女性消费者的电子商务网站，被誉为中国的 Pinterest（全球 10 个最大的社交网站之一，2010年由美国加利福尼亚州帕罗奥多的一支名为 Cold Brew Labs 的团队成立），深受人们的喜爱；口袋购物在中国最流行的社交平台微信上进行在线营销。2012 年，中国的网上零售额只有 2 000 亿美元，预计 2016 年超过 6 000 亿美元，中国已经成为超大号的成长型企业孵化器和供独角兽们施展拳脚的舞台。

资料来源：根据《财富》中文版 2015 年 4 月有关文章及其他文献整理。

第一节 估值的基本知识

一、估值概述

估值是整个财务金融领域最为重要的任务之一。在第一章中已经介绍了创业企业财务管理的目标是分阶段的，但企业经过发展成熟上市后所追求的最终目标是企业价值最大化。应当明确，无论是融资和投资，或是内部经营与管理，资产估值的方法和步骤是很重要的，因为通过估值人们能够找出影响企业价值的核心因素。

所谓估值（Valuation），全称资产价值评估，是指对企业内在价值的评估。一般而言，企业的价值取决于其资产所产生的预期现金流的折现价值。普通的公式表示为：

$$V = \sum_{t=1}^{N} \frac{E(CF_t)}{(1+k)^t} \qquad (8-1)$$

式中，V 是企业资产价值，$E(CF_t)$ 是期间 t 的预期现金流量，k 为用于现金流折现的折现率，N 是资产使用期限。

评估一个企业价值的时候，必须考量一个难题，这就是也需要评估未来投资新增资产的价值。这意思是说，对一个企业的估值涉及的范围包括现有资产的价值和未来新增资产的价值，也关系到负债融资价值和股权融资价值。用资产负债表结构图表示如图8-1所示。

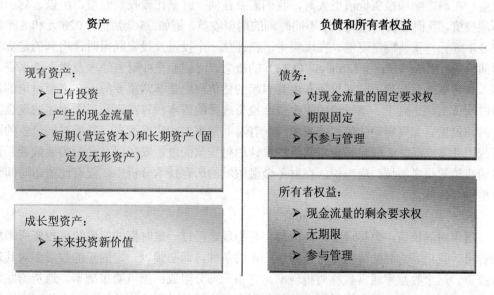

资产	负债和所有者权益
现有资产： ➤ 已有投资 ➤ 产生的现金流量 ➤ 短期（营运资本）和长期资产（固定及无形资产）	债务： ➤ 对现金流量的固定要求权 ➤ 期限固定 ➤ 不参与管理
成长型资产： ➤ 未来投资新价值	所有者权益： ➤ 现金流量的剩余要求权 ➤ 无期限 ➤ 参与管理

图 8-1 资产负债表及估值范围

对于估值，不同的目的和不同的角度，其估值的内容或范围是不同的。

1. 企业家估值的主要目的

企业家对他或她所掌管的企业价值进行评估，主要的目的包括股本融资的需要，现有资产的更新或替代，对外股权投资的需要，并购交易的定价，资产合规性估值，诉讼要求的估值等。

2. 投资人估值的主要目的

投资人考虑的问题是投资所占份额和投入的资本量多少。这直接关系到投资人当前和日后的利益问题。当前的和潜在的投资人对一家企业的投资必须充分考察企业现有的资产和未来增长的潜力，了解已经获得的利润及现金流和未来可获得的利润及现金流，目的在于是否继续持有其股权、追加所投入的资本等。

3. 债权人估值的主要目的

债权人，如提供信贷资金的银行、购买企业债券的持债人等，非常关心企业的价值，其目的是为了判断提供多大的贷款、其贷款是否有足够的资产和股东权益作为偿债的保障，以及未来是否和企业继续打交道等。

除了上述的企业家、股东和债权人这三大方面需要对企业估值外，企业的员工、律师、法院、税务机构、会计师事务所、资产评估公司等，也有不同的目的并从不同的角度关心或评估企业的价值。

二、估值的基础知识：货币的时间价值

财务金融学中的一个基本原理是：今天得到 1 元钱比将来某个时期得到 1 元钱价值更大，因为越早得到 1 元钱，就越早可以进行投资获得收益。那么，是不是意味着 5 年期的投资比 8 年期的投资价值更大？不一定，因为 8 年期的投资收益高于 5 年期的投资收益。在确定哪项投资价值更大时，我们需要在同一时刻比较投资收益。所以，对于这两项投资，我们可以根据其未来不同时刻的期望收益。例如，5 年后的 7 020 元和 8 年后的 8 126 元，重新确定现值。在现实中，在评估一个投资及投资回报时常用到的是货币时间价值（Time Value of Money，TVM）的概念。对创业企业财务经理及投资者来讲，深入和清晰地理解货币时间价值和由其引起的估值问题是非常重要的。在本节讨论的货币时间价值，是对上一章讨论的固定资产投资选择的资本预算决策和后面阐述的现金流量时间价值、如何影响估值和报酬率等，有着非常重要的实践意义。货币时间价值的原理应用非常广泛，一般包括投资估值、设计偿付贷款的进程安排以及是否需要购置新设备的决策等很多领域。应当说，在财务金融领域的所有技术分析中，没有比货币时间价值更重要的概念了。

（一）货币时间价值概念和时间线

货币时间价值，也称现金时间价值，是指现金经过一定时期的投资和再投资所增加的价值。货币具有时间价值，必须满足一定的条件，即必须以一定的正的收益率对其进行投资。这个收益率通常被称为折现率，它由三部分组成：无风险报酬率、通货膨胀增溢和风险增溢。人们经常用银行存款的年利率作为计算时间价值的折现率。折现率在货币的时间价值中起很重要的作用。一笔钱将来的价值取决于折现率的大小。折现率越大，经过相等时间的投资后所能获得的金额就越多，或者为了获得一定量金额的货币所需要的投资时间越短。

货币时间价值的具体运用表现在对不同时刻的现金流量进行价值比较。货币时间价值的概念和运用，将贯穿整个财务管理的始终。因此，它也常被称为财务学第一原则。对于金融市场中的企业的融资、经营、投资和分配等活动来说，货币时间价值有广泛的运用，如对投资方案进行可行性评估、决策是否购进新设备、分期付款的定价、制定偿还贷款时间表和实施养老金计划等均涉及货币时间价值的计算。

时间线是一种辅助的图形工具，便于理解货币时间价值。首先把较长的时间分成若干时间段，并在水平线上描绘出来。然后，设当前时间点为零时间点，各时间段向右依次排列，如图 8-2 所示。

图 8-2　时间线

时间点 1 在第一个时间段的末端，时间点 2 在第二个时间段的末端，依次类推。我们可以在时间线上方或下方做标记以说明所处理问题的不同细节。上面介绍的例子中，利率 $k=10\%$ 和点 0 的数值为 1.0 元，但到了点 1 时，1.0 元就是 1.1 元了。把这个例子的时间线放大一下显示如图 8-3 所示。

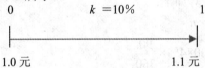

图 8-3　时间线放大显示图

在思考简单问题的时候，可以不用时间线，但是在处理复杂的问题时，时间线会有很大帮助，在线上可以直观和更准确地把握问题的各个细节，减少错误发生的概率。在学习货币时间价值过程中，应当灵活运用时间线做辅助分析。

（二）终值和现值

有两个概念在计算货币时间价值时会被经常用到。现在将 1 元钱以年利率 10%存入银行，一年以后得到 1.10 元。其中，1.10 元就是这 1 元钱的一年期终值，终值通常用 FV来表示。现在的 1 元就是相对于终值 1.10 元的现值，以 PV 来表示。年利率 10%为折现率，用 k 来表示，有的教科书中也用 r 或 i 来表示折现率。而一年就是时间价值的计算期，用 n 来表示。时间价值的计算期可以是几年，也可以是几个月，甚至是几天。

终值，也称将来值或未来值，是现在一定金额的货币在将来某个时候的价值；现值是货币当前的价值。那么，如何得知货币的具体价值是多少呢？这就需要掌握时间价值的有关计算方法。

首先，明确两个计算概念：单利和复利。单利和复利都是计算利息的方法。单利，即简单利息计算法，其含义是本金在整个投资期中获得利息，不管投资期多长，所产生的利息均不加入本金重复计算利息。这里，本金指的是进行投资以收取利息的原本金额。利息是进行投资所获得的超过本金的部分，也就是投入资金所得到的回报。复利，即复合利息计算法，是指在整个投资期内，本金及利息都要产生利息的一种计息方式。按照这种方法，每经过一个计息期，要将所产生的利息加入本金再计算利息，逐期滚算，俗称"利滚利"。这里所说的计息期，是指相邻两次计算利息的时间间隔，如年、月、日等。一般来说，除非特别指明，计息期为一年。下面介绍具体的计算方法。

三、单利的终值和现值

（一）单利终值的计算

单利终值的计算公式为：

$$S=P+P\times k\times n$$
$$=P（1+k\times n）\tag{8-2}$$

式中，S——单利终值；

$\quad\quad P$——投资本金；

$\quad\quad k$——年利息率；

$\quad\quad n$——计息时间，即投资期。

【例 8.1】小张急需资金周转，向同事大王借钱 5 000 元，约定借期三个月，按年利率 4%计算利息，三个月后还款并支付利息（写了张欠条）。现计算还款时小张应还给大王多少钱？

用单利法计算利息。计算如下：

$$S = P + P\times k\times n$$
$$=5\ 000+5\ 000\times4\%\times\frac{90}{360}$$
$$=5\ 050（元）$$

小张在到期还款时，应还给大王 5 050 元。

在计算利息时，除非特别指明，给出的利率均指年利率。对于不足 1 年的利息，以 1 年等于 360 天来折算。

（二）单利现值的计算

在现实经济生活中，有时需要根据终值来确定现值。例如，在【例 8.1】中，小张向大王借款，并规定三个月以后还款，但是在两个月后小张就将欠款如数归还。此时小张应还给大王多少钱？这个问题就可以通过单利现值的计算来确定。

单利现值的计算公式为：

$$P = S - S\times k\times n$$
$$= S（1-k\times n）\tag{8-3}$$

式中，S——单利终值；

$\quad\quad P$——单利现值；

$\quad\quad k$——年利息率；

$\quad\quad n$——计息时间。

用单利现值法计算，由【例 8.1】结果得到，单利终值为 5 050 元。现在要计算的是计息时间为 30 天的单利现值。用单利现值法计算应还款额为：

$$P = S（1-k\times n）$$

$$= 5\ 050 \times (1 - 4\% \times \frac{30}{360})$$

$$= 5\ 033.33（元）$$

对上面问题，如果按照单利终值的方法进行计算如下：

$$S = P + P \times k \times n$$

$$= 5\ 000 + 5\ 000 \times 4\% \times \frac{60}{360}$$

$$= 5\ 033.33（元）$$

小张在借款两个月后归还，用单利终值法计算时，计算利息的时间为 60 天，得出应当归还总额为 5 033.33 元。

两种方法计算的结果是完全相同的。

四、复利的终值和现值

（一）复利终值的计算

假设现将一笔钱存入银行，利率为 k，一年后价值为多少？以 PV 代表现值，年末将要得到的金额即一年期终值为 FV_1，k 为相应的利息率。

我们最初投资的资金 PV，加上这笔钱所带来的利息 kPV，就得到了年末的终值，即：

$$FV_1 = PV + kPV$$

$$= PV(1 + k)$$

现在假设将 FV_1 继续在银行存一年，并定义第二年年末余额为 FV_2，同理得到：

$$FV_2 = FV_1 + kFV_1$$

$$= FV_1(1 + k)$$

将 FV_1 公式代入 FV_2，得到：

$$FV_2 = PV(1 + k)(1 + k)$$

$$= PV(1 + k)^2$$

依此类推可以计算未来任何一年的终值。现在概括 n 年期复利终值的计算公式为：

$$FV_n = PV(1 + k)^n \qquad (8\text{-}4)$$

如果复利计息期 n 的值较大，$(1 + k)^n$ 的计算量是相当大的，所以一般利用时间价值系数表辅助计算。$(1 + k)^n$ 的值可以通过查表获得。我们称 $(1 + k)^n$ 为复利终值系数，用 $FVIF_{n,k}$ 来表示。复利终值系数表详见附录一。

有了复利终值系数表，就可以用更简洁的方式来表述复利终值。

$$FV_n = PV[FVIF_{n,\ k}] \qquad (8\text{-}5)$$

【例 8.2】现将 100 元存入银行，利率 5%，三年后余额是多少？

$$FV_3 = PV(1 + k)^3$$

$$= 100(1 + 5\%)^3$$

$$= 115.80（元）$$

或者，　　$$FV_n = PV[FVIF_{n,\ k}]$$

$$FV_3 = 100[FVIF_{3,5\%}]$$

查附录一"一元复利终值系数表",得 $FVIF_{3,5\%} = 1.158$,代入公式,得:

$$FV_3 = 100[1.158]$$
$$= 115.80 （元）$$

3 年后余额为 115.80 元。

但大多数时候,k 和 n 与系数表中相应的行或列的数值不一致,也就是说计算出的数值大小处于表中行或列两个数之间,如 $k = 5.68\%$,或 $n = 3.7$。当这种情况发生时,最合适的解决方法是取决于所要求结果的精确性。有时,按照数值最接近的行或列上的数值来计算结果即可。但是当要求结果更为精确,并且用系数表解题时,就要在行和列的数值之间进行判断求解。

（二）复利现值的计算

复利现值即复利终值的对称概念,是指未来某一时间的特定金额的货币按照复利计息方式所对应的现在的价值,或者说为了获得将来一定的本金和利息目前所需要的本金。复利现值的计算实际上就是复利终值的逆运算。复利现值的计算公式通过复利终值计算公式很容易得到。由 FV_n 式得到:

$$PV = \frac{FV_n}{(1+k)^n} = FV_n \times (1+k)^{-n} \tag{8-6}$$

公式中,$(1+k)^{-n}$ 被称为复利现值系数,记为 $PVIF_{n,k}$,其数值可以通过查复利现值系数表得到,见附录二。因此,上式可以表示为:

$$PV = FV_n \times (PVIF_{n,k}) \tag{8-7}$$

现值系数 $PVIF_{n,k}$ 与终值系数 $FVIF_{n,k}$ 互为倒数关系,即:

$$FVIF_{n,k} = \frac{1}{PVIF_{n,k}} \tag{8-8}$$

【例 8.3】若计划在三年以后得到 1 000 元,利息率为 9%,现在应存金额为多少?

$$PV = FV_n \times (1+k)^{-n}$$
$$= 1\,000 \times (1+9\%)^{-3}$$
$$= 772.18 （元）$$

或者,

$$PV = FV_n \times (PVIF_{n,k})$$
$$= 1\,000 \times PVIF_{3,9\%}$$
$$= 1\,000 \times 0.772$$
$$= 772 （元）$$

计算结果表明,现在应存金额为 772 元。应当注意,两种算法的结果相差 0.18 元,为计算误差,可以忽略。

（三）年金

还有一类很重要的货币时间价值问题——系列收付款问题,这类问题被称为年金。

年金是指在一定时期内，等额的、定期的（年、季、月）现金流量。其中，有两点非常重要：一是相等的时间间隔，二是金额相同。例如，一年内，每个月收到 50 元就属于年金问题。每月收到 50～100 元不等，这一系列收入则不属于年金范畴。偶然的几个月收到 50 元也不能称为年金。以下对普通年金、先付年金和永续年金这三种年金问题逐一介绍。

1. 普通年金

普通年金又称为后付年金，是指发生在每期期末的现金流量。例如，在四年中，每年年末收到 100 元，这就是一个四年期年金问题。在财务管理中，普通年金是最常用的，没有特别指出的年金均指普通年金。图 8-4 表示的是普通年金。

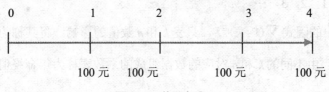

图 8-4　普通年金

（1）普通年金的终值。

年金终值相当于将每期期末的每一笔收入在收到的同时存入银行，在期末所能得到的全部本金和利息的总和，用 FVA 表示。每次收入的金额用符号 PMT 表示。对于每一笔 PMT，在计算终值时也要计算它产生的利息。年金的终值就是所有本金和利息的总和。因此，一种算法是单独计算每一笔本金的终值，再将所有的终值相加得到年金的终值。

普通年金终值的计算如下。

以三年期年金终值的计算为例。年利率用 k 表示，每次收入或支付金额为 PMT，三年期年金的终值记为 FVA_3。计算过程如图 8-5 所示。

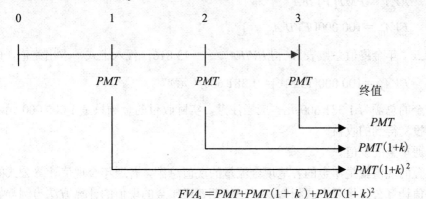

$$FVA_3 = PMT + PMT(1+k) + PMT(1+k)^2$$

图 8-5　三年期普通年金的终值

由此得出三年期年金终值的计算公式：

$$FVA_3 = PMT + PMT(1+k) + PMT(1+k)^2$$

将上面公式进行推广，首先考虑四年期年金。在四年期年金中，第一笔款项要计息三年，终值为 $PMT(1+k)^3$。后三次收付款与三年期年金的计息方式相同。因此，四年期年金与三年期年金的唯一不同就在于增加了 $PMT(1+k)^3$ 项。同理，推导出 n 年期年金终值计算公式：

$$FVA_n = PMT + PMT(1+k)^1 + PMT(1+k)^2 + \cdots + PMT(1+k)^{n-1}$$

$$= \sum_{t=1}^{n} PMT(1+k)^{n-t}$$

$$= PMT \sum_{t=1}^{n} (1+k)^{n-t} \tag{8-9}$$

式中，$t = 1, 2, 3, \cdots, n$。

上面公式中的因式 $\sum_{t=1}^{n} (1+k)^{n-t}$，只受 k 和 n 数值的影响，将其称为年金终值系数，记作 $FVIFA_{n,k}$。由不同的 k 和 n 对应的数据组成的系数表称为年金终值系数表，见附录三。

年金终值系数代入公式后可得到：

$$FVA_n = PMT[FVIFA_{n,k}] \tag{8-10}$$

由于年金问题一般都比较复杂，在计算过程中要注意时间线的运用。

【例8.4】开源公司拥有某一生产流程的专利，根据合同的规定，开源公司每年可以收到 100 000 元的使用许可费，合同期为十年。公司管理层决定将收到的每一笔使用许可费进行再投资，直到合同到期为止，以便为将来要开发新的生产流程准备资金。如果投资的预期报酬率为 7%，那么，该公司收到最后一笔款项时，这笔资金总额将是多少？

$$FVA_n = PMT[FVIFA_{n,k}]$$

$$FVA_{10} = 100\ 000[FVIFA_{10,7\%}]$$

查附录三"年金终值系数表"，得 $FVIFA_{10,7\%} = 13.816$，代入上式，求出终值，即：

$$FVA_{10} = 100\ 000[13.816] = 1\ 381\ 600（元）$$

该笔资金的总额为 1 381 600 元。应当注意，实际收付的金额只是 1 000 000 元，其余部分为再投资得到的收益。

（2）普通年金的现值。

普通年金的现值就是年金的各笔现金流量的现值总额。普通年金现值计算公式的推导方法与终值计算公式推导方式相似。以三年期普通年金的现值的计算方法为例，如图8-6所示。

三年期年金的现值为：

$$PVA = \frac{PMT}{(1+k)} + \frac{PMT}{(1+k)^2} + \frac{PMT}{(1+k)^3}$$

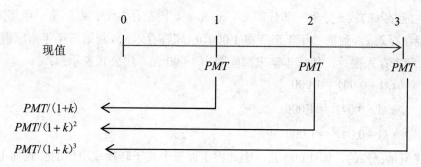

$$PVA = PMT/(1+k) + PMT/(1+k)^2 + PMT/(1+k)^3$$

图 8–6　三年期普通年金的现值

也可以写成：

$$PVA = PMT(1+k)^{-1} + PMT(1+k)^{-2} + PMT(1+k)^{-3}$$

将上式推广：

$$PVA = PMT(1+k)^{-1} + PMT(1+k)^{-2} + \cdots + PMT(1+k)^{-n}$$

$$= PMT[\sum_{t=1}^{n}(1+k)^{-t}] \tag{8-11}$$

定义 $\sum_{t=1}^{n}(1+k)^{-t}$ 为年金现值系数，记为 $PVIFA_{n,k}$。年金现值系数表见附录四。年金现值计算公式可以简化为：

$$PVA = PMT[PVIFA_{n,k}] \tag{8-12}$$

【例 8.5】若你有两个选择：一是为期三年，每年年末可以得到 1 000 元的年金；二是现在就得到一笔钱。然而，你在今后的三年中并不需要这部分钱。如果你把每年得到的 1 000 元按 4% 利率存入银行，那么现在必须得到多少钱才能使第二个选择同第一个选择相等？

用图 8-7 说明这个问题如下：

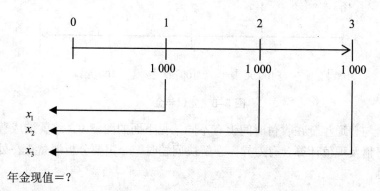

年金现值＝？

图 8–7　三年期普通年金现值的计算

将现在应存入的钱 x 分为三部分即 x_1、x_2 和 x_3。现在存入 x_1，则到第一年年末应得 1 000 元，现在存入 x_2，到第二年年末应得 1 000 元，现在存入 x_3，到第三年年末应得 1 000 元。按 4% 利率存入银行，使每年年末都能取出 1 000 元，用公式表示为：

$$x_1(1+0.04)=1\,000$$

$$x_2(1+0.04)^2=1\,000$$

$$x_3(1+0.04)^3=1\,000$$

由于终值是已知的，即 1 000 元，因此将上面三个式子转换成现值的公式如下：

$$x_1=\frac{1\,000}{(1+0.04)}=961.5$$

$$x_2=\frac{1\,000}{(1+0.04)^2}=924.6$$

$$x_3=\frac{1\,000}{(1+0.04)^3}=889.0$$

则　　　　$x=x_1+x_2+x_3$

$$=961.5+924.6+889.0$$

$$=2\,775.1（元）$$

这笔钱必须是 2 775.1 元，才能使这两个选择相等。

上述问题可通过查附录四"年金现值系数表"求得。

$$PVA=PMT[\,PVIFA_{n,\,k}\,]$$

$$=1\,000[\,PVIFA_{3,\,4\%}\,]$$

$$=1\,000\times2.775$$

$$=2\,775（元）$$

2. 先付年金

发生在每期期初的系列等额现金流量称为先付年金，又称为预付年金或即付年金。图 8-8 显示了连续四年每次付款 100 元年初支付的四年期先付年金的时间线。

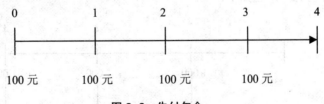

图 8-8　先付年金

先付年金与普通年金在收付时间上有不同，见下面的图 8-9，这就造成普通年金与先付年金的终值及现值计算会有差异。在解决问题时，一定要分析清楚正在处理的是哪一类年金问题。

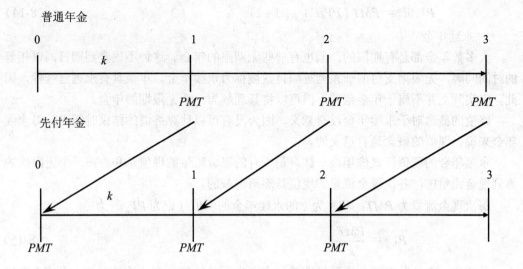

图 8-9　普通年金与先付年金的比较

（1）先付年金的终值。

由图 8-9 很容易看出，将普通年金的每一次付款前移一期就可以建立一个先付年金。由于每一次付款都提前了一期，在银行中要多获得一期利息收入。因此，每一次付款的终值都要使原来的结果乘以 $(1+k)$ 。先付年金的终值，记为 $FVAd$ 。

三年期先付年金的终值计算公式为：

$$FVAd_3 = PMT(1+k)+PMT(1+k)(1+k)+PMT(1+k)^2(1+k)$$
$$=[PMT+PMT(1+k)+PMT(1+k)^2](1+k)$$

很容易看到，无论增加多少期，先付年金中每一项都是在相应的普通年金中的项乘以 $(1+k)$ 。因此，可以将公式 $FVAd_3$ 推广到计算 n 期先付年金终值。

$$FVAd_n = [PMT+PMT(1+k)+\cdots+PMT(1+k)^{n-1}](1+k)$$

即：
$$FVAd_n = PMT[FVIFA_{n,k}](1+k) \tag{8-13}$$

先付年金可以通过在描述付款的现金流量时使用"从现在开始""从今天开始""立刻开始"这样的字样来很容易地辨认出。

【例 8.6】每期的付款为 200 元，银行年利率 8% 的六年期先付年金的终值为多少？

将已知带入公式，得到：

$$FVAd_n = PMT[FVIFA_{n,k}](1+k)$$
$$FVAd_6 = 200[FVIFA_{6,8\%}](1+8\%)$$
$$=200[7.336](1.08)$$
$$=1\,584.58（元）$$

（2）先付年金的现值。

根据相同的逻辑，由年金终值计算公式很容易地得到先付年金的现值公式。将先付年金的现值记为 $PVAd$ 。

$$PVAd = PMT[PVIFA_{n,k}](1+k) \tag{8-14}$$

3. 永续年金

大多数年金都是有期限的，但也有一些无期限的年金。这种不规定到期日，以相等的时间间隔，无限期支付的一系列等额付款被称为永续年金。年金具有永远延续性，因此，它实际上并不属于年金范畴，但可以将其理解为一个无限期的年金。

终值的概念对于永续年金没有意义，因为没有可以计算终值的结束时间点。对永续年金来说，现值的概念是有意义的。

永续年金的现值，就像年金一样，是所有的现金流量的现值总和。在一个无限次的系列现金流量中，各次现金流量的现值是逐渐递减的。

每次现金流量为 PMT，利率为 k 的永续年金的现值（记为 PV_p）为：

$$PV_p = \frac{PMT}{k} \tag{8-15}$$

公式中，k 是发生现金流量当期的利率。当不是每年复利一次的时候，利率 k 要进行相应的调整。例如，按季度计息时，k 代表的是每个季度的实际利率。

【例 8.7】某公司设立一笔员工奖励基金，奖金的来源是存款利息，每年发放总额为 100 000 元。若以年利率 4% 计算，这笔基金存款应当是多少？

$$PV_P = \frac{PMT}{k} = \frac{100\,000}{0.04} = 2\,500\,000（元）$$

计算结果表明，这笔奖励基金的存款额为 250 万元。

第二节　估值的基本方法

估值是一件很微妙的事情，但不能凭空想象。估值需要方法。在理论上，估值的方法有很多，一般分为四个类别：成本法、市场法、收益法和实物期权法。以下对这几种方法分别介绍。

一、成本法（Cost Method）

在企业价值评估中，成本法也叫资产基础法，国际上通常称为资产基础途径的资产加合法，这是以企业资产负债表上各项资产和负债为基础的评估企业价值的方法。中国资产评估协会《企业价值评估指导意见》（试行）第三十四条的定义是"企业价值中的成本法也称资产基础法，是指在合理评估企业各项资产价值和负债的基础上确定评估对象价值的评估思路。"这里的成本法定义主要是指企业的所有者权益价值的评估。但在实际中，成本法下的估值应当首先评估企业资产的价值。

因此，对资产价值的评估，要根据所评估资产的重置或重建成本减去该资产的贬值。公式如下：

资产价值 = 资产的重置（重建）成本–资产综合贬值　　　　　　(8-16)

公式（8-16）中，资产综合贬值通常包括资产的实物性贬值、功能性贬值和经济性贬值等。

对于评估企业的净资产价值来讲，成本法的基本原理是把目标企业看作一个生产要素的组合体，在对企业各项资产清查核实的情况下，逐一对其进行账面价值调整，将调整后的各项资产的现行价值累计求和，然后扣除负债评估值，最终得出企业内在的净资产价值，即股权价值。基本公式如下：

净资产价值 = 调整后的资产价值－负债评估值 (8-17)

成本法的确能够客观反映出企业的价值，在我国的资产评估领域中应用较多。企业在股份制改造或整体转让的过程中，运用成本法评估企业的价值能够了解各项资产的详尽信息，提供重要的账务依据。尤其把成本法应用于国有企业的估值中，能够加强国有资产的管理，降低国有资产的流失，维护国家的正当权益。然而，成本法也有明显的局限性。

1. 模糊了单项资产与整体资产的区别

由于成本法仅仅从资产投入角度评估企业依法拥有和控制的全部要素资产，无法顾及资产的实际效能与企业整体运行的综合盈利能力，混淆了单项资产和整体资产的区别，容易造成同类企业中只要原始投资金额相同，评估结果就趋向一致或效益差的企业评估结果反而好于效益好的企业的评估结果。

2. 仅重视有形资产的评估

多数的创业企业在开发初期资金量不大，购建的有形资产较少，特别是高新科技企业，无形资产数额占据总资产相当大的比重。因此，成本法不适合创业期企业的估值。

3. 没考虑动态价值

成本法是从静态的角度去评估企业的价值。并没有考虑被评估的企业在未来的动态盈利能力。因此，成本法一般不适用于以未来持续经营为前提条件的企业进行价值评估。

4. 成本法比较适用于企业资产价值的评估

一般来讲，创业期企业或成长期企业的资产较少，很多高科技、互联网企业拥有的主要是轻资产，所以，该方法不太适用于创业企业的投资或股权估值。

二、市场法（Market Method）

为了避免成本法的缺陷，市场法就应运而生了。市场法是根据代替原理，相似的企业应该具有相似的价值，即在与被评估的企业相同或相似企业的交易价格基础上进行差异因素调整来估算被评估企业的价值。市场法以市场交易价格为基础，对市场的有效性方面要求较高，同时也要求财务报告更加合理与准确。而如今，无论在理论上还是实践中，用市场法评估企业价值都比较成熟了。市场法主要包括市盈率法（The Price-Earnings Ratio Method，PE）、市净率法（The Price-Book Value Ratio Method，PB）、市销率法（The Price-Sales Ratio Method，PS）和市盈增长率法（The PE-Growth Ratio Method，PEG）。

（一）市盈率法（PE）

市盈率是指公司股票的市场价格与该股票的每股收益之间的比率，公式如下：

PE = 每股市场价格/每股收益 (8-18)

公式中的分子"每股市场价格（P）"即每股权益的价值；分母"每股收益（EPS）"，

衡量的是权益的收益。

通常说来，如果一家公司股票的市盈率越低，那么公司股票的市价相对于股票的盈利能力就越低，这就表明投资的成本越低和投资回收期越短，相应的投资风险就越低，从而表明该公司股票的投资价值就越高；反之则结论相反。市盈率法的基本原理为：

被评估企业的每股价值＝可比企业的平均市盈率×被评估企业的每股收益 （8-19）

市盈率法之所以能在企业价值评估中得到广泛的应用，是因为该方法将企业的股票价格与公司的盈利状况直观地结合起来，能清晰地反映出公司的投入与产出的关联；此外，市盈率法计算简单，所需的数据相对容易获取。但是使用市盈率法进行价值评估时也存在一些问题：对于经营风险较大的公司而言，如果公司的每股收益为负值时，用市盈率法计算出的结果便为负数，这明显不能代表被评估公司自身的价值；另外对于周期性较强的公司而言，其经营状况会随着国家的宏观经济形势而波动，因而被评估公司的市盈率就会在不同的时期内出现不同的结果，这也显然不能代表被评估公司的内在价值。所以说，市盈率只是一个单一的相对指标，在反映企业价值中需要跟其他方面的指标结合起来。

（二）市净率法（PB）

市净率是指公司股票的市场价格与该公司每股净资产之间的比率。与分析市盈率的原理相同，一般来说，公司股票的市净率越低，则该公司股票的投资价值就越高；反之则结论相反。市净率法的基本原理为：

被评估企业的每股价值=可比企业的平均市净率×被评估企业的每股净资产 （8-20）

公式中，每股净资产 = 每股价格/每股净资产账面价值

市净率也是投资者用来衡量和分析公司股票投资价值的有效工具，使用频率相对较高。市净率法与市盈率法一样，所需数据容易获取，具有简易直观的评估结果；倘若被评估企业的净利润为负数，就不能使用市盈率法进行价值评估，然而大多数企业的每股净资产极少为负数，所以可以用市净率法进行价值评估；当企业的经营状况产生波动时，市净率往往比市盈率更加稳定，没有市盈率的变动那么大，而且净资产的账面价值通常比净利润要稳定，不容易被人为操纵。

同样，采用市净率法对企业进行价值评估时也存在缺陷：该方法相比于其他方法更容易受到企业会计政策的影响，净资产的账面价值是历史价值，账面价值只能反映企业的初始成本。但市场价格反映的是企业未来的盈利能力以及现金流的成长性，因此企业的市场价值与账面价值就会存在一定的差异；而且，不同公司的资产结构可能会有明显的差异，这时市净率法就不太适用了；另外，当公司的市净率出现了负值时，使用该方法便无从进行比较了。

（三）市销率法（PS）

市销率也叫收入乘数，是指公司股票的市场价格与该公司每股销售收入之间的比率。一般来讲，公司股票的市销率越低，则该公司股票的投资价值就越高；反之则结论相反。市销率法的基本原理为：

市销率 = 每股市场价格/营业收入 （8-21）

被评估企业的每股价值=可比企业的平均市销率×被评估企业的每股销售收入（8-22）

目前对企业进行价值评估时，市销率法非常流行，该方法的优点主要有：企业的营业收入数据很难通过人为操纵，同时不受存货、折旧和非正常性支出等会计政策的影响，所以市销率比较稳定可靠，不像市盈率那样容易变动；当企业亏损甚至已经资不抵债时，仍然可以使用市销率法进行价值评估。

同样，市销率法本身也存在一定的问题：该方法只考虑了企业的收入而忽略了成本，因此只适用于销售成本占销售收入较低的行业或销售毛利率已经趋于稳定的行业；此外，该方法不能全面地反映出企业的整体价值，尤其当企业的利润和净资产为负数时，所以需要结合市盈率和市净率等指标综合来判断，才能取得较好的评估效果。

（四）市盈增长率法（PEG）

很多学者对我国资本市场研究的结果表明，有许多企业的市盈率远远高于市场的平均市盈率，如果仅用市盈率对企业进行价值评估，那么这些公司的价值将远远超出其价值区域。市盈增长率法就是因为发生类似的情境而产生的，该方法能够判断企业是否还在有效的价值区域中。

一般而言，投资经理们经常将 PE 和预期增长率进行对比来评估股票价值。

市盈增长率（PEG）=市盈率/净利润增长率　　　　　　　　　　　　（8-23）

通常来讲，如果 PEG 结果在 0～1 之间，就视为便宜，说明目标企业值得购买；如果 PEG 结果大于 1 甚至更高，就视作较贵，说明目标企业股票目前估值偏高，那么目标企业就不值得购买。市盈增长率指标是在市盈率指标的基础上加以改进而来的，尽管也是一种粗略的评估方法，但是该方法更加关注企业收益的增长，弥补了传统的市盈率法的不足。

作为 2004 年 2 月份上线的全球第一大社交网络服务网站"美国脸书公司（Facebook）"2011 年的估值约为 500 亿美元，当时高盛买入的脸书股票时的净收益估计为 5 亿美元，脸书估值的市盈率倍数是 100。如果按此估值的话，是不是太贵了？然而，2009 年、2010 年和 2011 年脸书的营业收入分别为 7.77 亿美元、19.74 亿美元和 37.11 亿美元，实际获取的净收益分别为 2.3 亿美元、6.06 亿美元以及 10.11 亿美元。2012 年脸书的营业收入超过 60 亿美元。这家年轻的公司 2011 年净收益增幅已经超过了 100%。PEG 仅仅是在缺乏更详细数据的前提下一个粗略的估计率。它强调股票价格的基础是营业收入与利润的增长。

总体说来，市盈增长率法就是为了衡量不同企业的未来盈利增长率，而对市盈率进行了调整。但是市盈增长率指标不能单独进行使用，在对企业价值进行评估时需要结合其他相应的指标一起分析。

市场法因为原理清晰，操作简单，所以是目前国内外应用最为广泛的一种估值方法。然而在我国使用该方法对创业板企业进行估值时，也有值得注意的地方：运用市场法进行估值时要求市场上有大量的可比企业作为参考，而我国的创业板市场成立于 2009 年 10 月底，至今只有几年时间，在创业板市场上市的公司数量规模比较有限。而且创业板市场的上市公司大多都是高新技术企业，自主创新性非常高，彼此间有很大的差异，很难在市场上找到与被评估的公司各种属性都十分类似的可比企业。

市场法主要包括市盈率法、市净率法、市销率法以及市盈增长率法。一般情况下，投资者在市场法的运用中选择最为广泛的是市盈率法（PE），然而值得注意的是，市盈率并不一定是估值的最佳评价指标。通常对于同一家评估企业，如果选择不同的价值比率，所得出的结果很有可能是不一样的。所以，使用市场法对企业进行价值评估时要选择与股票价格相关性较高的价值比率，这样得出的评估结果的可信度相对较高。市盈增长率法（PEG）是在市盈率法的基础上加以改进而得到的，不仅继承了市盈率法在估值中的优势，直观地联系起价格与收益，还弥补了市盈率法的缺陷，通过企业收益的增长率体现了成长性对估值的影响，所以该方法适用于成长性较高的我国创业板市场中上市公司的估值。然而，该方法是在市盈率方法的基础上进行验证，不能直接得出企业的内在价值。

虽然运用市场法评估出的企业价值与企业的内在价值可能会存在一定的偏差，但是由于该方法运用了大量的市场化信息的估值模式迎合了一些市场派学者的理念，同时也获得了大多证券投资者的高度认可，因此市场法在西方发达国家得到了广泛的应用。

三、收益法（Income Method）

收益法是指依据企业预期收益的现值之和来确定被评估企业的价值的方法。按照企业收益的两种表现形式，具体操作中可分为两种情况：一种是依据企业的预期净利润的折现值之和来估测企业价值；另一种是依据企业未来一定时期产生的现金流的折现值之和来估测企业价值。虽然从长期来看，现金流量最大化应与利润最大化保持一致，因而理论上无论采用企业的净利润还是现金流量，应最终得出一致的评估结果，但由于会计处理方式和管理者层面意图的存在，使得短期内的现金流量与利润可能不一致。本章提及的收益法是指第二种情况。

收益法主要包括折现现金流法（The Discounted Cash Flow Model，DCF）、股权自由现金流法（Free Cash Flow to Equity Model，FCFE）以及剩余收益法（The Residual Income Model，RI）。

（一）折现现金流法（DCF）

折现现金流法，也称股利现金流法，是指将企业派发的股利作为预期收入进行企业价值评估的方法。按照企业股利政策的不同，股利现金流模型可分为固定股利模型（一般模型）、固定增长模型（戈登模型）、两阶段增长模型（两期模型）以及三阶段增长模型（三期模型）。

本章专门介绍固定增长模型和两阶段增长模型。

1. 普通模型

投资者投资购买股票（股权），都期望得到股利，如果股东在某个未来日期出售或转让，股权也许还提供资本利得（创建）或产生资本损失。因而，股权（股票）的预期现金流量应由两个因素构成。

（1）每年预计的现金股利；

（2）当投资者出售股权时，他们预期收到的价格（这个最终的价格包括原投资的回收加上资本利得或减去资本损失）。

所以，根据股权的现金流量构成因素，其价格（价值）是通过计算其现值来确定的。

假设：D_t=第 t 年年末投资人预期得到的现金股利。

D_0=最近支付的现金股利，一般指上一年支付的股利。

P_0=股权的现在价格。

P_t=第 t 年年底的股票价值（即在支付了第 t 年的股利 D_t 之后第 t 年年末股票价格）。

k_s=股权的机会成本率，或必要的收益率，它同时考虑了在其他投资上可能的风险和收益。

D_1/P_0=下一年的股权预期股利率。

【例 8.8】假定一家公司在明年 12 个月份内预计可支付 1 元现金股利，股票的当前市场价格为 10 元，则预期的股利为 1/10 = 0.10 = 10%；

$P_1 - P_0$ =资本利得（资本额外收益），即股票的售价与购价的差额；

$\dfrac{P_1 - P_0}{P_0}$ = 明年股票的资本利得率。

股权的价格是通过计算其未来货币流量的现值来确定。企业所能提供给股东的现金量是股利。

理论上讲，投资人在获得公司股权后一般都打算永久地持有下去，以获取公司不断提供的股利。因此，股权的价格是按日后无限流量的现金股利的现值进行测算的。即公式如下：

$$P_0 = \frac{D_1}{\left(1+k_s\right)^1} + \frac{D_2}{\left(1+k_s\right)^2} + \cdots + \frac{D_\infty}{\left(1+k_s\right)^\infty} \tag{8-24}$$

但是，更为典型的情况是：股权投资人持有企业的股权一般是一个有限的时期，然后将股权出售转让。那么在这样的情况下，股权的价格如何确定呢？

譬如，某一股权投资人购买一家公司的股票，预计持有 1 年时间，然后在年末将它售出。在这 1 年中他将获取现金股利 D_1，年末转让售出时可得到售价 P_1。这家公司的当前价格 P_0 为：

$$P_0 = \frac{D_1}{1+k_s} + \frac{P_1}{1+k_s} \tag{8-24a}$$

这里的问题是：P_1 即第 1 年年末的价格怎样确定？根据上述公式（8-24a）类推：

$$P_1 = \frac{D_2}{1+k_s} + \frac{P_2}{1+k_s} \tag{8-24b}$$

将公式（8-24b）代入公式（8-24a），获得公式（8-24c）：

$$P_0 = \frac{D}{1+k_s} + \frac{\dfrac{D_2}{1+k_s} + \dfrac{P_2}{1+k_s}}{1+k_s}$$

$$= \frac{D_1}{1+k_s} + \frac{D_2}{\left(1+k_s\right)^2} + \frac{P_2}{\left(1+k_s\right)^2} \tag{8-24c}$$

那么继续按照同样的方式推下去，求出 P_2，P_3 等，无限下去，得到公式：

$$P_0 = \frac{D_1}{(1+k_s)^1} + \frac{D_2}{(1+k_s)^2} + \cdots + \frac{D_\infty}{(1+k_s)^\infty}$$

$$P_0 = \sum_{t=1}^{\infty} \frac{D_t}{(1+k_s)^t} \tag{8-25}$$

以下从现金股利的零增长和高速增长的变动情况进一步说明股权价格的具体确定方法。

2. 零增长模型

股票或股权的最突出的特征是股票或股权的寿命期限是无穷的（理论上的假设），一旦将股票发行出去，企业通常就不再回收。股票或股权从一个人手中转到另一个人的手中，直到公司破产清算为止。

假如企业向投资人每期提供的现金股利额不变动，即 $D_1 = D_2 = D_3$ 等，那么将上边介绍的公式加以改写成为如下公式。

$$P_0 = \frac{D}{(1+k_s)^1} + \frac{D}{(1+k_s)^2} + \cdots + \frac{D}{(1+k_s)^\infty}$$

正因如此，这笔每期固定支付一定数额的股利，零增长股票可以看作为一种永续年金。

那么，这种股权的价值实际上是一个"永久年金的现值"，公式如下：

$$P_0 = \frac{D}{k_s} \tag{8-26}$$

【例 8.9】$D = 1.92$ 元，$k_s = 9\%$，零增长股票 P_0 的价格计算如下：

$$P_0 = \frac{1.92}{0.09} = 21.33（元）$$

如果股票价格已知，现金股利也已知，可通过上述公式来求出股票的预期收益率 $\hat{k}_s$，即：

$$\hat{k}_s = \frac{1.92}{21.33} = 0.09 = 9\%$$

由于优先股股票（股权）每年支付的股利是固定不变的，即零增长，所以，这个公式 "$P_0 = \frac{D}{k_s}$" 同样适用于计算优先股股票的价格。

3. 固定增长（正常增长）模型

大多数公司的盈利和股利每年都会增长。一般来讲，增长率是与国民生产总值相同的比率同步的。

如果股息增长率是固定的，那么只要知道了上一年的股利 D_0，就可求出未来任何一年 t 的股息。

用公式：$D_t = D_0 (1+g)^t$ \hfill (8-27)

公式中，g 为预期增长率。

假如，上一年年底股利 $D_0 = 1.92$，投资者预计年增长率为 4%，求第五年年底的股息 D_5。

$$D_5 = 1.92\,(1 + 0.04)^5$$
$$= 2.34\,（元）$$

股利固定增长模式的公式为：

$$P_0 = \frac{D_0(1+g)}{(1+k_s)} + \frac{D_0(1+g)^2}{(1+k_s)^2} + \frac{D_0(1+g)^3}{(1+k_s)^3} + \cdots + \frac{D_0(1+g)^n}{(1+k_s)^n}$$

$$= D_0\left[\frac{(1+g)}{(1+k_s)} + \frac{(1+g)^2}{(1+k_s)^2} + \cdots + \frac{(1+g)^n}{(1+k_s)^n}\right] \tag{8-28}$$

两边同乘以（$1+k_s$）/（$1+g$）

$$\left[\frac{(1+k_s)}{(1+g)}\right]P_0 = D_0\left[1 + \frac{(1+g)}{(1+k_s)} + \frac{(1+g)^2}{(1+k_s)^2} + \cdots + \frac{(1+g)^{n-1}}{(1+k_s)^{n-1}}\right] \tag{8-29}$$

（8-29）式减（8-28）式，得出公式：（8-30）如下。

$$\left[\frac{(1+k_s)}{(1+g)} - 1\right]P_0 = D_0\left[1 - \frac{(1+g)^n}{(1+k_s)^n}\right] \tag{8-30}$$

$$\left[\frac{(1+k_s)-(1+g)}{(1+g)}\right]P_0 = D_0\left[1 - \frac{(1+g)^n}{(1+k_s)^n}\right]$$

假定 $k_s > g$，当 $n \to \infty$ 时，公式右端括号内的值趋近于 1，所以公式如下：

$$\left[\frac{(1+k_s)-(1+g)}{(1+g)}\right]P_0 = D_0$$

经过简化：$\left[\dfrac{1+k_s-1-g}{(1+g)}\right]P_0 = D_0$，$\left[\dfrac{(k_s-g)}{(1+g)}\right]P_0 = D_0$

$$(k_s - g)\,P_0 = D_0\,(1+g) = D_1$$

$$P_0 = \frac{D_1}{k_s - g} \tag{8-31}$$

从上述的模型推导中，有两个是公式成立的前提条件，即：

（1）$k_s > g$（$k_s < g$，该公式毫无意义）；

（2）现金股利是永久的。

这个公式也概括了零增长模型，这就是当 $g = 0$ 时，$P_0 = \dfrac{D}{k_s}$。换句话讲，零增长是固定增长的一个特例。

"固定增长模型"是加拿大多伦多大学的 Myron J.Gordon 教授提出并使之推广的，这个模型称为"戈登模型"（Gordon Model）。

【例 8.10】D_0=1.92 元，g=4%，k_s=9%，求 P_0 如下：

$$P_0 = \frac{1.92(1+0.04)}{0.09-0.04} = \frac{2}{0.05} = 40（元）$$

由于戈登模型的假设是 $k_s > g$，所以，尽管股利不断增长，但未来股利的现值是趋于下降的。如图 8-10 所示。

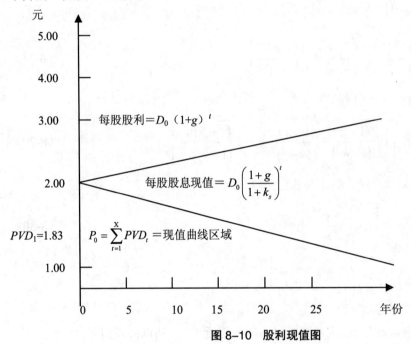

图 8-10 股利现值图

如果将未来的每股股息的现值加总，就求得股票或股权的价格 P_0。也就是 $P_0 = \dfrac{D_1}{k_s - g}$。

根据"戈登模型" $P_0 = \dfrac{D_1}{k_s - g}$，经过整理可求得固定增长股票的"预期收益率"公式：

$$P_0 = \frac{D_1}{k_s - g}$$

$$k_s P_0 - g P_0 = D_1$$

$$k_s P_0 = D_1 + g P_0$$

$$k_s = \frac{D_1}{P_0} + g \tag{8-32}$$

【例 8.11】购买一家公司股权当前的价格 P_0=40 元，下一年预计支付股利 D_1=2 元，并且股利增长率，在以后固定为 4%。那么其预期收益率为：

$$k_s = \frac{2}{40} + 4\% = 5\% + 4\% = 9\%$$

假设，这个例子发生在 2015 年，P_0=40 元是 2015 年 1 月 5 日的股票价格，D_1=2 元是在 2015 年期间预期的股利。那么，2015 年底（2016 年初）的股票价格应当是多少呢？

根据公式 $P_0 = \dfrac{D_1}{k_s - g}$，$D_2 = D_1(1+g) = 2(1.04) = 2.08$（元）

则，$P_{5/1/2016} = \dfrac{D_{2016}}{k_s - g} = \dfrac{2.08}{0.09 - 0.04} = 41.60$（元）

注意到，41.60 元比 P_0 = 40 元大 4%，即：41.60 元 = 40（1 + 4%）

2016 年初该公司的股权价值 P_1 = 41.60 元，与 2015 年初 P_0 = 40 元价值相差即 41.60 – 40 = 1.60 元，此为一年间的"资本利得"，资本利得率为：

$$资本利得率 = \frac{1.60}{40} = 0.04 = 4\%$$

因此，资本利得率等于股利增长率。另外，再看预期股利率（2016 年）。

$$2016年股利支付率 = \frac{D_{2016}}{41.60} = \frac{2.08}{41.60} = 5\%$$

由此，2016 年的现金股利支付率加上 2016 年末的资本利得率，就等于 2016 年该家公司股权的全部预期收益率 $\hat{k}_s$，即 $\hat{k}_s$ = 5% + 4% = 9%

进一步看 2017 年的股利支付率也按此方法计算：

$$P_{1/2/2017} = \frac{D_{2017}}{k_s - g} = \frac{2.08(1.04)}{0.09 - 0.04} = 43.26（元）$$

$$股利率 = \frac{2.08(1.04)}{43.26} = 0.05 = 5\%$$

所以，对于固定增长的股票或股权来讲，其具有的特征如下。

（1）股利按固定的比率增长，股权价值也按同一增长率提高；

（2）现金股利支付率是不变的；

（3）资本利得率也是不变的，而且它等于 g，即预期的股利增长率；

（4）预期的全部收益率 $\hat{k}_s$ 等于预期的股利支付率中加上预期资本利得率，即

$$\hat{k}_s = \frac{D_1}{P_0} + g 。 \tag{8-33}$$

4. 不固定（超正常）增长模型（两阶段增长）

大多数企业在其整个的生命期中，所提供的产品在不同阶段都会有不同的增长率。汽车制造业的高速增长期是在 20 世纪 20 年代。2014 年以来，移动互联网行业已进入了高速增长期。一般而言，新创建的企业或企业新投产的产品在正式开业或生产后，都会有一个高速发展的时期，然后进入稳定正常的增长阶段。企业的盈利和股利增长情况也

当然如此。

对于这种先高速增长、随后又稳定增长的企业，其股票或股权的价值一般要通过三个步骤来计算。

第一步骤：计算高速增长时期的全部股利的现值；

第二步骤：计算出高速增长时期结束时的股票或股权价值，然后计算出这个价格的现值；

第三步骤：将以上两项现值相加，其结果就是该企业股票或股权的当前价值 P_0。

【例 8.12】股东要求的收益率 k_s=9%；某小型互联网服务公司的高速增长期 n=3 年时，在高速增长期现金股利和利润增长率 g_s=20%，在高速增长期以后的现金股利增长率 g_n=4%，该互联网服务公司在上一年支付的现金股利 D_0=1.92 元。求该小型互联网服务公司的当前股权价值，步骤如下。

第一步骤：找出第 1 年到第 3 年末即高速增长期支付全部股利的现值。

$$PVD_t = D_0(1+g_s)^t \left(\frac{1}{1+k_s}\right)^t$$
$$= D_0(FVIF_{g_s,t})(PVIF_{k_s,t})$$

$D_0 \times FVIF_{20\%,\ t} \times PVIF_{9\%,\ t}=PVD_t$

D_1: $1.92 \times$（1.200）$\times 0.9174=2.1137$

D_2: $1.92 \times$（1.440）$\times 0.8417=2.3273$

D_3: $1.92 \times$（1.728）$\times 0.7722=2.5622$

∑高速增长的 3 年股利现值= 7.0032 元

这种计算实际上是计算变额年金的现值。

第二步骤：找出第 3 年底股票价格的现值。

① $P_3 = \dfrac{D_4}{k_s-g_n} = \dfrac{D_0(1+g_s)^3(1+g_n)}{k_s-g_n} = \dfrac{D_3(1+g_n)}{0.09-0.04}$

$$= \frac{3.318(1.04)}{0.05} = \frac{3.45}{0.05} = 69.00$$

② $PVP_3 = 69$（$PVIF_{9\%,\ 3}$）$=69$（0.7722）
$\qquad =53.28$（元）

第三步骤：计算出股权的当前价格 P_0。

$P_0 =$（PVD_t+PVP_3）
$\quad =7.00+53.28=60.28$（元）

这套计算程序用图 8-11 表示如下。

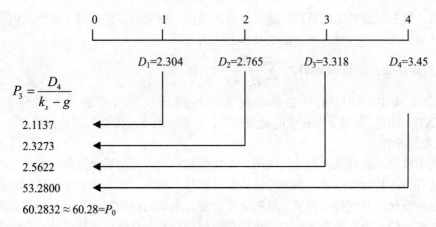

图 8-11 超正常增长模型计算程序

必须指出，以上介绍的股权价值的计算模式仅是基本的方法和原理。在现实中，股票多种多样，价格计算方法还有许多，然而只要了解和掌握以上这几种基本方法和基本原理，就能灵活运用以计算任何一种企业的股权价值。

折现现金流法主要适用于现金股利分配较多且相对稳定的非周期性企业，因而受企业的经营状况与股利分配政策的影响比较大。但是，由于我国的股权市场仍然很不成熟，全年现金股利派发较少且不稳定，而且容易受到公司管理层的人为操纵，股利增长率更是难以预测，因此该方法在我国现有的国情下并不是非常适用。此外，我国的投资者往往认为，现金股利的发放与公司的经营绩效成反比，股利发放越多，公司就越缺乏投资机遇，如此行为反倒是公司成长的障碍。

（二）股权自由现金流法（FCFE）

股权自由现金流法，也称自由现金流法，是对企业进行价值评估时使用较多的方法之一，在逻辑上最具合理性。该方法的核心原则是增量现金流量原则与时间价值原则，即任何一项资产的价值是该项资产在未来所产生的现金流量按相应的风险加以补偿的折现率计算的现值。该方法与股利的折现现金流法的思路有异曲同工之处，但没有后者模型的诸多限制，所需数据均可在企业的财务报告中获取，而且理论上适用于所有现金流为正的企业，只是计算的过程可能会相对复杂。股权现金流法的基本公式为：

$$被评估企业的价值 = \sum_{t=1}^{n} \frac{FCFE_t}{(1+WACC)^t} \tag{8-34}$$

在上式中，$FCFE_t$ 是被评估企业第 t 期的股权现金流，FCFE=净利润-（1-负债率）×净投资=净利润-（1-负债率）×（资本支出-折旧与摊销+营运资本变动），WACC 是被评估企业的加权资本成本。在使用股权现金流法对企业进行价值评估时，需要估测或假设企业的经营期限。由于人的预测能力非常有限，不可能预测到企业每一期的数据，所以通常情况下只预测 3 年，对于那些经营比较稳定的企业则可以预测 3～5 年。

（三）剩余收益法（RI）

与使用股权现金流法相同，使用剩余收益法对企业估值时也要假设企业的经营期限，一般只预测 3 年。该方法依据权责发生制的会计理论，认为一家企业的内在价值由两部分构成：股东权益的账面价值与超常收益的现值。剩余收益法缩短了预测时间的同时提高了计量方面的准确性，该方法的基本公式为：

$$被评估企业的价值 = BV_0 + \sum_{t=1}^{n} \frac{RI_t}{(1+k)^t} \tag{8-35}$$

在上式中，BV_0 是评估基准日企业的股东权益（净资产）的账面价值，$RI_t = NP_t - kBV_{t-1}$ 是第 t 期企业的剩余收益，k 是股东要求的基本权益报酬率，NP_t 是第 t 期企业的净利润。

剩余收益法具有极强的评估优势，不受股利分配政策与现金流量是否稳定的影响，能充分利用各种会计信息，得出的评估结论解释力较强，而且该方法能适应企业经营环境的各种变化，并综合考虑了企业的现有价值，未来的盈利能力以及公司对高投入的资本成本的补偿。该方法的缺陷主要体现在对预测指标假设的依赖性以及要求财务报告数据的准确性上。

鉴于收益法重视对企业未来的盈利能力的衡量，能够相对精确地反映企业的内在价值，故而被认为是一种相对比较理想的估值方法，也在实践中得到了广泛的应用。因为创业板市场中的企业大多都是高新技术企业，在技术和管理等诸多方面都具有较大的不确定性，所以用收益法对这些企业进行估值具有明显的优势。收益法主要包括股利现金流法、股权现金流法和剩余收益法。

值得注意的是，股利现金流法不适用于我国的企业价值评估，尤其在我国创业板市场上市公司的估值中不能直接使用：其一，我国创业板市场上市公司的股利政策普遍不算稳定，而且法律上也没有明确规定这些公司必须分红，现金股利往往又容易受到公司管理层的人为影响，而股利现金流法的适用条件是企业股利分配较多且相对稳定，这显然不合适；其二，对于我国创业板市场上市公司而言，公司会为维持自身的高成长性而不断追加投资，几乎只派发很少的股利甚至不派发股利。如果股利派发越多，反而会让投资者怀疑公司的成长性不佳，这对公司的长期发展是没有好处的。所以本书在对我国创业板市场上市公司进行估值时暂不考虑使用股利现金流法。

股权现金流法和剩余收益法不像股利现金流法那样对企业的股利政策有一定的要求，而且分别都有各自的优势。股权现金流法所需数据均可在企业的财务报告中找到，理论上适用于所有现金流为正的企业；而剩余收益法目前已经成为企业价值评估及实证研究的经典模型，能够使投资者更加关注企业价值的驱动因素。与股权现金流法相同，剩余收益法所需的数据大部分也可以从企业的财务报告中获取。

运用收益法对我国创业板市场上市公司进行估值时，也存在一定的困难：其一，创业板市场上市公司高投入、高风险、高收益所形成的现金流量是极其不稳定的，预测起来难度较高；其二，对资本成本的预测也同样困难重重；此外，由于我国创业板市场成立的时间只有几年，所以研究区间的选择也相当局限。

上述两种基于现金流折现的方法即 DCF 和 FCFE，也是目前国内评估风险投资使用比较频繁的方法。这两种方法要对未来现金流做出预测，然后通过折现率得到评估值。但这两种方法运用于初创企业至少有以下的缺陷：一是投资人对初创企业的投资一般都是参股性质的。在投资后的几年内，初创企业的经营活动现金净流量为负数情况较多。

即使投资后的企业再度某些时期也会有小规模的盈利，但这部分盈利往往都留在企业内用于生产经营规模的扩大和市场的开发，不会给投资人分配红利，投资人的现金流入是零。在这种情况下，投资后的若干年，初创企业的现金流对投资人来讲是没有意义的。那么，上述的 DCF 和 FCFE 与投资人所关心的问题明显背离。二是投资人的投资通常是在天使阶段以及 A 轮和 B 轮，有些企业还要经历 C 轮和 D 轮，甚至 E 轮等。初创企业的股本投资是不断扩大的，而且投资人的股权份额会随着后续投资的进入会被逐步稀释。但目前很多评估机构普遍使用的现金流折现方法是假设创业企业未来股本不扩大情况下的现金流状况，显然，这个假设并不符合创业企业的特征。

四、实物期权法（Real Option Method）

实物期权是相对于金融期权而言的，主要指代企业所有的无形资产或投资项目。实物期权赋予企业对实物资产标的的未来选择权，所以企业可以根据未来的具体状况决定保留或放弃该项资产的未来获利权。实物期权法使用期权定价模型对企业进行价值评估，主要包括二叉树模型和布莱克—斯科尔斯（B-S）模型。B-S 模型的应用最为广泛，基本原理为企业未来投资的现金流源于两部分：对标的资产的使用及买入或卖出该项资产的权利，该模型的构成如下所示：

$$V_t = S_t[N(d_1)] - ke^{-rt}[N(d_2)] \tag{8-36}$$

$$d_1 = \frac{\ln(S_t / K) + [r + (\sigma^2 / 2)]T}{\sigma\sqrt{T}} \tag{8-37}$$

$$d_2 = d_1 - \sigma\sqrt{T} \tag{8-38}$$

在上式中，V_t 为 t 时刻企业的期权价值，S_t 为 t 时刻标的资产的价格，$N(d)$ 为标准正态分布中偏差小于 d 的概率，K 为期权的执行价格，r 为无风险利率，T 为期权的执行期限，σ 为标的资产价格的波动率。

实物期权法十分适用于对不确定性较强的资产或企业进行价值评估，该方法通过跟传统的估值方法相结合扩展了价值评估的视野，使得评估结果更具时代性与精准性。然而，该方法涉及了非常深奥的数学知识而且计算十分繁杂，因而对估值人的数学能力与金融能力的要求特别高。

第三节 实践中常用的估值方法

估值是一个最具挑战性的技术。关于企业的估值，学者与实践者的根本目标是一致的，但在评估方法和手段上还是有一定的不同。学者做估值使用严谨而抽象、复杂的数学模型和大量的数据，并借助软件进行运算；实践者寻求简单而易行的方法和凭借个人日积月累的经验，可能仅需要计算器就解决了估值。无论估值的结果如何，没有对错，因为估值更多的是一门艺术，并不是一成不变的科学，也都不是严格的科学公式，公司的未来无一例外地处于不断变化中，对于如何变化，没有人能预先准确地估计到，我们必须容忍估值中的不确定性。

一、风险投资人的估值思路

风险投资人的投资对象主要是初创期的企业。创业企业的基本特点是市场没有形成，未来有多次融资的需求。风险投资（VC）不仅投资初创企业而且侧重于高科技企业或新兴产业，投资前景风险较大，投 10 个项目，成功的也就是 2 或 3 个项目，所以，风险投资人常采用参股方式投资。风险投资人对创业企业的投资的估值思路主要是以下三点。

（1）掌握初创企业需要的资金量。初创期，起主导地位的是投资人，企业为未来融资而处于被动地位。估值都取决于创业企业需要多少资金，估值仅仅体现投资人用资金交换企业多大的股份。所以，这种情况下的估值并没有反映企业的真正价值。

（2）判断创业企业发展到上市或被并购或投资转让前需要多少轮融资，估计每轮融资的溢价率。

（3）估计投资后再经过若干轮融资后目前所占股份在上市或被并购退出前被稀释到多大比例。这样，投资人就可以回收投资并获得收益。

二、投资前估值和投资后估值

企业价值评估是让创业者最头疼的一件事情，也是投资人最关注的一个问题，没有估值的投资，如同无本之木，注定不能持久。在投融资的商业谈判中，最有争议的问题就是公司的价值为多少。

（一）投资前估值

在创业企业融资中，最受关注的条款就是投资前估值（Pre-Money Valuation），也就是拟被投资企业在把外部融资加入资产负债表前的价值，即投资人在投资之前，企业价值多少。创业者在融资谈判前需要重点考虑：一是我们创办的公司价值多少？这涉及融资的底价确定。二是投资人怎样对公司估值？这涉及投资方的投入额和所占股份额。往往是，创业人对自己的公司产品或服务的发展前景很了解，估值较高；可是，投资人却反向思维，他们不仅仅要看融资企业的未来，更关注的是投资若干年后出售企业或在证券市场上市转售股份时将能获得多少收益，即转让股份的价值。

投资前，一般来讲，投资人对企业的估值应当有一套完善的估值方法。也确实有一些完善的估值方法的理论体系，如前所述的折现现金流法、自由现金流法和剩余收益法和实物期权法等。但事实上，投资人在对拟投企业估值时采用的方法比想象中的简单很多，甚至有时候有些随意，全凭借投资者的经验和行情来判断。最常见的方法主要是投资额度法和博克斯法，此外还有风投专家估值法、风投前估值法等。

1. 投资额度法

投资人的投资都会设置上限和下限。经验表明，下限通常设在 200 万元人民币，上限一般不超过 500 万元人民币。对于单个项目的投资来讲，设置下限的目的在于防止投资失败。因为，融资企业的创始人如果融资要求低于 200 万元，一般情况下表明该企业的前景不明朗，当前急需钱来应急，未来恐有很多不确定性，或者创始人对投资市场并不熟悉而缺乏经验；设置上限主要是未来撤出时能够获利，因为估值过高，投资额较多。一是投资额较大，仅仅投资一家或为数不多的几家企业，不一定划算；二是投资时的初始投资价值与投资退出价值之差决定了投资人的投资收益，尤其是天使投资人在投资期间所投企业不一定获得多少的利润，但如果投资三年至五年后退出时能转售个好价格，投资人就获得较好的收益了。也就是，投资时的企业估值和实际投资越高，投资人最终获得的收益就越低。反之亦然。

2. 博克斯法

这是一种专门评价初创期企业价值的方法。通常，在充分考察了解企业基本情况后，对企业的四个方面做出评价，这四个方面是：创意，商业模式，管理团队和董事会成员。如果这个方面都很好的话，将拟投资额平均分成四份，各占 1/4；如果对其中某一个方面不满意，将减少其份额，并相应增加其他方面的份额。

第一个方面：好的创意，100 万元；

第二个方面：好的商业模式，100 万元；

第三个方面：优秀的管理团队，100 万元到 200 万元；

第四个方面：强大的董事会，100 万元。

【例 8.13】某投资机构准备投资一家新近创立的服务企业，该机构决定投资最大额为 500 万元。根据充分调研和讨论，了解到该机构的创业项目（创意）很好，可得 100 万元；商业模式也很好，可得 100 万元；管理团队尚可，得 70 万元；董事会成员中有一位土豪，拉低了投资比例，得 80 万元。根据评估结果，该投资机构对这家服务公司共投资 350 万元。

博克斯方法简便易行，其优点是将估值建立在非财务因素对创业期企业价值的影响上。

现实中，对于创业期的企业，对于上述的两种投资前估值，无论是天使投资还是风险投资，设置的投资上限在当前的物价水准下一般都是 500 万元人民币。这似乎是一个行业惯例或经验法则。

（二）投资后估值（Post-Money Valuation）

从企业角度看，投资后估值涉及所有股东的权益份额，特别是创业者最初投资的稀释程度；从投资者角度来看，投资后的价值关系到其权益比例及日后的分红或投资转让退出时获得的价值以及在企业的话语权。

投资后估值的方法很多，如上一节所述的各种市场法和收益法。另外，在实际融资时，比例法、各种市场乘数方法也被广泛运用。

1. 比例法

初始创业的企业第一次向外部融资时需要知晓企业的价值，创业者往往过高估计自身价值，其目的是为了获得更多的投资。但投资人特别是天使投资人和 A 轮的风险投资人却不这样认为，其在投资前关心的主要问题如下。

（1）当前的股本投入总额有多少？也即投资前的企业价值。

（2）你对你的企业估了多大的值？以此来初步了解行将投资的上限和下限。

（3）投资后的企业总价值以及所占的比例。

（4）投资后准备在被投资企业资本总额所占的比例。

投资后某投资人要求占企业全部资本一定比例下的资本投入额的公式如下。

投资后的新投资本占总资本一定比例下的新资本投入额

$$= \frac{\text{投资前资本总额} \times \text{某投资人投入资本拟占投入后总资本的比例}}{1 - \text{某投资人投入资本拟占投入后总资本的比例}} \quad (8\text{-}39)$$

【例 8.14】一家新创公司的创始人来到某个天使投资机构准备融资。创始人介绍了公司的项目和基本情况后，这家机构投资经理问了三个问题：第一个问题是你对你们公司的估值是多少呢？创始人回答说 5 000 万元。第二个问题是：你们现有股权资本多少？有没有债务？回答是 2 000 万元，没有债务。第三个问题是你们想让我们至少投入多少资本额？回答是 1 000 万元。听完后投资经理笑了笑说："这样吧，我给你一份投资意向书（Term Sheet），你按照上面的要求给我准备相关的资料和数据并填写后发给我们。"收到融资企业寄来的 Term Sheet 的一周后，天使投资机构的投资经理又约见了这家创业企业的创始人，告诉他："我们看了你的资料，也了解了你的项目，上会经过细致分析和讨论后的结果是这样的：我们可以向你们企业投资 500 万元，投资后占你们公司总投入资本额的 20%份额"。这位创始人听后比较失望，但由于急于筹资，最后还是接受了这 500 万元的天使资本。那么，这家天使投资机构是如何确定其投资额？按照公式（8-39）计算如下。

投资后的新投资本占总资本一定比例下的新资本投入额

$$= \frac{\text{投资前资本总额} \times \text{某投资人投入资本拟占投入后总资本的比例}}{1 - \text{某投资人投入资本拟占投入后总资本的比例}}$$

$$= \frac{2000 \times 20\%}{1 - 20\%} = \frac{400}{0.80} = 500 （万元）$$

该天使投资机构投资后的企业价值为 2 500 万元（即投资前 2 000 万元+ 新增投资 500 万元）。虽然企业的估值没有达到创始人的预期，但还是接受了这 500 万元投资。因为，不仅仅是钱的问题，更重要的是这家天使投资机构在国内的投资界享有盛誉。如果接受投资后给创业企业带来的不仅仅是资金，还能带来良好的声誉和其他意想不到的社会资源。

很多著名的投资人对企业的估值会更简单。如果其看中你们的创业项目，他们根本不管融资方创始人或业主如何估值，直接给定出资额和要求的股权比例，这样就直接确定了创业企业的价值。即公式是：企业价值 = 拟出资额 / 要求的股本比例。

2. 各种市场乘数法

市场乘数法，也称倍数法，是指对一家企业的估值依据净利润、营业收入、现金流量、账面价值等的倍数。这里主要介绍市盈率乘数法、市销率乘数法、经营现金流乘数法和市净率乘数法四种。

（1）市盈率乘数法。

市盈率作为一种乘数，体现为投资人为了每 1 元净利润所愿意支付的价格。所以，可以利用市盈率（PE）模型估算企业的价值。本章的第二节介绍了市场法中的市盈率法，即企业股票或权益的市场价格与每股收益之间的比率，公式为"PE = 每股市场价格/每股收益"。评估企业的权益价值可用公式如下：

被评估企业的每股价值＝参照企业的平均市盈率×被评估企业的每股收益 （8-40）

用市盈率估值涉及以下两个问题。

其一，市盈率有追踪市盈率（Trailing P/E）和未来市盈率（Forward P/E）之分，前者使用当前市值与企业上一财年的净利润相比较得出的比率，因此也称作历史市盈率，后者使用当前市值与当前年度（即未来 12 个月）净利润进行对比得到的比率，也称作预测市盈率。

其二，评估非上市公司运用市盈率乘数估值，必须挑选一个与非上市公司同行业可比或可参照的上市公司，以其股票价格与财务数据（这里为净利润）为依据，计算市盈率，然后以该可比企业的追踪平均市盈率（也可以用未来市盈率）作为乘数来推断被估值企业的价值。当然，投资人是投资一个企业的未来，因此使用未来市盈率是比较合理的，但获得一个比较准确的未来市盈率是很困难的，因为未来变化无常，谁也无法把握。所以，在实践中更多的是使用追踪市盈率。也有一个比较变通的方式，那就是未来市盈率是追踪市盈率的一个折扣。例如，NASDAQ 某个行业的追踪市盈率为 40 倍，则未来市盈率大约是 30 倍左右。

挑选一个企业有类似或尽可能接近的产品或服务的上市公司，其他的重要标准是营业收入、获利能力、现金流量、成长潜力等。如果挑选了一家最好的可比企业，估值时就应当降低被估值企业的市盈率。由于信息披露的程度不同，一个上市公司的价值永远高于一个非上市企业的价值。

【例 8.15】某个新近创业成立的一家小型影视传媒公司准备最近从外部融资，公司创始人对自己的公司运用市盈率乘数法进行估值。有关的财务数据如下：

① 创业板 CSRC 广播、电视、电影和影视录音制作业上市公司 2014 年 12 月 31 日的市盈率数据如表 8-1 所示。

表 8-1　可比的上市公司追踪市盈率

证券名称	追踪市盈率（2014.12.31）
华谊兄弟	46.08
华策影视	47.54
光线传媒	83.72
华录百纳	133.04
新文化	41.35
平均值	70.35
中位数	47.54
最大值	133.04
最小值	41.35

资料来源：根据 WIND 咨询整理。

② 估计的每股收益（预计的明年净利润/预计的投资后总股份数）为 0.40 元，目前

公司无债务，而且近五年内不借款。

③ 本影视传媒公司现在股本为 1 000 万元。

本影视传媒公司根据有关数据以及其他资料，本着谨慎性原则，将可比公司历史的平均市盈率打了 25% 的折扣[①]，得到可比公司的平均市盈率为 42.21（即 70.35×0.75）。按照公式"被评估企业的每股价值＝可比企业的平均市盈率×被评估企业的每股收益"测算的该公司价值如下。

本影视传媒公司估计的每 1 元股权价值 ＝ 42.21 ×（1-0.25）＝ 31.66（元）

估值后，本公司现有股数 1 000 万股（每股 1.00 元），均为创始人自有资本，目前占用总股本数的 100%。本影视传媒公司现准备继续做股本融资，最终放弃 20% 的股权。如果能够按照估计的每股价值 31.66 元，本公司将需要增加多少股数呢？

第一，按照每股估值 31.66 元确定融资前价值：1 000 万股×31.66 元 ＝ 31 660（万元）；

第二，确定 31 660 万元仅为融资后股权份额为 80%，即：融资后总股本×80%＝31 660（万元）。

第三，确定需要增加的融资额。融资后总股本为 39 575 万元（即 31 660/0.80），需要增加的 20% 的融资额为 7 915 万元（39 575×0.20）。

必须指出，利用上市公司的市盈率作为乘数评估企业股权价值，需要事先做的工作有很多。首先，可比较公司是否有负债，会影响到利息费用进而影响到每股收益；变现能力是上市公司与被估值企业之间的重要差别。上市公司具有良好的资产变现能力，而被估值企业相比之下差距较大，而变现能力的不同应当体现在估值中。本例中，只是为了说明利用市盈率法估值的基本思路，现实中仍需要对财务数据做很多的调整。

（2）市销率乘数法。

市销率乘数（PS），是指通过企业产生的营业收入来估计企业的权益或价值。

一般来讲，市销率乘数估值很受企业和投资人的欢迎。原因在于，一是对于低利润或无利润的处于创业成长期的企业来讲，营业收入的数字很容易获得。互联网服务业务公司就是一个较好的例子，早期的互联网服务公司致力于建立品牌和用户数量，营业收入较少或入不敷出，还没有形成良性的商业盈利模式。脸书公司（Facebook）的创业初期，其营业收入比较少，但却拥有大量的不断增长的用户群。与其他估值方法最大的不同，收入乘数法在于估算业务的当前价值，而不是投资者退出的期望值。二是收入乘数很难被人为操纵，但市盈率等依赖于利润的估值方法会受到会计方法的影响如折旧方法、存货计价、研发费用等。三是利润等或其他收益乘数很不稳定，但收入乘数仅依据营业收入，相对稳定，因为利润比价格对经济的变化更加敏感，估值更值得信赖。

但关注收入也有弊端，收入增长过快，或许企业是亏损的，或许现金流出现短缺。有收入，还应有利润和现金流量，这才有价值，才值得投资。

---

① 使用市盈率估值时，投资人往往在最具可比性上市公司的平均追踪市盈率上低估 15%～25%，这种做法似乎是一种惯例。

市销率估值[①]的基本公式如下：

$$市销率 = \frac{股权市场价值}{营业收入} \tag{8-41}$$

式中，股权市场价值可以是某家上市公司全部流通股股权的市场价格，也可以是每股的市场价格；营业收入为某家上市公司总营业收入，或者是每股营业收入。

市销率可以是可比上市公司的各期平均值，也可以根据当期数据计算得出。那么估计的企业权益价值如下公式：

$$企业权益价值 = 预测营业收入 \times 市销率 \tag{8-42}$$

【例 8.16】某个新创立的互联网服务公司，预测明年的营业收入总额为 1 200 万元。该行业可比较的 10 家上市公司最新的市销率平均值为 29.39，那么该企业的估值为：

$$企业权益价值 = 1\,200 \times 29.39 = 35\,268（万元）$$

这个仅仅用预测 1 年的营业收入额和最新的可比公司平均市销率来估值，只是一种对企业所做的短期估值。如果对企业长期价值做出估计，可以用历史的 3～5 年的市销率乘数，营业收入可用对未来 3～5 年的预测额。必须指出，理论上对市销率的估计可以使用股利折现模型包括稳定增长模型和两阶段增长模型等。有关这部分内容，可阅读专门的估值著作。[②]

（3）经营现金流乘数法。

这个乘数是用股票市值除以经营活动现金流量净额，公式是：

$$经营现金流乘数 = \frac{股权市场价值}{经营活动现金流量净额} \tag{8-43}$$

$$企业权益价值 = 某企业经营现金流量净额 \times 可比企业的经营现金乘数 \tag{8-44}$$

（4）市净率乘数法。

如前所述，市净率法（PB）是指公司股权的市场价格与该公司每股净资产之间的比率。与分析市盈率的原理相同，一般来说，公司股票的市净率越低，则该公司股票的投资价值就越高；反之则结论相反。市净率法的基本原理为：

$$被评估企业的每股价值 = 可比企业的平均市净率 \times 被评估企业的每股净资产 \tag{8-45}$$

公式中，每股净资产 = 每股价格/每股净资产账面价值

投资者一般认为市场价格对股权的账面价值在投资分析中非常实用，原因在于，第一，净资产账面价值比较稳定，直接表示投资者的原始投资，而不像其市场价格忽高忽低的波动。第二，如果不同企业使用的会计政策一致，市净率在同业企业之间做估值比较还是比较准确的。第三，利润为负值的企业，适用于使用市净率估值。所以，这个方法广泛适用于固定资产较多企业且账面价值较稳定的周期性较强的行业以及绩效很差和重组性企业的估值。

① 广义的市销率乘数有两种，一种是本章所介绍的应用较多的市销率，另一种是企业价值（即权益市值和负债市值减现金）营收比，在理论上企业价值营收比方法是有更强的内在合理性，但应用起来不如市销率更简便易行，本章不介绍这种方法。

② A. Damodaran, The Dark Side of Valuation: Valuing Young, Distressed, and Complex Businesses 2E, published by Pearson Education, Inc,2010.

三、估值应用

以下运用市盈率法、经营现金乘数法和市净率法举例说明企业的估值。

【例 8.17】表 8-2 列示了两家公司的可比财务数据和股票价格。一家是净隆医疗设备批发公司，该公司 2014 年成立，未上市；另一家是海康医疗设备经销股份有限公司（以下简称海康医疗设备经销公司），上市公司。净隆批发公司资产规模较小，但这两家公司的特点，所处行业，资产构成和成本结构都类似，所以将海康医疗设备经销公司作为可比公司对净隆批发公司的价值进行测算，如表 8-2 所示。

表 8-2　海康医疗设备经销公司和净隆医疗设备批发公司财务数据表

项目	海康医疗设备经销公司	净隆医疗设备批发公司
2015 年财务数据：		
净利润（万元）	12 000	1 060
经营活动现金流量净额（万元）	21 900	1 800
所有者权益账面价值（万元）	95 550	7 800
流通中的股票份数（万股）	15 000	1 000*
每股收益（元）	0.80	1.06
每股现金流（元）	1.46	1.80
每股账面价值（元）	6.37	7.80
2016 年 1 月初市场价格：		
股票价格（元）	19.00	——
乘数：		
市盈率（倍）	23.75	——
经营现金流乘数（倍）	13.01	——
市净率（倍）	2.98	——

注：*表示净隆医疗设备批发公司是非上市公司，为了计算每股价值根据其资本金确定股份数，即每股 1 元，其余列入资本公积。

在表 8-2 中，2015 年财务数据均来自 2015 年的财务报表，而测算的各个乘数比率都取决于海康医疗设备经销公司的每股市场价格，其股票价格决定于二级证券市场。因此，表中的三个乘数即市场法的市盈率、经营现金流乘数和市净率的三个比率计算如下：

市盈率=股票价格/每股收益 = 19/0.8 = 23.75（倍），表明 2016 年 1 月初的股票价格是海康医疗设备经销公司最近每股收益的 23.75 倍（0.8×23.75=19 元）。

经营现金流乘数=股票价格/每股现金流 = 19/1.46 = 13.01（倍），表明海康医疗设备经销公司 2016 年初的股票交易是其每股现金流的 13.01 倍（1.46×13.01=19 元）。

市净率=股票价格/每股账面价值 = 19/6.37 = 2.98（倍），表明海康医疗设备经销公司 2016 年初的股票交易价格是公司最近每股账面价值的 2.98 倍（2.98×6.37=19 元）。

上述的这些市场乘数都是根据公司历史的利润、经营现金流和账面价值测算的。当然，也可以使用预测的利润、现金流量和账面价值来计算公司的预期的市场乘数。

根据上面计算的可比公司即海康医疗设备经销公司的市盈率、经营现金流乘数和市净率估计净隆医疗设备批发公司的权益价值，如下所示。

基于市盈率的净隆医疗设备批发公司估值 ＝ 净隆医疗设备批发公司净利润×海康医疗设备经销公司的市盈率 ＝ 1 060 × 23.75 ＝ 25 175（万元）

基于经营现金流乘数的净隆医疗设备批发公司估值 ＝ 净隆医疗设备批发公司的经营活动现金流量净额×海康医疗设备经销公司的经营现金流乘数 ＝ 1 800 × 13.01 ＝ 23 418（万元）。

基于市净率的净隆医疗设备批发公司估值 ＝ 净隆医疗设备批发公司的权益账面价值×海康医疗设备经销公司的市净率 ＝ 7 800 × 2.98 ＝ 23 244（万元）

根据海康医疗设备经销公司的三个乘数估算出净隆医疗设备批发公司权益的三个价值。最大值是 25 175 万元，最小值是 23 244 万元，极差 1 931 万元。最大估计值比最小估计值大 8.3%，这个偏差还是很小的，应该是一个比较合理的估计，其权益价值应当在 23 244 万元到 25 175 万元之间。假如净隆医疗设备批发公司是上市公司的话，估计的市场流通中的股票份数为 1 000 万股，那么根据权益估值，其每股价格在 23.24 元到 25.18 元之间。

本章小结

本章介绍了创业企业估值的基本方法和现实中常用的几种估值方法。本章的内容对希望了解投资价值的投资者来说是很重要的。当然，对创业企业的财务负责人来讲，资产估价知识也同等重要，因为公司所有重要的决策都应先分析其对公司价值的影响。

（1）任何资产的价值都可以通过计算资产预期产生的现金流量的现值来获得。

（2）在评估一个投资及投资回报时常用到的是货币时间价值（TVM）的概念。深入和清晰地理解货币时间价值和由其引起的估值问题是非常重要的。

（3）折现率由三个因素组成：无风险报酬率、通货膨胀增溢和风险增溢。人们经常用银行存款的年利率作为计算时间价值的折现率。

（4）复利是确定现金流量或一系列现金流量终值或将来值的过程。已复利金额，即终值，等于期初金额加上利息所得。终值：$FV_n = PV(1+k)^n$

（5）折现是获得一未来现金流量或一系列现金流量的现值的过程；折现是复利的逆过程或者相反过程。

$$现值（单一支付）：PV = FV_n \left[\frac{1}{(1+k)^n} \right]$$

（6）现值即复利终值的对称概念，是指未来某一时间的特定金额的货币按照复利计息方式所对应的当前价值，或者说为了获得将来一定的本金和利息目前所需要的本金。

（7）年金是指在一定时期内，等额的、定期的（年、季、月）现金流量。年金概念的核心在于：一是相等的时间间隔，二是金额相同。年金分为普通年金、预付年金和永续年金等。

（8）在理论上，估值的方法有很多，通常分为四个类别：成本法、市场法、收益法和实物期权法。

（9）成本法是以企业资产负债表上各项资产和负债为基础的评估企业价值的方法。公式为：资产价值 = 资产的重置（重建）成本 - 资产综合贬值。

（10）市场法是以市场交易价格为基础进行估值的方法，主要包括市盈率法（PE）、市净率法（PB）、市销率法（PS）和市盈增长率法（PEG）。

（11）收益法是依据企业预期收益的现值之和来确定被评估企业的价值的方法。主要包括折现现金流法（DCF）、股权自由现金流法（FCFE）以及剩余收益法（RI）。

（12）实物期权法使用期权定价模型对企业进行价值评估，主要包括二叉树模型和布莱克—斯科尔斯（B-S）模型。

（13）现实中常用的方法分为投资前估值方法和投资后估值方法两类：投资前估值有很多，但常用的是投资额度法和博克斯法；投资后估值的主要工具是各类乘数法如市盈率乘数法、市销率乘数法、经营现金流乘数法和市净率乘数法等。

（14）总结一下各种权益估值方法如下图所示。

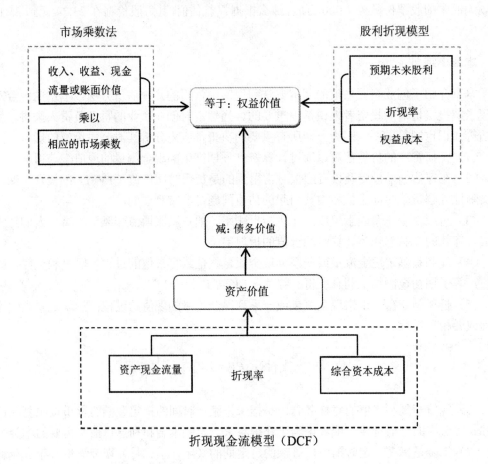

思考题

1. 什么是折现？折现与复利有何关系？

2. 当时间不断延长且利率不断上升时，将在未来收到的一笔钱的现值如何变化？

3. 普通年金与先付年金之间的区别是什么？

4. 为了确定先付年金，如何修正用于确定普通年金价值的公式？

5. 其他变量都相同的情况下，哪种年金的将来值较大，普通年金还是先付年金？为什么？

6. 在其他条件不变的前提下，资产的预期现金流量如何影响其价值？如果必要报酬率上升呢？

7. 为什么成本法不适用于初创企业的估值？

8. 为什么市盈率法和市净率法在企业价值评估中得到广泛的应用？

9. 市净率法对企业估值的缺陷有哪些？

10. 在收益法中，为什么折现现金流法使用最广泛？

11. 风险投资人的一般估值思路是什么？

12. 我国创业投资比较常用的估值方法有哪些？试进行比较。

第九章　创业企业融资管理和债务融资

第一节　创业企业融资概述

一、企业融资及生命周期

资金如同企业的血液。要创业并把企业做强做大，资金是企业生存和发展的最重要的推动力，对创业企业尤为重要。多数创业者都是年轻人，他们对提出的创意及其项目都显得非常兴奋。钱是创业的资本，最初，创业企业的资金主要来自家庭或个人积蓄，或者通过大赛获奖得到一笔资助。但这毕竟是少数，多数创业者都会遇到融资瓶颈。但随着我国经济的快速发展以及国家乃至各地区各级政府对创业的重视，融资难的问题正在逐步得到解决。除了银行等金融机构信贷外，天使投资、风险投资、创业基金支持、融资租赁等都是不错的资金来源。

大多数创业企业都是小规模和单一经营内容的小微企业，创业的目的是为了改善自己的生活水平。但对于衣食无忧的创业者或许是另一个目的，这就是关注企业的成长和成功，以此提升个人的知名度和价值，而不仅仅追求个人回报。这样的创业者会付出很大的精力获取融资，让企业发展起来。

融资（Financing），也称筹资或筹款，最常见的解释是有关为获得资产而筹集货币的活动。几乎所有人都已听到过人们要去为购买一辆轿车或一套房屋去筹资。当他们说筹款时，通常意味着他们将去银行为购置这个东西去借款。

这个词在商业上也类似地使用。当企业为购置资产去筹资货币时，意思是企业为资产融资。企业通过借款、出售股票或利用他们已经赚得的利润为资产融资。近年来，许多资产通过租赁取得，我们称之为租赁融资。

当筹资货币创立企业或进行扩张时，则是为公司自身融资。这样的钱能来自借款或来自出售股票。企业借得的货币，被称为企业债务融资。企业的货币来自股权出售，称作权益融资。权益意指用所有者自身的钱融资。

一个新创企业，无法对其整个的生命周期各个阶段做出判断。但是企业都会有各自的发展阶段，从无到有，经历起步、成长、高速发展和衰退。在企业发展的过程中，有些企业资产的增长较快，收入增长也较快，但还有很多企业发展缓慢，长期亏损。而且，不同行业的企业，不同经营内容和经营及管理方式的企业，其寿命期也会有差异。一般来说，一个企业的发展至少有四个阶段，它们是：引入及初创期、成长期、成熟期和衰退期，如图 9-1 所示。

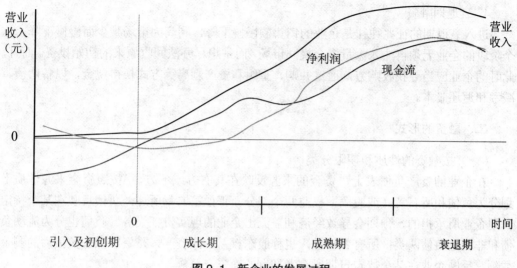

图 9-1　新企业的发展过程

1. 引入及初创期融资

引入及初创期即创业期阶段，创业人开始将创业项目投入运作，企业基本没有多少营业收入，成本费用开支很大，净利润是负的，而且现金流量支出巨大，资金缺口很大。此时的企业生产和经营规模很小，市场处在培育阶段，管理经验很少。商业银行和较大的投资机构通常不考虑投资，因为企业的经营风险较大。创业资金的绝大部分来自私募资金一般是个人积蓄、私人借款和天使投资。随着创业的推进，营业收入也慢慢增长，一些机构投资和商业银行开始关注企业，有的做了部分投资和贷款。

2. 成长期融资

过了创业初期的资金短缺阶段，初期的后半部企业的销售渐渐有了起色，逐步进入了成长期。虽然创业初期和成长期之间没有明显的分界线，但企业进入成长期，产品在市场上慢慢地站稳脚跟，企业的客户数量在日益增加，营业收入稳步增长，企业开始有了利润。但此时的现金开支仍然较大，特别是固定资产投资支出较多，致使现金流量仍为负数。当企业步入成长期中段，市场规模迅速扩大。此时，不仅企业需要更多的融资，而且众多风险投资人看好企业的发展前景，纷纷投资入股，而且商业银行也愿意贷款给这些企业。成长后期企业一般都有较多的融资选择，如进行多轮的股权融资、上市融资、做一些中长期银行借款等。

3. 成熟期融资

成熟期的特点是企业的产品或服务占有了相当大的市场份额而且增长稳定，营业收入仍在快速增长，其增长与宏观经济的增长基本一致。而且缴纳的所得税额较多，税后利润也十分丰厚，此时企业产生大量的正现金流量。成熟阶段，企业通常开始调整财务政策，一是选择更加激进的财务政策，如借入更多的短期贷款，更多的利用延迟支付供货商的货款，贸易信贷等；二是更多的利用债务，如发行公司债，从商业银行取得中长期贷款，利用长期负债调整资本结构，让企业通过经营所产生的利润更多地给予股东报酬。

4. 衰退期融资

进入衰退期的征兆往往是企业的销售额慢慢下降，利润因市场减少而慢慢下降。这个阶段的企业无须再注入大量资金挽回市场，而是想尽办法回收原来的初始投资。而且，此时的企业应当寻找收购方，通过并购、重组和资产剥离等方式换得现金，以备偿债、减亏和返还股本。

二、融资的形式

（一）按融资的性质和期限分类

在企业的资产负债表上，资金的来源反映在其右方或下方。[①]按照资金来源性质上划分为负债和所有者（或股东）权益两个部分。正如第二章所述，负债反映在某个特定日期企业所承担的、预期会导致经济利益流出企业的现实责任义务。负债也分为流动负债和非流动负债两类；所有者权益，也称股东权益，净资产，是资产减去负债后的剩余数额，反映企业在某个特定日期所有者拥有的净资产总额。

负债按照是否有利息费用，分为带息负债和不带息负债两种。商业银行的短期和长期借款都是带利息支付的债务，属于企业直接的债务融资。但像应付账款、其他应付款、应交税费、应付职工薪酬和各项应计费用以及长期应付款、其他流动负债和非流动负债等都属于不带息的负债项目，其中，应付账款、应交税费、应付职工薪酬、应付利息和应计费用等与企业经营活动有密切关系的项目，它们一般都随着营业收入的增减幅度而发生增减变化，因此在财务上又称为自动生成流动负债。

所有者权益包括实收资本或股本、资本公积、盈余公积（含公益金）和未分配利润等项目。实收资本或股本以及一部分资本公积是企业直接从股权投资人那里融得的资金，盈余公积和未分配利润是企业从税后利润中留下的用于生产经营的追加资金，统称为留存收益。

在企业的创业初期，企业的融资主要来自所有者的直接投资，包括创业者自己和亲属、朋友投资的资本，天使投资人以及其他机构等投入的资本，随着企业的发展成长，通过多轮融资，更多的投资人如信托投资公司、投资基金、投资银行等对企业进行投资，他们的投资列入在资产负债表上所有者权益下的实收资本和资本公积项目。在创业初期，营业收入少而各项费用开支大，没有利润，所以，也没有内部积累用于经营追加的资金产生。企业进入成长期和成熟期，企业的利润增长加快，也有更多的税后利润留在企业内以追加到生产经营过程中用于扩大或保持资产的规模。

以上按性质划分的负债和所有者权益，负债中的带利息负债即债务和所有者权益中的实收资本或股本、部分资本公积和留存收益都是企业主动的融资项目，如图 9-2 所示。

---

① 资产负债表有两种格式，一是左右结构，二是上下结构。

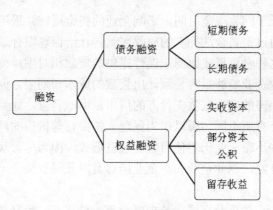

图 9-2 创业企业融资性质

（二）按融资方式分类

融资方式也就是企业筹资所采取的具体形式。融资的具体形式很多，创业企业和小微企业常见的融资形式主要有银行贷款、委托贷款、产权交易、股权出让、增资扩股、保理融资、融资租赁、补偿贸易融资等。

1. 银行贷款

这是企业最主要的融资渠道而且多为中短期贷款，创业企业和小微企业的银行贷款多为流动资金贷款，包括临时的 3 个月至 1 年的短期贷款和 1 年至 3 年的中期贷款。按照贷款方式，有担保贷款和信用贷款两种。

2. 委托贷款

委托贷款是投资人作为委托人在受托的商业银行为投资项目专设一个账户，并转入投资款，委托银行给被投资企业。受托银行根据委托人确定的贷款对象、用途、金额、期限、利率等代为发放、监督使用并协助收回的贷款业务。受托的银行只收取手续费用，按期代收利息和追还本金，不承担贷款风险。

3. 产权交易

产权交易是除上市公司股份转让以外的企业产权转让形式，是资产拥有者有偿转让其资产的所有权和经营权的一种经济行为。产权交易还可以分产权折价交易、溢价交易和平价交易。

4. 股权出让和增资扩股

由于创业伊始和成长的需要，创业企业和小企业的资金经常处于短缺状态，因此，企业采取多的融资方式是出让部分股权以换得所需要的资金。采取股权出让方式融资往往也是一种无奈的选择，一是引入新股东会稀释原有股东的股权，二是公司创始人和原有的大股东必须小心谨慎，避免失去对企业控制权。

增资扩股融资与股权出让融资类似，但从形式上看，增资扩股不仅包括通过股权转让形式增加股本资金，而且还包括从企业内部取得权益资金形式，如内部职工集资、资本公积转增股本等。

5. 应收账款融资

创业企业在开发市场的过程中，为了扩大销售往往采取赊销形式，但由此会增加企业的应收账款，延长了回收现金时间，影响企业的资金周转。采用应收账款抵押或保理融资形式，是企业通过销售合法拥有的应收账款转让给保理银行或其他保理商，从而获得相应的融资。但这种融资形式比商业银行提供的贷款相对困难得多。一般而言，通过银行信贷融资，创业企业能够很容易预计出贷款的成本和期限。但保理融资需要保理银行或机构必须对所保理的应收账款支付方的信用做尽职调查，而且同一企业不同时期的财务状况和信用都会有所不同，所以作为保理人的银行等机构的风险较大。尽管如此，很多创业企业和一些小微企业仍然使用保理融资形式，因为尽管其成本较高，但如果购货方信用一直保持良好，创业企业和小企业能够及时获得资金。

6. 融资租赁

对于创业企业和小微企业来讲，缺少资金是一种常态，特别是重资产型的小企业，缺少资金就无法购买生产加工设备。那么采用融资租赁方式不失为一种很好的融资兼融物的方式。融资租赁，是指出租人根据承租人即融资企业对物件和供货人的选择，向供货人购买租赁物件提供给承租人使用，承租人支付租金。租赁期限结束后，一般由承租人以象征性的价格购买租赁物件，租赁物件的所有权由出租人转移到承租人。

7. 补偿贸易融资

它既是一种贸易方式也是一种利用外部资金的形式。补偿贸易的主要特点是：创业企业或小企业作为买方以赊购形式从卖方即供货方购进机器设备、技术知识等，并且建造工厂和安装设备等，投产后以所生产的全部产品、部分产品或双方商定的其他商品，在一定期限内，逐步偿还设备等的本金和利息。

除了上述的创业企业和小微企业比较常用的融资方式外，还有资产信托融资、股权质押融资和项目融资等形式。

第二节　创业企业的风险与杠杆

很多创业人常常说自己是靠自有资本来经营自己的公司的，这意思是说企业的成长和发展必须靠充足的自有资本。然而，学更多的财务知识就会知道，企业要想发展壮大不仅仅需要有足够的自有资本还应当筹得相当的债务和签署类似于债务的合同（如租赁）来支持日常的运营和规模的扩充。

一、风险与杠杆

关于风险，本书在第五章已做了一定的讨论，但是从企业编制财务计划的角度论述的。本章将从企业的经营和融资之间关系的角度再次对风险的有关问题做具体分析。

（一）经营风险和经营杠杆

企业从事经营活动都存在一定的风险，经营风险也称为商业风险，即生产经营中的风险，具体说，是企业在未利用负债筹资的情况下，未来息税前利润[①]所含有的不确定性。经营风险无论在不同行业的企业之间，还是在同一行业内各个企业之间以及一个企

---

① 息税前利润，也称经营利润，是指支付利息和交纳所得税前利润的简称，用英文大写字母表示为 EBIT。

业的不同时期，均有一定的差别。

一般而言，引致经营风险的因素主要有以下几个。

1. 市场需求的变动

市场需求变动是指产品或服务在市场上销售或提供水平的变化。在其他情况不变的条件下，市场对企业所提供的产品或服务的需求越稳定，企业的经营风险就越低；否则，需求不稳定，势必对企业的经营以及资产成本的补偿和报酬产生不利影响。

2. 价格的变动

价格包括产品或服务的售价和投入品价格两种。企业产品或服务的销售价格经常发生上升和下降变化，这在某种程度上说明企业的核心竞争力不足，经营风险较高。而一个企业的产品或服务价格在市场竞争环境中越稳定，其经营风险就越低，其成本补偿和获利的可靠性就越高。投入品是指企业制造产品所需要的原材料、人工成本和其他投入等。如果一家企业需要的投入品价格很不稳定，如原材料采购成本忽高忽低，则该企业就存在较高的经营风险。

3. 产品或服务价格的调整能力

这是指企业是否有能力根据投入品价格的变动而对其产品或服务的售价进行相应的调整，以保持企业的获利能力。有些企业很难根据投入品价格的上涨而相应提高其产品或服务的售价，这样的企业就有较大的经营风险。一个企业调整产品或服务售价的能力越强，它的经营风险就越低。

4. 固定经营成本的大小

固定经营成本是指在一定的经营水平下，总额不随销售数量变化而变化的成本，如折旧费、保险费、固定的广告支出等。当企业的产品或服务的市场需求下降而低于原先的预计水平，固定经营成本总额并不会由此而减少，但由此增加了企业的经营风险。因为一旦经济不景气或经营不善，较低的经营收入不能满足企业既定的利润目标要求甚至无法补偿固定经营成本而出现亏损。所以，一个企业的固定经营成本比其他企业固定经营成本多，那么它的经营风险就必然高于其他企业。

上述的这些因素都具有一定的行业特征，因此，从某种程度上讲，经营风险属于非系统风险范畴。企业通过有效管理能将它控制在一定范围内。例如，公司通过实施营销政策、采取必要的行动来稳定销售量和售价；再如，公司与员工签署长期合同以及与供货方签订长期的材料供应合同，以减少投入品价格变化对生产成本的冲击。

在以上各个因素中，固定经营成本的不可改变性决定了它是影响经营风险大小的最重要的因素。正如第五章所述，企业的成本结构中有固定经营成本时，就有了经营杠杆。只要企业利用经营杠杆，就有一定的经营风险，这意味着固定经营成本的存在对经营收入进而对经营利润产生影响。如果企业的固定经营成本很高，即使是销售发生一个很小的下降，也将会导致经营利润出现大幅度减少。在其他条件不变的前提下，一个企业的固定经营成本越高，经营风险就越大。如果一个企业有很高比例的固定经营成本，企业就具有很高的经营杠杆程度。

（二）财务风险和财务杠杆

经营风险是指企业没有举借任何债务时经营中存在的风险。而一旦企业举借债务，就会又增添了一些风险，这就是财务风险。所谓财务风险，是指企业利用债务资本而给所有者（一般指普通股股东）额外增加的风险。从概念上理解，企业在经营过程中均存在一定量的经营风险。而企业一旦运用债务，就将这大部分甚至全部的经营风险集中到普通股东的身上。例如，有 10 个人共同出资组建了一家公司，每个人的股份为 1 / 10。公司的生产经营有一定的风险，每位股东承担相同份额的风险。但是，假如公司的资本由 50% 负债和 50% 股东权益组成时，此时仅有 5 位股东，他们必须承担公司的全部经营风险。与 10 个人承担的风险相比，5 位股东的每个人均承担双倍的风险。所以，公司利用债务融资，会把经营风险都集中到现有股东的身上。

企业负债额的大小决定着财务风险的高低。第七章已指出，企业利用的固定费用资金称为财务杠杆。固定费用资金通常指负债，在股份有限公司还包括优先股票。企业存在经营杠杆，意味着销售的变化将对经营利润产生一定的影响。若有负债就有了财务杠杆，则预示着经营利润的变化将对每股收益或净资产收益率（ROE）产生一定的影响。

假如上述的 10 个人共同出资 200 万元组建了一家公司，每个人出资 10%，即 20 万元，每个人承担 1 / 10 的经营风险，预期的息税前利润（EBIT）为 40 万元。

在这种情况下，由于企业没有任何负债，资产报酬率（ROA）[1]为 20%。其计算如下：

$$ROA = \frac{EBIT}{全部资产} \times 100\%$$

$$= \frac{400\,000}{2\,000\,000} \times 100\%$$

$$= 20\%$$

由于没有负债，资产等于所有者权益，此时，净资产收益率就等于资产报酬率，即 ROE = ROA，所有者权益与资产的风险几乎相等。

现继续假设，该公司准备从银行取得 100 万元长期借款，利率为 15%，以取代 5 位投资人退出的资本。此时，资产报酬率不会发生变化，仍为 20%，而净资产收益率却从无负债的 20% 提高到 25%。计算过程如表 9-1 所示。

表 9-1 预期 ROE

项目	金额（元）
预期的 EBIT（未发生变化）	400 000
减：利息（1 000 000 元负债，利率为 15%）	150 000
可增加所有者权益的利润（假设税率为零）	250 000
预期 ROE（＝250 000 / 1 000 000）	25%

由于运用财务杠杆，该公司提高了净资产收益率。

然而，财务杠杆也会降低净资产收益率。现继续假设，实际的 EBIT 为 20 万元而不

---

[1] 本章提及的资产报酬率 ROA 指标，其内容与第三章财务报表分析中讲述的 ROA 略有不同。因为本章是为了讨论负债对股东权益报酬的影响，而不是为了财务报表信息的利用。

是原预期的 40 万元。表 9-2 说明在零负债和 10 万元负债两种情形下的实际所有者权益收益率变化。

表 9-2 实际 ROE

项目		零负债	10 万元负债
实际的 EBIT		200 000	200 000
减：利息（利率为 15%）		0	150 000
可增加所有者权益的利润（假设税率为零）		200 000	50 000
实际 ROE	200 000 / 2 000 000	10%	
	50 000 / 1 000 000		5%

表 9-2 的计算结果表明，实际的息税前利润为 20 万元，在没有任何负债的情形下，实际 ROE 从预期的 20% 降至 10%；如果该公司已经举债 100 万元，那么实际的 ROE 就从 25% 跌到 5%。图 9-3 表明无负债和有负债的 ROE 与 ROA 的关系。

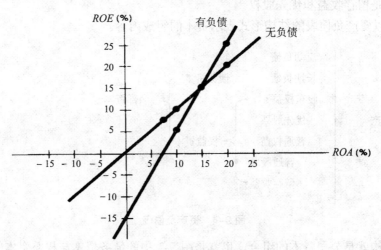

图 9-3 ROE 与 ROA 的关系图

从图 9-3 可以十分清楚地看到，在无负债的情形下，ROE = 20%，ROA = 20%；当 ROA 降至 10%，ROE 也降至 10%，但是在有 100 万元负债的情形下，ROA 为 20% 是可以产生 25% 的 ROE；而 ROA 从 20% 跌至 10% 时，ROE 会骤然降到 5%。由此可见，公司运用财务杠杆，使 ROE 对 EBIT 或 ROA 的变化十分敏感，即有了财务风险。

通过以上简单分析可以了解，企业由单一的股权融资结构改为既有股权资本又有债务资本的融资结构时，一般会提高净资产收益率，因举借债务而使用了财务杠杆，必然加大了股东的风险。

总之，企业运用经营杠杆会存在经营风险，使用财务杠杆不仅使股东承受经营风险还要承担额外的财务风险。然而有效运用经营杠杆可以提高经营利润，而充分发挥财务杠杆的作用又能增加所有者的收益或提高每股收益。

二、影响资本结构的因素

如上所述，企业的资本通常是指长期资金。在资产负债表的右方，除了流动负债之外，其余的所有项目都是资本的来源。全部资本可分为两个基本类别：一是债务资本即长期负债，二是权益资本即所有者权益或股东权益。

债务资本包括企业发生的所有长期借款，如企业发行的长期债券，从金融机构取得的长期贷款等。从企业的角度讲，债务成本比其他融资的形式成本要低很多；而在各种长期资本供应者中，提供借款的贷款机构的风险是最低的，这是因为：①他们对企业可供支付的盈利或资产拥有较高的优先求偿权；②与优先股股东和普通股股东相比，债权人可以向企业施加强大的法律压力以要求其付款；③利息付款的可抵税作用能大大降低企业负债成本，从而使贷款机构可以更容易发放贷款。

权益资本由公司的所有者即股东提供的长期资金所组成。与必须在限定的未来日期偿还的借入资金不同，权益资本可预计无限期地保留在企业内。权益资本有两个基本来源：①优先股权；②普通股权，包括投入资本和留存收益。普通股权的成本是最高的，其后的顺序是留存收益和优先股权。

图 9-4 以资产负债表的结构形式表示资本的组成内容。

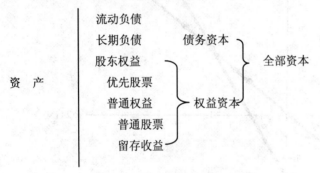

图 9-4　资产负债表

资本结构就是公司资本的组合，也就是图 9-3 中的债务资本与权益资本的构成。企业财务经理为了最大限度提高企业价值，应当规划并决策出一个长期债务资本和权益资本的最优组合即确定最优的资本结构。企业财务经理所面对的一个最错综复杂的问题是选择一个最优的资本结构。让资本结构达到最优，其目的在于使风险与报酬保持一种均衡，进而能最大限度地增加企业的价值。然而在现实中，企业很难决策出一个最优的资本结构，但是可以建立一个目标资本结构，并以此作为融资决策的依据。如果实际的负债比率低于目标资本结构，企业应通过举借债务增加资本；而如果债务比率高于目标资本结构，应发行股票筹集资本，从而尽可能地使实际的资本结构与目标保持一致。

应当说明的是，从概念上讲，资本结构与财务结构有一定差别，财务结构也称作融资结构，是由企业的长期、短期负债和所有者权益组成，是资产负债表右方（负债及所有者权益）所有项目的组合结构。①财务结构和资本结构的关系可表示为"财务结构 – 流动负债 ＝ 资本结构"。

二者关系如图 9-5 所示。

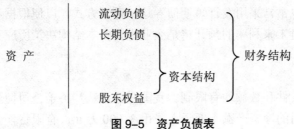

图 9–5 资产负债表

三、影响资本结构决策的主要因素

企业对目标资本结构进行决策就是制定一个资本结构政策，其内容主要涉及企业如何权衡风险和报酬，即：

其一，举借较多的债务而运用财务杠杆会增加盈利流量的风险；

其二，较高的负债比率一般能提高预期报酬率。

我们知道，与高负债相关的高风险趋于降低股票价格，然而较高的报酬率又能增强对投资者的吸引力。因此，最优资本结构是在风险和报酬之间达到平衡以使股票价格最大的结构。影响资本结构决策的主要因素如下。

1. 企业的经营风险

经营风险是在企业不利用债务资本的情况下暗含在经营中的风险。一般而言，企业的经营风险越大，资本结构中的债务额就应当越小。

2. 企业的纳税状况

利用债务的一个主要原因在于利息是抵减税金的项目，它能降低债务的实际成本。

3. 企业财务的机动性

财务机动性是指在不利的环境中，企业按照合理的条件筹集资本的能力。资本的稳定供应对于公司当前经营的正常运行和长期发展是至关重要的。一个公司有着稳定的财务状况和良好的业绩就能证明其具备一定的偿债支付能力,特别是在货币紧缩的条件下，企业财务仍能保持稳定，外界的资本供给者就愿意向其提供资金，而企业就能在更有利的条件下筹得所需资金。

4. 企业的规模

一般来讲，企业规模的大小与资产价值的多少相关联。企业规模较大，资产较多，比规模较小和资产较少的公司更容易取得外界的信任而获得借款。规模小的公司、新设立的公司和创立初期的公司一般适合更多地发行股票筹集资本，而成立已久处于发展中的企业，其资产日益增多而且盈利稳定，更能取得外界的信任，无论举借债务还是发售新股，均能够顺利地取得资金。

---

① 融资结构常指企业融资的具体构成，包括短期融资和长期融资，也就是资产负债表中负债与所有者权益的具体项目。在理论上，负债与所有者权益的构成又称为财务结构。

5．利率的变化

当市场利率变化较大，会直接影响企业债券的发行价格，从而影响企业在市场上的融资行为。如果市场利率偏高，企业一般选择发行股票融资；如果利率的变化时高时低，公司即使发行债券，也常常采用发行短期债券这一融资方式，以便根据利率变化情况及时更替债券。所以，对未来利率的预计将是企业进行资本结构决策所应考虑的主要因素之一。

6．政府的法规

政府对企业筹资条件和数额均有限制。我国《公司法》关于公司债券的发行有明确规定，如股份有限公司的净资产额不低于人民币 3 000 万元，有限责任公司的净资产额不低于人民币 6 000 万元时才能发行公司债券；而累计债券总额达到或超过公司净资产额的 40%时，不得发行债券。此外，《证券法》对发行证券融资也都有明文规定。这些法规均影响着企业资本结构的决策。

除上述几个因素外，企业管理层的经营战略、股东对其控制权的要求、投资者的行为和经济环境的变化等也都是进行资本结构决策所要考虑的重要因素。

第三节　短期负债融资

对于新创立的企业来说，获得股本资金是其立足的前提和根本；但对于成长中的企业来讲，获得债务融资是其快速发展的一条必由之路。没有一家小企业或成长中企业是在无负债的环境下生存和发展起来的。大多数企业都可以从商业银行、亲朋好友和其他信贷机构获得一定数额的借款，但借多少钱合适，主要看借款的本金多少、偿还期限长短和借款的利息率大小。企业筹集债务资金，从期限上划分，有短期资金和长期资金。而短期资金来源又可以分为自发性融资、短期银行借款和其他短期融资等。

一、自发性融资

企业的自发性融资或称自动生成资金是指随销售的增长而同比例增加的流动负债，包括商业信用和各种有关的应计费用项目等。

（一）商业信用

1．商业信用的形式

商业信用是指买方以延期付款方式或卖方以预收账款方式而获得的一笔暂时可直接支配的资金的一种借贷关系。新创立企业一般很难通过商业信用形式获得融资，但过了初始创业期和成长中的小企业在市场上有了较好的信誉，市场地位日益上升，商业信用融资就不是问题了，那么通过应付账款和预收账款等就能够不断地支持着企业的正常运营。在制造业和商品流通业，商业信用通常占流动负债的 40%左右。

企业利用的商业信用融资，一般有以下几种形式。

（1）应付账款。赊购是企业最普遍、最典型的一种商业信用。在赊购方式下，赊购方收到商品或接受服务后并不立即付款，形成一笔应付账款，以延迟付款的期限。应付账款随企业的赊购而自发产生。在不影响企业的商业信用、信誉和在合理、合法的条件下，延期付款的时间越长，赊购商品的企业从中利用的资金就会越多。

（2）应付票据。应付票据是公司根据购销合同进行延期付款的商品交易而签发和承兑的商业汇票，包括商业承兑汇票和银行承兑汇票两种。对于购货方来讲，应付票据类似于应付账款，不同之处主要在于它将所欠货款以票据形式确定下来。

（3）预收账款。采用预收账款这种信用形式，销货方预先向购货方收取一部分或全部货款，而将商品推迟到以后某个时间交付。销售方利用预收账款购买材料和支付各项开支，实际上这为销货方提供了一笔借款。在商品短缺的卖方市场环境下，预收货款的交易方式十分普遍。

2. 商业信用的成本分析

从购货方来讲，合理地利用商业信用购货，可以自动融通相当数额的资金。例如，一家公司每日平均购货额为 1 000 元，均在发票日后推迟 30 天付款，那么该公司平均赊欠供货商的货款为 30 000 元，即：

平均赊欠货款 = 30 天 × 1 000 元/天 = 30 000（元）

如果购货增加 1 倍，达到每天 2 000 元，则该公司平均赊欠供货商的货款也相应提高一倍，即：

平均赊欠货款 = 30 天 × 2 000 元/天 = 60 000（元）

这样，该公司通过增加赊购量而自动取得额外的 30 000 元（即 60 000 - 30 000）资金。

假如公司每日平均赊货量不变，但延长付款期，同样也会增加融资额。如果该公司平均赊欠供货商的货款为 30 000 元，而付款日从推迟 30 天增加到 40 天，由此应付账款从 30 000 元增加到 40 000 元，即：

平均赊欠货款 = 40 天 × 1 000 元/天 = 40 000（元）

由此可见，采用商业信用无论是扩大赊购量还是延长付款期，均能形成额外的短期资金来源。

从销货方来看，进行赊销的企业向购货方销货时一般要提出一定的信用条件。信用条件包括信用期限和现金折扣两项内容。信用条件往往在销货发票上直接表示出来，如在发票上注明"2/10，n/30"字样，表示客户在购货出票日起 10 天内付款，可以享受 2%的价格优惠；若 10 天后 30 天内付款，客户就丧失 2%折扣优惠，须按发票上载明的全部价格付款。

由于存在现金折扣，赊购方可以在规定的折扣期限内付款而获得价格优惠。我们可以把在折扣期内所支付价格视作真实价格，即发票上标出的价格减去现金折扣后的净价格，它是购货方的真实购货成本。但是，购买方超过折扣期限付款所多支付的价格，也就是丧失的现金折扣金额，它实际上是为了获得这笔商业信用资金延长付款期所付出的费用。所以，在发票上标出的价格由两项内容组成：真实价格和融资费用，用公式表示如下：

标价 = 真实价格 + 融资费用

在某个特定时期内（如 1 年），购货的公司持续利用某个信用条件，放弃现金折扣获得信用资金的成本的计算公式如下：

$$放弃现金\atop折扣成本率 = \frac{折扣率}{1-折扣率} \times \frac{360}{规定付款期-折扣期}$$

在上面的公式中，等号右边的第一个分式表示超过折扣期的信用期内，利用商业信用融资的成本率；第二个分子则表示在 1 年内（全年按 360 天计算）持续利用这一信用条件的情况下，该成本率发生的次数。

【例 9.1】信通公司经销的某品牌移动电话的电池在华东地区十分畅销。该移动电话的电池每块标价为 100 元，该公司的唯一供货商是恒久公司。信通公司平均每年（360天）从恒久公司购入 72 000 块电池，而恒久公司向信通公司销售电池所提供的信用条件是：2/10，n/30。

现对购货方——信通公司赊购该种电池的成本进行分析。

（1）电池的价格构成。根据恒久公司提供的信用条件"2/10，n/30"和电池的单位标价 100 元，信通公司赊购一块电池的真实成本即净价格为标价的 98%，即 98 元。如果信通公司准备在 10 天折扣期以外再取得 20 天的信用，该公司为每块电池需支付 2 元的融资费用，那么，电池标价 100 元构成项目是：

标价 = 真实价格 + 融资费用

100（元）= 98 + 2

（2）取得现金折扣的成本。信通公司平均每年（按 360 天计算）从恒久公司购入 72 000块电池，如果均在第 10 天付款而获得折扣，那么其购货成本仅按真实价格进行计算，即：

每年平均购货总额 = 98 × 72 000 = 7 056 000（元）

每天平均购货总额 = 7 056 000 ÷ 360 = 19 600（元）

那么，该公司的应付账款平均余额为：

应付账款平均余额 = 10 × 19 600 = 196 000（元）

（3）放弃现金折扣而在信用期内付款的成本。如果信通公司决定放弃现金折扣，利用另外 20 天的应付账款，则必须支付融资费用。在第 30 天支付赊购电池货款的情况下，该公司的应付账款平均余额是：

应付账款平均余额 = 30 × 19 600 = 588 000（元）

30 天信用期的应付账款余额为 588 000 元，比第 10 天付款情况下的应付账款余额196 000 元增加了 392 000 元。这表明信通公司每次赊购能通过推迟付款多利用 392 000元的资金。

然而，信通公司推迟 20 天付款所额外筹到的资金是有成本的，它就是放弃 2% 现金折扣，它是赊购电池超过折扣期付款所应支付的融资费用。具体分析，信通公司实际支付的电池价款为 100 元的标价而不是 98 元，所以全部总成本为 7 200 000 元，即：

全年购货总成本 = 100 × 72 000 = 7 200 000（元）

放弃现金折扣支付的总成本 7 200 000 元，比取得现金折扣支付的总成本 7 056 000元多 144 000 元。增加的成本则视作信通公司推迟 20 天支付应付账款所发生的一笔筹资费用。因此，该公司放弃现金折扣的成本率计算如下：

$$放弃现金折扣成本率 = \frac{144\,000}{392\,000} = 0.367 = 36.7\%$$

放弃现金折扣成本率也可以运用上面的放弃现金折扣成本率公式计算：

$$放弃现金折扣成本率 = \frac{2\%}{1-2\%} \times \frac{360}{30-10} = \frac{2}{98} \times \frac{360}{20}$$

$$= 0.02041 \times 18 = 0.367 = 36.7\%$$

信通公司是取得现金折扣，还是在赊购后第 30 天付款？该公司需要考虑的问题则是：能否以更好的条件从其他贷款方那里取得同样的信用？如果公司能使每块电池以少于 2 元的融资费用取得 20 天的信用，即能从银行或其他渠道以低于 36.7% 的利率借到款项，就应当取得现金折扣，而不应当以放弃折扣来取得商业信用融资。

以上计算的放弃现金折扣成本率实际上是简单利率，也就是单利概念下的成本。如果考虑复利形式，按照有效率利率的概念，放弃现金折扣的成本比单利下的现金折扣成本高得多。

仍以【例 9.1】为例，信通公司每年有 18 个计息期，每个计息期的成本率为 0.02041，每年按这个成本率支付 18 次。所以，在复利的形式下，放弃现金折扣的有效年成本率为：

$$有效年成本率 = (1 + 0.02041)^{18} - 1.0$$

$$= 1.439 - 1.0 = 0.439 = 43.9\%$$

显然，复利形式下放弃现金折扣成本大大高于单利形式下的成本。

必须指出，从放弃现金折扣成本率公式可以清楚地看到，在信用条件一定的情况下，每个信用期的商业信用成本保持不变，在【例 9-1】中，每个信用期的成本为 2%/（1－2%）= 0.02041；然而，如果信用期延长，利用商业信用融资的成本也会随之下降。假设信通公司得到的最后付款期为 50 天而不是指定的 30 天，则信用期延长到 40 天（即 50－10），从而丧失现金折扣的次数减少到全年 9（次）= 360/40，放弃折扣的成本率从 18 次的 36.7% 下降到 18.4%，同时有效率成本从 43% 下降到 19.9%。

正如前述，企业利用商业信用取得额外资金的做法是有成本的，表 9-3 列出了在几种不同信用条件下的成本率。

表 9-3　不同信用条件下放弃折扣的成本

信用条件	单利下的成本率（%）	有效成本率（%）
1/10，n/20	36.36	43.59
1/10，n/30	18.18	19.83
2/10，n/20	73.47	106.95
2/10，n/30	36.73	43.86

从表 9-3 可以看出，放弃现金折扣而取得信用期的资金，其成本是非常高的，除非利用的这部分延期付款的资金所产生的利益高于放弃现金折扣的成本，否则应在折扣期内及时付款。

由上可知，商业信用实际上可以分两个部分：一是无成本商业信用，通常指在折扣期内的信用；二是有成本的商业信用，指在折扣期以外的信用，其成本为放弃的现金折扣。

　　在正常情况下，企业财务经理在对是否利用商业信用资金进行分析时应把握的基本原则如下。

　　（1）利用有成本的商业信用，应确保其成本低于其他渠道资金的成本，或者利用有成本的商业信用，使其带来的经济利益高于其成本。

　　（2）利用商业信用中的无成本部分，应当在折扣期的最后一天付款；利用商业信用的有成本部分，应当在信用期的最后一天付款。

　　（3）在不危及良好的商业形象或信誉的前提下，尽可能推迟付款，这样可以在最大时间限度内运用资金，并与供货商保持良好的经济关系。

　　在商业信用中，除应付账款外，还有应付票据等。应付票据是否存在成本，主要视该票据是否附带利息。对于不带息的应付票据而言，企业只要按票据所规定的日期支付票款，就不会有成本；而企业的带利息应付票据显然是有成本的。

　　（二）应计费用

　　企业的自发性融资除上述的应付账款等商业信用外，还包括各种应计费用。应计费用[①]是在正常经营过程中产生的应当支付但尚未支付的费用，主要包括应付的职工薪酬、应付利息、未交的各种税金、应付租赁费、应付水电费和应交股利等。

　　企业在经营活动中，根据有关的费用结算制度、法律和契约规定，有些费用无须立即支付，而是在一定时期后才进行计算支付，这些应付未付的费用可以为企业在短期内所利用，从而形成了企业的一种短期资金来源。例如，企业员工的工资报酬每月支付一次。一般来说，在工作一天后就应立即得到相应的报酬，但根据企业的规定必须等待一个月的时间才能获得报酬，因此在这段时间，企业得到并运用了相应的资金。又如，企业只要有营业收入就应依法缴纳营业税，虽然企业每天或经常不断从事营业活动并产生营业收入，但无须天天计算营业税并予以缴纳，而是根据税法，企业在规定的时间汇总计算缴纳税款。与此类似，应付银行的借款利息费用也是按照银行结算制度的规定计算并支付。

　　从一个持续经营的企业来看，有些应计费用（如应付职工薪酬、应交税费）也是随着销售水平的提高或下降而增加或减少，而有些应计费用（如应付利息、应付股利）与销售水平变化的关系并不明显，甚至两者无直接关系。但是，这些应计费用在企业内经常存在。只要企业从事经营活动，这些应计费用就会发生，其中相当一部分的金额十分稳定，在支付之前构成了一项能够经常占用的资金来源，用于企业正常的经营周转。[②]在企业财务中，确定这部分应计费用占用额的方法一般有两种：

　　1. 按最低占用日数计算

　　最低占用日数是指从计算应计费用到实际支付之间的天数。如上所述，应计费用通常是在某个时期内陆续发生的，企业计算这些费用一般都会在固定的期末或某个日期，其款项的支付却又在另一个规定日发生，也就是应计费用的发生、计算和支付往往不在同一个日期，常常是费用发生在前，期末计算，款项支付在最后。以应计税金为例，应

---

① 在会计学上，应计费用是指那些在本期已经发生而尚未支付的费用。"应计"一词有累计、逐渐增加的含义。

② 传统的财务管理教科书将这部分稳定、经常性的应计费用称为"定额负债"。

计（或应付）税金是根据销售额或利润额的产生而发生的，企业一般都在编制财务报表日计算应付的税金，如营业税、所得税，但是企业支付税金都有固定的日期，如每月 5 日支付一次。这样，发生税金、计算税金和支付税金是在不同时间。但是，按照最低占用日数计算方法，虽然企业在发生销售额或利润额的同时就利用了相应的资金，但为了慎重起见，仅按照从计算到支付（应计费用）之间的天数计算应计费用经常占用额。其公式如下：

$$\frac{\text{应计费用}}{\text{经常占用额}} = \frac{\text{平均每日}}{\text{应计费用}} \times \frac{\text{最低占}}{\text{用日数}}$$

$$= \frac{\text{全年应计费用总额}}{360} \times \frac{\text{最低占}}{\text{用日数}}$$

【例 9.2】兴南公司预计明年全年计税的营业收入为 5 040 000 元，适用营业税率为 3%。该公司须按月编制财务报表，而且按照规定，各月的税金均在次月 5 日交纳。

就应交营业税而言，该公司明年的应计税金经常占用额的计算如下：

$$\frac{\text{应计费用}}{\text{经常占用额}} = \frac{5\,040\,000}{360} \times 5$$

$$= 14\,000 \times 5$$

$$= 70\,000（元）$$

计算结果表明，兴南公司明年可以经常利用的应交营业税金额至少为 70 000 元。

按最低占用日数方法计算应计费用经常占用额适用于有规定支付的而且费用发生额不稳定的负债，如应交税费、应付水电费等。

2. 按平均占用日数计算

平均占用日数是指应计费用前后两次付款天数的一半。许多应计费用的特点是随着时间推移而发生的，呈累计趋势，如利息费用、应计的租赁费用等，与此相适应的负债自然地为企业提供了一笔稳定增加的资金。所以，按平均占用日数方法计算应计费用经常占用额适用于那些在一定时期内发生很稳定而且能按时间计算的费用。其计算公式如下：

$$\frac{\text{应计费用}}{\text{经常占用额}} = \frac{\text{平均每日}}{\text{应计费用}} \times \frac{\text{平均占}}{\text{用日数}}$$

$$= \frac{\text{全年应计费用总额}}{360} \times \frac{\text{支付间隔天数}}{2}$$

如果【例 9.2】按平均占用日数计算应计税金经常占用额，如下所示：

$$\frac{\text{应计费用}}{\text{经常占用额}} = \frac{5\,040\,000}{360} \times \frac{30}{2}$$

$$= 14\,000 \times 15 = 210\,000（元）$$

这两种方法计算的结果有很大差异，采用哪种方法应当考虑资金的利用情况。以应交税费为例，如果销售是以现金方式，按平均占用日数计算，有利于充分利用资金，而如果赊销业务多，收款期又较长，一般采用最低占用日数计算较为可靠。

以上所讲述的应计费用作为一种自发性的短期资金来源，也有一定的局限性。因为这类费用必须按规定的日期进行支付，企业不得随意拖欠。例如，如果企业目前陷入财务困境中，有可能推迟一段时间缴纳税金，但这样做须交纳滞纳金；又如，企业一旦推迟支付员工工资和奖金，必然影响员工的工作情绪进而导致工作效率下降；再如，推迟偿还借款，企业须支付罚息等。

二、短期银行借款

（一）短期银行借款的种类

中小微企业的短期银行借款，按偿还期限的长短可分为短期借款、中长期借款。短期借款是指借款期在 1 年以内（含 1 年）的借款，包括用于经营周转的流动资金借款和临时借款。

流动资金借款是企业为满足生产经营正常循环周转的需要而向银行取得的短期借款。小微企业流动资金借款主要根据财务计划、计划年度需要追加筹集的短期借款额来确定。①

临时借款是指企业由于临时性、季节性等原因，为解决资金临时出现的周转困难而向银行取得的短期临时借款。小企业在生产经营过程中，资金占用量经常会发生波动，出现资金需求的高峰点。为了确保生产经营的正常进行，企业需要的临时性资金一般均通过银行借款来满足。临时借款主要解决的资金问题有：

（1）企业的原材料季节性储备、产品的生产和销售以及运输等受季节性影响所引起的超量资金需要；

（2）企业超计划生产、销售短线产品和市场适销产品所引起的超量资金需要；

（3）因偶然性原因而引起的临时资金需要，如国外进口物资提前或集中到货，产品价格尚未确定或暂时缺少包装材料形成的超计划物资储备，原材料或产品价格变化而引起的资金变化，企业的产品滞销积压造成的资金不足等。

银行向企业发放的临时贷款，期限一般在 3 个月以内，最长不超过 6 个月。

以上所述的流动资金借款和临时借款，与自动生成资金不同，它必须由企业与银行进行协商并签署合同才能取得。这种借款具有自动清偿的特点，即当季节性销售高潮末期，许多存货和应收账款会转化为现金，需要偿还借款的资金将自动产生。换言之，企业利用短期借款所进行的生产经营活动实质上就是一个偿还该借款的机制。企业借款会通过进贷销还的过程自动偿还。所以，对银行来说，企业的短期借款的风险较小。

（二）短期银行借款的条件、程序和要求

1. 借款条件

由于各个企业所处的环境及其经营业务范围的不同，以及银行规模大小、性质不同，银行放贷的条件也有差别。企业借款一般应具备的基本条件如下。

（1）只有合法的企业才有资格申请借款，即银行贷款的对象必须是依法登记的、持有经营执照并经工商部门批准设立和办理年检手续的。

（2）企业必须具有独立的经营权利和责任，具有法人的资格。

---

① 参考第五章财务计划的制订与财务控制【例 5.7】第六步。

（3）企业必须拥有正常经营所必需的自有流动资金。

（4）企业必须已在银行开立基本账户或一般存款账户，有经济收入和还贷能力。

（5）除国务院规定外，有限责任公司和股份有限公司对外部的股本权益性投资累计额不得超过其净资产总额的50%。

（6）企业申请短期借款，资产负债率应符合发放贷款银行的要求。

2. 借款程序

短期银行借款的程序与中长期借款的程序基本相同。其基本程序如下。

（1）企业提出借款申请。企业作为借款人在需要流动资金时要向主办银行或其他银行的经办机构直接提出申请，填写"借款申请书"。在申请书上须写明借款金额、借款用途、偿还能力和还款方式等，并要向银行提供有关证件和财务状况数据等，一般包括企业及担保人的"企业（法人）营业执照""经营许可证""企业代码证书""法人代表资格证书"和本人的身份证原件及其复印件，企业及担保人的组织机构设置、注册及经营地址、社会经济背景和企业（公司）章程原件及其复印件；董事会借款协议或者有相应效力的借款授权文件；借款人及担保人的上年度及申请借款前一期的月度财务报告副本原件，上市公司同时提交年度审计报告原件及其复印件；抵押物、质押清单和有处分权人同意抵押、质押的证明及保证人同意保证的有关证明文件；企业持有中国人民银行颁发并经年审通过的"贷款卡"以及其他有关文件的证明等。

（2）银行的贷前调查。公司提交"借款申请书"及相关证件、资料后，银行对公司的信用等级以及合法性、盈利性和安全性等进行调查，核实抵押物、质押物、保证人情况，测定贷款风险度。

（3）银行的贷时审查和审批。贷款审查是银行发放贷款时，要对借款企业的资格、借款用途及效益、还款保障等进行仔细审核。而对某些资料有怀疑、资料不全、企业经营不符合国家环保政策以及对银行利益不利、拖欠其他银行贷款的企业，银行一般不予批贷。银行对企业的贷款均严格实行审贷分离、分批审批制度。

（4）签订借款合同。企业的借款申请经审核批准后，企业必须与银行签订借款合同。借款合同中包括的项目主要有借款数额、利率、借款种类、借款用途、还款期限、还款方式、违约责任以及借款双方认为需要约定的其他事项。其中，贷款利率是根据中国人民银行规定的利率及允许的浮动范围来确定的。银行有权根据借款期限、借款金额、公司资信等各种情况来确定符合银行利益的利率。

（5）贷款发放取得借款。签订借款合同后，银行就按借款合同的规定按期发放贷款，企业则能按借款合同规定，在贷款额度和期限内提取款项。

银行贷款发放后，还会对企业执行借款情况以及经营情况进行追踪调查和检查。在贷款偿还期即将到期时，银行在到期前的几天将会通知企业，要求按时偿还。

企业因客观原因不能如期偿还借款时，应提前5天向银行提交书面申请，填写借款展期申请书，并说明展期理由、展期金额以及展期到期日，由银行信贷人员审查，按审批权限送有关部门或负责人审批。公司一笔借款展期只能一次，展期的时间长度不能超过原借款期限。

3. 借款要求

如上所述，公司在与银行签订借款合同时，对于借款金额等项目，银行会提出并明确一些要求，主要有是否包括补偿存款余额、信贷额度等。

（1）补偿存款余额。所谓补偿存款余额是指商业银行要求借款人在存款账户上保持一个最低的平均活期存款余额。补偿存款余额是没有利息的。补偿存款余额的大小随资金市场的竞争情况而变化，也随借贷双方的合同约定而不同。一般而言，银行要求的补偿存款余额，为所借款项的10%到20%。例如，企业从银行取得的短期借款数额为300万元，要求的补偿存款余额比例为10%，则企业至少保持30万元的平均存款余额。从企业角度来看，如果银行所要求保持的存款余额大于企业日常所维持的余额，那么补偿存款余额的要求就将提高借款成本；从银行方面来讲，提出补偿存款余额的要求可以降低贷款的风险。

从国际上来观察，近些年金融机构之间的竞争日趋激烈，银行逐渐地开始发放不要求补偿存款余额的贷款，但银行通过提高利率和增加收费等方式来直接对其贷款进行补偿。

（2）信贷额度。信贷额度也称贷款限度，是银行与企业之间的一种非正式协议，它规定了在某个时期银行提供给企业借款的最高限额。在规定的信贷额度和有效期内，企业可以随时使用银行借款。

信贷额度的数额是商业银行对企业的资信进行评价和对企业的资金需要量情况做出分析后确定的，一般每年确定一次，它是在银行收到企业最新的年度财务报告并分析、检查企业财务状况、经营成果以及现金流量等情况后确定的。银行通常对企业的流动资金借款实行信贷额度的做法。如果银行认为企业将信贷额度借款用于季节性和临时性资金需求方面，就有可能要求附一个"清理条款"，即要求借款企业在一年中的某段时间（通常1~2个月）须清偿银行的借款，不欠银行任何钱。这一条款在一定程度上限制了企业利用短期借款利率融通长期资金的做法。

应当说明，信贷额度作为一种非正式协议，并不构成银行向企业提供信用的法律义务，即如果企业信誉下降、财务状况恶化，虽然仍有信贷额度，银行仍有可能停止发放贷款。

（三）短期银行借款的成本

1. 利率

企业的银行借款成本就是借款的利率。从银行的角度讲，贷款利率是最重要的盈利源泉。银行在一定范围内有自行制定贷款利率的权限，在某段时期，贷款利率的大小受贷款的规模、贷款的费用、贷款的权限、经济发展状况、银根松紧、客户的资信度及贷款风险等多种因素的影响。

我国银行贷款的利率大致有基准利率、浮动利率、优惠利率和市场利率四种。

（1）基准利率是中央银行向各银行贷款的利率，也是最低的利率，其他贷款的利率均依照基准利率按比例增加。目前，中国人民银行对各银行贷款的利率就是基准利率。当基准利率发生变动，其他贷款的利率也随之变动。

（2）浮动利率是在基准利率的基础上，授权银行在规定的浮动范围内根据各种情况可以上下浮动的利率。目前，我国各银行对一般企业实行的利率是以基准利率为基础在

10%以内上下浮动，中小企业的利率浮动幅度可控制在 20%以内，农村信用联社贷款利率的浮动范围在 30%以内。

（3）优惠利率是某些贷款以低于同类贷款利率的档次支付利息的利率。在我国的利率体系中，优惠利率是近年来出现的利率种类，主要适用于银行根据国家产业政策和发展规划须专门支持的大型项目。

（4）市场利率是某个日期由资金的供需关系决定的并由借贷双方协商议价的利率。当前我国尚未实行利率的市场化。但随着加入世贸组织及全球经济一体化的发展，利率最终将市场化。

2. 银行借款成本的计算

企业向银行借款，支付的利息成本即利率的计算主要有三种，即单利法、贴息法和附加利息法。

（1）单利法。

单利法即简单利率计算法，是在利率一定的条件下，按本金计算利息的方法。在单利法下，当期利息不能作为计算以后各期利息的基数。单利法的利率计算公式如下：

$$利率 = \frac{利息}{借款金额} \times 100\%$$

【例 9.3】某小企业向银行申请并取得一笔 50 000 元、期限 1 年的借款，利息额为 2 500 元，则：

$$利率 = \frac{2\,500}{50\,000} \times 100\% = 5\%$$

在实际工作中，银行通常以年利率表示借款利率，但企业的短期借款在很多情况下是低于一年期的，如 3 个月、6 个月或 9 个月等。因此，年利率应按实际借款的期限转换为各个时期的利率，也即分期利率。例如，年利率为 5%，3 个月借款的利率为 5%÷4 = 1.25%。

运用单利法，不管一年中银行结算利息几次，均不影响年利率。然而在复利法下，一年中银行结算利息的次数会对有效年利率产生影响。有效年利率的计算公式[①]如下：

$$有效年利率 = EAR = \left(1 + \frac{k_{nom}}{m}\right)^m - 1$$

$$= （1 + 每期利率）^m - 1$$

公式中，m 表示一年内复利的次数。如借款期为 1 个月，则 $m = 12$；k_{nom} 表示名义率利率，即单利下的年利率。

有时，我们已知每期利率，在单利法下年利率及简单利率的计算公式是：

年利率 $= APR = $ 每期利率$\times m = k_{nom}$

本章第一节中已经指出，单利下的现金折扣成本低于复利下的现金折扣成本。同样，如果银行一年内增加结算利息的次数，而不是仅结算一次，单利法下的借款年利率必然

---

① 该公式在第八章估值基础——货币时间价值中有所介绍。

小于复利法下的借款年利率。

【例 9.4】神北公司向工商银行取得一笔周转借款 100 000 元，期限 3 个月，规定的年利率为 6%。

神北公司 3 个月期的利息率为 1.5%，即：

3 个月期利率 $= 6\% \div 4 = 1.5\%$

如果该公司每 3 个月更替一次此借款，在复利的情况下，有效年利率计算如下：

$$
\begin{aligned}
\text{有效年利率} &= (1 + 1.5\%)^4 - 1 \\
&= 1.0614 - 1 \\
&= 0.0614 = 6.14\%
\end{aligned}
$$

显然，这种借款的有效年利率高于单利的年利率。

有效年利率与简单利率相同的唯一情况是：利息一年结算一次，且借款人在全年内使用了借款的全部本金。

（2）贴息法。

贴息利息借款简称贴息借款，也是一种比较常见的借款方式。在贴息借款下，银行在贷出款项时预先扣除利息，借款人实际取得借款数额少于借款本金。因此，贴息法是根据各期利息成本和实际借款额来计算每期利率的方法。

在简单利率的条件下，每期利率的计算公式如下：

$$
\text{每期利率（成本）} = \frac{\text{每期利息}}{\text{借款金额} - \text{每期利息}} \times 100\%
$$

【例 9.5】中兴公司向银行申请一笔贴息借款 100 000 元，期限 3 个月。银行同意这笔借款，规定的利率为 6%。中兴公司实际取得的借款和利率的计算如下：

$$
\begin{aligned}
\text{支付的利息} &= (6\% \div 4) \times 100\,000 \\
&= 0.015 \times 100\,000 = 1\,500 \text{（元）}
\end{aligned}
$$

$$
\text{3 个月期利率} = \frac{1\,500}{100\,000 - 1\,500} = \frac{1\,500}{98\,500} = 0.0152 = 1.52\%
$$

这 3 个月期限 90 天借款的简单利率为：

$$
\begin{aligned}
k_{nom} &= 0.015\,2 \times \frac{360}{90} \\
&= 0.015\,2 \times 4 = 0.060\,8 \\
&= 6.08\%
\end{aligned}
$$

$$
\begin{aligned}
\text{有效年利率} &= (1 + 0.015\,2)^4 - 1 \\
&= 0.062\,2 = 6.22\%
\end{aligned}
$$

从利率的计算中可以看出，由于利息预先从借款本金中扣除，所以实际的简单年利率 6.08% 略高于规定的利率 6%，这两个利率均低于有效年利率 6.22%。

结合单利法下【例 9.4】，在相同的规定利率和借款期限的情况下，贴息借款的每期利率和有效年利率均高于一般借款的每期利率和有效年利率。这是因为在贴息借款下，借款人不能使用借款的全部本金，而仅能使用借款本金扣除贴现利息后的余额，本例为 98.5%，但实际支付的利息则是按照 100% 借款额来计算的。

在实际中,银行的贴息贷款与利用商业信用作为短期筹资渠道的情况是十分相似的。

(3)附加利息法。

附加利息法是指在采用分期等额偿还借款的方式下银行收取附加利息的方法。附加利息是指先计算出利息总额,再将利息总额附加到借款本金上,得出以后分期等额付款偿债的总额。为了说明这种方法,现举例如下。

【例 9.6】凌波公司按附加利息从银行借到一笔 1 年期的规定利率为 6% 的款项 100 000元,银行按单利法计算利息,要求分 12 个月等额偿还这笔贷款的本金和利息。

凌波公司应支付的利息总额与本利总额的计算如下:

应付的利息总额 = 100 000 × 6% = 6 000(元)

应偿还的本利总额 = 100 000 + 6 000 = 106 000(元)

由于该公司分 12 次等额偿还,因此每月(次)偿还的本利约为 8 833.33 元,即:

$$每月应偿还的本利 = \frac{106\,000}{12} = 8\,833.33(元)$$

8 833.33 元包括每月支付的利息 500 元和本金 8 333.33 元。

我们知道,借款在分月偿还的条件下,只有第 1 个月完全使用 100 000 元的借款本金,此后,未偿还借款余额每月减少 8 333.33 元,到借款的最后一个月的月初时只有8 333.33 元的本金尚未偿清。从整个 12 个月来看,支付利息 6 000 元,却仅使用借款本金的 1/2,换言之,借款的平均余额仅有 50 000 元。所以,我们可以估算出凌波公司的每期利率如下:

$$每期利率 = \frac{6\,000}{100\,000\,/\,2} = \frac{6\,000}{50\,000} = 0.12 = 12\%$$

从计算结果来看,在分期等额偿还借款的方式下,借款企业实际平均使用了借款本金的一半,但要支付全部利息,所以实际借款的每期利率是名义利率的两倍。

根据以上计算,可以得到附加利息法的每期利率的公式:

$$每期利率 = \frac{应支付的利息额}{借款本金 \times \frac{1}{2}} \times 100\%$$

$$= \frac{借款本金 \times 规定利率}{借款本金 \times \frac{1}{2}} \times 100\%$$

3. 补偿存款余额下的利率

如前所述,补偿存款余额是银行向借款企业提出的在其存款账户上保持的一个最低平均余额的要求。当借款企业的存款余额小于银行要求的补偿存款余额时,借款企业所负担的利息成本会高于名义利息成本。以下分别讲述补偿存款余额对简单利率和贴现利息的影响。

(1)补偿存款余额借款的简单利率。

如果企业的银行存款账户余额较多,能够满足银行所要求的补偿存款余额,企业借款数额可以完全使用而没有必要留出一部分作为补偿存款余额,此时借款利率的计算与前面所讲的一般的简单利率的计算一样。

如果企业银行存款余额低于银行借款所要求的补偿存款余额，那么企业为了满足资金需求，借入的款项必须超过资金需求数，留下借款的一部分以满足银行要求的补偿存款余额。

银行向贷款企业所要求的补偿存款余额为贷款数额的一定百分比，如20%等。其计算公式如下：

要求的补偿存款余额 = 借款数额×补偿存款余额百分比

当企业银行存款账户的余额为零时，企业可以使用的借入资金数额的计算公式如下：

$$可用借入资金数额 = 借款数额 - 要求的补偿存款余额$$

$$= 借款数额 - 借款数额×补偿存款余额百分比$$

$$= 借款数额×\left(1 - 补偿存款余额百分比\right)$$

如果企业银行存款账户的余额为零，而且已知资金的需要量，将上面的公式重新安排得到必要的借款数额，即：

$$必要的借款数额 = \frac{资金需要量}{1 - 补偿存款余额百分比}$$

如果公司的银行存款账户已有一定的余额但低于要求的补偿存款余额，那么必要的借款数额可用下式计算：

$$必要的借款数额 = \frac{资金需要量 - 银行存款账户余额}{1 - 补偿存款余额百分比}$$

在补偿存款余额借款的方式下，每期的简单利率的计算公式如下：

$$每期利率 = \frac{规定的该期利率}{1 - 补偿存款余额百分比}$$

如果已知支付的利息、借款本金和补偿存款余额，但并不知道规定的利率，可以运用下面的公式计算年利率 k_{nom}。

$$k_{nom} = \frac{利息}{借款本金 - 补偿存款余额} × \frac{360}{借款天数}$$

现举例说明。

【例9.7】神州汽车维修公司需要200 000元以支付新购置的一套设备款，于是向当地工商银行申请1年期贷款。该工商银行同意以6%的利率向公司贷款，但要求该公司必须在其存款账户上有贷款数额20%的补偿存款余额。假设该公司目前银行存款账户的余额为零，为了能够支付200 000元的设备款，该公司必须取得多少元的借款？这一年期的成本是多少？

由于该公司的银行存款账户上没有余额，为了支付全部设备款同时保持20%的补偿存款余额，计算出应向工商银行取得借款250 000元，即：

$$必要的借款数额 = \frac{200\,000}{1-20\%} = \frac{200\,000}{0.8} = 250\,000（元）$$

计算该公司取得这笔 1 年期借款的成本即简单利率为 7.5%，如下所示：

$$1 年期借款的利率 = \frac{6\%}{1-20\%} = \frac{0.06}{0.8} = 0.075 = 7.5\%$$

【例 9.8】银秦公司因货物提前到达而准备向银行借款，需要 300 000 元以支付货款。目前该公司的银行存款账户尚有余额 20 000 元。经银行审批，同意借款，期限为 90 天，但要求该公司按借款本金的 20% 保持补偿存款余额，年利率为 6%。

经核定，银秦公司需要向银行借款 350 000 元，即：

$$必要的借款数额 = \frac{300\,000-20\,000}{1-20\%} = \frac{280\,000}{0.8} = 350\,000（元）$$

该公司实际负担的利息成本计算如下：

$$3 个月期利率 = \frac{350\,000(0.06 \div 4)}{350\,000 - [350\,000(0.20) - 20\,000]}$$

$$= \frac{350\,000 \times 0.015}{300\,000} = \frac{5\,250}{300\,000} = 0.017\,5 = 1.75\%$$

$$k_{nom} = 1.75\% \times 4 = 0.07 = 7\%$$

$$有效年利率 = （1 + 0.017\,5）^{360/90} - 1 = 0.071\,9 = 7.19\%$$

（2）补偿存款余额下的贴现利息。

银行向企业贷款也存在同时提出补偿存款余额和贴现利息的要求。由于贴现利息和补偿存款余额要事先在贷款额中扣除，所以在企业的银行存款余额低于银行借款所要求的补偿存款余额的条件下，企业为了满足资金的需要，所借的款项需要超过资金需要数，余下的借款一方面满足补偿存款余额，另一方面要支付贴现利息。这样，我们可以对前述的补偿存款余额的有关公式进行调整，就可得到同时存在补偿存款余额和贴现利息的"必要借款数额"公式和"每期利率"公式等。

对上面必要的借款数额公式稍加修改，得到下面的公式：

$$必要的借款数额 = \frac{资金需要量 - 银行存款账户余额}{1 - 补偿存款余额百分比 - 每期利率}$$

对上面的每期利率稍加修改，得到下面的每期利率计算公式：

$$每期利率 = \frac{规定的某期利率}{1 - 补偿存款余额百分比 - 规定的某期利率}$$

年利率 k_{nom} 的计算公式是：

$$k_{nom} = 每期利率 \times \frac{360}{借款天数}$$

【例 9.9】觉明公司现急需 180 000 元资金，向银行申请 3 个月期的借款。银行同意以 6% 的利率向该公司贷款，要求该公司应当有 20% 的补偿存款余额并预付全部利息。公司目前存款账户上有余额 160 000 元。经核定，该公司需要向银行借款 208 917.20 元。见下面的计算：

$$必要的借款数额 = \frac{180\,000 - 16\,000}{1 - 20\% - (6\% \div 4)} = \frac{164\,000}{1 - 20\% - 1.5\%}$$

$$= \frac{164\,000}{0.785} = 208\,917.20（元）$$

觉明公司实际负担的利息率计算如下：

$$3 个月期的利率 = \frac{1.5\%}{1 - 20\% - 1.5\%} = \frac{1.5\%}{7.85\%} = 0.019\,1 = 1.91\%$$

1.91%的实际利率高于规定的 3 个月期利率 1.5%。有效年利率和简单年利率 k_{nom} 分别计算如下：

$$有效年利率 = (1 + 0.0191)^4 - 1$$
$$= 2.012 - 1$$
$$= 1.012 = 1\,012\%$$

$$k_{nom} = 0.019\,1 \times \frac{360}{90} = 0.019\,1 \times 4 = 0.076\,4 = 7.64\%$$

三、其他短期融资

虽然许多年轻且成长迅速的小企业拥有大量的流动资产，但这些企业依然发觉自己经常处在忙于偿还各种账单的现金困境中。在这种情况下，企业总是专门去商业银行寻求贷款。然而更多时候，这些小企业已经达到了他们在银行的贷款限额，因此无法通过传统方式获取所需的短期资金。此时，为了确保正常运营，很多企业就转而使用非传统的借款方式进行融资。

应收账款和存货都被认为是很好的短期抵押贷款的担保品。这两种短期资产流动性都很好，能在很短的时间（几天或几周）内变为现金，所以很容易被用来增加资金。然而有时候，企业无法再吸收更多债务的情况下，就会去保理他们的应收账款。一旦应收账款被保理，也就是它们被出售给了一家提供现金垫款的商业银行或做保理业务的公司。应收账款可以让售的数额、现金垫款的数量和其他有关保理协议的事项取决于用于出售的应收账款的质量和流动性。这里将讨论应收账款的抵押和保理，以及存货相关的融资来源。像应收账款融资和存货融资对于那些创立不久和小微企业的日常经营所需资金来讲，是非常重要的来源。如果没有或没有充分利用这些融资手段，很多企业尤其是小企业，可能会无法生存。

任何一家企业均愿意通过银行或金融机构贷款进行短期融资，然而如果企业的资信过低或企业所需要的资金太多或实力较弱，银行或其他金融机构将会要求企业以某些资产作为贷款的担保。应收账款和存货是常用的两种短期融资的担保品。这里专门介绍应收账款融资和存货融资。

（一）应收账款融资

企业从事赊销交易而发生的应收账款是产生现金流量较强的流动资产项目。所以，它是银行或金融机构比较理想的短期贷款的抵押品。应收账款融资，也称应收账款保理，是企业向银行或其他金融机构申请应收账款抵押贷款，或者由银行或其他金融机构代公司收取应收账款并向企业提供资金融通的一种融资方式。这里有两层含义，一是银行或其他金融机构代理赊销企业收账，使企业的赊销账款能及时收回。二是银行通过质押或购买企业的赊销账款，临时向企业提供资金融通，使企业能够解决资金周转问题。

很多小型微利企业都采用应收账款融资方式以加快企业的资金流动，通过应收账款融资，可以让企业提前 30 天到 60 天得到现金，以确保现金的使用。

应收账款融资，包括应收账款抵押和出售两种方式。

1. 应收账款抵押（Pledged Receivable）

应收账款抵押是指企业以应收账款作为抵押品从银行等金融机构取得贷款的筹资方式。在应收账款抵押的融资方式下，一般由金融机构来决定哪些应收账款符合贷款的要求可以作为企业借款的抵押品。企业可以取得所抵押的应收账款价值的 60%～80% 的借款，贷款比例主要取决于企业的财务实力和资信度。银行或金融机构对应收账款抵押借款方具有完全的追索权，这意味着如果购货方不偿还购货货款，销售方（即借款人）则承担坏账损失并负责偿还借款，而贷款的金融机构不承担信用风险。如果作为担保品的应收账款到期后未能收回，由借款的企业负责收回应收账款并支付索款发生的费用，抵押应收账款的拖欠风险由借款企业承担。

应收账款抵押融资的一般程序如下。

（1）由赊销企业向银行或其他金融机构提出应收账款抵押借款的申请，并提供有关本企业财务状况和赊购方有关情况的详细书面报告，使银行等金融机构能充分了解各方的具体情况。

（2）企业和银行或其他金融机构签订具体法律效力的协议。协议中必须明确应收账款融资的方式、融资的数额和相关的费用或佣金等。

（3）企业将销售的发票副本和相关的应收账款清单送交银行或其他金融机构，由银行或其他金融机构来选择可接受的应收账款。银行或其他金融机构对可接受应收账款的挑选标准是借款企业的历史收账情况、赊购方的财务状况和资信度等。

（4）银行或其他金融机构为了保护自身利益对可接受应收账款可能提供现金折扣和逾期回收价值按照一定的百分比做扣除调整，使贷款数额低于全部抵押的应收账款价值。

（5）经过以上的调整，银行或其他金融机构便向企业提供贷款，通知企业取得贷款的数额。

应收账款抵押融资可以采用通知方式也可以采用不通知方式。如果采用不通知方式，企业的客户即赊销方不会被通知其应付账款已被抵押给银行或其他金融机构；日后，当企业收到某笔抵押的应收账款时，就将其转付给银行或其他的金融机构；如果采用通知方式，企业的客户即赊购方会被通知有关的抵押事项，付款时要将款项直接寄给银行或其他金融机构的账户上。

应收账款抵押融资是要支付利息的，利息通常比银行的基准利率高出 2 到 3 个百分点。

【例 9.10】天圳公司 2016 年 1 月至 4 月的应收账款抵押融资情况如表 9-4 所示。

表 9-4 应收账款抵押融资表 单位：元

项目	1 月	2 月	3 月	4 月
应收账款合计	110 000	151 000	194 000	163 000
可接受应收账款	100 000	140 000	180 000	150 000
借款余额（80%）	80 000	112 000	144 000	120 000
利息，年利率 12%	800	1 120	1 440	1 200

从表中可以看出，天圳公司从银行可接受应收账款中取得 80%的借款，1 月份的可接受应收账款为 100 000 元，取得借款为 80 000 元，支付的 1 月份利息为 800 元；2 月份累计可接受应收账款 140 000 元，累计借款余额 112 000 元，2 月份支付利息 1 120 元；3 月份和 4 月份的融资，依此类推。

应收账款抵押融资随着企业应收账款数额的变化而相应变化。一个持续经营的企业，在旧应收账款予以结算的同时会产生新应收账款，抵押的基础和借款额也相应发生变动。

2. 应收账款出售（Factoring），也称应收账款保理

应收账款抵押是公司以应收账款作为担保品来融通资金，然而公司也可以采用不抵押方式而将应收账款出售给作为贷款人的银行或其他金融机构。应收账款出售又称应收账款保理融通或应收账款权益授予，是指企业将应收账款让售给银行或其他金融机构即保理商，而银行或其他金融机构代理企业收取应收账款并向企业提供资金的一种短期资金融通方式。不同于应收账款抵押，应收账款出售属于贷款人买入应收账款，因而一般对借款公司不具有追索权。也就是说，如果借款企业的客户即赊购方不偿还购货款，提供贷款的银行或其他金融机构将承担坏账损失或拖欠风险。

应收账款出售一般涉及三方当事人，即从事代理融通业务的银行或其他金融机构、出售应收账款取得资金融通的企业和取得商业信用而赊欠货款的客户。三者之间的关系是，企业对客户赊销商品，随后将由此产生的应收账款让售给银行或其他金融机构保理商，由银行或其他金融机构保理商向企业提供资金并到期向企业的客户收取账款。保理商一般有三项职能：①资信审核；②贷款；③承担风险。

应收账款出售的基本程序如下。

（1）由企业向经营代理融通业务的银行或其他保理商提出申请，并提供有关企业财务状况等书面报告。

（2）企业同银行或其他的保理商签订代理融资协议。协议中写明应收账款属于权益授予、融通资金的数额、代理费用或佣金以及法律义务和程序安排等。

（3）当企业（即销货方）收到购货客户的订单时，立即填写一份信用审核单并交付给银行或其他的保理商，由银行或其他金融机构对购货方进行资信调查和研究。

（4）如果银行等金融机构保理商确认企业购货客户的资信没有问题并同意提供融资，企业就将装运货物并开具发票，连同收款通知交给客户，通知其将货款交付给企业

指定的代理融资银行或其他金融机构。① 与此同时，企业将发票副本送交代理融通的银行或其他保理商，银行或其他保理商接到应收账款的发票副本后，向企业提供资金。如果银行或其他保理商认为企业的客户有问题，不管企业是否收到这个定单，金融机构可以拒绝购买企业的应收账款。

代理融通的银行或其他的金融机构保理商并不是按企业应收账款的全额提供资金的，而是按销售发票金额扣减一部分项目金额提供资金的。扣减的项目包括三项：一是银行或其他保理商承购手续费；二是利息费用；三是代理人收账准备，这一项是银行或其他保理商考虑到商品损失、质量不符合要求、退货等应由企业承担的责任而确立的准备金。如果银行或其他的保理商的应收账款全部兑现而未发生任何问题，就将这笔准备金再退还给企业。

【例 9.11】宏志公司将一笔应收账款出售给某做保理的商业银行，金额为 80 000 元，信用期限为 30 天，该商业银行与宏志公司签订的协议规定：手续为 2.5%，年利率为 9%，代理人收账准备金为 1 600 元。

宏志公司实得出售款的计算如下：

手续费 $= 80\,000 \times 2.5\% = 2\,000$（元）

利息费用 $= 80\,000 \times 9\% \times \dfrac{30}{360} = 600$（元）

实得应收账款出售款 $= 80\,000 - 2\,000 - 600 - 1\,600$
$= 75\,800$（元）

应收账款保理应该是一个持续过程，即销货企业收到订单，并将它交给代理融通的银行或其他金融机构进行资信评价，经认可后，企业装货运出，银行等金融机构按发票金额扣除某些项目后，将余款交付给企业；购买方将到期的应付账款支付给代理融通的银行或其他金融机构，到了一定日期，银行或其他金融机构将多余的收账准备金还给企业。这种关系建立之后，商品、资金在销货方、购货方和代理融通方之间就连续不断地流动。所以，应收账款出售的协议一旦生效，这一渠道的资金也就自发地产生。

3. 应收账款融资的评价

对于创业企业和小微企业而言，应收账款融资既有利也有弊。这种短期融资的优点如下。

（1）融资渠道非常灵活。通过应收账款融资方式，小微企业销售商品或提供劳务就能及时收回资金，缓解资金紧张程度。企业融通的资金随销售的增减而增减，只要企业有大量的销售发票，通常就能自动产生大量应收账款融通的资金。特别是利用应收账款融资，企业能够立即补充营运资本的短缺，而且随着企业产品销售量的增长和应收账款的增长，能够筹到与之相对应的资金。

（2）在一定程度上可以保证账款的安全。无论是应收账款抵押还是应收账款出售，银行或其他金融机构均要掌握购货方的资信情况，而银行或其他金融机构保理商只对有

---

① 应收账款出售通常采用通知方式结算，通知购货方其所欠账款已被出售。但也可采用不通知方式，购货方仍将账款交付给销售企业，再由销售企业把款项交付给银行或金融机构。

相当资信度的账款提供资金。所以，应收账款融资在一定程度上保证了账款的安全，防止了坏账的发生。

（3）可节省企业管控应收账款的成本。应收账款融资特别是应收账款出售方式，银行代理融通承担着较高的信用风险。因此，银行或其他保理商均设专门的部门从事信用调查和到期收账等工作，其一方面对企业的客户进行资信调查分析；另一方面将有关的数据输入电子计算机，由计算机进行客户分类管理。

应收账款融资的缺点如下。

（1）应收账款融资的手续费和利息费用都是很高的。手续费按赊销额计算，而利率则比银行的基准利率高出 2 至 3 个百分点，如果企业的购货客户不固定且十分零散，那么企业承担的费用也是相当大的。

（2）应收账款的最终支付方即企业的客户在经营不善、资金链断裂的情况下有可能丧失支付能力，这给提供保理的银行或其他金融机构增添了较高的风险。

（3）可能对企业的信誉造成不良影响。企业进行应收账款抵押或出售给债权人和其他赊购方带来不信任感，可能会影响企业的购货和销货。此外，如果企业运用了应收账款的抵押或让售方式融资，再去从银行取得贷款，会受到一定的限制，企业将要动用其他资产作为抵押物。

（二）存货融资

存货是仅次于应收账款的短期借款抵押品。存货融资是由借款企业向贷款的银行等金融机构提供存货作为实物抵押品以取得借款的一种短期融资方式。作为抵押品的存货，必须具有耐用性、可辨认性和易变现等特点。存货融资包括统扩留置权、信托收据、货栈栈单等方式。

1. 统扩留置权

统扩留置权也称浮动留置权，是最简单的一种存货抵押融资方式。在这种方式下，借款的企业以其存货作为抵押品向金融机构借款。而这种方式下能作为抵押品的存货，一般是品种多、数量大而且存储量稳定、单位价值低、无法具体标号、流动性强的项目。例如，工业企业以存货作为抵押品进行短期借款，实际上就是以原材料和产品等做担保。借款企业取得借款后，根据需要出售、重置存货，保留对这些存货的控制权；而金融机构按照借款企业所抵押的存货价值的一定比例提供贷款，并对企业所抵押的存货拥有索偿权。然而，由于存货仍在借款企业内，而且借款企业可自行、随时地出售存货，因此金融机构很难对存货实施有效控制。正因如此，金融机构通常按照不高于平均存货账面价值的 50%发放贷款，利率也在基准利率基础上再加 3%到 5%。

2. 信托收据

采用信托收据方式筹集短期资金，借款企业为了能从金融机构取得借款，须签发信托收据，在信托收据上写明由金融机构以信托收据方式持有的存货，或者根据贷款机构的要求单独存放在借款公司仓库内或指定地点的存货，以及抵押存货的具体序列编号等，然后将抵押的存货存放在仓库或指定地点，贷款的金融机构据此贷款。借款企业将抵押的存货销售出去后，用获得的收入偿还借款并支付利息。

在信托收据融资方式下，抵押的存货大多是较昂贵的耐用消费用品，如汽车、工业用设备等，所以贷款机构一般按照存货成本的 80%到 100%发放贷款。借款企业支付的利息通常在基准利率的基础上加上 2%或更多。

采用信托收据筹资必须根据特定商品签发。例如，抵押借款的存货是企业经销的汽车，在信托收据上要表明该汽车的登记号码。为了确保信托收据有效，金融机构要定期到借款企业的仓库中查对汽车号码是否正确标示，以防备借款企业以出售汽车所得收入用于其他方面而不偿还借款。如果借款企业所抵押的存货分布在不同地区的仓库中，采用这种方式则不利于管理。

3. 货栈栈单

货栈栈单融资是指借款企业将被抵押的存货储放在指定的仓库，由第三方的仓储公司代管而取得借款的融资方式。按照存货存放的地点不同，货栈栈单融资具体分为公共货栈融资和现场仓储融资两种不同方式。在公共货栈融资方式下，借款企业应将抵押的存货储存在金融机构指定的公共货栈内，由公共货栈的管理方开出栈单即仓储收据，证明储存货物确属借款企业所有；而贷款的金融机构根据栈单向借款人发放贷款。与此同时，金融机构通常要求借款企业为存储的货物上保险，并将金融机构列作受益人。这种方式是用于运输装卸等运杂费较低的存货。

在现场仓储融资方式下，贷款机构为了对存货实施有效监督，在贷款安排中请第三方——现场仓储公司作为其代理人，在借款企业的地域建立一个临时仓库，或者在借款企业的仓库内划出一块规定的区域储存所抵押的货物，并实施监管。与公共货栈栈单方式一样，由现场仓储企业开具一张仓储收据即栈单交给金融机构，据此发放贷款。这种方式适用于笨重、数量大且不易运输或运杂费过高的抵押存货。

在货栈栈单融资方式下，金融机构仅接受那些容易交易的存货作为抵押品，一般按照接受抵押品价值的 75%至 90%发放贷款。对于借款的企业来讲，货栈栈单融资的成本要高于其他担保借款的成本。因为借款企业一般要承担雇请仓储公司的监管费用、货物的运杂费和贷款的利息成本等。仓储监管费用通常为借款额的 1%到 3%之间，而利率要比基准利率高出 3 到 5 个百分点。此外，借款企业也被要求支付仓储商品的保险费用。

以上所述的三种存货融资方式的优点如下。

（1）融资数额与存货价值直接联系在一起，所获得的借款在经营中充分使用。

（2）由于把存货作为担保品，使得借款方和贷款方均倍加重视存货的安全和质量。

存货融资的缺点是借款企业承担的费用很高，这种方式不太适合被小型微利企业采用，而且企业的存货账面记录与实物管理相分离。

第四节　长期借款融资

如前所述，债务融资按使用期限可分为短期债务和长期债务。企业承担短期债务一般是为了解决短期流动资金的短缺问题，企业举借长期债务往往是为了满足调整资本结构和长期投资的需要。企业可向金融机构贷款，也可发行债券，因此，长期债务的主要方式为长期借款、租赁融资和发行企业债券等。由于创业企业和小微企业通常不具备发行债券的条件，因此本章主要讲解长期借款和租赁融资。

一、长期借款的种类

长期借款是指企业向银行或其他非银行金融机构借入的使用期超过一年的借款，主要用于购建固定资产和满足长期流动资金占用的需要。我国目前长期借款的种类主要有：按照提供贷款的机构，可分为政策性银行贷款和商业银行贷款等。此外，企业还可以从信托投资公司取得实物或货币形式的信托投资贷款，从财务公司取得各种中长期贷款等。按照有无担保，分为信用贷款和担保贷款。信用贷款是指不需要企业提供任何担保，仅凭自身信誉或担保人的信誉就可得到贷款。

担保贷款是指借款人向贷款人提供某种担保而获得的贷款。根据担保方式不同，担保贷款又分为：一是保证贷款，即以第三者承诺在借款人不能偿还所借款项时，按约定，以承担一般保证责任或连带责任为前提而发放的贷款；二是抵押贷款，即由借款人或第三方的财产作为抵押物而发放的贷款；三是质押贷款，即以借款人或第三方的动产或权利作为质押物而发放的贷款。按照用途可分为固定资产投资借款、更新改造借款、科技开发和新产品试制借款等。

二、取得长期借款的条件

我国金融部门对企业发放贷款的原则是：按计划发放、择优扶植、有物资保证、按期归还。企业申请贷款一般应具备的条件如下。

（1）企业实行独立核算，自负盈亏，具有法人资格。

（2）企业的经营方向和业务范围符合国家政策，借款用途属于银行贷款办法规定的范围。

（3）企业具有一定的物资和财产保证，这是衡量偿债能力大小的一项标准。

（4）企业财务管理和经济核算制度健全，资金使用效益及企业经济效益良好，资产负债率符合银行的要求。

（5）企业在银行开立了基本账户和一般存款账户，办理结算。

（6）申请中长期贷款、新建项目的公司所有者权益和项目所需总投资的比例，不低于国家的投资项目资本金余额。

三、长期借款的程序

长期借款的程序大致包括以下几个环节。

（一）企业提出申请

企业借款应当填写"借款申请书"，向银行提出申请。借款申请书的内容包括借款金额、借款用途、偿还能力及还款方式等。同时，企业还应提供以下资料。

（1）企业及保证人的基本情况。

（2）经会计事务所审计核准的上年度财务报告，以及申请借款的前一期财务报告。

（3）项目建议书及可行性研究报告。

（4）银行认为需要的其他资料。

（二）银行进行贷前审核

银行按照有关政策和贷款条件，对借款企业的资料进行核实，评定贷款风险程度，依据审批权限，核准企业申请借款金额和用款计划，并及时答复借款企业。短期贷款答复的时间不得超过 1 个月，中、长期贷款答复时间不得超过 6 个月。银行审查的内容主要包括：企业的财务状况、信用情况、盈利的稳定性、发展前景及借款投资项目的可行性等。

（三）签订借款合同

银行经审核批准借款后，应与借款企业进一步协商贷款的具体条件，明确贷款的数额、利率、期限及一些限制性条款等，并签订正式的合同。借款合同是规定借款双方权利和义务的契约，具有法律约束力，借款企业和贷款银行必须共同遵守，严格履行合同规定的义务。借款合同的基本内容包括以下几个方面。

1．一般性条款

一般性条款是对借款本身所要求内容的规定，包括借款种类、借款用途、借款金额、借款利率、借款期限、还款方式等。

2．保证性条款

保证性条款是指银行为保护自己的权益，防范信贷风险，在合同中规定的一些保护性要求，是契约中的重要部分。例如，对借款企业维持足够偿债能力的书面要求和规定，包括维持一定的流动资金比例、按时提供财务报表、企业改变经营方式必须经债权人同意等。

3．限制性条款

由于长期借款的期限长，风险较高，因此，按照国际惯例，银行对借款企业通常都约定一些限制性条款，比如限制企业支付现金股利、限制企业资本支出的规模、要求企业高级管理人员购买人身保险等。

（四）取得借款

借款合同生效后，银行按合同规定一次或分次发放贷款，企业取得借款后，应按约定用途使用贷款。

（五）企业偿还借款

企业应按合同规定到期还本付息。通常情况下，借款到期前，银行要向企业发送还本付息通知单，企业应及时筹备资金按时偿还借款本息，如果企业因暂时财务困难不能按时归还借款，应在到期前向银行申请延期。是否延期由银行决定，未申请延期或申请延期未得到批准，其借款从到期次日起转为逾期借款。借款企业无力或拒不还款时，银行可依据法律程序处理借款企业作为借款保证的物资和财产，以抵偿贷款。借款企业未能履行借款合同规定义务的，银行有权依照合同约定要求提前归还借款。因此，企业应事先做好偿还安排，选择适当的还款方式。

四、长期借款的偿还方式

企业偿还借款的方式通常有三种。

（一）到期日一次偿还

这种方式是在到期日集中还款，会加大企业还款压力，因此，企业应在到期日前做好准备，以保证全部清偿到期借款。

（二）定期偿还相等份额的本金

这种方式是在借款期限内，定期偿还相等金额的款项，直至到期日全部还清。采用这种方式，避免了集中还款的压力，但要做好定期还款的资金安排。

（三）分批偿还

每批偿还金额不等，采用这种方式，便于公司灵活安排还款计划。

同时，企业还应根据自身的经营状况、财务状况，统筹安排并制订合理的还款计划，这是保证如期足额偿还借款的重要措施。

五、长期借款筹资评价

（一）长期借款筹资的优点

1. 借款筹资速度快

长期借款与发行股票、债券相比，手续更为简便，程序也较为简单，一般所需时间较短，因此，企业可以迅速地筹集到资金。

2. 借款成本较低

长期借款无须支付发行费用，利息可在税前扣除，使其成本比发行股票低得多。借款利率一般也低于债券利率，而且企业与银行的借贷关系是直接发生的，不需要通过中介机构，因此也减少了筹资费用。

3. 借款弹性较大

企业可以与银行直接商谈借款的数量、利率、期限等，并可在借款期间，根据企业的实际经营状况与银行进行协商，从而修改借款的数量和条件。在借款到期时，如有正当理由、经银行同意，还可延期归还。因此长期借款要比发行债券等筹资方式灵活得多。

4. 可以发挥财务杠杆的作用

因为长期借款是负债，所以可以和债券一样，发挥财务杠杆的作用，为企业带来财务杠杆的好处。

（二）长期借款融资的缺点

1. 融资风险较高

长期借款需要定期偿还本息，因而会形成较重的财务负担，若不能履行还本付息义务会使企业陷于财务困境，有较大风险。

2. 筹资数额有限

银行出于自身安全考虑，一般不愿一次贷出巨额资金，因此利用长期借款筹资一般都有一个上限，不可能满足企业全部经营的需要。

3. 限制性条款较多

银行向企业发放贷款时，一般都要规定一些限制性条款，这可能会影响到企业以后的经营活动。

六、其他银行借款

新设立的创业企业一般都是小型微利甚至无利企业，为了帮助创业企业的成长，帮助中小微企业的发展，很多银行都相继推出了各种形式的贷款，包括资产系列的贷款、信用系列的贷款、账款系列的贷款和伙伴系列的贷款等。一般来讲，凡符合银行授信条件的小微企业或新创立企业，以贷款银行可接受的抵（质）押物做担保，均可以申请用于生产经营的周转贷款和固定资产贷款。

（一）银行对企业授信的基本要素

授信银行对拟授信的企业进行贷款时，必须明确授信额度、授信期限、利率、授信用途和还款方式等要素。

1. 授信额度

授信额度通常不高于银行可接受的抵（质）押率。

2. 授信期限

根据企业借款人的贷款用途、还款能力等因素综合确定，贷款期限最长为 3 年（含）。

3. 利率定价

在综合考虑收益水平、市场竞争、客户信用状况等因素，在合法合规和风险可控前提下，确定贷款利率水平。贷款利率标准及调整按中国人民银行及本行相关规定执行。

4. 授信用途

其主要用于借款人日常生产经营、固定资产购置。用途须符合约定要求和监管规定，不得以任何形式流入证券市场、期货市场，不得挪用于借款人正常经营之外的对外借款、非正常经营等企业所申请贷款用途以外的其他用途。

5. 还款方式

贷款期限在 1 年（含）以内的，可选择按月、季付息到期一次偿清贷款本金的还款方式。贷款期限在 1 年以上的，可采用按月等额本息、等额本金还款方式。

（二）授信的业务流程

1. 提交申请表

小微企业或新创企业授信申请人须向银行提交申请表，并提供企业基本情况资料。

2. 落实双人调查制度

小微企业授信业务必须落实双人调查制度，客户经理对借款人提供的相关资料真实性负责。银行的客户经理一般都要到借款企业现场进行实地调查，并重点关注以下内容。

（1）借款人主体的合法性、授信相关资料的真实性以及信用状况调查。

（2）借款人的历史经营状况调查。

（3）借款人非财务信息，如员工构成、设备状态、存货等，以对借款人的经营状况进行全面了解。

（4）对贷款用途调查，了解贷款资金用途是否真实、合理，是否符合国家相关政策。

（5）根据借款人的经营及财务状况合理测算借款人资金需求，确定贷款申请额度，并根据借款人生产经营的规模和周期特点，为其合理设定还款方式及期限，以满足借款人的资金需求。

（6）对借款人还款来源调查，通过银行账户流水账单、税单、租金额、水电费等调查其资金流量，评估企业还款资金来源的充足性。

（7）与借款人法人代表或实际控制人面谈，了解其个人资信情况，是否存在重大纠纷、处罚、涉赌、不良嗜好等负面信息。

（8）抵押物权属是否清晰、确定，产权证书或其他权属文件是否完整、真实、有效，以共有财产抵押的，应当要求抵押人出具该财产所有共有人同意抵押的书面证明。

（9）抵押物状况，包括是否为银行可接受的抵押物、是否已抵押或已出租、地理位置、变现能力、价值与保值增值情况等。

（10）了解企业和实际控制人征信、他行授信增减情况；查询全国法院被执行人信息网，了解借款人及担保人是否涉及诉讼，若涉及诉讼则终止授信调查。

3. 填写授信调查或审查审批报告

客户经理根据调查情况填写授信调查或审查审批报告，按照银行审批流程上报审批。

4. 通过后，审查发放

贷款获得审批通过后，按照银行授信业务审查发放操作流程的要求进行审查发放。

但是，一旦出现下列情形之一的小微企业，银行的授信会退出。

（1）授信风险分类为次级、可疑或损失类。

（2）借款人违反借款用途或合同约定，将贷款挪用于其他违法、违规用途的。

（3）借款人发生重大变故危及贷款安全的。

（4）借款人由于抵押物价值降低或抵押物灭失未按银行要求更换或追加，擅自处置其重要资产的。

（5）借款人涉及政治风波或经济、法律纠纷、存在欺诈或有严重不正当竞争行为，被司法、税务或工商部门提出过警告或处罚，或涉及重大法律诉讼、民事纠纷，其存款账户、资产等有被冻结查封情况。

（6）法定代表人或实际控制人有不良行为，被司法起诉、拘留、监视，或借款人或保证人态度发生变化，缺乏坦诚合作态度，约见困难，经营场所或法人代表住所无人，失去通信联系。

（7）发生重组、合并、分立、停产、歇业等不利于银行债权安全的重大情况变化。

（8）其他需要退出的小微企业。

第五节　租赁融资

一、租赁的概念和种类

租赁是指按照契约或合同的规定，出租人以收取一定的报酬为条件，在一定的期限内，将资产租给承租人使用的一种经济行为。其中，出租人主要是各种租赁公司，承租人主要是需要资产的各类企业，租赁物大多为设备等固定资产。租赁行为涉及的是实物而不是货币资金，但其实质上仍具有借贷属性。20 世纪 50 年代初借贷行为开始在美国兴起，20 世纪 80 年代初期，中国国际信托投资公司首次开展了国际租赁活动，到 80 年代末期，租赁特别是融资租赁已成为企业一种重要的长期资金筹集方式。近年来，我国经济发展进入到了快速道，大批创业企业和中小微企业也得到了迅速成长，由此资金短缺问题也日益突出，各种信用贷款资源也是十分有限的。由于租赁具有融资与融物相结合以及分期付费等特点，所以租赁当今受到了越来越多小企业的青睐。

现代租赁的种类很多，根据租赁的期限和双方权利义务关系的不同，可分为经营租赁和融资租赁两种。

（一）经营租赁

经营租赁又称营运租赁、服务租赁，是指出租人在短期内向承租人提供租赁资产，并负责维护保养和人员培训等服务性业务。承租企业采用经营租赁的目的，不在于融通资金，而是为了解决短期的、临时的资金需求并获得出租人提供的专门技术服务。从承租企业无须先筹资再购买设备便可拥有其使用权的角度来看，经营租赁又有短期筹资的功效。

经营租赁的特点主要有以下几个。

（1）承租人根据自身生产经营需要可以随时向出租人提出租赁资产的需求。

（2）租赁期较短，不涉及长期的固定义务。

（3）在租赁期内，如果承租人不需要再使用租入设备或出现更高效率的新设备时，承租人可以按规定提前解除租赁合同，将资产退还给出租人，这一选择权对承租人比较有利。

（4）出租人承担租赁资产的维修保养责任，可保证租赁资产的完好，以便继续出租。

（5）由于出租人承担租赁资产的风险并提供专门服务，因此收取的租赁费较高。

（6）租赁期满或合同中止时，租赁资产由出租人收回。

（二）融资租赁

融资租赁又称资本租赁、长期租赁或金融租赁，是指实质上为转移与一项资产的所有权有关的全部风险和报酬的一种租赁方式。按照融资租赁方式，出租人根据承租人的要求融资购买设备，并在契约或合同规定的较长期限内提供给承租人使用的信用性业务，租赁期满，设备以较低的价格转让给承租人，即留购，或以较优惠的租金续租，也有的退租，但一般情况下为留购。融资租赁是以融通资金为目的，以出租实物形式取代向企业提供设备贷款，是融资与融物的结合，起到了双重作用，是企业筹措长期借入资金的一种特殊方式。

与经营租赁相比，融资租赁的主要特点有以下几个。

（1）一般先由承租人向出租人提出正式申请，再由出租人融资购进承租企业所需的设备租给承租人使用。

（2）租赁期限较长，租期大多为设备耐用年限的一半以上。按照国际惯例，租赁期超过租赁资产经济寿命75％即为融资租赁。

（3）租赁关系比较稳定。在规定的租赁期限内除非双方都同意，否则，任何一方不得中途解约，这样既有利于承租人长期稳定的使用租赁设备，也有利于出租人获得稳定的租金收入。

（4）由承租人负责设备的维修保养，承担租赁资产的风险，但其所有权仍归出租人所有。

（5）租赁期满时，按照事先约定的办法处置设备，可以有留购、续租或退还三种选择，一般情况下都是由承租人留购。

融资租赁按其业务的不同特点，可分为如下几种形式。

（1）直接租赁，即由承租人直接向出租人提出申请，出租人按照其要求进行融资来购买资产，然后出租给承租人使用。这种租赁形式的主要特征为出租者既是租赁设备的购买者，又是设备的出租者。直接租赁的主要出租人可以是制造商、租赁公司和金融机构等。

（2）售后租回，又叫回租租赁，是指公司先按照协议将资产卖给出租人，再作为承租人将所售资产租回使用，并按期支付租金。在这种租赁形式下，承租企业因出售资产而获得了一笔现金收入，使固定资产流动化，增强了企业资金运用的灵活性，同时因将资产租回而又保留了资产的使用权，另外，企业支付的租金又可以抵消部分所得税。但是，承租人要为此定期支付租金，并失去了资产的所有权。售后租回中的出租人可以是保险公司、其他机构投资者、财务公司或租赁公司等。

（3）杠杆租赁。杠杆租赁是被广泛采用的一种租赁形式。与前两种形式只涉及两方当事人的情况不同，杠杆租赁一般要涉及承租人、出租人和贷款人三方当事人，出租人一般只支付相当于租赁资产的20%～40%的资金，其余60%～80%的资金则以该资产为担保向贷款人借资支付。从承租人的角度来看，与其他融资租赁形式并无区别，同样是按合同的规定，在租赁期内按期支付一定的租金，获得资产的使用权。但对出租方却不同，在这种形式下，出租方既是承租人又是债务人，既要收取租金又要支付债务。同时，出租人以较少的投资获得100%的折旧，从而获得税务上的好处，降低了其租赁的成本。正是由于出租人负债，其财务状况具有杠杆效应，因而称之为杠杆租赁。

（4）转租赁，即租赁公司兼备出租人和承租人两种身份的一种租赁形式。当承租人向租赁公司提出租赁申请时，租赁公司由于资金或设备等方面的原因无法满足承租人要求，可先作为承租人向其他租赁公司或制造商租进所需的设备，再转租给承租人使用。这种形式的租金一般比直接租赁要高。中间租赁公司既支付租金又收取租金，两项租金的金额有一定的联系，但不完全相同，转租期与租入期也不完全一致，由中间租赁公司根据实际情况进行调整。

以下，专门讲解融资租赁的基本内容。

二、融资租赁的程序

（一）选择租赁公司

企业决定采用租赁获取某项设备时，首先应了解各个租赁公司的经营范围、业务能力以及与其他金融机构的关系和资信情况，取得租赁公司的融资条件和租赁费率等资料，并加以比较，从而择优选定。

（二）办理租赁委托

企业选定租赁公司后，便可向其提出租赁申请，办理委托。企业需要填写租赁申请书，说明所需设备的具体要求，同时还要提供企业的财务状况文件，包括资产负债表、利润表和现金流量表等。

（三）签订购货协议

由承租企业与租赁公司的一方或双方合作组织选定设备制造厂商，并与其进行技术与商务谈判，签署购货协议。

（四）签订租赁合同

租赁合同是由承租企业与租赁公司签订的，是租赁业务的重要法律文件，具有法律效力。租赁合同的内容一般分为一般条款和特殊条款两部分。

一般条款主要包括：合同说明、名词释义（即解释合同中所使用的重要名词，以避免歧义）、租赁设备条款、租赁设备的交货、验收和税务、使用条款、租赁期限及起租日期条款、租金支付条款等。

特殊条款主要包括：购货协议与租赁合同的保管、租赁设备的所有权、对出租人和承租人的保障、设备的使用和保管、维修、保障责任、保险条款、租赁保证金和担保条款、租赁期满时对设备的处理条款等。

（五）办理验货与保险

承租企业收到租赁设备时，要进行验收。验收合格后签发交货及验收证书并提交给租赁公司，租赁公司据以向制造商支付设备价款。同时，承租人向保险公司办理投保事宜。

（六）支付租金

承租企业按照合同规定的租金数额、支付方式等，向租赁公司支付租金。

（七）租赁期满的设备处理

融资租赁期满时，承租企业应按照租赁合同的规定，实行退租、续租或留购。最常见的处理方式是留购，即出租人以较低的价格或无偿将租赁资产的所有权转给承租人。

三、融资租赁租金的确定

在租赁筹资方式下，承租企业要按照合同规定向出租人支付租金。租金的数额和支付方式对承租企业的财务状况具有直接的影响，因此，承租人应加强对租金的重视。

（一）融资租赁租金的构成

融资租赁的租金主要包括设备价款和租息两部分，其中租息又可分为租赁公司的融资成本和租赁手续费等。设备价款是租金的主要内容，它由设备的买价、运费和途中的保险费等构成。融资成本是指租赁公司为购买租赁设备所筹集资金的成本，即设备租赁期间的利息。租赁手续费包括租赁公司承办租赁设备的营业费用以及一定的盈利。租赁手续费的高低一般没有固定的标准，可由承租企业与租赁公司协商确定，按设备成本的一定比率计算。

（二）租金的支付方式

租金的支付方式也会影响到每期租金的多少，其支付方式一般有以下三种。

1．按支付时期长短

租金的支付方式可以分为年付、半年付、季付和月付等方式。

2．按在期初还是期末支付

租金的支付方式可以分为先付租金和后付租金两种方式。

3．按每次是否等额支付

租金的支付方式可以分为等额支付和不等额支付。

在实务中，大多承租企业都采用后付年金方式支付租金。

（三）确定租金的方法

租金的计算方法很多，现在国际上广泛采用的有平均分摊法、等额年金法、附加率法、浮动利率法。在我国的融资租赁实务中，大多采用平均分摊法和等额年金法。

1. 平均分摊法

平均分摊法是指以事先商定的利息率和手续费率计算出租赁期间的利息和手续费，然后加上设备成本一起按支付次数平均计算的方法。这种计算方法没有考虑货币的时间价值因素。每次应付租金的计算公式如下。

$$R = \frac{(C-S)+I+F}{N}$$

式中，R——每次支付租金；

C——租赁设备价款；

S——租赁设备预计残值；

I——租赁期间利息；

F——租赁期间手续费；

N——租期。

【例 9.12】智讯公司采用融资租赁方式于 2016 年 1 月 2 日从租赁公司租入一套设备，设备价款为 20 万元，租期为 5 年，预计租赁期满时的残值为 2 万元，归租赁公司所有，年利率为 8%，租赁手续费为设备价款的 2%，租金每年末支付一次。则每次支付租金可计算如下：

$$R = \frac{(20-2)+[20\times(1+8\%)^5-20]+20\times2\%}{5}$$

$$= \frac{18+[20\times1.469-20]+20\times2\%}{5}$$

$$= \frac{18+9.38+0.4}{5}$$

$$= \frac{27.78}{5}$$

$$=5.56（万元）$$

2. 等额年金法

等额年金法是指运用年金现值的计算原理计算每期应付租金的方法。在这种方法下，通常要确定一个包含利率和手续费率在内的租费率作为贴现率。根据后付年金和先付年金现值的计算公式[①]，经推导后可得到后付等额租金方式下每年末支付租金的公式为：

$$R = \frac{PVA_n}{PVIFA_{n,i}}$$

式中，R —— 每年支付租金；

---

① 参见第八章中的普通年金和预付年金。

PVA_n —— 等额租金现值；

$PVIFA_{n,i}$ —— 等额租金现值系数；

n —— 支付租金期数；

i —— 租费率。

【例 9.13】根据【例 9.12】资料，假设设备残值归属承租企业即智讯公司，租费率为 10%，则计算可按公司每年末支付的租金。显然，本例计算的租金属于后付年金。

$$R = \frac{20}{PVIFA_{5,10\%}}$$

$$= 20 \div 3.791$$

$$= 5.28（万元）$$

承租企业可以编制租金摊销计划表以便于有计划地安排租金的支付。现根据【例 9.13】有关资料编制计划表，如表 9-5 所示。

表 9-5　租金摊销计划表　　　　　　　　单位：元

日期	支付租金 （1）	应计租金 （2）=（4）×10%	本金减少 （3）=（1）-（2）	应还本金 （4）
2016 年 1 月 2 日	—	—	—	200 000
2016 年 12 月 31 日	52 759	20 000	32 759	167 241
2017 年 12 月 31 日	52 759	16 724	36 035	131 206
2018 年 12 月 31 日	52 759	13 121	39 638	91 568
2019 年 12 月 31 日	52 759	9 157	43 602	47 966
2020 年 12 月 31 日	52 759	4 793	47 966	0
合计	263 795	63 795	200 000	—

从以上计算过程可以看到，租赁设备的购置成本、利息、租赁手续费、预计租赁设备的残值、租赁期限以及租金的支付方式均会影响每期支付租金的数额。

四、租赁与借款购买决策分析

对于承租方来说，重要的是使用资产，而不在于资产的归属。获得资产使用权的一种方法是租赁，另一种方法则是筹集资金购入所需资产。租赁和借款购买在很大程度上存在着相似性，如要求承租方或借款方按期支付利息和本金或租金，如果违约则可能导致企业破产，两种筹资方案对企业的资本结构也会产生相同的影响等。因此，应从效益和成本的角度考察租赁和购入哪种方式更合算，将其方案进行比较。

用净现值指标对租赁与借款购买的方案进行比较，首先确定租赁方案各年的税后现金流量，并计算其净现值，然后确定借款购买方案各年的税后现金流量，并计算净现值，最后将租赁方案的净现值与借款购买方案的净现值进行比较，选择最优方案。在计算净现值时，一般都把税后利率作为折现率。

【例 9.14】健华食品加工公司现需购置一套新设备，目前可考虑租赁和借款购买两种

筹资方案。在租赁方案中，租赁合约要求在 4 年租赁期内每年支付租金 5 000 元，所有
的维护费、保险费等其他费用都是由出租人来承担。在借款购买方案中，该设备的购置
成本为 20 000 元，使用期限为 5 年，期末残值为 0，采用直线折旧法计提折旧，所以每
年的折旧额为 20 000÷4＝5 000 元。公司可以获得总额为 20 000 元，年利率为 12% 的银
行贷款，还本付息方式采用每年年末等额偿还，即每年末偿还 20 000/$PVIFA_{4,12\%}$＝
20 000/3.037＝6 585.45（元）。公司所得税税率为 25%。问哪种方案更合理？计算分析
如下。

（一）租赁方案的现值

本例中的租赁属于经营性租赁，承租人只承担租赁费。有关现金流量如表 9-6 所示。

表 9-6 健华食品加工公司租赁方案现金流出　　　　　　单位：元

年份	租金支出	税蔽（租金支出×25%）	税后现金流出
1	5 000	1 250	3 750
2	5 000	1 250	3 750
3	5 000	1 250	3 750
4	5 000	1 250	3 750

折现率为：12%×（1-25%）＝12%×75%＝9%

租赁方案净现值＝3 750×$PVIFA_{4,9\%}$＝3 750×3.240＝12 150（元）

（二）借款购买方案

借款购买方案每年支付的利息是由当年末偿还的本金余额与利率相乘得到，随着本
金的偿还，各年利息逐渐减少。利息和折旧所提供的税蔽为年利息与折旧之和乘以公司
所得税税率 25%。借款购买方案的现金流量如表 9-7 所示。

表 9-7 健华公司借款购买方案现金流量现值　　　　　　单位：元

年份	（1）贷款偿还	（2）年末本金余额	（3）利息	（4）折旧	（5）税蔽	（6）税后现金流出	（7）现金流出的现值
0		20 000.00					
1	6 585.45	15 814.55	2 400.00	5 000.00	1 850.00	4 735.45	4 342.41
2	6 585.45	11 505.36	1 897.75	5 000.00	1 724.44	4 861.01	4 092.97
3	6 585.45	7 025.52	1 380.64	5 000.00	1 595.16	4 990.25	3 852.47
4	6 585.45		843.06	5 000.00	1 460.77	5 124.68	3 628.27

折现率同样也是 9.00%，每年的现金流出量现值都是以 9% 的折现率进行折现的，
根据上表的计算，借款购入的净现值＝4 342.41+4 092.97+3 852.47+3 628.27＝15 916.12
（元）。

由于租赁方案现金流出的现值为 12 150 元，低于借款购买方案现金流出的现值 15 916.12 元，说明租赁方案优于借款购买方案，故应选择租赁方案。

五、租赁融资评价

（一）租赁融资的优点

1．筹资速度快

租赁是融资与购置设备同时进行，可以缩短设备的购进、安装时间，使企业能够尽快投入生产。因此，租赁通常比借款购买设备更迅速、更灵活。

2．可保存企业的借款能力

租赁融资不使企业负债增加，不会改变企业的资本结构，因此，企业的借款能力不会因租赁而丧失。

3．可避免资产无形损耗的损失

随着科学技术的进步，固定资产更新周期日趋缩短，企业设备陈旧过时的风险很大，但是由于经营租赁期限较短，租赁期满将设备归还出租人，这种风险完全由出租人来承担，融资租赁也不会像自己购买设备那样整个期间都承担风险，因此，利用租赁筹资可减少这种资产无形损耗的风险。

4．到期还本负担轻

租金在整个租期内分摊，这样企业就没有到期偿还大量本金的压力了。许多借款都是在到期一次偿还本金，这会给财务状况较差的公司造成相当大的困难，有时会出现不能偿付的风险。而租赁则把这种风险分摊在了整个租期内，使其到期风险减小。

5．具有抵税作用

租金可以在税前扣除，能够减轻承租企业的税收负担。另外，许多国家都对租赁减税做了规定，如可以减免投资税，租赁外国设备可以减免关税等。

6．为企业提供一种新的资金来源

因为出租人对承租人的筹资行为所做的限制不像贷款人所要求的那么多，所以当一个企业正在扩展中或筹资能力有限时，不能再向外界筹集大量资金，这种情况下，采用租赁形式就可使企业不付出大量资金就能及时得到所需的设备。

（二）租赁融资的缺点

租赁融资最主要的缺点就是资本成本较高。一般来说，融资租赁的内含报酬率要高于借款融资和债券融资的利息率。在企业财务困难时期，固定的租金支出也会形成一项财务负担。承租人一般还无权对承租设备进行改进，这可能会造成生产效率降低。另外，采用融资租赁方式融资，不能享有设备残值，这也可以看作是企业的一种机会损失。

本章小结

本章介绍企业不同成长阶段的融资特征和融资形式，创业企业的风险与杠杆，短期负债融资和长期负债融资的内容。

（1）一个企业的发展至少经历四个阶段：引入及初创期、成长期、成熟期和衰退期。引入及初创期阶段的主要资本来自创业者个人投资、私人借款和入股、天使投资；在成长期阶段企业主要是风险资本并从金融机构贷款。成长后期阶段，私募股权资本开始进入企业，而且企业也开始做中长期贷款；成熟期阶段，企业拟或上市融资并利用长期负债调整资本结构，让所有者获得更多的收益；企业进入衰退期，多数投资者通过转售、并购、重组等方式退出企业，取得投资收益。

（2）随着企业的成长，企业会面临自身的经营和财务两方面的风险，前者为经营风险，后者为财务风险。

（3）引致经营风险的因素一般有市场需求变动、价格变动、固定经营成本的变化和产品或服务的价格调整能力强弱等，经营风险属于非系统风险，一个企业的固定经营成本越高，经营风险就越大。

（4）一旦企业运用债务资本，就会在经营风险的基础上又平添了财务风险。

（5）短期负债融资是成长中的小企业运用最多的方式，包括自发性融资、短期银行贷款和其他有担保品的短期融资三类。自发性融资还包括商业信用和应计费用项目等。

（6）如果企业的资信过低或所需资金太多但实力又较弱，可采用其他短期融资方式，主要有应收账款融资和存货融资。

（7）长期债务的主要方式为长期的银行借款和租赁融资等。

（8）融资租赁是以融通资金为目的，以出租实物形式取代向企业提供设备贷款，是融资与融物的结合，起到了双重作用，是企业筹措长期借入资金的一种特殊方式。

思考题

1. 为什么企业发展到一定阶段不仅需要股权资本还要有债务？
2. 经营风险和财务风险有何差异？
3. 为什么各个行业的经营风险各有不同？
4. 为什么会产生财务风险？
5. 影响企业资本结构决策的重要因素有哪些？
6. 短期资金包括哪种类型的负债？
7. 什么是自发性融资？企业为什么一般都有这类融资？
8. 在商业信用和应计费用这两种融资形式中，哪一种的自发性更强？阐明理由。
9. 商业信用有成本吗？如果一家公司不使用现金折扣，会产生成本吗？
10. 无成本的商业信用与有成本的商业信用的差别在哪？
11. 哪些短期负债应归为应计费用？财务经理对应计费用的数额有多大的控制力？
12. 企业的短期银行借款有哪两种？与自发性融资相比，短期银行借款的特点是什么？
13. 什么是补偿存款余额？什么是贷款额度？
14. 银行计算贷款利息有哪几种方法？
15. 应收账款抵押和应收账款出售之间的区别。
16. 应收账款融资有哪些优点和缺点？
17. 作为财务经理，你怎样决定采用哪种形式的应收账款融资？
18. 存货融资有哪几种形式？试评价存货融资。

19. 旭日升公司计划其销售额从 1 500 000 元提高到 2 000 000 元，但为此需要增加流动资产 300 000 元，这笔资金可从银行获得，利率 12%，银行要求贴现利息付款，不要求补偿存款余额。如果采用另一种方式融资，吉利公司可通过放弃购货的现金折扣进行融资，由此而增加应付账款。该公司购货的信用条件为"2/10，n/30"，但可以推迟 35 天付款，即在第 65 天支付，而且不会受到任何惩罚，因为供货商当前的生产能力有剩余。要求：①根据这两种融资的成本，该公司应当采用哪种方式可扩大销售融资？②该公司在决定采用哪种融资方式前还应当考虑哪些其他因素？

20. 金马泰公司是一家专门经销空气净化设备的新创业 1 年的小企业，由于空气质量的下降，最近准备加大推销家用净化设备力度，需要增筹资金 3 750 000 元，计划通过出售应收账款获得这笔资金。做保理的金融机构按每月发票总价格扣除 2%手续费购买金马泰公司的应收账款。该公司销售的信用条件是 n/30。此外，保理金融机构按发票总价格的 13%年利率收取利息，并预先扣除。要求：为实筹 3 750 000 元资金，该公司必须出售多少元的应收账款？

21. 已经创业 2 年的一家专门销售进口音响设备的小企业——涛声公司预测在本年 1 月至 6 月份的经营中会发生资金短缺，需要在这 6 个月内通过存货融资方式取得 1 440 000 元银行借款。银行能在 6 个月内提供的信贷额度为 1 800 000 元，要求公司按已使用信贷额度的 1%支付手续费，而且每月的补偿存款余额必须为 250 000 元。预计可用以融资的各月存货水平如下表所示。

1 月～6 月存货水平

月份	存货金额（元）
1	300 000
2	1 200 000
3	1 440 000
4	1 140 000
5	720 000
6	0

要求：计算这一融资渠道的成本（即利息成本与手续费之和）。

22. 海德公司考虑两种筹集营运资本的方式：①以应收账款作为抵押取得商业贷款；②保理应收账款。银行同意以年利率 9%，按每月应收账款余额 250 000 元的 75%贷款。银行贷款采用一系列 30 天贷款的形式，贷款必须贴息和要求 20%的补偿性余额。

有一个做保理的金融机构同意买入海德公司的应收账款，提供资金数量为公司应收账款余额的 85%。在保理安排下，该金融机构扣除应收账款的 15%作为备抵账户项目，保理金融机构收取 3.5%的保理手续费用和按发票价 9%的年利息。年利息不包括保理手续费和备抵部分，每月支付的利息预先扣除。如果海德公司选择保理安排方式，可以撤消其信用部门，减少每月相关费用 4 000 元。另外，还可以避免应收账款 2%的坏账损失。

提问：

（1）每种融资安排下的年成本是多少？

（2）除了成本之外，请讨论会影响保理与商业银行贷款之间进行选择的管理决策的因素。

23. 租赁可分为哪些形式？融资租赁与银行借款两种筹资方法有何异同？

24. 一家创业 2 年的小企业准备采用融资租赁方式于 2017 年 1 月 3 日租入一台设备，价款为 50 万元，租期 5 年，年利率为 10%，预计租赁期满时的残值为 2 万元，归租赁公司所有，租赁手续费为设备价款的 3%，租金每年末支付一次。

要求：计算每次支付的租金额，并编制租金摊销计划表。

第十章　股权融资

事实上，创业者与股权投资者之间的关系很简单，创业者提供创意、经验和汗水，而投资者就是提供资本，创业成功了，创业者和股权投资人共享创业成果。

第一节　股权融资概述

一、企业发展阶段与股权融资

第九章介绍了持续经营的企业一般都要经历引入及初创期、成长期、成熟期和衰退期四个阶段。除了衰退期以外，处于任何一个发展阶段的企业来讲，融资都是一个非常大的挑战，要有毅力和闯劲，还要有创新力。不同发展阶段的企业，除了要有一定的债务融资，股权融资是必不可少的来源。企业通过股权融资，一方面确立了所有者的控制或参股地位，另一方面确定了企业抗风险的资本实力。

图 10-1 为不同发展期和不同股权融资来源的大致情况。

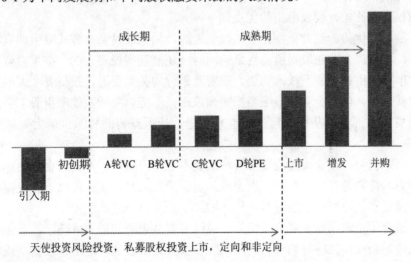

图 10-1　企业发展期与股权融资来源

在企业引入及初创期，创始人对设想或创意的项目有了比较清晰的认识或者已经开始工作，此时项目需要的资金多半都是为生产、试验和修改创业项目所需。通常，创始人自己投资一部分，从亲朋好友那里借入一部分。但这部分资金依然不够使用，此时需要引入天使投资。

度过初创期，企业的项目产品在不断修改、完善后有了成熟的模样，投入市场而且市场份额渐渐扩延，商业模式基本定型。企业进入了成长期和成熟期，此时需要更多的资金扩大公司的规模和拓展市场。成长期的资金来源先是风险投资机构（VC），一般分阶段获得资金投入，如图 10-1 中的 A 轮、B 轮和 C 轮，如果可能的话，还会做 D 轮和 E 轮的融资。A、B、C、D 轮的融资也就是第一、第二、第三和第四轮融资等。随着融资轮数的推进，私募股权投资机构（PE）的资金进入企业，其目的主要是推动企业发展上市，并协助企业增发融资，收购其他企业，此后通过转让股权方式获利。

企业进一步发展，或者持续经营下去，或者投资人为了获得较高的收益转让其股权，也许企业的产品在市场上有了替代品，市场萎缩，企业进入衰退期，此时被并购或企业整体被管理层收购。

创业者应当清楚，企业不同的发展阶段会有不同的融资来源及方式，而且不同的融资方式，其资本量和资本成本也是有差别的。

二、股权融资的优缺点及融资渠道

（一）股权融资的优缺点

股权融资是指企业通过转售或其他方式交易企业的股权或股票获得资金的融资方式，是以企业的控制权来换取所需要的生产经营和发展的资金。股权融资与其他融资方式的区别就是让企业的股权产生了变动，股本提供者成为企业的所有者，享有所有者的收益分配权、财产清偿权并承担相应的义务。

1. 股权融资的优点

与债权融资比较，股权融资的优点如下。

（1）战略性优势。创业企业在引入投资人时，如果通过私募方式吸引拥有特定资源的投资者，可以让企业在取得所需资金的同时，还能获得投资人的一些重要资源，如商业人脉、市场渠道和份额、技术优势、政府及银行的关系渠道、投资者个人的社会影响力等，这就是说，创业企业融资应当把眼光放远，不应以某一次能融得股本资金的多少来选择投资人，而应当从更长远的利益来考虑，让所获得的资源价值大大超过了资金本身。

（2）资本优势。企业通过股权融资增加资本金和净资产，不会给企业造成定期还本付息的压力，特别是在企业经营出现困难和现金流短缺时，企业可以不对权益投资人分配红利，减轻了企业财务上的暂时负担，增加了企业抗风险的能力。

（3）适合于企业任何发展阶段优势。股权融资从企业初创到成熟，甚至企业衰退被并购，无论是企业在某些时期有无利润，股权投资人都会适时地进行投资，或者帮助企业成长，或者供企业长期发展资金的使用，或者帮助企业转型退出。实质上，股权投资人谋求的是长期利益和更高的经济利益，随着企业的向前发展，股权投资人会长期获得收益，即使企业退出，投资人通过股权转让也能取得很好的收益。

（4）可提升企业价值和完善治理结构的优势。股权融资特别是上市融资，通过公开市场的交易和股价变化，可以引起社会的广泛关注，借此有利于提升企业的价值和形象；而且，公开上市融资，必须遵守市场规则要求，企业要建立比较完善的法人治理结构，法人治理结构要求企业董事会、管理层、监事会和股东大会之间形成一个相互制约、相互促进的制衡机制，有益于规范经营和管理。

2. 股权融资的缺点

但是，股权融资也存在一些劣势。

（1）后续的股权融资会稀释先前投入的股本份额。股权份额的稀释可能失去对企业的控制权和相应的利益。

（2）由于有新股东的加入，可能在公司的发展目标和战略上与原先的目标和战略出现分离，还可能出现委托代理问题，严重的会影响企业经营和未来的发展。

（3）股权融资的成本较高，其包括发行费、咨询中介费和股东报酬等的成本一般高于负债融资成本等。

（二）股权融资渠道

股权融资渠道包括直接通过私募方式从企业外部引入战略投资人和在市场上以公募方式首次发行股份、配股、增发、债转股、留存收益以及以资本公积转增股份等形式，如图 10-2 所示。

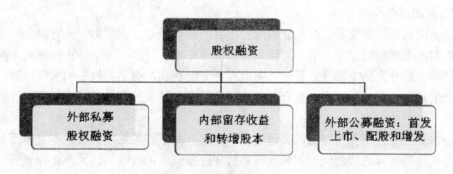

图 10-2　股权融资渠道

1. 外部私募股权融资

私募股权融资（Private Equity，PE）是一个很宽泛的概念，指通过非公开股权交易获得资本的融资方式，或者，上市公司非公开股权交易的一种方式。从融资角度看，私募股权资金就是定向募集资金，融资者通过私募投资获得权益资金。一般说，私募股权投资人都有明确的目标，他们通常不对初创企业投资，不在创业企业的引入创立初期进行投资，他们投资的目的一般就是获利、帮助企业成长上市，并通过在并购或管理层回购形式获益退出。私募股权融资的形式多种多样，五花八门，最典型的是风险投资的引入。广义的私募股权融资包括天使（投）融资、风险（投）融资（Venture Capital）或风投，以及夹层资本[①]等。从英文字面上来看，风险资本是创业投资的意思，是一种蕴含着失败风险及潜在收益的投资形式。美国风险投资协会对风险投资的定义是由职业金融家投入到新兴的可迅速发展且具有巨大竞争潜力的企业中一种权益资本。因此，风险投

[①] 夹层资本（Mezzanine Finance），也称夹层融资，是指向融资方提供介于股权与债券之间的资金，通常是填补一些在考虑了股权资金、一般债权资金后仍然不足的资金缺口，私募股权资本市场的一种投资形式，是传统创业投资的扩展，起到过桥融资的作用。

资是在创业企业创立初期筹集资金的基本形式。

2. 外部公募股权融资

公募股权融资（Public Offer，PO），也称作非定向募集资金，一般来说，公募只有一种合法的形式，即上市发行股票从众多投资者那里筹集资金，企业通过非定向融资方式增资扩股常常能筹到较多的资金，传统的公募股权融资的渠道是股票市场。为了适应更多的投资者的投资需要，公募一般没有合约数量的限制，所有合法的社会公民都可以通过公募形式认购股本进行投资。所以，公募监管部门为了保障众多投资者的利益，要求融资企业要通过公告声明等定期向社会提供所有的财务和非财务的信息，并要求公募融资发行证券的企业具有较高的信用，符合法定的条件。公募股权融资一般都是在企业发展到成长后期和成熟期采取的通过公开市场交易的筹资方式。企业上市、上市增发和配股都是利用公开的资本市场进行股权融资的渠道。

当今，除了股票市场外，公募股权众筹即众筹的产生和推广，让创业企业又多了一种融资渠道，这是一种通过互联网的非上市企业融资的一种公募方式。关于众筹，本章后面有专门介绍。

3. 内部留存收益

企业成长和快速发展中，产品或服务项目的盈利是基本的保障，一方面企业可以从税后的利润中酬报投资人，另一方面企业可以从中留下一部分用于经营和发展。企业的税后利润一般分为两个部分：第一，向所有者分配利润，对他们投资的酬报；第二，留下剩余的利润一部分利润作为盈余公积金和公益金，其余的不做任何分配留在以后分配或补亏。

小微企业从外部获得资金的渠道有限，如果产品或服务的项目特色不突出而且面对的市场竞争激烈，这样的状况很难取得外部 PE 投资人的青睐。因此，企业要想发展还主要依赖自身的盈余积累。净利润及内部留存收益的分配方式如图 10-3 所示。

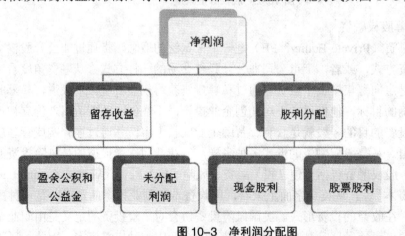

图 10-3　净利润分配图

从创业企业的外部股权资本渠道来看，创业企业可选择的股权渠道包括创业者自投资本、亲朋好友的私人资本、天使投资人资本、私募资本、公募资本、众筹资本和政府的引导基金[①]等，如图 10-4 所示。

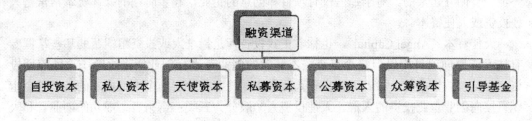

图 10-4　创业企业融资渠道

第二节　创业初期天使融资

处于不同发展阶段的企业，主要的资金来源并不一样。但创业企业在引入及创立时期，对资金的渴望非常急切，在引入开创阶段，初始资本大多来源于企业创业者的自投资金，有时也会来自外部的亲朋好友借款或权益注资。重点引入及初创期的三种主要的融资方式：天使资本，风险资本和其他来源。下面重点介绍天使资本，关于风险资本将在本章第四节中介绍。

一、天使资本

（一）天使资本的重要作用

对于一个尚未走出实验室阶段的科研成果和一个仅仅有创意的项目来讲，创业失败的比例高达一半以上。如果创业者坚持下去，第一道阻碍的关口就是融资。引入及创业初期的企业要闯过这道关口，非常困难，面对的挑战是巨大的，因为这段时期无论是创业项目或是创意以及创业的商业模式都尚未成熟，处于构建摸索中，可以说企业处在负现金流出和营业亏损阶段，没有成功的记录。但是继续发展需要资金，企业必须筹集资金，把创业项目做好，以度过这个艰难的时期。

创业起步时期，创业者的融资都用个人渠道，这包括自己的储蓄和其他资源如电脑及打印机、闲置房屋、汽车、日用品等甚至倾囊而出。家庭亲属和好朋友的资助也是初始阶段资金的一个重要来源，他们虽然投资不多，但对创业者长期接触，对其人品和能力都有自己的判断，他们可以把投资让创业者长时期使用而不抽回资金。没有确切的具体资料证实创业者个人、家庭亲属和好友到底投资多少。但很多成功的企业在创业早期都是自筹资金成立发展起来的。史蒂夫·乔布斯（Steven Jobs）及他的联合创始人史蒂夫·沃兹尼亚克（Steven Wozniak）创立之初把个人的一辆轿车和计算机卖掉，筹到 1 350 美金，并且在车库里制造了第一台苹果电脑。1975 年年初，比尔·盖茨（Bill Gates）和他的合作伙伴保罗·艾伦（Paul Allen）创办微软时，公司设在哈佛大学的一间学生宿舍

[①] 我国政府在 2005 年成立了政府引导基金，由政府出资设立母基金，风险投资机构设立子基金，并由风险投资机构操作基金对创业企业进行投资，政府起监管作用。经过 10 年的发展，2015 年，政府工作报告中指出国家已经设立了 400 亿元新兴产业创业投资引导基金。

里，又转迁到新墨西哥州的阿尔伯克基的一个旅店房间。①他们都是用个人储蓄把企业一步一步创办起来的。对于那些仅有项目和创意的企业，起步时期的外部资本常常是天使投资或天使资本。

天使资本（Angel Capital），也称非正式投资，是指个人或投资组织帮助那些掌握专有技术或原创项目构思但缺少自有资本开发的创业者进行创业所进行的一次性前期投资，也是权益资本的一种。天使投资人，常指那些富裕阶层的个人或成立的某个基金组织直接向创业企业投资的人群。天使投资人一般分为三类：富裕者、成功的创业者和大型科技企业和证券业或投资银行业的高级管理者。例如，由新东方创始人即董事长兼CEO俞敏洪和著名的投行家、华泰联合证券原董事长盛希泰共同组建的洪泰基金，其主要任务就是向那些新兴行业和项目的创业企业做天使投资。目前国内比较著名的天使投资机构主要有真格基金、洪泰基金、红杉资本中国基金、IDG资本、上海景港创业投资管理有限公司、清华科技园创业投资有限公司、国泰财富集团、泰山天使、联创策源、摩根士丹利（北京）、维众创业投资集团（中国）等数十家。

天使投资或融资的重要作用有以下三点。

1. 帮助初创企业成长

天使投资通常是创业者即将用完自投资金和家庭亲属及好友的投资后的融资，天使投资是帮助企业家创业的早期权益资本，其直接作用体现在推动创业企业培育项目和成长起来。在我国，由于产业结构的调整和社会经济的发展，有越来越多的人加入创业的行业中，但这些创业者基本上都会遇到资金不足的问题。天使投资人一般对熟悉的朋友、曾经的商业伙伴进行投资，对创业者的人品、能力和创意深信不疑，愿意在创业项目尚未形成的早期进行投资，以帮助创业初期启动项目。不同于传统意义上的风险投资，天使投资往往支持创业项目尚未成型但创新能力较强但不能吸引风险资本的初创企业，起到的是一个通往风投和私募的桥梁作用。

2. 聚集经济高科技和创新项目

天使投资协助创业企业的项目培育、成长，而新创业企业的项目或创意更多的是高科技项目、创新项目和市场上短缺的新兴产业项目。这些高科技企业项目、创新项目等具有高风险、高投入和高收益的特点，其技术风险、市场风险和开发运营方面的不确定性等风险的存在，项目的失败概率较高，然而一旦创业项目生产完成推向市场转化成功，会带来很高的附加值和收益。天使投资通过灵活的投资方式，在资本与高科技项目和创新项目之间架起了一座天桥，克服了项目产业化的资金阻碍。近年来互联网的发展成就了一大批互联网企业及相关企业。例如，优步（UBER）即时用车软件的推广已经覆盖了全球63个国家及344个地区，优步的司机既可以全职工作也能利用业余时间工作，这给社会既缓解了打车难的问题也带来了巨大的就业机会和比较丰厚的赚钱机会。

3. 给企业带来的资源超过了资金本身

天使投资人对初创企业的投资带给企业的不仅仅是资金，更重要的是广泛的社会资

① Compiled from Hofman. Desperation Capitalism: A Bootstrappers' Hall of Fame. Inc, Augst 1977, and Hoover' Online database, Http://www.hoovers.com/.

源（如市场渠道、影响力及人脉）和丰富的管理经验。这些天使投资人虽然投资的最终原因是为了投资回报，但同时他们愿意把自己的创业经验和丰富的管理经验、拥有的渠道和人脉网络让创业者分享，向创业者提出更好的运营建议和指导，与此同时，获得创业者的信赖与尊重。当今很多明星企业都曾接受过天使投资。例如，谷歌（Google）、联邦快递（FedEx）、星巴克（Starbucks）等都曾得到过天使投资人的资助。陈欧、戴雨森创立的聚美优品，在 2010 年创办之初，获得真格天使投资基金创始人徐小平的 18 万美元的投资，于 2014 年 5 月 16 日，国内最大的垂直美妆电商聚美优品成功登陆纽约证券交易所，发行价 22 美元收盘价 24.18 美元，这家国内的美妆电商已经成为行业的典范。

毋庸置疑，获得天使投资的创业企业，其成长和发展更有可能步入快速轨道。

（二）天使投资的特点

实际上，天使投资是风险投资的一个特殊形式。创业企业要想获得天使投资，必须了解天使资本的特点。

1. 天使投资额不大，投资期限较长，不追求即时的短期经济利益

如上所述，天使投资人多为那些富裕阶层的个人或有一定经济实力的组织，不同于纯商业组织的投资目的，其目的主要是协助培育新创企业的项目和扶持企业走上商业正轨，投资期较长，并不追求短期的经济收益。而且，天使投资的规模较小，一般都在从100 万元到 500 万元之间。

2. 天使投资的融资程序"短平快"

与风险投资和私募股权投资不同，天使投资的数额较小，所以投资人一般无须花大量的精力和时间细致研究与分析每一个项目。所以创业企业获得天使投资的程序相对简单而且快捷，不会通过复杂繁琐的投资决策程序，是否对一个企业投资一般都由个人决定。

3. 天使投资带有较强的感情因素

创业者要想获得天使投资，一个基本条件就是要有较好的个人关系和熟人介绍，他们看的主要是人品，单靠项目本身的优势说服天使投资人投资，其可能性较低。而且，天使投资人一般都投资熟悉的业务、技术和距离比较近的项目，对于那些长时间介绍也无法听懂甚至过于高大上的项目，天使投资人也不会感兴趣。

4. 天使投资是一项高风险高收益的另类风险投资

天使投资专注于初创企业的新项目，甚至投资扶持尚处在试验阶段的项目完成并推向市场，创业企业是否成功，前途未卜，风险极大。然而，如果创业企业能够了解天使投资人的理念，掌握了他们以往的创业管理经验并努力开拓市场，一旦成功，获得收益将是巨大的。

（三）天使投资的行业分布概况

在国际上，美国是新企业融资和创业投资最大的市场，很多统计数字显示，美国天使投资人的投资每年大约在 100 亿～200 亿美元。而且，从各国来看，正在全球蔓延。下图 10-5 列示除美国之外的一些国家国内创业融资和天使投资的资金体量。

由于天使投资行业的数据隐蔽性和公开披露的专门研究天使投资案例和规模远远低于实际水平。根据中国建设银行—波士顿咨询《2012 年中国财富报告》中显示的中国高

净值人群数为 148 万人，天使投资人有 1.4 人，占比不到 1%，投资总量在 3 000 亿～4 500 亿元，人均投资约 20 亿元到 30 亿元不等。

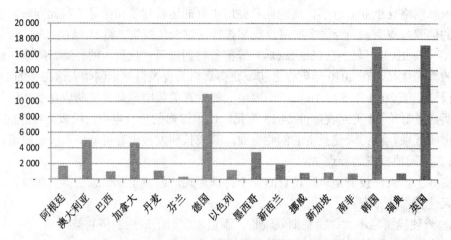

图 10-5　有关国家天使投资数额（百万美元）[①]

我国天使投资多集中在互联网、移动互联网和 IT 业的创业企业，对其他行业的投资较少。下面的图 10-6 显示了中国天使投资报告中 2008 年到 2013 年天使投资对有关行业的平均投资情况。图 10-7 则显示的是 2014 年的天使投资情况。

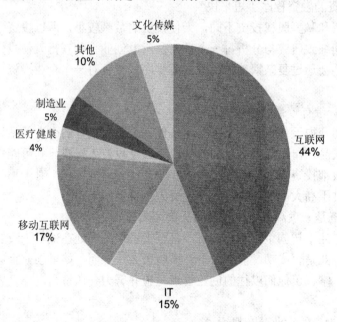

图 10-6　2008—2013 年天使投资行业分布

资料来源：http://research.chinaventure.com.cn/report_822.html，投中集团《2013 中国天使投资年度报告》。

---

① 资料来源：Global Entrepreneurship Monitor 2001 Summary Report. Reynolds, Camp, Bygrave, Audi, and Hay(London Business School and Babson College), 2002.本图根据该资料来源整理。

　　从图 10-7 来看，2014 年的投资与之前的天使投资相比，互联网和 IT 的天使投资保持在前两位，移动互联网虽然也位于第三，但投资比重已经从之前的 17%下降到 6%。

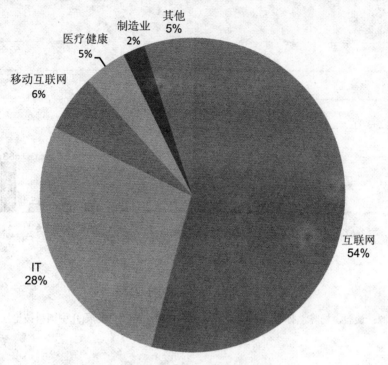

图 10-7　2014 年天使投资行业分布

　　资料来源：http://www.p5w.net/fund/gqjj/201412/t20141212_874390.htm，投中集团《2014 中国天使投资年度报告》。

　　近年来，我国的天使投资发展迅速，从天使投资的投资总量来看，2011 年天使投资总量为 6.01 亿元，到了 2014 年已经发展到 42.26 亿元，如图 10-8 所示。

图 10-8　2011—2014 年中国天使投资规模

资料来源：投中集团《2014 中国天使投资年度报告》。

　　中国的天使投资的行业偏好十分明显，如上所述，主要集中在互联网和 IT 等行业，具体看，如图 10-9 所示。

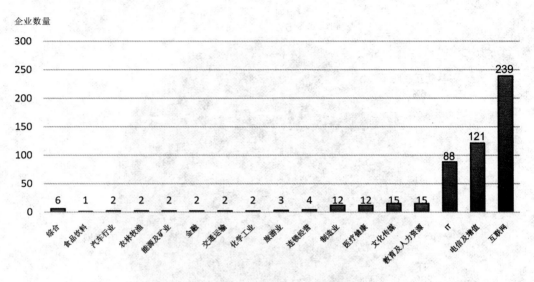

图 10-9　中国天使投资的行业分布特征

资料来源：谈毅，杨晔，孙革.中国天使投资市场规模、特征与发展[J].中国科技论坛，2015（9）：119。

（四）天使投资的融资方法

　　与发达国家相比，我国的天使投资兴起于 20 世纪 90 年代，但近年来逐渐被人们所熟知，开始成为创业企业初期首选的融资方式，而且发展的速度在加快。由于初创企业的管理经验少，创立资金的需求较大，市场风险也大，如果能获得天使投资的同时在管理经验上也得到传授，那么初创企业的成功的可能性就会提高。天使投资人投资在短期内并不要求什么回报，但他们都向初创企业提供长期资金，并给予像人脉、渠道等社会资源和初创及管理经验方面的支持。因此，急需资本的新创企业对天使资本的渴望不言而喻，但获得天使资本并非易事，不仅需要了解天使投资人对创业企业的选择条件，还要懂得如何吸引天使资金的方法。

　　1. 获得天使投资应具备的基本条件

　　了解天使投资人所要求的标准，也正是创业企业获得天使资金应当具备的基本条件。

　　（1）三个财务需求的标准。一是资金标准：天使投资人投资的标准常常掌握在 100 万元到 500 万元之间，个别的投资超过 500 万元。天使资本的投资的目的往往不是短期的金钱回报，因为他们投资的项目通常都是那些有着巨大发展潜力的，技术含量高的新兴产业项目，特别是那些满足青年创业项目的早期资金需要，以帮助解决初创小企业需求精准和快速营销的创业难题。二是股权份额标准：天使投资人向创业期企业投资后所占股权比例一般不低于 10%。急于融资的创业企业在找天使投资人融资时，处于谈判的劣势位置，因此融资前对自己企业的估值决定不了天使投资人的投资份额，融资的企业必须充分估计到这个问题。三是未来营业收入和利润的增长率标准。初创企业在未来 5 年到 10 年的营业收入和利润应该达到年增长率 10%到 20%甚至更高。这个标准是天使投资人要求的起码标准，但这个 20%增长率的要求一般并不能吸引风险投资和私募资本。

（2）创业项目的评判标准。获得天使资本，必须了解天使投资人的关注点和兴奋点。一般的关注点有项目的独特技术和与众不同的创意，能够创造新市场并占领一定份额的市场，成本领先，估计可获得 5 至 10 倍的投资回报率，良好的管理团队和有效的管理流程等。天使投资人评价创业项目时一方面看项目的技术独特性和可行性及其开发成本和生产成本的大小，另一方面要看管理团队的人员构成、素质及资历深浅，还要看项目的市场潜在竞争优势。这些都需要创业融资者准备一份详实可靠的商业计划书。

（3）良好的人际关系标准。找天使投资，人际关系网非常重要。即使有感兴趣的很好的创业项目，但天使投资人一般不会对不熟悉、不相识的创业者投资，即使是素未相识的创业者最好也需通过靠谱的同学、老师、亲朋好友、打过商务交道的律师、注册会计师的介绍去认识投资人。把创业者介绍给天使投资人的这些人脉实际上是一种人品"抵押"。因为，创业的核心是人，投资的成功主要在于人的能力强和品质佳。

2. 吸引天使资本的创业（商业）计划书

要想获得天使投资人的青睐，创业者应当通过某个途径认识投资人并进行交谈和提供创业计划书，较详细地将创业项目通俗易懂地表述出来。正如第一章所述的那样，创业计划书是创业者根据一定的格式和内容要求而编写整理的一个有关创业企业及其创业项目的目前状况、未来发展潜力及内外部环境条件和要素的书面文件。创业计划书主要是给投资人和项目合作方看的，让投资人和合作方对创业企业或项目本身做出评价，达到创业企业招商融资、获得其他资源的从而实现共赢的目的。

创业计划书通常有相对固定的格式，它几乎包括投资商所有感兴趣的内容，从企业成长经历、产品服务、市场营销、管理团队、股权结构、公司及项目的运营到融资方案。只有内容详实、数据可靠、装订精致的商业计划书才能吸引投资商。通过商业计划书，投资商能了解创业的企业是什么，发展方向是什么，看懂了创业者的项目，了解了创业者的创业思路、创业团队和相关的资源，知晓创业项目的商业运作步骤和实现的预期目标。这样的计划书才能使创业项目的融资需求成为现实。而且，商业计划书也是创业者成功拟建新企业的基本运营纲领和基本执行方案。

创业计划书包括的内容至少有：项目概要、产品或服务、运营流程、市场及营销、管理与财务、核心人物及管理团队和职责分工、投资合作方案和投资回报情况、关键风险等。有关创业或商业计划书的撰写内容第一章已做了介绍，在此不多赘述。但这里我们需要强调的是，项目概要是创业计划书的精华。

二、创业计划书的项目概要

商业计划书的第一个部分是项目概要，也称执行总结、执行摘要或项目综述，是对创业公司的产品或服务项目的总体介绍，需要用最简洁的语言概括陈述整个项目的全部内容。这部分应当是整个计划书的"卖点"、精髓。阅读这部分后，投资人或其他人应该对创业项目的整体轮廓有一个较为清晰的认识。按逻辑关系，这部分内容一般都在介绍全部内容后在计划书的最后做总结时写。当今的创业计划书都把项目的执行总结放到最前面，让天使投资人在最短时间内最先了解创业项目及其执行的关键要点但不是具体的细节。不一定把创业计划书的所有内容都按章节的先后顺序概括在项目概要内，但一定是最精彩的"迷你"版。创业计划书写多少页，最好掌握在3～6页左右，过少无法讲清楚创业项目的基本内容，过多会浪费投资人或合作伙伴的时间，让他们产生厌烦感。不同的创业项目会有不同的创业计划书，其项目概要也存在多少之分。以下将一个较大规模创业项目的执行总结书写内容总结如表10-1所示。

表10-1　创业（商业）计划书项目的执行总结的建议书写格式

项目概要内容	描述内容	建议的页数
投资亮点及公司概况	简单概述创业者的投资项目最吸引市场的地方（产品独特、市场广阔、投入与产出等）；概述创业公司的基本情况，包括成立时间、注册地、所属行业、公司组织形式、当前自有资本等	0.5
发展战略及商业模式	公司目标和3～5年或更长的发展规划；具体的商业模式（文字和图式），简单描述公司如何赚钱，公司的产业链和价值链上的位置，合作伙伴，什么时候有收入和盈余等	1
产品和服务	把自己当作消费者：创业产品项目的名称、特性与用途、功效、技术含量、售后服务等	1
市场定位及竞争	基于潜在客户的心理和客户购买力的分类，明确项目定位于高端或中低端以及自身定位（领先者、挑战者、追随者或补缺者）；分析当前市场竞争状况和未来市场需求以及潜在的竞争；营销渠道和方式、市场投入和消费者市场行为等	1
风险	简单描述将要面临的宏观风险包括政策风险、市场风险，公司的经营风险包括产品质量、价格波动和安全风险，公司的财务风险包括偿债和投资失败等	0.5
财务预测和资金需求	对项目的未来1～3年的资产、负债和所有者权益，以及收入、费用、盈利和现金流做简单描述；重点描述创业需要的投资额及所占股份，日后的投资回报率等	1.4
团队概括	展示创业者和核心管理团队的背景、构成和成就，还可以简单介绍顾问团队	0.6
可能的页数合计		6

第三节　创业初期的其他融资

创业企业初期的股权资金来源除了上述的自有的私人资金和天使投资外，还有参股的孵化器、加速器、股权众筹等。

一、孵化器

企业在创业的初期资金的需要量是非常大的，项目的研究与开发、试制与测试、投放市场、宣传与推广以及开发人员的薪酬等都是用资较多的地方。虽然有天使投资人的注资，很多创业初期企业依靠三、五百万的资本省吃俭用的也就坚持 1 年左右的时间，仍会捉襟见肘。在这种情况下，孵化器会提供很大的帮助。

（一）孵化器的功能

企业孵化器（Business Incubator），通常是专门培育初创企业成长的工作环境，运用自身和社会资源的优势，集中地向具有发展前景的初创小企业提供设施和相关服务，使初创企业少走弯路并成功走向社会。从融资的初创企业角度讲，通过进入孵化器，初始创业企业可以以较少的资金使用更多和更便利的各种设施以及享受相关服务，从而降低成本并提高创业成功率。

孵化器的取名受小鸡孵化成长过程的启发，强调其"孵化"功能。在不同国家和地区的实践中，基于产业、国情等特征的不同等，孵化器也有许多称谓，比较常见的有：科技园区（Science and Technology Park）、研究园（Research Park）、企业与技术中心（Business and Technology Center）、创业园（Pioneer Park）、高技术中心（Advanced Technology Center）、技术企业孵化器（Technology Incubation）、企业创新中心（Business Innovation Center）、创新发展中心（Innovation and Development Center）、育成中心（Incubator Center）等。

科技部在《科技企业孵化器认定和管理办法》（2010）中将科技企业孵化器定义为："是以促进科技成果转化、培养高新技术企业和企业家为宗旨的科技创业服务载体。孵化器是国家创新体系的重要组成部分，是创新创业人才培养基地，是区域创新体系的重要内容。"由此可见，企业孵化器就是以中小型科技企业为孵化对象，培育高新技术人才，推动在孵企业技术创新和成果转化，推动创新体系的形成并持续不断提升。

孵化器所提供的服务设施和相关服务体制，也是其区别于其他经济组织形式最为突出的特征。企业孵化器的基本功能主要有以下几个。

1. 专门培育小型的科技型新创企业

孵化器以服务于科技型中小企业为目的，通过提供孵化场地和设施及各类商务服务，直接或间接地参与企业的创新创业活动过程。在这个过程中，企业孵化器要根据科技型初创小企业的特点，在不同阶段通过一定的形式对它们给予管理、技术和信息的多方位支持，当今企业孵化器还提供投融资方面的中介服务，以推动企业的技术创新，培育其健康成长。

2. 汇集创业资源，提供孵化场所和配套设施以及专业服务

通常，企业孵化器在一个固定的场所分割出若干个单元并配备相应的办公和通信等设施，供各家入孵企业使用。处于不同发育阶段的入孵企业在这个区域内可以共享孵化器组织提供的各种资源，包括会计与财务辅导、法律咨询、企业经营管理、市场开发和投融资渠道服务等。而这些资源和服务都是孵化器的核心内容，是初创企业除了资本之外的最需要支持的部分。在孵企业可以方便、快捷地通过孵化器了解投融资信息、联系

各投融资机构、获得投融资的培训服务以及各项最新的扶持政策。

3. 为创业企业提供交易平台

孵化器通过对在孵的创业企业的长期观察和辅导，能较全面地掌握其创业项目的特点、真实的运营状况和必要的需求。以此为投融资平台，帮助创业优秀的企业在融资时更加方便地寻找到合适的投资人，投资人则通过孵化器提供的创业企业信息对其做出良好的判断并做出相应的投资决策，降低创业风险和投资风险。

除了上述的功能外，从宏观层面上讲，企业孵化器还能够通过引导和辅导创业企业如何进行经营管理，以提高创业企业的整体质量和素质；而且，通过信息提供和社会网络的链接，促进创业的科技成果向市场转化，促进企业快速成长并获利，增加当地税收，在一定程度上促使地区和国家产业结构的升级等。

图 10-10 列示了创业企业通过孵化器享有的支持服务体系。

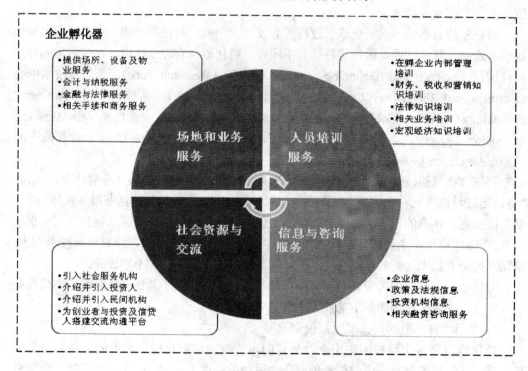

图 10-10　企业孵化器对孵化企业的支持服务体系

（二）企业孵化器分类

有关企业孵化器的分类，国外比较有代表性的是贝克和加斯曼的分类[①]：他们把孵化器分为两个层面和九种类型，第一层面是非营利和营利，在非营利下面又分为政府举办与非政府举办，在营利下面又分为独立的企业外部机构与企业内部提供的，在此基础上又细分成九种类型，如图 10-11 所示。

除了上面的分类外，目前对企业孵化器服务的分类还有很多标准。按照功能标准分

① Becker，B.&Gassmann, O.Corporate incubators: industrial R&D and What Universities can learn from them[J]. Journal of Technology Transfer，2006，31：469-483.

类，可分为基础服务、管理支持、技术支持和中介服务；按照内容分类，可分为管理咨询、技术支持、协助投融资、房屋设施、行政服务和教育培训等；按照服务表现的物理形态，分成有形服务和无形服务。

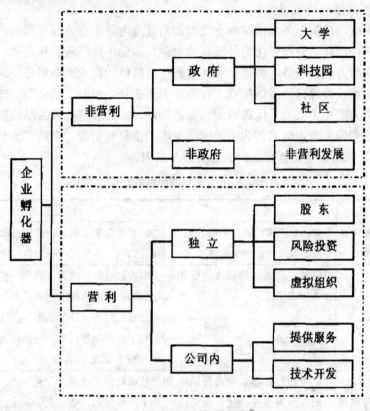

图 10-11　国外企业孵化器分类[①]

按照我们国家当前企业孵化器的现状和发展前景来看，按照企业孵化器服务类型的标准划分，分为基础设施与业务服务、咨询与培训服务及商业网络与政策服务三种比较完整。[②]

1. 基础设施与业务服务

基础设施服务，是指孵化企业获得的经营和管理的基础设施的服务。如孵化器组织优惠提供的办公房屋或隔断、会议及讨论室、物业管理服务、生活与休息设施、停车位基础服务，此外还有提供交通工具及司机服务，这些都为孵化企业的基本运营提供了物质保障。

业务服务包括财务金融业务服务、会计纳税服务、协调处理工商事宜、帮助企业处理与各级政府之间的关系、协助企业进行商务谈判、产品推广、产权保护、市场调查、制订商业计划、投融资交易等。孵化企业通过获得这些业务方面的服务能够保证其业务的正常运作并提高其工作效率。

---

① 王红卫. 科技企业孵化器服务创新对孵化企业绩效影响研究[D]. 浙江大学博士学位论文，浙江大学，2008。
② 同上。

2. 咨询与培训服务

咨询与培训服务是孵化器向在孵企业所提供的各种咨询和技术能力、管理水平、法律知识、财务与税收知识、计算机技术等对公司发展产生重要影响的各种服务。

3. 商业网络与政策服务

商业网络与政策服务是指在孵企业得到的处理内外事务方面的服务，包括与企业孵化器内部其他孵化企业及孵化器外部其他企业、事业单位、政府相关部门、社会组织进行往来与交流方面的服务。孵化企业通过孵化器提供的商业网络服务与这些相关方面进行接触与交流获得经营所需的信息、有形和无形的社会资源、资金等。政策服务还包括及时获得的政府相关政策、优惠政策和资助补贴、参加展览会和商品或服务交易会等，孵化器的这些服务为在孵的创业企业提供更多的信息与资源，帮助其成长壮大。

表 10-2 列出了企业孵化器的服务类型及其内容。

表 10-2 企业孵化器的服务类型及其内容

服务类型	基本功能	主要服务项目
基础设施与业务服务	保障企业正常经营的基础设施、各种设备以及提供相关业务服务	办公室或隔断、书桌、打印机和复印机、会客室或会议室、快餐厅、停车位、物业管理服务等
咨询与培训服务	提供相关商务咨询和技能与业务相关知识培训	提供各种业务、法律、财会、税务咨询、知识产权咨询、企业诊断等服务，各种技能、管理、经济知识、财务会计和纳税、计算机操作、互联网及电子商务操作技术，企业商业技术书撰写、管理和技术培训
商业网络与政策服务	充分发挥孵化器功能及其服务人员的作用为企业提供社会交往网络，搜集相关的政策，减少在孵企业的运营成本	寻找商业合作伙伴、专利申请、法律帮助、提供相关政策信息、成立企业家协会、建立商业社交网络、提供商业资源（投资、客户和供应商）

（三）孵化器投资和孵化企业融资的商业逻辑

孵化器是一个专门为初创企业服务的机构，孵化器通过整合内部和外部的资源来创造并传递价值，获得盈利。从商业角度讲[①]，作为对初创企业的一种投资，企业孵化器对孵化企业投资的具体形式主要有参股孵化和借贷孵化两类。

参股孵化形式是孵化器企业如科技园、创业服务中心、创业园等组织以技术、场地设施和部分资金等形式对孵化企业进行投资入股，然后通过在孵企业获利后取得投资收益，待在孵企业经过项目研发、批量投放市场等步骤获得成功后，选择适当时机再通过股权转让和上市后向其他投资人转让孵化投资，成功退出后获得高额的回报。图 10-12 显示了孵化器参股投资的商业流程图。

初创企业，由于项目处在研发和试制阶段，尚未取得营业收入，资金缺口很大，孵

---

① 企业孵化器有公益性质的非营利组织孵化器和盈利性质的商业组织孵化器之分。本章专门从商业的盈利性角度讲解企业孵化器。

化器以股权形式将其实物资产和专业服务等投入到初创企业中，引入孵化器的初创企业获得相应的融资支持，而且日后可以在孵化器内享有明显低于市场价格的各种商业服务，节约的开支。

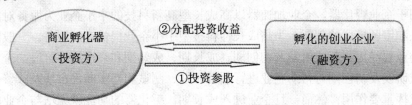

图 10-12　孵化器参股投资商业流程图

借贷孵化形式是孵化器企业以借款方式向孵化企业注入资金，并附以信息提供、政策辅导、企业商业策划、企业人员的管理培训等形式帮助企业逐步形成项目的规模化，进一步开拓市场。对在孵企业以借贷形式注入资金的时间一般不在创业初期而是从初期转入成长期这个时间段，此时项目开发已经完成，市场前景看好而且已经有了小份额的市场，但企业并未产生明显的经济效益。所以，商业银行一般都不愿意提供信贷资金。同时，创业企业对自身的发展前景信心十足也不愿意更多地筹集股权资金，尽可能地减少股权稀释而采取孵化器借贷方式融资。当孵化企业获利后用一部分营业收入偿还借入资金的本金和利息。通常，孵化器借贷资金的利息率至少等于商业银行的同期贷款利率。

应当说，孵化企业从孵化器取得信贷资金无论在申请、审查和批复的手续上大大简化，而且获得贷款的时间很短。

二、企业加速器

创业期企业通过孵化器安全平稳地度过了引入及初创阶段后，可以进入加速器，接受更高层面的专业化服务和更多的资金支持，帮助创业企业适应激烈的市场竞争环境，进入快速发展的轨道。企业加速器是继孵化器之后设立的一种专门服务于高成长型小微企业的机构。

（一）企业加速器的功能

企业加速器（Business Accelerators），主要是以快速成长的企业为服务对象，通过服务模式的创新满足企业在办公空间、管理、商业服务和社会合作等方面的个性化需求的新型空间载体和服务网络。

我国的企业孵化器已经有近 30 年的发展历史，孵化器在促进初创期的小微企业的生存与成长，促进科研成果的转化和提升产业科技含量等方面起到了重要的作用。但随着经济的快速发展和科技水平的加快提升，企业孵化器也渐渐暴露出租赁空间狭小、基础设施和共享服务设施的陈旧落后，培训水平跟不上时代要求，特别是在孵企业孵化时间较长而失去优惠政策等弊端。随着孵化企业的成长和发展，它们所面对的是更多、更成熟和规模更大的企业竞争，孵化企业的经营风险和系统风险在加大。企业的加速器能为这些进入快速发展轨道的企业提供更宽阔的物理空间和更先进的服务设施，提供更强而且个性化的专业服务和适应的政策扶持，把进入加速器的企业培育成创新型的企业，让企业具备更强大的抗风险能力和市场竞争力，并引导企业稳定地进入成熟期。

企业加速器的主要功能介绍如下。

1. 推动成长期的高成长性企业加快发展功能

不同于企业孵化器，企业加速器以高成长型高新科技的中小企业为服务对象，通过管理方法和服务模式的创新，为高成长性科技型中小企业提供定制服务。一般而言，高新技术企业要经历引入或研发及初创期、成长期、成熟期和衰退期等阶段。企业孵化器在引入或研发及初创期对帮助企业进行项目研发、测试和初步涉足市场及改善企业管理环境等发挥重要作用；然而一旦企业进入成长期，孵化器的功能就无法与企业的发展相匹配了。企业加速器利用其强大的社会资源和新型的物理空间以及专业个性化的高端服务，来满足高新企业快速发展的要求。

2. 社会资源的汇聚和整合功能

从孵化器到加速器并非是简单的形式上的替代，而是一种飞跃的变化。孵化器为初创企业提供空间载体和设施资源，但加速器作为一种汇聚资源、有效的整合资源工具，通过建立与政府、企业、高校、研究机构、中介机构、科技园区的宽阔通道，将社会资源不断地汇集到企业加速器里，再经过整合让那些在加速器里的高成长性企业享用，提高企业的运营效率和发展速度。

3. 全方位和多元化的深度服务功能

企业加速器除了具备新型的规模生产的物理空间，更有强大的专业化服务团队，其根据特定企业的需求组建项目团队，为企业提供定制式的咨询和培训服务、战略计划的制订、投融资结构的规划、品牌推广、企业运营、市场营销和产品销售策划等方方面面的高层次服务。企业加速器通常依托大学、科研机构和著名的咨询组织，其团队的服务成员一般包括负责团队管理的总经理、法律专家、财务金融和投资专家、风险管理专家、战略管理专家、市场营销专家、互联网技术专家和信息处理技术师等，这些专家团队应该是由年富力强的中青年组成，他们能学习吸收知识的能力超强、业务和技术娴熟精湛、理论基础较扎实且实战经验丰富。他们的服务会给那些正在成长期的高新科技企业带来全新的理念和发展规划。

4. 推动高科技成果产业化

企业加速器是为那些具有高成长潜力和可能占据巨大市场份额的高新技术企业服务，其服务的主要目的是通过加速器内丰富且强大的资源的整合利用，帮助企业找到细分市场，推动企业加快进入市场的步伐，尽快占据市场。而加快进入市场的前提是高新企业的科研成果项目必须与产业链连接起来，使其产业化。科技成果产业化过程包括四个阶段：研发阶段、孵化阶段、加速阶段、产业化阶段。企业加速器通过发现企业的高成长性价值，进入小试、中试以及大规模生产阶段，将高新科技企业的创新项目与产业链接，从而推动高科技成果产业化。

（二）企业加速器投资和入驻企业融资的逻辑

企业孵化器的资金主要来源于政府资助、大学和社会团体以及天使投资人和风险投资机构等，但很多企业孵化器都是公益性质的组织，即使是营利性的孵化器机构，其收费也是优惠性的低收费。

　　企业加速器的资金有来自政府资助，也有来自大学和科研机构，另外较多的是来自风险投资、私募股权投资等。所以，大多数企业加速器机构都是以盈利为目的的，其提供的高端服务都是收费的，而且对进入加速器的企业有严格的审核标准。企业加速器对审核通过的企业很多都采用股权投资方式让其入驻，入驻企业在加速器内经过 3~5 年的提速，其成果产品已经商品化、部分已经产业化，而且有了比较稳定的市场，产生了较丰厚的经济效益。此时，企业孵化器组织机构的投资有了回报，投资报酬率非常高。

　　入驻加速器的企业在成长期需要大量的投资，此时天使投资已经无法满足发展的要求了，需要风险投资的介入，但此时很难获得私募股权投资，他们一般只对进入成熟期的企业产生兴趣。能够入驻加速器，高新科技企业可以融到一定数量的股权资本并获得更加高端的定制式的专业服务，而且加快了企业产品的商品市场化和产业化进程，从而与未进入企业加速器的企业自身孤单地在竞争市场上摸爬滚打相比，在不长的时期就能获得可观的收入和利润，在保证自身健康发展的前提下酬报投资人。

　　企业加速器和入驻企业的投融资逻辑如图 10-13 所示。

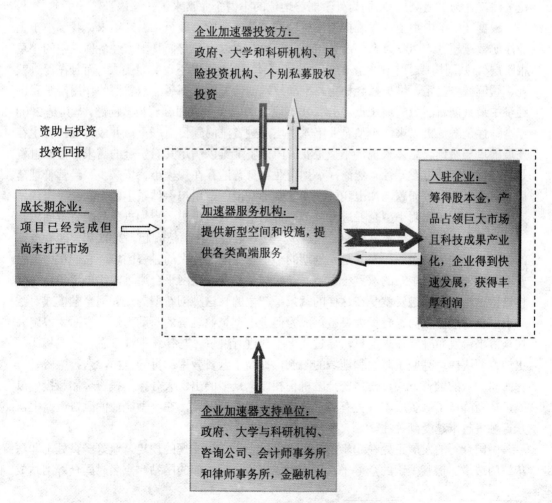

图 10-13　企业加速器和入驻企业投融资图

三、股权众筹

（一）传统融资方式和新型融资方式

按照融资方式的差异，融资模式分为传统融资模式和新型融资模式。

1. 传统融资模式

传统融资包括直接融资（如风投、天使、股票等）和间接融资（以银行贷款为主）。此外，还包括融资租赁、担保、典当等。传统融资模式经过日积月累的发展，已有一套较为成熟和严格的规则，如信用评级、风险评估、抵押、信息披露等，这些因素导致金融机构在趋利避险的规则下，小型企业融资难、融资贵是一种常态。

2. 新型融资模式

新型融资模式也可以被认为是互联网金融。随着百度、腾讯、阿里巴巴、京东等企业将经营范围向金融领域的延伸，传统金融机构面临前所未见的挑战。P2P 等各类网络贷款宣传铺天盖地，众筹融资自国外引入后也是风生水起，这些新型的融资模式受到广泛关注，作为"另类"，它们为处于弱势地位的小型企业带来了一丝福音。

根据《中国中小企业发展报告（2014）》[①]统计分析，截至 2013 年末，我国中小企业注册数量超过 4 200 万家，占全国企业总数九成以上。它们是国家经济体系中的"草根阶层"，共同构成了中国经济的一个特殊群体。小型企业不仅数量庞大，而且在促进就业、缓解城乡差距、维护社会稳定、推动技术创新方面发挥了非常重要的作用，是我国经济中最具创新活力的增长点。然而，小型企业的发展一直面临着很多问题，尤其是 2008 年全球性金融危机以来，小型企业陷入困境，融资难问题日益严重，并成为制约其生存发展的重要瓶颈。总体来说，小型企业的内部资金难以满足其对资金的需求，外部融资是其获得资金的重要途径。然而，小型企业自身普遍存在规模小、资产少、经营管理落后、道德风险高等问题，加上我国法律制度不到位、信用担保体系不健全、金融市场不完善，这些现实表明小型企业进行外部融资的不利处境，进一步加重了其融资难问题。

随着金融创新、技术发展和时代进步，众筹融资正在悄然崛起。2008 年，席卷全球的金融危机使小型企业，尤其是初创期的小型企业陷入巨大的融资困境，它们在内部融资不足和外部融资艰难的双重压力下，开始尝试借助互联网平台通过网络渠道和社交媒体进行融资，众筹融资就是在这样的背景下产生的。这种创新型的互联网金融模式对缓解小型企业融资难问题有很大突破，成为促进小型企业融资的新动力。一方面，筹资人在众筹平台发布融资需求信息，通过线上平台进行融资，与传统的线下融资模式相比，更加方便快捷，克服了时间和地域的限制，提高了融资效率；另一方面，众筹融资是一种面向大众的融资方式，与传统金融机构相比，众多的出资人分摊了投资金额和投资风险，从而降低了融资成本，更有利于促进筹资成功。因此，在小型企业的融资道路上，众筹融资越来越受到关注。

中国众筹的发展正处在起步的初级阶段，由于法律法规的规定，众筹一直处于非法集资的边缘。借鉴美国的众筹平台，国内成立了一批类似的网站。点名时间众筹网站成

---

① 《中国中小型企业发展报告（2014）》，工业和信息化部中小型企业发展促进中心，2014 年 9 月。

立于 2011 年，它仿照了 Kickstarter 的商业运作模式。网站的规章制度，甚至页面设计都参考了 Kickstarter 的风格。在完成了几个经典项目的众筹活动后，点名时间获得了国内媒体的支持与关注。淘梦网的商业运作模式与点名时间相似，所不同的是，该网站只针对微电影进行筹资，意在打造国内最大的微电影众筹平台。2013 年 10 月，众筹融资平台天使汇被新闻联播报道，成为互联网金融创新的典范。成立于 2011 年的天使汇至今共有 305 个项目完成筹资，总筹资额超过 30 亿元人民币。2015 年 6 月 28 日，第二届上海互联网金融博览会高峰论坛成功举行，在论坛上"众筹家"发布了《中国众筹行业报告 2015（上）》，报告中指出，截至 2015 年 6 月 15 日中国大陆一共有众筹平台 190 家，剔除已下线、转型以及尚未正式上线的平台，众筹平台总数已经达到 165 家。当前，我国比较活跃的主要众筹公司见本书的附录五所列。

（二）众筹和众筹融资的分类

1. 何为众筹

众筹（Crowdfunding）的概念来源于众包（Crowdsourcing）。Howe 等（2006）[1]将众包定义为企业通过互联网平台将价值链中的一部分外包给大众消费者，依托大众的创意获得解决方案的行为。众筹融资是在众包发展基础上产生的，是众包模式的一种衍生。通过众筹让大众参与企业的融资过程，成为企业的投资者和股东，实现了企业融资活动的外包。

众筹融资是指项目发起人（企业或者个人创业者）借助网络众筹平台向大众投资人公开发出的融资申请，并承诺项目成功后向投资人提供产品或服务、股权、债权等回报的一种新型互联网融资和资金管理模式。具体到小型企业众筹融资，可以从以下两个方面理解：一方面，作为项目发起人，小型企业为解决发展过程中的融资需求，通过在线平台发布融资计划，并制定多种回报形式；另一方面，作为投资者，大众投资人可以根据自己的个人偏好和自主判断选择不同的创意项目和投资额度。

2. 众筹融资的分类或模式

众筹融资作为一种新型的网络融资模式，最初发生于美国，距今已有 10 余年历史。2012 年奥巴马总统签署了 JOBS 法案[2]，使众筹合法化，为众筹中的股权型众筹起到了保驾护航的重要作用。在我国起步则显得很晚，正在不断摸索和发展的过程中。

面对众筹，有的项目偏重于金融属性，突出了众筹人获取股权和现金回报，有的项目则偏重于电子商务属性，突出了对众筹产品的市场先期验证和目标客户群锁定，还有一些项目偏重于平台与圈子的营造。按照回报的形式不同，众筹目前可以大致分为四种类型，分别为：捐赠式众筹（Donation Model）、奖励式众筹（Reward Model）、债权式众筹（Lending Model）和股权式众筹（Equity Model）。

（1）捐赠式众筹。捐赠式众筹指的是筹资者借助众筹平台向社会公众筹集资金，不设定任何形式的回报，公众以无偿的方式资助，在筹资过程中投资者不获得任何实质性的补偿。大家日常所熟悉的慈善性质募捐、化缘都属于捐赠式众筹的范畴，应当也是最

---

① Howe J. The rise of crowdsourcing [J]. Wired magazine, 2006.14: 1-4.

② 2014 年 4 月，美国总统奥巴马签署了 JOBS（Jumpstart Our Business Act）法案，也称乔布斯法案，全称为《促进创业企业融资法案》。该法案允许通过互联网为项目募集资金，引发了全球对众筹融资与互联网金融的高度关注。

早的众筹形式。比如我国的澜沧江计划，该计划旨在帮助藏区盲童。

捐赠式众筹以公益性筹资为主，公益性强，个人出资额较小，筹资成功率高。红十字会这类非政府组织的在线捐款平台可以算作是捐赠式众筹的雏形，有需要的人提出申请，非政府组织做尽职调查、证实情况，在网上发起项目，从大众那里募集资金。由于类似红十字会这样的非政府组织日常运营的透明度较高，发起的项目用意明确且具有社会公益性，出资人往往更愿意支持。捐赠式众筹平台在西方发达国家有一定的发展，美国发展的尤其成熟，这与美国的税收政策和公益性的文化有关。

除了公益外，捐赠式众筹也有其他的形式。比如美国众筹网站 Crowdtilt，公众可以通过该平台帮助别人实现心愿，如一次难忘的旅行、一场幸福的婚礼。

（2）奖励式众筹。奖励式众筹又称回报式众筹，是指以众筹项目的具体产品或服务作为回报，投资人既是股东也是消费者，他们可以免费或以低于市场的价格优先获得项目产品或服务。目前，奖励式众筹在我国众筹市场中处于主导地位，文化类产品，如音乐、电影、时尚等众筹项目多选用此类型。事实上，奖励式众筹是一种基于预购或者奖励的筹资方式。产品或者服务在完全没有眉目的情况下首先进行资金的筹集，利用筹集的资金进行产品或者服务的开发，最后将产品或者服务回馈给投资者。这是到目前为止国内最为普遍的众筹模式。当前，全世界众筹融资中回报众筹所占比重最高，接近 49%。

人们所熟悉的团购也包括在奖励式众筹范畴之中。传统概念的团购和现在普遍提及的奖励式众筹主要区别在于筹集资金的产品或者服务发展的阶段。奖励式众筹是仍旧处于研发设计或生产阶段的产品或者服务的预售，团购则更多是指已经进入销售阶段的商品或者服务。奖励式众筹面临着产品或者服务不能如期交付，甚至无法履约的风险。再者，奖励式众筹与团购的目的不尽相同，奖励式众筹主要为了筹集运营资金，了解公众的需求，而团购主要是为了提高经营业绩。

（3）债权式众筹。债权式众筹是指筹资人承诺以公司债券作为回报，是一种与 P2P[①] 网络贷款类似的融资模式。投资者对企业或项目进行投资，获得债权，未来获取利息收益并收回本金，简单地说就是"我给你钱，你定期还我本金和利息"。债券式众筹主要涉及信用等级的确定、借贷利率和金额的确定等。这类众筹类型在我国尚不完善，比如在我国 2007 年成立的"拍拍贷"众筹平台，该平台 2001 年 3 月至 2011 年末的项目成功率仅为 36%。

（4）股权式众筹。股权式众筹，是指筹资人承诺以公司股权作为回报形式，投资人就是公司股东，投资人可以认购一定数量的股权。比如 CC 美咖项目，该项目旨在打造一个以"学习、分享、快乐生活"为主导价值观的连锁咖啡馆，该项目由于股权过度分散、股东参与度与专业度不高、经营团队不专业等原因，在经营了三个月后宣告关闭。

股权式众筹并不是新奇的事物，投资者在新股首次公开发行的时候申购股票就属于股权众筹。但在互联网金融领域，股权式众筹主要是通过网络平台的早期的私募股权投资，是风险投资的一个补充。众筹平台充当了类似证券交易一级市场的角色，筹资者借

---

① Peer-to-Peer, or Person-to-Person, 是一种个人与个人之间直接的借贷行为。在大多数情况下，借款人与贷款人永远不会见面。

助众筹平台向社会公众筹集资金，用股权做回馈，相当于社会公众通过购买股权来对企业或者项目进行投资，即筹资企业以出让股权的方式换取社会公众投资者的资金。股权众筹从社会公众方面来看体现出了高风险、高收益，能大大调动社会公众投资的积极性。2012 年以来，美国承认股权众筹的法律地位，股权众筹在美国得到快速发展壮大。

对于债权式众筹和股权式众筹，根据最高人民法院的有关司法解释，这两类众筹融资涉嫌非法吸收公众存款[1]。正因为如此，在国内以点名时间为代表的绝大多数众筹融资平台明确规定投资的回报不能是股权或者现金。反观天使汇等股权式众筹平台，为了不违反法律法规的规定，只有天使汇的会员才有资格对众筹项目进行投资，同时限制了单个项目投资人的总数以及不能够承诺固定的回报。因此，后两种众筹模式是我国现阶段众筹融资的主要方式。

以上四种是比较常见的众筹方法，如图 10-14 所示。

众筹分类或模式
- 捐赠式众筹
- 奖励式众筹
- 股权式众筹
- 债权式众筹

图 10-14　众筹分类或模式

互联网众筹平台的推广可以满足中小型企业尤其是科技型企业初创阶段的融资需求。在企业初创期的研发及试制阶段，捐赠式众筹和奖励式众筹可以作为企业的资金来源。融资企业可以在小范围内做调研分析通过众多投资人的回馈信息，融资企业能够研发和试制的产品项目是否值得投资。随着项目试制、测试和批量投产，企业的资金缺口明显增大，此时股权类众筹的融资方式可以作为企业融资来源的主要选择。

（三）众筹融资流程

若众筹项目发起人在众筹平台上发起众筹项目，需要遵循一定的流程。以"大家投"众筹平台网站中成功众筹的"古树互联企业互联网+服务平台"项目[2]为例：该项目于 2015 年 6 月 15 日发起，经平台审核后，在项目首页提供了项目介绍、团队介绍、项目计划书和目前进展。该项目计划筹资金额 90 万元，起投金额为 2 万元，款项拨付方式为一次性全额到账。自 2015 年 6 月 24 日首个众筹参与人以 2 万元认投，至 2015 年 8 月 24 日完成众筹，实际融资金额 93 万元，项目浏览访问次数 14429 次，期间询价人数 53 人，实际参与众筹 33 人。作为已成功项目，在该项目的展示页面，还可以查到尽职调查的书面文件和全部跟投记录。

1. 众筹活动的完整运作流程

众筹融资活动是从众筹发起人产生想法，经过众筹平台作为中介进行运作，最终令大众投资人获得相应的项目回报的完整流程。这样一个成功的众筹融资活动，按照时间先后顺序，可以绘制出简单流程图，如图 10-15 所示。

---

① 《关于审理非法集资刑事案件具体应用法律若干问题的解释》第一条。
② 资料来源：大家投网站的项目介绍，网址为 http://www.dajiatou.com/project-3670.html。

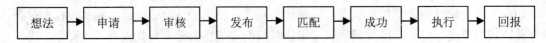

图 10–15 众筹活动运作流程 A

众筹项目在其想法诞生后，会因诸多原因而宣告失败，在图 10-15 所列示的环节中，较为主要的失败环节包括：一是众筹项目未能通过众筹平台的审核而宣告失败；二是众筹项目在匹配阶段，未能在预设的规定时间内达到目标筹资金额而宣告失败；三是在众筹项目成功后，因发起人执行不力而宣告失败；四是在项目如期执行后，未能按照约定向大众投资人兑现回报。在考虑到众筹项目在上述流程运行中，因各种问题出现终止的情况时，可以将图 10-15 进一步完善，如图 10-16 所示。

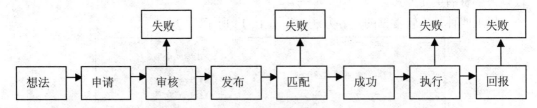

图 10–16 众筹活动运作流程 B

在图 10-16 中，可以将整个众筹活动流程划分为三个阶段，即筹前阶段、筹中阶段和筹后阶段。其中，以众筹项目的发布为筹前阶段和筹中阶段的分界点，以众筹项目的成功为筹中阶段和筹后阶段的分界点。根据这样的阶段划分，可以将图 10-16 进一步完善，如图 10-17 所示。

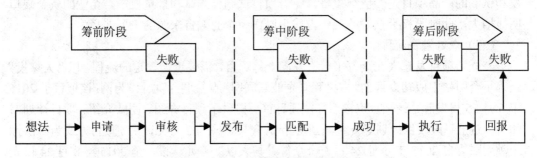

图 10–17 众筹活动运作流程 C

2. 众筹活动参与主体在流程中的活动

在众筹活动运作过程中，参与到其中的三个主体共同完成了一项众筹活动。

（1）发起人的活动。在筹前阶段，众筹活动发起人在拥有了创意想法后，通过提交资料的形式，向众筹平台发起众筹项目申请，并接受其审查。在创业期的小企业及其项目资料符合众筹平台的内部规定时，项目准予发布，并由此进入筹中阶段。这一阶段中，发起人应当做好前期工作，将适合发起众筹的产品或服务，在与之相匹配的众筹平台上进行发布。

在筹中阶段，众筹活动发起人需要等待项目的匹配结果，但这并非消极等待，发起人应当根据众筹活动进度，适时更新项目信息，或采用行之有效的推广手段加大项目宣传力度，以求实现更快的融资速度。当众筹项目在规定时间内达到目标金额后，该项目即告成功，并由此进入筹后阶段。

在筹中阶段，众筹活动发起人需要确保众筹项目如期执行，并确保项目回报能够按期交付到大众投资人手中。

（2）大众投资人的活动。在筹前阶段，大众投资人并未参与到众筹活动当中。

在筹中阶段，大众投资人以项目发布为起点，正式参与到众筹活动中来。他们可以根据网站上呈现的信息及联系方式，对项目进行评估。大众投资人被众筹项目所吸引后，可以直接在众筹平台上完成支持操作，将资金打入资金池。在此阶段，大众投资人还可以将众筹项目的相关信息分享出去，推动项目加速，通过这种方式也能够为发起人带来更多的支持。当众筹项目在规定时间内达到目标金额后，该项目即告成功，并由此进入筹后阶段。

在筹后阶段，大众投资人需要耐心等待项目回报的兑现。与众筹项目发起人在项目匹配阶段一样，大众投资人此时此刻并非是完全被动的消极等待，他们可以根据自己意愿去了解项目进度。在收到项目回报后，有些项目允许大众投资人对项目进行评价、打分等。

（3）众筹平台的活动。在筹前阶段，众筹平台的主要职责是对发起人提供的资料进行审查与核实，把好众筹项目第一关。众筹平台能够在这一环节充分尽职尽责，既是对大众投资人的保护，也是对自身的品牌形象与可信度负责。此外，众筹平台可以在这个阶段向发起人提供专业培训等增值服务。在项目审核通过后，众筹平台将在后台进行操作，完成众筹项目的发布，并由此进入筹中阶段。

在筹中阶段，众筹平台应当与发起人共同做好项目更新和推广宣传，在这里可以提供一些增值服务，帮助发起人以更吸引人的形式推进众筹进展。当众筹项目在规定时间内达到目标金额后，该项目即告成功，并由此进入筹后阶段。

在筹后阶段，众筹平台应当履行项目执行的监督责任，跟踪和督促发起人将项目执行落地，直至大众投资人收到该众筹项目的回报。需要注意的是，筹后阶段是体现出众筹平台真正实力的舞台，若众筹平台能够对发起人提供更多的增值服务，比如根据自己掌握的该项目众筹数据形成鞭辟入里的项目报告书、为发起人提供持续的生产经营培训、为发起人提供专业咨询服务等。同时，众筹平台也可以为参与项目的大众投资人提供一些优惠和信息，来激励他们下一次依旧选择本平台推出的众筹项目。

综上所述，从整个众筹项目融资流程来看，筹前阶段应当重视决策与审查，筹中阶段应当重视匹配和推进，筹后阶段应当重视延伸和管理。

3. 众筹融资活动的互动机制

如上所述，一个完整的众筹活动包括了发起人、大众投资人和众筹平台三个主体。具体到创业的小型企业众筹融资，发起人就是小型企业本身，在这个视角下，小型企业众筹融资活动的互动机制如图 10-18 所示。

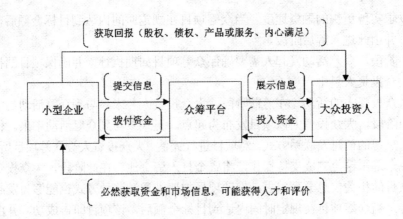

图 10-18 小型企业众筹融资活动的互动机制

在企业众筹融资活动中，创业的小型企业与大众投资人通过众筹平台，实现了交易。企业通过众筹平台，将信息呈现到大众投资人眼前。大众投资人根据个人的意愿，选择以资金的形式进行支持。小型企业在获取资金的同时，还有机会获得由众筹实践而得出的市场信息。特别需要提出的是，企业发起的众筹项目，面向的大众投资人呈现出分散的特点，可以来自世界各地，从事着各自不同的工作。并且，以个人投资人为主，机构投资人所占比重不大，但若是以股权众筹的形式发起众筹项目，并赋予众筹股权一定的权力，则相当于把人才引入企业的治理或管理之中。此外，众筹平台方面，可以自行选择是否由第三方资金托管机构来进行大众投资人资金池的托管，在项目成功后由其进行资金拨付，但由于第三方资金托管机构不是必须的主体，故不体现在该互动机制图中。

（四）众筹融资的特点和所面临的问题

1. 众筹融资的特点

相比于传统金融，众筹融资模式具备一些独特的特点。第一，众筹融资灵活而快速，尤其是当项目吸引力强的情况下，选择合适的众筹平台，有助于创业期企业快速筹集资金。第二，处于创业期的小型企业通过众筹方式进行融资，可以避免传统融资中的诸多手续，通过创业创新项目的吸引力来筹集资金，相当于发挥了长处，而避免了其抵押物不足等短处。第三，如果小型企业选择股权众筹之外的形式，则可以防止机构投资人对公司控制权的威胁。第四，众筹融资的项目推广渠道主要是口碑和互联网，而传统融资信息则是通过金融机构，相比之下，众筹融资的信息传播成本更低，但准确性较低。

2. 众筹面临的问题

任何融资方式都不是完美无缺的。在我国，众筹融资的发展不过短短几年的时间，无论在理论研究还是实践运行方面，都存在很多的问题。即便在制度较为完善、起步较早的美国，众筹项目的实践也存在着一些亟待解决的问题。根据美国最著名的众筹平台——Kickstarter[①]的统计数据，2011 年众筹融资的成功率为 46%，也就是说，Kickstarter平台有一半以上的众筹融资是以失败告终的，其中 63.1%的项目只筹集到融资额度的

[①] Kickstarter 是一家在美国纽约注册成立的众筹网站平台，成立于 2009 年 4 月。该公司的众筹项目涵盖了电影、音乐、美术、摄影、技术、食品等许多领域，现已成为美国最具代表性的众筹网站之一。

1%～20%，甚至有 19%的项目颗粒无收。众筹项目的创意不好或时机不好、宣传能力不足、缺乏对众筹结果的有效承诺、对众筹实质理解不透彻且融资目标过高等，这些都构成了众筹项目最终失败的原因。2013 年，Canonical 公司在 Indiegogo 平台发起的超级智能手机 Ubuntu Edge 项目，目标融资金额为一个月内融资 3 200 万美元，但最终以 1 280 万美元的筹资总额宣告失败。

根据《2014 年上半年中国众筹模式运行统计分析报告》[①]分析，与国外众筹融资相比，我国小型企业众筹融资的发展相当不成熟。主要表现在：第一，众筹参与度偏低，且更倾向于买家角色。2014 年上半年，美国参与众筹投资的人数达到 281 万人，而国内不足 20 万人。第二，众筹融资额度较低。2014 年上半年美国众筹融资实际募集资金金额超过 2.1 亿美元，而中国仅有 1.8 亿元人民币。第三，国外已经开启了股权众筹融资合法化的进程，我国股权众筹融资有非法集资的嫌疑，没有专门的法律政策予以规范。第四，我国众筹平台的发展不平衡，运作不规范，很多众筹平台只是昙花一现。第五，我国知识产权保护缺乏，众筹融资项目的创新程度和原创程度不够。导致这一现象的原因主要包括：一是存在制度风险。由于我国相关法律法规不完善，众筹容易被判定为非法集资。二是存在产权风险。由于我国知识产权保护方面的发展还不够完善，用以众筹的项目，特别是创新类产品，很容易被研发能力强、模仿能力强、资金更具优势的其他企业，将其产品的设计与构思抄袭，抢先完成生产销售。三是存在技术风险。目前，众筹网络中不可能避开的一项业务，便是资金代管业务，代管机构的网络安全技术水平至关重要。四是众筹在我国起步相对较晚、社会认知度低、信任度不高，从而导致参与热情不高。

也就是说，由于众筹融资的来源是大众投资人，中间机构是众筹平台，又缺乏明确的行政管理部门进行监管，更缺乏完善的配套法律法规，我国的小型企业若想通过众筹融资的方式助推自身发展，还有很漫长的道路。小型企业基础薄弱，经营管理能力较低，抗风险能力偏弱，道德风险高，面对众筹融资这种全新的网络融资模式，小型企业很难全面掌握其运作，保证众筹融资的成功。

（五）众筹的典型案例

1．众筹案例 A——"大家投网站"（www.dajiatou.com）

2012 年，众帮天使网成立，这是大家投网站的前身。2013 年 7 月，该网站正式更名为"大家投"，号称中国版的 AngelList（一个美国的众筹平台，旨在实现创业公司和投资人的对接）。该网站挂出的众筹项目，被分类在创投板和影视板两个栏目下。每个栏目都可以根据行业和城市来进行检索。其中，创投板中挂出的项目有超级无屏智能电视、精酿啤酒电商社区、一元团等，其中由一家上海注册的网络科技企业发布的拼货郎货运项目已经成功完成，认投完成率达到 188%。影视板挂出的项目有电视剧《女人花似梦》和《花开如梦》。其中《女人花似梦》目标融资金额为 1 000 万元，现已完成，实现融资 1 157 万元。

（1）业务模式。该众筹平台采用了常见的"领投人与跟投人"模式。大众投资人被

---

① 清科. 众筹网众筹. 白皮书. 2014。

分类为领投人和跟投人。其中，领头人在每个项目中是唯一的，且必须经过实名认证。他的投资额度需要达到项目目标融资金额的 5%～50%，且有资格与发起人约定干股。作为领头人，他拥有上述权益的同时，还拥有一系列的责任，比如项目跟踪、尽职调查、投后管理等。每个项目可以有多个跟投人，但其投资额度也至少要达到项目目标融资金额的 2.5%，且不需要实名认证，跟投人随时都可以申请推出项目。项目众筹成功后，领投人和跟投人共同设立有限合伙企业，其中，领投人是一般合伙人，跟投人则是有限合伙人，该有限合伙企业是众筹项目的投资主体。

（2）大家投网站平台职能。大家投网站在众筹项目的发起中主要起到了监督人的职能，它有权利和义务去对众筹项目进行监督，但并不需要承担项目的投资过程中所产生的风险。当众筹项目成功完成后（也即在规定时间内达到目标金额），大家投网站作为平台方，向有限合伙企业抽取中介费，中介费根据项目融资金额确定，费率为项目融资金额的 5%。

大家投网站对众筹项目予以了一定的信息保护：只有注册成为投资人或发起人的用户才可以查看每个众筹项目的具体信息，这些信息包括：商业模式、创业团队、历史情况、未来计划、项目附件、项目动态、项目评论、投资问答等。但这仅是形式上的信息保护，因为在网站注册用户并不需要经过实名认证和财产证明，这意味着任何一个人都可以注册一个 ID，从而获得众筹项目的公开资料。

2. 众筹案例 B——京东众筹平台

出于战略布局的考虑，国内的电商大鳄京东，在 2014 年 7 月进军众筹领域。京东的众筹板块设置在京东主页下的"京东金融"中，与"京东理财""京东白条"等平级。京东众筹在运营初期，将"新、奇、好玩"作为定位，凭借其品牌优势、信用优势和用户数量优势，取得了不俗成绩。京东众筹平台在运营 5 个月内，成功完成的众筹项目中，超百万的项目有 32 个，其中比较有代表性的项目有：科技类项目"XGIMI-极米 180 寸便携 3D 智能影院"和"三个爸爸空气净化器"等，文化类项目"歌手陈翔的人生第一场演唱会"等。

当前，京东众筹平台已经将"京东众筹"板块细化为三个板块："产品众筹""轻众筹（搞吧）"以及"众筹社区"。其中，"产品众筹"可以视为最初"京东众筹"的延续，也表明京东众筹平台正在将其众筹品类进行细分，为下一步的细分市场做好准备。在京东众筹的官方页面上显示，截至 2015 年 10 月 31 日，累计支持金额超过 10 亿元，单项最高支持人数 35.9 万人。"轻众筹"是京东众筹平台新近出台的板块，京东官方网站页面介绍说，轻众筹又称为"搞吧"，"是一种审核简单、即发即筹的众筹模式，专门针对在移动端发起的众筹"。轻众筹的发起方式比较容易，通过移动客户端的微信、微博等主流社交 APP 即可发起众筹，在"京东商城众筹大趴"微信公众号中根据指引填写信息，即可将自己发起的众筹项目信息分享到社交网站。"众筹社区"则是京东平台为众筹参与者和关注者打造的一个交流平台。

京东众筹平台的变化，让我们看到了国内众筹平台开始走向细分市场与精准定位，以众筹项目类别为划分的众筹平台划分开始起步，同时，也引领着众筹平台在服务价值链上向社群延伸的尝试。

3. 众筹案例 C——众筹项目"CC 美咖①"

2013 年末，ID 为"CC_世界咖啡"的用户在豆瓣网发布了《2014 年"CC 跨界美咖"招募合伙人》的帖子。帖子内容实际是一份名为"CC 美咖"的咖啡馆招募股东的招募计划书。

该项目发起人之一宋文艳在 2012 年年末从北京回到武汉，选择了一家人力资源培训教室，经过重新装修让其摇身一变成为了咖啡书吧，但依旧保留着培训职能。通过组织沙龙等活动，这家咖啡书吧在 2013 年实现了盈利。恰逢 2013 年，互联网创业和众筹的风吹进了国内，宋文艳和其他两个朋友决定要借着这个风口，将原本定位是全国首家"生涯规划、幸福人生"为主题的咖啡书吧，改造升级为"CC 美咖"，且计划做成连锁店。"CC"两个英文字母分别是跨界和生涯的英文首字母。这个创意项目匆匆上马，并没有进行充分的投资论证，通过招股书顺利招募了 50 余名股东，其中包括个人投资人和企业投资人。

在随后的咖啡店运营中，宋文艳多次召集股东开会，商议咖啡馆运营面临的各类问题，但由于股东人数众多，且分散在不同行业，时间难以统一，专业程度也不尽相同，因此全员参会议事成为泡影。在发现召集全体股东或大多数股东进行议事行不通后，CC 美咖试图改变管理策略，通过集中制，选取几个股东代表来进行议事，但为时已晚。

虽然项目开业时吸引了众人眼球，但咖啡馆的运营最终还是宣告失败，CC 美咖的寿命不超过半年。总结其失败原因，主要包括以下方面：一是众筹项目发起虽然很顺利，但由于缺乏充分的投资论证，使得项目发起后运行不畅；二是每 2 万元为 1 股招募股东，且未将议事权力从众筹股权中剥离，导致项目股权分散且平均，直接影响项目决策；三是面向非特定对象招募股东，股东身份与专业背景各不相同，对咖啡馆的运营缺乏直接经验和热情。

虽然 CC 美咖的经营以失败告终，但从众筹发起阶段来看依旧是成功的，仅用很短时间便达到了目标金额。发起成功，运营失败，这样的历程对众筹融资项目的研究有着较高的研究意义。

根据 CC 美咖运营宣告关门，本书采用鱼骨图方法，剖析其诱发原因如图 10-19 所示。

（四）众筹案例 D——罗辑思维

罗辑思维最初是一个读书分享平台，由于其内容定位精准、轻松有趣，吸引了一批忠实粉丝。2013 年，罗辑思维推出了付费会员制，参与其中的粉丝必须缴纳不同级别的会费，普通会员 200 元，铁杆会员会费 1 200 元，会员期限为两年。罗辑思维会员费的筹集效果着实惊人，在半天的时间内，会员名额即告售罄，罗辑思维通过这次活动成功筹集 160 万元会费，打响了付费制社群品牌的第一炮。

罗辑思维的成功，可以视为一次众筹活动，众筹对象就是社交群体本身。而之所以罗辑思维的粉丝愿意买账，本质原因还是它抓住了用户共鸣，并通过内容凝聚了粉丝，通过已经成熟的社群所蕴含的资源价值来维系粉丝。

① 资料来源：豆瓣网的 CC 美咖招募贴，地址为：http://www.douban.com/note/318094488/。

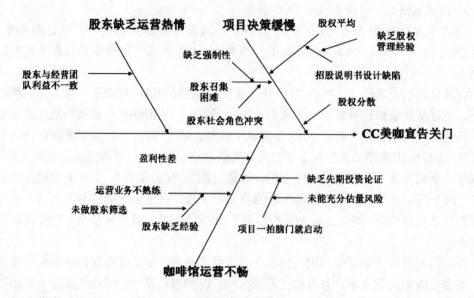

图 10–19　"CC 美咖宣告关门"的鱼骨图

通过这则案例可以看到，众筹的本质依旧是交易，只有产品或服务本身足够过硬，能够满足人的真实需求，其定价能够符合目标用户的购买力，是众筹项目能否成功的根本。

第四节　成长和成熟期引入风险投资的融资

本章的开篇就介绍了企业发展阶段与股权投资的关系，如图 10-1 所示。企业进入了成长期和成熟期，此时需要更多的资金扩大公司的规模和拓展市场。成长期的资金来源先是风险投资机构（VC），一般分阶段获得资金投入，如图 10-1 显示的 A 轮、B 轮和 C 轮，如果可能的话，还会做 D 轮和 E 轮的融资。投资界常说的 A、B、C、D 轮的融资也就是第一、第二、第三和第四轮融资等。随着融资轮数的推进，私募股权投资机构（PE）的资金进入企业，其目的主要是推动企业发展且 IPO 上市，并协助企业增发融资，收购兼并其他企业，此后通过转让股权方式获利。

一、风险投资的发展及风险投资的特点

（一）风险投资的发展

风险投资通常认为起源于美国，是 20 世纪六七十年代后，一些愿意以高风险换取高回报的投资人发明的一种投资方式，进入 20 世纪 80 年代，包括风险投资在内的私募股权投资如雨后春笋般涌现，发展非常迅速。我国风险投资的起步和发展是在 20 世纪 80 年代。1985 年 1 月 11 日，我国第一家专营新技术风险投资的全国性金融企业——中国新技术企业投资公司在北京成立。近些年，我国的风险投资发展十分迅速，下面的表 10-3 和图 10-20 是从 2001 年到 2014 年风险投资总额的情况。

表 10-3　2001—2014 年中国风险投资总额

年份	投资金额（百万美元）
2001	518
2002	418
2003	992
2004	1 269
2005	1 173
2006	1 777
2007	3 247
2008	4 210
2009	2 701
2010	5 387
2011	13 003
2012	7 320
2013	6 601
2014	16 883

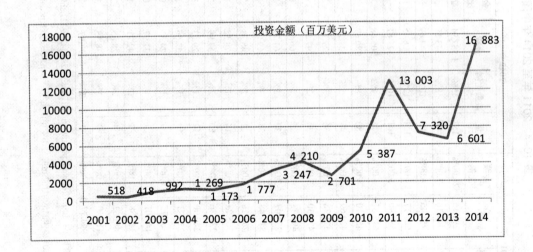

图 10-20　中国风险投资总额趋势图

数据来源：清科中国股权投资市场 2014 全年回顾。

中国风险投资 2011 年至 2014 年行业分布情况如表 10-4 所示。

表 10—4 2011 年至 2014 年中国风险投资行业分布基本情况

单位：百万美元

行业分布	2011 年				2012 年				2013 年				2014 年			
	数量	数量比例	金额	金额比例	数量	数量比例	金额	金额比例	数量	数量比例	金额	金额比例	数量	数量比例	金额	金额比例
互联网	276	18%	3 299.15	26.00%	162	15%	1 587.91	22%	225	20%	1 074.71	16%	503	26%	3 595.67	22%
清洁技术	129	9%	943.16	7.00%	86	8%	343.59	5%	69	6%	384.20	6%	70	4%	514.76	3%
电信及增值业务	107	7%	751.45	6.00%	103	10%	544.49	7%	199	17%	635.95	10%	338	18%	2 852.20	18%
生物技术医疗健康	103	7%	561.17	4.00%	124	12%	726.45	10%	144	13%	876.00	13%	172	9%	1 419.47	9%
机械制造	101	7%	587.90	5.00%	101	10%	521.61	7%	49	4%	233.59	4%	68	4%	647.32	4%
电子及光电设备	101	7%	615.67	5.00%	74	7%	305.08	4%	56	5%	225.75	3%	63	3%	301.56	2%
IT	88	6%	454.10	4.00%	80	8%	380.67	5%	89	8%	325.41	5%	181	9%	819.22	5%
化工原料及加工	70	5%	420.69	3.00%	48	5%	341.26	5%	36	3%	96.69	1%	30	2%		0%
农林牧渔	53	4%	371.38	3.00%	36	3%	227.13	3%	22	2%	131.26	2%	12	1%	128.29	1%
娱乐传媒	47	3%	431.30	3.00%	36	3%	297.50	4%	58	5%	335.60	5%	64	3%	653.66	4%
能源及矿产	46	3%	499.33	4.00%	25	2%	366.64	5%	20	2%	305.15	5%	10	1%	83.25	1%
建筑工程	37	2%	223.07	2.00%	32	3%	161.21	2%	19	2%	248.68	4%	9	0%	158.39	1%
汽车	31	2%	315.48	2.00%	31	3%	219.05	3%	11	1%	117.72	2%	9	0%	339.62	2%
连锁及零售	29	2%	258.18	2.00%	21	2%	248.31	3%	16	1%	96.36	1%	11	1%	46.32	0%
纺织及服装	28	2%	305.73	2.00%	14	1%	78.52	1%	10	1%	73.34	1%	10	1%	59.91	0%
食品饮料	25	2%	238.36	2.00%	20	2%	157.99	2%	16	1%	130.36	2%	16	1%	222.96	1%
金融	23	2%	240.90	2.00%	12	1%	229.53	3%	12	1%	135.91	2%	110	6%	1 530.30	9%
教育与培训	22	1%	258.71	2.00%	8	1%	52.66	1%	7	1%	52.09	1%	14	1%	38.99	0%
半导体	12	1%	34.15	0.00%	9	1%	24.31	0%	9	1%	22.32	0%	12	1%	1 556.49	10%
物流	11	1%	149.01	1.00%	7	1%	31.97	0%	12	1%	502.69	8%	14	1%	101.50	1%
广播电视及数字电视	10	1%	349.88	3.00%	5	0%	42.71	1%	4	0%	26.73	0%	1	0%		0%
房地产	2	0%	45.02	0.00%	4	0%	128.65	2%	19	2%	207.54	3%	11	1%	158.30	1%
其他	44	3%	415.40	3.00%	9	1%	238.35	3%	25	2%	285.16	4%	45	2%	365.16	2%
未披露	108	7%	994.77	8.00%	14	1%	72.97	1%	11	1%	77.60	1%	144	8%	672.48	4%

资料来源：根据清科数据整理。2011 年的数据：http://research.pedaily.cn/201201/20120104289427.shtml；2012 年的数据：http://research.pedaily.cn/201301/20130105341409.shtml；2013 年的数据：http://research.pedaily.cn/201401/20140106359011.shtml；2014 年的数据：http://research.pedaily.cn/201501/20150116377077.shtml。

从 2011 年到 2014 年这四年数据比重来分析，无论是投资项目案例的个数还是投资的百万美元额，互联网行业均处在风险投资的第一位；2012 年开始，对电信及增值业务和生物技术医疗健康的风险投资开始加大；2014 年，风险投资商开始对金融行业和半导体行业加大了投资。

对于初始创业和处于成长期或者投资与新兴行业的企业，普遍的问题就是不断地需要资金以支持增长扩充的需要，融资对于企业的 CEO 和 CFO 来讲是非常费时、费力的大事。从传统融资方式和渠道来看，初创时股东实投的资本和日后企业留存的收益以及银行贷款是常见的融资方式。但随着企业的成长和发展，这些资金已经无法满足需要了，企业必须继续寻找外部资金。企业成长期最愿意参与的外部股权投资就是风险投资人（Venture Capitalist）。

风险投资（Venture Capital，简称为 VC），也称风险资本、创业资本（投资），是指向较早时期、具有高成长潜力和存在高风险的未上市创业企业进行的股权投资，其主要目的在于帮助创业企业成长成熟后通过股权转让获得资本的高增值回报。

VC 既有个人投资的投资行为也有机构投资的行为。

（二）风险投资的特点

作为创业企业，在融资前应当了解风险投资家及其投资的特点，这样才能正确地理解风险投资人的要求，有利于与风险投资人进行交流沟通并在融资时减少不必要的障碍，使得融资过程更加顺畅。风险资本融资的特点有以下几个。

1. VC 是一种权益资本

风险投资并非是一种借贷资本而是一种权益资本，其重点在于投资对象的发展前景和资产的质量，而非当前的盈亏。风险投资之所以采取权益资本投资的方式是基于风险投资项目的高风险性。创业期企业一般没有足够的有形资产作为抵押而无法获得银行的贷款。此外，高风险企业特别是科技型小企业，较低的贷款利率与高风险企业的收益不稳定性无法匹配，利息率过低不足以弥补风险投资内在的高风险带来的损失。这也是妨碍企业采取借贷资本方式的原因之一。与借贷资本相比，筹集权益资本无须任何抵押或担保，让风险投资家成为企业的股东，成为创业者之一：投资失败则一无所获，投资成功则具有获取巨额回报的无限潜力。

2. VC 是以一种高风险高回报并存的投资

风险投资主要适合拥有特殊专利技术或项目且盈利能力较为乐观、成长性好、未来上市的可能性高的中小微企业，用于支持成长期的高科技企业或高新科技项目，其成功的概率很低。新创企业在用完天使投资后，其创业项目的研发和测试基本完成，开始投入市场。但开发市场并占领一定份额的市场，其前景无法预料，包括价格、政策、消费者偏好、通胀、政策等市场风险非常大。因此，此阶段的融资必然是引入风险资本。从投资回报上看，大多数的风投项目都是失败的，发达国家高科技企业的成功率也就在

20%～30%，可一旦成功，其回报率非常高[①]。风投的高回报是由风投的高风险决定的。并非风险投资人喜好追逐风险玩心跳，而是为了获取高额回报，不得不承担高风险。换句话讲，承担高风险是获取高回报的必要过程，而高回报则仅仅是高风险的可能结果。风险投资家的投资决策过程即是权衡风险与收益的过程。因此，企业在向风险投资人融资时，应当配合风险投资人对企业所做的详尽调查和反复询问。

3. VC 是一种流动性较小的中长期投资

风险投资往往是在风险企业初创尚未起步时或即将步入成长期就开始投入资金，是一种中长期的投资。风险投资的长期性在于它的运作过程。风险投资的投资过程即其投资企业的成长过程，在投资后风险投资家积极参与运作企业的创业项目并使之产生价值，最终将增值后的企业股份变现，以实现投资的退出。很多风险投资的周期要经历研究开发、项目产品试制、正式投产并投放市场、扩大生产到盈利规模进一步扩大，生产销售进一步增加等多个阶段，直至最后风险企业 IPO 上市，再经过一段股权持有期，风险投资家才可以收回风险资本，获得资本增值收益。风险资本所注资的企业从投资到 IPO 前，投资的股权变现较为困难，投资的股权持有期短则在 3～5 年之间，长则将达 8～10 年，甚至在此期间仍要不断地对有成功希望的企业进行增资扩股。因此，风险投资的流动性很慢。

4. VC 是一种高专业化的组合投资

当今，创业企业的投资很多都做高新技术项目，这决定了创业风投的风险性极高，这同时要求风险投资人具有相当高的专业水平，在备投项目的挑选上须做细致的研究分析，并做精心组织、安排和决策，尽可能地锁定风险。

风险资本的组合是指不同投资项目的组合，以及同一项目不同风险投资家对其投资的组合以及同一项目不同阶段的组合。为了规避高风险，风险投资人通常采取组合投资的方式，一般的投资组合都是在一个时期由至少 10 个以上的投资项目组成，而且这些投资组合分散在不同行业，这样的投资组合不仅在相当程度上分散了风险，而且在收益获取上起到"东方不亮西方亮"的效果。各风险投资公司之间往往不是竞争对象而是投资伙伴。而组合投资模式也是在风险投资公司之间形成"领投"（Leading Investor）与"跟投"（Following Investors）之间的友好协作关系。领投的风险投资须率先完成了项目的筛选、尽职调查、企业估值与投融资谈判并最终定价和确定股权份额，而其他风险投资公司则以此评估定价为基础跟进投资。

除了上述的特点外，风险投资人往往会积极参与被投企业的经营和管理，提供咨询、参与重大决策，以尽力帮助企业取得成功。

二、风险投资的融资流程

从投资公司来讲，VC 是对企业的一种投资，但从需要资金的企业来看，VC 是一种融资，而且投资与融资都是以股权形式存在，VC 以权益形式投资于一些具有高成长性

---

① 在美国硅谷，风险资本所投资的创业企业有着一个不太精确的经验定律，即风险投资收益的"大拇指定律"。"大拇指定律"（Rule of Thumb）的含义是在 10 个由风险投资支持的创业公司中，有 3 个会倒闭，3 个会勉强生存，还有 3 个能够上市并有不错的市值，只有 1 个能够脱颖而出大发横财。

的企业，被投资的企业则以所有者权益形式筹得资金。融资的中小企业首先要对 VC 的投资程序，然后根据 VC 的特点和要求进行融资，提高融资的效率和成功率。企业从风险投资家那里融资的基本流程包括挑选适合的 VC，准备融资文件，向 VC 介绍企业并做融资展示，阅读 VC 的投资意向书并进行深入谈判，配合尽职调查、签署投融资协议、准备法律文件、资金入账。

（一）挑选 VC

企业要想从风投那里融资，应当了解风险投资家的思路和产业投资偏好，知道他们对哪些产业或哪类项目感兴趣。通常，企业可以通过风险投资家的个人背景即经历和资历了解他的投资兴趣点，例如，他已投的项目集中在哪些行业？他的教育背景中读的是什么专业和方向？他曾在哪里任职？等等。投资人和融资者的思维不一致，融资人一般都很欣赏自己创办的企业及其产品或项目，因为他们最了解自己的产品或项目，对产品或项目的技术、特点和功能了如指掌。但投资人则不然，投资人关注的是产品或项目的亮点。或许产品的功能很多也很强大，但这些不一定吸引投资人，投资人往往更多的是从市场上的消费者角度来考察创业企业产品或项目的，哪个和哪些最能吸引大多数使用者的眼球，也就是投资人投资的亮点。

企业从哪里寻找风险投资家？通常都是从朋友和同学介绍，参加各种会议了解或认识的投资人，通过互联网上搜索出所有知名的 VC。例如，清科集团下的投资界网站（www.pedaily.cn），创业邦（www.cyzone.cn）等。但是，找到了适合你公司的风险投资家也不一定向你公司进行投资。因为可能投资家看到了更好的与你的产品类似的产品项目，可能你的产品很好，但需要融资的数额与他要投资基金不相匹配等。所以，企业融资前不仅需要找到几个适合的 VC 以备选择，还要了解 VC 用于投资的基金情况。

（二）准备商业计划书和其他融资文件

融资前，企业必须准备一份商业计划书，还有企业的工商执照、专利证明等相关的能证实融资企业资质的几个基本文件。风险投资家关心的内容主要是项目企业的发展方向及市场、盈利模式及经营策略，以及投资回报。所以，提供给 VC 的商业计划书是最重要的融资文件，是企业进行融资、寻求合作及日后企业经营发展的行动纲领性文件。一份好的商业计划书能比较全面地展现产品或项目的特色及功用，突出产品或项目的核心竞争力，预测企业的成长力和发展前景、市场机会和策略、风险及抵抗能力、盈利能力及投资回报等内容。避免在商业计划书中过度包装和华而不实的内容。

但是，最初接触风险投资家时，提供一本厚厚的商业计划书并滔滔不绝的陈述项目，显然会耽搁人家的时间，风险投资家肯定不会阅读冗长枯燥的文件。因此需要准备一份简短的"执行总结"即项目摘要并做成一个图文并茂的演示样片（Demo），将公司项目最出彩的内容展示给投资人。

（三）与 VC 进行面谈并做产品或项目融资展示

准备好融资的相关文件后，接着就是与风险投资家进行面谈了。通过各种途径包括互联网、微信朋友圈、参加高交会、产权交易所挂牌、直接上门拜访等方式寻找风险资本，但最有效的方式还是要通过有影响的机构、人士推荐。因为这种推荐能使风险投资者与创业人员迅速建立信用关系，消除很多不必要的猜疑和顾虑，特别是道德风险方面的担忧。

首次与风险投资家见面交谈，可以将样片展示一下并递交商业计划书。但投资人一般不会给予表态和答复。因为投资人要认真细致地研究项目的商业计划书，风险投资公司内部要召开专门的研究讨论会，对产品或项目做更深入的研究及与其他类似的产品或项目做比较分析。

与风险投资家交谈过后，企业应当耐心等待但还要不断地跟踪进度，根据风险投资机构的要求不断补充相关资料。

（四）VC 再次约谈，提供投资意向书

如果风险投资家确实对融资企业的项目感兴趣，他就会再次约见融资人，做更深入的谈判，提出各种与产品或项目的开发和日后内部管理，以及估值等有关的问题如产品或项目的研发进度，正式员工的构成和待遇，企业估值及其投资后的股权份额，职工的激励与期权等。

接下来，VC 将提供给融资企业一份投资意向书（Term Sheet）。投资意向书也称投资条款单、风险投资协议、框架协议等，是投资公司与创业企业就未来的投融资交易所达成的原则上的约定。投资意向书中除约定投资者对被投资企业的估值和计划投资金额外，还包括被投资企业应负的主要义务和投资者要求得到的主要权利，以及投资交易达成的前提条件等内容，主要包括：投资（融资）额，融资企业的价值评估及调整条款，反股权摊薄协议款，分红权和股份回购权，董事会成员构成、席位和投票权，保护性条款，员工期权计划，经营和财务的知情权，本意向书的保密责任等。

创业企业必须认真阅读投资意向书上的每一款内容，然后就有关款项与 VC 做反复谈判，耐心协商。当投融资双方对投资意向书基本上达成一致意见后，双方就要签署这份投资意向书。签署了投资意向书，创业企业获得投资的可能性就非常大了，但并不意味着投融资双方一定能最终成交。有很多案例表明很多已签投资意向书的项目最后被投资方否决而没拿到投资。只能说，签署了投资意向书，VC 才会继续往下进行相关的工作。创业者往往缺少这方面的经验，很多创业者都是第一次遇到，但风险投资家在这方面却是经验丰富。怎样尽可能地消除经验不足所带来的负面影响，解决的办法只有一个：同时拿到不同 VC 的投资意向书，对比一下到底差异在哪里，而且同时与几家风投公司谈判。创业企业这样就能增长经验，掌握不同 VC 的底线和谈判风格，在融资谈判中就会胸有成竹，据理力争而不至于一退再退。

（五）配合尽职调查，签署投资协议

完成投资意向书后，风险投资家会安排对拟被投资的企业做尽职调查。尽职调查是在融资的创业企业的配合下，VC 对企业的历史数据和相关文档、业主和管理人员的背景、产品或项目的技术，市场风险、管理风险、技术风险和资金风险，以及企业的法律风险等做全面深入的调查和审核。尽职调查实际上是风投公司的一种风险管理，需要融资的创业企业应当积极配合，消除信息不对称问题。

VC 的尽职调查后，为了谨慎起见，对最后投资额的确定还要在内部召开投资决策委员会会议，商讨或复评被投资企业的投资价值并决定最终的投资数额、期限及方式。最后，投融资双方签署正式的投（融）资协议，形成一份严谨规范的投融资法律文件。

根据协议的安排，投资方按时将投入资金一次或分期转入企业的银行账户。

完成了融资程序后，创业企业按照投（融）资协议及其他附件（如资金使用计划）要求的条款和用途量入为出地使用资金。风险投资融资的基本程序如图 10-21 所示。

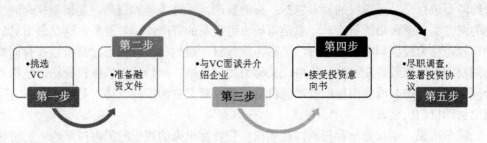

图 10-21　风险投资融资的基本程序

三、后续风险投资的融资

风险投资主要侧重于企业的天使资本使用的差不多用尽时进入成长期的这个阶段。上面介绍的风险投资是第一轮融资，即 A 轮 VC。此后，随着企业的成长和发展，企业为扩大生产经营规模和研发的持续，需要不断融资，根据需要在成长期的不同阶段引入 B 轮 VC、C 轮 VC 等。甚至到了成熟期，很多企业还依然从风险投资家那里筹集资本，如图 10-1 所示。

企业每次从 VC 那里融资都被称为一个轮次（Round）或序列（Series），创业企业第一次获得融资被称为第一轮（First Round）或 A 序列即 A 轮，下次是第二轮即 B 轮，以此类推。

A 轮 VC 融资一般是在创业企业度过了引入及初创期，前期融入的天使资本大部分已经使用。创业企业逐步进入成长期，开始推广产品或项目并扩大规模，但这个时候创业企业的营业收入依然很少，很多企业没有收入，许多的互联网服务企业在初创期和成长初期基本上没有营业收入。应该说，天使资本和 A 轮资本所承受的风险最大。

B 轮和 C 轮的 VC 融资一般处在企业成长的中后期甚至延伸至成熟期。

几乎没有一家企业只进行一次融资并坚持到企业 IPO 上市，企业的持续发展和更快的发展壮大，资金总是存在缺口，需要有持续的风险投资支持。一般地，A 轮融资之后，过一段时期就需要做 B 轮融资、C 轮融资，甚至 D 轮和 E 轮融资，直到企业完全成熟即将 IPO 上市。

第五节　期权

一、期权的概念和重要作用

（一）什么是期权

创业企业家在寻找风险投资时，风投家通常都会问到企业给员工留下多少期权这个问题。期权（Options），又称选择权，是指在将来一定时期内或将来某个特定的日期，对特定标的物所拥有的选择权，即对特定标的物购买或出售的权利。因此，期权具有两个重要的特征：其一，它不是"现货"交易，而是"期货"交易；其二，它是卖方给买方在某种资产交易上的一个选择权，即买方到期可以履行合约进行交易，也可以不履行合约即不进行交易。期权的要素包括：标的资产，又称为基础资产，是指期权合同中规定的双方买入或售出的资产，一般是市场上可交易的资产，例如股票，这是最常见的一种期权，称为股票期权；到期日，又称为执行日、履约日、施权日，是指期权合同规定的期权的最后有效日期；执行价格，又称为约定价格、履约价格、施权价格，是指期权合同中规定的购入或售出标的资产的价格；期权费又称为期权价格，是指买卖双方购买或出售期权的价格。

简单来说，期权是一种权利，让期权持有者在未来的规定时间内按照约定的价格购买或出售约定数量股权的权利。如果未来的股权比约定购买的价格值钱，持有者就赚了。如果在规定的行权期期权的售价不如约定价格，持有者就赔了。

下面以股票为例，说明期权的相关概念。例如，某公司股票的当前价格为每股 90 元，在市场中，股票的价格是不断波动的。甲和乙对股票未来的价格有不同的看法，于是双方签订了一个合约：从现在开始后的第 60 天，无论市场价格如何变化，甲可以按每股 100 元的价格从乙处购买股票，也可以不买；到期时，如果甲选择购买，则乙必须按照事先约定的价格出售给甲股票。

上例中甲乙之间所签订的合约就是一个期权合约。在合约中，甲拥有选择是否购买股票的权利，这个权利就是期权。甲所拥有的权利是乙提供的，乙是期权合约的义务人，称为期权出具者。期权合约中事先约定好的日期，即第 60 天，即为期权的到期日。事先约定的价格，即 100 元，就是期权的执行价格。在上述合约到期后，如果股票市场价格低于执行价格 100 元，甲不会执行该合约，即不购买股票，则合约作废。如果股票市场价格高于执行价格，如 105 元，则甲会执行合约，以 100 元的价格购买股票，可获利 5 元，但此时乙就会损失 5 元。甲的收益就是乙的损失。在这样的合约中，乙只有损失的可能性，没有盈利的可能性，显然，这样的合约是不能成立的。因此乙需要获得补偿。补偿的形式通常是甲支付给乙一定的期权费，或称为期权价格。它是甲获得权利的成本，乙履行义务获得的收入。

（二）期权的重要作用

当今，期权的概念已经成为企业员工和高管层的长期激励的一种重要手段。一个有效的薪酬激励计划应当达到两个目的：一是能够吸引和留住有能力的员工及高级经理；二是将员工和高级经理的行为尽可能紧密地同所有者的利益保持一致。一般来讲，每个企业的薪酬计划都有各自的特点和特有的方法。但从普遍意义上讲，核心员工和高级经理的薪酬由三个部分构成：①能满足生活基本开支的明确的薪金；②基于当年企业的获利能力在年末支付的奖金；③提供的股票期权，以激励他们提高企业的长期业绩。股权期权激励制度是一种新型的、按照生产要素分配的有效形式，是高新技术企业对员工的股权、期权激励进行中长期激励的有效方法，它能弥补其他激励方法，如精神奖励、奖金、年薪等的不足，发挥中长期的激励和约束效果。具体来说，股权期权激励有以下主要作用。

1. 规避经理层和核心员工的短期行为

我国职业经理人市场发育不全，企业的经营者和核心员工的中、长期利益机制不完善和得不到充分保证，致使企业核心员工尤其使企业经理或多或少存在着追求短期利益的行为。实施股权期权激励制度，可以让企业的管理层和企业核心员工的中、长期利益与企业的经理利益直接挂钩，企业发展壮大了，每股净资产增加了或者企业的股票价格上涨了，这些持有期权的管理层和员工都能从持有的期权中获得较好的利益。

2. 能充分激发高管人员的才能

当今，很多创业企业都会设有股票期权，赠给那些对企业有贡献、有能力的包括高级经理在内的特殊员工，一方面激励在创业者之后加入创业的核心员工，另一方面使创业管理团队更加努力工作并对他们自己的未来拥有了希望。但是，依然有一些创业企业的业主经常采用给予高级管理人员高额年薪的办法以激励其发挥经营才能。但随着企业的壮大和发展，即使给予高级管理人员再多的薪酬，他们也会感到自己与企业的发展管理的关联不大，所以高额薪酬的办法在相当程度上已不再对经营管理者形成真正的激励作用，至少影响了高级管理人员工作的能动性。股权期权激励机制，授予管理人员一定额度的期权，来替代一部分高额报酬，让自身的报酬建立在未来企业发展的基础上，即经营者只有通过自身努力使企业得到足够发展后才能获得这种权利并获得收益。

3. 有利于招募和留住精英人才

面对世界范围内的人才争夺，要留住并广泛招揽各种人才，其中的措施之一就是采取技术入股、管理入股以及实施期权计划，以充分体现人才的价值，最大限度地吸引企业尤其是高新技术企业急需的有高层次技术、有管理能力、具有创新才能的顶尖人才。有能力有技术的员工本可以在知名的大公司谋得一份稳定的工作或不错的薪酬，创业企业在发展的初期，由于缺少经济效益，所以很难招揽和留住很多人才，但如果能够给予一定期权的诱惑，或许能够吸引他们来到创业企业共同奋斗，期待未来获得的更多收益。21世纪初，在互联网泡沫出现之前，很多著名的科技公司如雅虎（Yahoo）、英特尔（Intel）、微软（Microsoft）、苹果（Apple）以及甲骨文（Oracle）等，即使是初级员工也在期权上挣了大钱。[1]

除此之外，期权激励方式还具有创业企业新型企业文化的建设、建立和完善公司治理结构、协调股东与经理之间的潜在利益冲突等作用。

二、期权的操作

实施股权激励是有一定条件的，上市公司的期权激励安排是公司向期权激励对象增发股票，然后从二级市场上回购股票，而且二级市场上有确定的市场价格。我国的《公司法》是专门针对上市公司提出的股票期权要求。遗憾的是，并没有明确支持非上市公司的期权设置。所以，上市公司的期权比较容易操作。但对于非上市公司，股份价值不能通过市场价格手段直接地反映，因此无法实施股票期权这种激励制度。但是，我国的非上市公司采用一种过渡的变通方式即主要采用虚拟期权的方式进行激励。

---

[1] David Frodsham, Heinrich Liechtenstein. Getting between the balance sheets. Palgrave macmillan, 2011:99.

虚拟期权是指企业授予计划参与人一种权力，但不实际买卖股份，仅仅是通过以激励他们据此享受一定数量的分红权和股权升值收益，但没有所有权，没有表决权，不能转让和出售，在离开企业时自动失效。

很多创业企业在 A 轮风险投资后需要设立一个期权制度，以在相当长的一段时期内锁定企业的创始人和风险投资方的利益。

（一）期权的激励范围和股权分配

创业企业的虚拟期权激励范围一般是企业的高级管理人员和核心技术（业务）人员。如果企业的员工少而精，也可以为其他一些有突出贡献或特殊才能的普通员工设立。

具体到激励对象的股权分配比例，应当考虑到激励对象的责任和业绩贡献。对于高级管理人员，主要依据有关的财务指标，如企业的营收增长率、资产回报率（ROA）和股东权益报酬率（ROE）、项目完成率等；对于技术人员，主要参照其个人的研发能力及贡献，以及完成和执行效果；对于其他员工，需参照个人特定的成果指标，如实现的销售和回款时间、采购物品的性价比值等。期权的给予既要根据受赠人的历史业绩，也要看其未来发展潜力和职务。

国际上，期权总体设定的比例在总股权的 10%～15% 之间。其原则是既起到激励的效果，又不损害所有者的利益。目前，我国对于股票期权授予数量没有下限，但为了防止高管人员侵蚀所有者权益，我国的《上市公司股权激励管理办法（试行）》中对股票期权的授予做出了上限规定："上市公司全部有效的股权激励计划所涉及的标的股票总数累计不得超过公司股本总额的 10%"。

（二）期权的行权价格

行权价格是在期权中受益人根据约定购买公司虚拟股票的价格，一般都是在授予期权时虚拟股票内部价格的基础上按照受益人的职务、部门和个人能力及潜能等所做的微调。

如果创业企业在 A 轮融资时，风险投资是按照每股 1 元的价格投资的，那么期权的行权价格一般也是 1 元。因为风险投资人不愿意接受企业员工购买股权的价格低于他的购买价格。如果企业的创始人想给予自己的员工很低的行权价格的话，应当在引入前就把期权设置完毕。

对于一个创业企业来讲，期权行权价格的设定应该因不同阶段而有所不同。初创时，行权价格最低可以设置为零；随着公司风险投资的引入，期权的行权价格就要参考风险投资的价格；在企业上市后，行权价格就按照期权给予的当日公司股票价格确定了。

（三）期权的有效期和可行权期

股票期权被授予之后都有一个等待期，等待期内期权持有人不可转让、行权。期权的行权期，即期权的有效期，是期权获受人在规定的期限内可行使期权计划所给予的权利，期限视激励程度与经营情况而有所不同。期权的有效期过后，期权就将失效。例如，有的期权安排为 6 年，在这 6 年期间，持有期权的员工离开公司，那么他或她所持有的期权也会被取消。如果企业被收购或上市等，期权也会被强制行权或被取消。

通常，为了留住那些核心员工，约定期权行驶的期限是一个较长时间，至少 3 年，长至 10 年。期权的等待期和可行权期的原则是：①既能对持有期权的员工起到激励作用又能留住他或她；②期权行权期通常从期权授予日起一定期限后开始，这样有利于企业的长远发展；③在可行权期限内，期权持有人须分月或分年逐步兑现。如果4年的行权期，4年内每个月有1/48的期权可供行权。

典型的期权激励环节如图10-22所示。

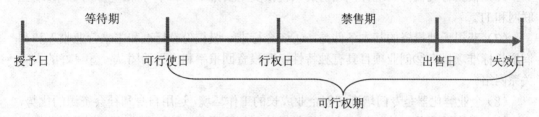

图 10-22　期权激励期

（四）兑现方式

不同于股票期权的兑现方式，非上市公司的虚拟股票期权的兑现方式主要是保留或出售给企业。行权人可以选择自己保留虚拟股票或出售给企业，企业支付差价。出售条件中，企业须制定恰当的业绩要求。当虚拟股票持有人出售其所持虚拟股票时，要考核其业绩与过去相比，是否达到规定的要求。企业要考虑制定相应的考核指标，如收益增长率、净资产收益率的增长率、主营业务收入增长率、净利润增长率等。指标的期望值可以参考国内外同行业优秀公司的平均水平。采用上述指标综合评价行权人是否具有出售股票的资格，如其已经具有出售资格，则接受其出售申请，允许其出售持有的虚拟股票；否则，企业有权拒绝他的出售申请。虚拟股票的持有人在向企业出售虚拟股票时，企业有义务买回虚拟股票；另外，持有人也可以向公司的其他员工转让，但应事先征得企业同意，如企业不同意则需要由企业购回这些虚拟股票。出售虚拟股票的出售价格，对于非上市公司来讲，可以以转让双方之间的协议价格为准或者按照企业事前确定的价格为准。

本章小结

本章重点讲解创业企业在初创期和成长期的股权融资方式，以及介绍与风险融资相关的创业企业的期权。

（1）创业企业在不同时期进行股权融资，不仅能确立所有者的控制或参股地位，而且还可确定企业抗风险的资本实力。

（2）股权融资与其他融资方式的区别就是让企业的股权产生了变动，股本提供者成为企业的所有者，享有所有者的收益分配权、财产清偿权并承担相应的义务。

（3）股权融资渠道一般有：①直接通过私募方式从企业外部引入战略投资人；②在市场上以公募方式首次发行股份、配股、增发、债转股、留存收益以及以资本公积转增股份等形式。

（4）天使资本（Angel Capital）是指个人或投资组织帮助那些掌握专有技术或原创项目构思但缺少自有资本开发的创业者进行创业所需的一次性前期投资，也是权益资本的一种。

（5）天使投资的主要特征有：投资额较小，投资期限较长，不追求即时的短期经济利益；融资程序"短平快"投资带有较强的感情因素；天使投资是一项高风险高收益的另类风险投资。

（6）根据有关机构的统计，当前的天使投资主要集中在三个行业：互联网、移动互联网和IT。

（7）获得天使投资的基本条件是：①资金标准、股权份额标准和未来营业收入和利润增长标准项目；②创业项目具有独特性，高投资回报率和优秀的团队；③良好的人际关系网络。

（8）企业孵化器是专门培育初创企业成长的工作环境，运用自身和社会资源的优势，集中地向具有发展前景的初创小企业提供设施和相关服务，使初创企业少走弯路并成功走向社会。

（9）企业加速器是继孵化器之后设立的一种专门服务于高成长型小微企业的机构。它主要以快速成长的企业为服务对象，通过服务模式的创新满足企业在办公空间、管理、商业服务和社会合作等方面的个性化需求的新型空间载体和服务网络。

（10）众筹融资是指项目发起人（企业或者个人创业者）借助网络众筹平台向大众投资人公开发出的融资申请，并承诺项目成功后向投资人提供产品或服务、股权、债权等回报的一种新型互联网融资和资金管理模式。

（11）风险投资简称为VC，也称风险资本、创业资本（投资），是向那些较早时期、具有高成长潜力和存在高风险的未上市创业企业进行的股权投资，其主要目的在于帮助创业企业成长成熟后通过股权转让获得资本的高增值回报。

（12）创业融资时，风险投资商总会问及期权问题。期权是指在将来一定时期内或将来某个特定的日期，对特定标的物所拥有的选择权，即对特定标的物购买或出售的权利。

（13）期权具有两个重要的特征：其一，它不是"现货"交易，而是"期货"交易；其二，它是卖方给买方在某种资产交易上的一个选择权，即买方到期可以履行合约进行交易，也可以不履行合约即不进行交易。

（14）非上市公司的虚拟股票期权的兑现方式有：①保留或出售给企业；②转让给其他员工。

思考题

1. 股权融资的优点有哪些？
2. 什么是私募股权融资和公募股权融资？
3. 怎样理解留存收益是一种股权融资形式？
4. 对创业企业来讲，天使资本有哪些作用？
5. 天使投资的目的和特点主要有哪些？
6. 怎样的商业计划书才能吸引天使投资人？
7. 企业孵化器的基本功能有哪些？
8. 企业孵化器和企业加速器的主要联系和区别是什么？

9. 当你开始创业缺少资金的时候，你会寻找哪类的孵化器，为什么？

10. 企业入住加速器需要按照怎样的程序？

11. 什么是众筹融资？与传统融资方式不同，众筹融资有什么特点？

12. 众筹融资有哪些种类？众筹融资的完整流程是什么？

13. 风险投资融资的特点有哪些？

14. 作为创业者，你要想从风险投资商那里融资，需要做哪些准备工作？

15. 为什么投资人都特别关心企业的期权？

16. 期权的重要作用是什么？

17. 什么是虚拟期权？这种期权的激励范围是什么？

参考文献

1．杜运周，任兵，陈忠卫，等．先动性、合法化与中小企业成长——一个中介模型及其启示[J]．管理世界，2008（12）．

2．李静．新创企业财务风险的成因及防范[J]．财会统计，2010（10）．

3．麦可思研究院．2012年中国大学生就业报告[R]．北京：社会科学文献出版社，2012：6-40．

4．蔡莉，单标安，汤淑琴，等．创业学习研究回顾与整合框架构建[J]．外国经济与管理，2012（5）．

5．姜翰，金占明，焦捷，等．不稳定环境下的创业企业社会资本与企业"原罪"——基于管理者社会资本视角的创业企业机会主义行为实证分析[J]．管理世界，2009（6）．

6．马光荣，杨恩艳．社会网络、非正规金融与创业[J]．经济研究，2011（3）．

7．陈刚．管制与创业——来自中国的微观证据[J]．管理世界，2015（3）．

8．曹卫华．企业融资结构理论与我国上市公司融资行为[J]．金融论坛，2004（4）：57-63．

9．曾永艺，吴世农，吴冉勋．我国创业板高超募之谜：利益驱使或制度使然[J]．中国工业经济，2011（9）：140-150．

10．黄少安，张岗．中国上市公司股权融资偏好分析[J]．经济研究，2001（11）：39-56．

11．贾宁，李丹．创业投资管理对企业绩效表现的影响[J]．南开管理评论，2011（1）：96-106．

12．蒋健，刘智毅，姚长辉．IPO初始回报与创业投资参与——来自中小企业板的实证研究[J]．经济科学，2011（1）：81-92．

13．齐寅峰，向冠春，黄福广，等．我国企业融资行为的调查研究分析[J]．中国会计评论，2005（3）：309-328．

14．张东生，刘健钧．创业投资基金运作机制的制度经济学分析[J]．经济研究，2000（4）：86-87．

15．张丰．创业投资对中小企业板IPO影响的实证研究[J]．经济与管理研究，2009（5）：10-19．

16．张学勇，廖理．风险投资背景与公司IPO：市场表现与内在机理[J]．经济研究，2011（6）：118-132．

17．章卫东．定向增发新股与盈余管理——来自中国证券市场的经验证据[J]．管理世界，2010（1）：54-73．

18．陈共荣，刘冉．市盈率能否成为投资决策分析的有效指标——来自 A 股的经验数据[J]．会计研究，2011（9）：9-16．

19．吕英巧，王富炜．基于剩余收益模型的企业价值评估实证研究[J]．会计之友，2014（2）：24-27．

20．孙婧，肖淑芳．成长期高新技术企业价值评估的研究——基于贴现现金流量法[J]．现代管理科学，2005（10）：63-64．

21．王晶，高建设，宁宣熙．收益法评估中折现率研究[J]．管理世界，2011（4）：184-185．

22．周孝华，唐健，陈娅莉．创业板公司估值模型研究[J]．经济与管理研究，2009（8）：85-90．

23．周稚犀．创业板五周年运行情况报告[J]．证券市场导报，2014（10）：4-9．

24．菲利普・J.阿德尔曼，阿兰・M.马克斯．创业财务（第 5 版）[M]．刘晓彦，译．北京：清华大学出版社，2012．

25．张玉利，薛红志，陈寒松，等．创业管理（第 4 版）[M]．北京：机械工业出版社，2016．

26．[美] 库拉特科，薛红志．创业学（第 9 版）[M]．北京：中国人民大学出版社，2014．

27．刘亚娟，孙静，徐弥榆．创业融资[M]．北京：中国劳动社会保障出版社，2011．

28．胡玉明．财务报表分析（第 2 版）[M]．大连：东北财经大学出版社，2012．

29．李耀东，李钧．互联网思维——框架与实践[M]．北京：电子工业出版社，2014．

30．路君平．资产评估理论与案例分析[M]．北京：经济科学出版社，2008．

31．吴瑕，千玉锦．中小企业融资——案例与实务指引[M]．北京：机械工业出版社，2013．

32．李喆．融资租赁项目风险分析[M]．北京：中国发展出版社，2014．

33．贺志东．中小企业财务管理[M]．广州：广东经济出版社，2010．

34．斯科特・贝斯利，尤金・F.布里格姆．财务管理精要（第 14 版）[M]．陈国欣，译．北京：北京大学出版社，2010．

35．W.卡尔・凯斯特，理查德・S.卢拜克，彼得・图法诺．财务案例（第 12 版）[M]．张志强，张彩玲，王春香，译．北京：北京大学出版社，2009．

36．郭天宝．创业财务手册[M]．北京：经济科学出版社，2013．

37．保罗・皮格纳塔罗．财务模型与估值[M]．刘振山，张鲁晶，译．北京：机械工业出版社，2015．

38．史蒂芬・罗杰斯．创业财务实用指南[M]．非雨，周隐，译．北京：机械工业出版社，2005．

39．罗伯特・A.G.蒙克斯，亚力山德拉・里德・拉杰科斯．企业价值评估[M]．秦丹萍，译．北京：中国人民大学出版社，2015.

40. 安德鲁·J.谢尔曼．从创业融资到 IPO（第 3 版）[M]．王鑫，译．北京：人民邮电出版社，2015.

41. 理查德 L.史密斯，珍妮特·奇霍姆·史密斯．创业金融（第 2 版）[M]．高建，藤飞，译．北京：机械工业出版社，2011.

42. 安德鲁·梅特里克．创业资本与创新金融[M]．贾宁，译．北京：机械工业出版社，2011.

43. Alexander Popov, Peter Roosenboom. Venture Capital and Patented Innovation: Evidence from Europe[J]. Economic Policy, 2012 (27):447-482.

44. Allen, Berger, Klaus Schaeck. Small and Medium-Sized Enterprises, Bank Relationship Strength and the Use of Venture Capital [J]. Journal of Money, Credit and Banking, 2011(43):461-490.

45. Alon Brav, Paul A. Gompers. Myth or Reality? The Long-Run Underperformance of Initial Public Offerings: Evidence from Venture and Non-Venture Capital-Backed Companies[J]. The Journal of Finance, 1997(5):1791-1820.

46. Arthurs, Jonathan D, Lowell W. Busenitz. Dynamic Capabilities and Venture Performance: The Effects of Venture Capitalists [J]. Journal of Business Venturing, 2006(21):195-215.

47. Barry C.B, Muscarella, C.J.Peavy. The Role of Venture Capital in the Creation of Public Companies: Evidence from the Going-Public Process [J]. Journal of Financial Economics, 1990, 27(2):447-471.

48. Brander, J.A, Amit, Antweiler W. Venture-Capital Syndication: Improved Venture Selection vs The Value-Added Hypothesis[J]. Journal of Economics & Managements Strategy, 2002, 11(3):423-452.

49. Chan A.V, Thakor. Collateral and Competitive Equilibrium with Moral Hazard and Private Information [J]. Journal of Finance, 1987 (42):447-476.

50. Davila, Foster.G. Venture Capital Financing and the Growth of Start-up Firms [J]. Journal of Business Venturing, 2003(18):689-708.

51. Gompers, Optional Investment, Monitoring and the Staging of Venture Capital [J]. Journal of Finance, 1995(50):1461-1490.

52. Kortum, Lerner.J. Assessing the Contribution of Venture Capital to Innovation [J]. The RAND Journal of Economics, 2000, 31(4):674-692.

53. Michael C. Jensen, William H. Meckling. Theory of The Firm: Managerial Behavior, Agency Costs and Capital Structure [J]. Journal of Financial Economics, 1976(3):305-306.

54. James Mcneill Stancill. Entrepreurial Finance for New and Emerging Businesses[M]. Thomson/South-Western, 2004.

55. Josh Lerner, Ann Leamon, Feldahardymon. Venture Capital, Private Equity, and the

Financing of Entrepreneurship[M]. John wiley & Sons, Inc, 2012.

56. Damodaran. The Dark Side of Valuation[M]. Pearson Education Asia Limited, 2004.

57. Justin Longnecker, Carlos Moore, William petty. Small Business Management[M]. Thomson/South-West, 2000.

58. Gompers, Paul A. and Joshua Lerner. The Use of Covenants: An Empirical Analysis of Venture Partnership Agreements[J]. Journal of Law and Economics, 1996, 39(2): 463-498.

59. Lerner, Joshua, Antoinette Schoar, Wan Wong. Smart Institutions, Foolish Choices? The Limited Partner Performance Puzzle[R]. NBER working paper #11136, 2005 .

60. Venture One. Private Equity Partnership Terms and Conditions. 3rd Edition, 2005.

61. Asset Alternatives. Deal Terms Report. 2nd Edition, Dow Jones, Jersey City, NJ, 2005.

62. Kaplan, Steven N., Per Stromberg. Financial Contracting Theory Meets the Real World: Evidence from Venture Capital Contracts[J]. Review of Economic Studies, 2003, (2): 281-316.

63. King Robert G, Ross Levine.Finance, Entrepreneurship and Growth: Theory and Evidence[J]. Journal of Monetary Economics, 1993.

64. Huang, Y, Y.Qian. Is Entrepreneurship Missing in Shanghai?[Z]. MIT Sloan Research Paper No. 4707-08, 2008.

65. Wang, S. Credit Constraints, Job Mobility and Entrepreneurship: Evidence from a Property Reform in China[R]. The Review Economics and Statistics, 2012.

66. Michael H. Morris, Jurie van Vuuren, Jeffrey R. Cornwall, Retha Scheepers. Properties Of Balance: A Pendulum Effect in Corporate Entrepreneurship[J]. Business Horizons , 2009 (5).

67. Blanca Maria, Martins Rodriguez. A New Insight into the Valuation of Start-ups Bridging the Intellectual Capital Gap in Venture Capital Appraisals[J]. Electronic Journal on Knowledge Management, 2003(1):125-138.

68. Fama·E. Efficient Capital Markets:A Review of Theory and Empirical Work[J]. Journal of Finance, 1970(25):383-417.

69. Fisher Black, Myron Scholes. The Pricing of Option and Corporate Liabilities[J]. Journal of Political Economy, 1973, 81(3):637-659.

70. Gavious, Schwartz. Market Valuations of Start-up Ventures around the Technology Bubble[J]. International Small Business Journal, 2011, 4(29):399-415.

附录一 一元复利终值系数表（FVIF 表）

n \ i(%)	1	2	3	4	5	6	7
1	1.010	1.020	1.030	1.040	1.050	1.060	1.070
2	1.020	1.040	1.061	1.082	1.103	1.124	1.045
3	1.030	1.061	1.093	1.125	1.158	1.191	1.225
4	1.041	1.082	1.126	1.170	1.216	1.262	1.311
5	1.051	1.104	1.159	1.217	1.276	1.338	1.403
6	1.062	1.126	1.194	1.265	1.340	1.419	1.501
7	1.072	1.149	1.230	1.316	1.407	1.504	1.606
8	1.083	1.172	1.267	1.369	1.477	1.594	1.718
9	1.094	1.195	1.305	1.423	1.551	1.689	1.838
10	1.105	1.219	1.344	1.480	1.629	1.791	1.967
11	1.116	1.243	1.384	1.539	1.710	1.898	2.105
12	1.127	1.268	1.426	1.601	1.796	2.012	2.252
13	1.138	1.294	1.469	1.665	1.886	2.133	2.410
14	1.149	1.319	1.513	1.732	1.980	2.261	2.579
15	1.161	1.346	1.558	1.801	2.079	2.397	2.759
16	1.173	1.373	1.605	1.873	2.183	2.540	2.952
17	1.184	1.400	1.653	1.948	2.292	2.693	3.159
18	1.196	1.428	1.702	2.206	2.407	2.854	3.380
19	1.208	1.457	1.754	2.107	2.527	3.020	3.017
20	1.220	1.486	1.806	2.191	2.653	3.207	3.870
25	1.282	1.641	2.094	2.666	3.386	4.292	5.427
30	1.348	1.811	2.427	3.343	4.322	5.743	7.612
40	1.489	2.208	3.262	4.801	7.040	10.286	14.974
50	1.645	2.692	4.384	7.107	11.467	18.420	29.457

i(%) n	8	9	10	11	12	13	14
1	1.080	1.090	1.100	1.110	1.120	1.130	1.140
2	1.116	1.188	1.210	1.232	1.254	1.277	1.300
3	1.260	1.295	1.331	1.368	1.405	1.443	1.482
4	1.360	1.412	1.464	1.518	1.574	1.630	1.689
5	1.469	1.539	1.611	1.685	1.762	1.842	1.925
6	1.587	1.677	1.772	1.870	1.974	2.082	2.195
7	1.714	1.828	1.949	2.076	2.211	2.535	2.502
8	1.851	1.993	2.144	2.305	2.476	2.658	2.853
9	1.999	2.172	2.358	2.558	2.773	3.004	3.252
10	2.159	2.367	2.594	2.839	3.106	3.395	3.707
11	2.332	2.580	2.853	3.152	3.479	3.836	4.226
12	2.518	2.813	3.138	3.498	3.896	4.335	4.818
13	2.720	3.066	3.452	3.883	4.363	4.898	5.492
14	2.937	3.342	3.797	4.310	4.887	5.535	6.261
15	3.172	3.642	4.177	4.785	5.474	6.254	7.138
16	3.426	3.970	4.595	5.311	6.130	7.067	8.137
17	3.700	4.328	5.054	5.895	6.866	7.986	9.276
18	3.996	4.717	5.560	6.544	7.690	9.024	10.575
19	4.316	5.142	6.116	7.263	8.613	10.197	12.056
20	4.661	5.604	6.727	8.062	9.646	11.523	13.743
25	6.848	8.623	10.835	13.585	17.000	21.231	26.462
30	10.063	13.268	17.449	22.892	29.960	39.116	50.950
40	21.725	31.409	45.259	65.001	93.051	132.78	188.88
50	46.902	74.358	117.39	184.57	289.00	450.74	700.23

附录二 一元复利现值系数表（PVIF 表）

i(%) n	1	2	3	4	5	6	7	8	9
1	0.990	0.980	0.971	0.962	0.952	0.943	0.935	0.926	0.917
2	0.980	0.961	0.943	0.925	0.907	0.890	0.873	0.857	0.842
3	0.971	0.942	0.915	0.889	0.864	0.840	0.816	0.794	0.772
4	0.961	0.924	0.888	0.855	0.823	0.792	0.763	0.735	0.708
5	0.951	0.906	0.863	0.822	0.784	0.747	0.713	0.681	0.650
6	0.942	0.888	0.837	0.790	0.746	0.705	0.666	0.630	0.596
7	0.933	0.871	0.813	0.760	0.711	0.665	0.623	0.583	0.547
8	0.923	0.853	0.789	0.731	0.677	0.627	0.582	0.540	0.502
9	0.914	0.837	0.766	0.703	0.645	0.592	0.544	0.500	0.460
10	0.905	0.820	0.744	0.676	0.614	0.558	0.508	0.463	0.422
11	0.896	0.804	0.722	0.650	0.585	0.527	0.475	0.429	0.388
12	0.887	0.788	0.701	0.625	0.557	0.497	0.444	0.397	0.356
13	0.879	0.773	0.681	0.601	0.530	0.469	0.415	0.368	0.326
14	0.870	0.758	0.661	0.577	0.505	0.442	0.388	0.340	0.299
15	0.861	0.743	0.642	0.555	0.481	0.417	0.362	0.315	0.275
16	0.853	0.728	0.623	0.534	0.458	0.394	0.339	0.292	0.252
17	0.844	0.714	0.605	0.513	0.436	0.371	0.317	0.270	0.231
18	0.836	0.700	0.587	0.494	0.416	0.350	0.296	0.250	0.212
19	0.828	0.686	0.570	0.475	0.396	0.331	0.277	0.232	0.194
20	0.820	0.673	0.554	0.456	0.377	0.312	0.258	0.215	0.178
25	0.780	0.610	0.478	0.375	0.295	0.233	0.184	0.146	0.116
30	0.742	0.552	0.412	0.308	0.231	0.174	0.131	0.099	0.075
40	0.672	0.453	0.307	0.208	0.142	0.097	0.067	0.046	0.032
50	0.608	0.372	0.228	0.141	0.087	0.054	0.034	0.021	0.013

续表

n \ i(%)	10	11	12	13	14	15	16	17	18
1	0.909	0.901	0.893	0.885	0.877	0.870	0.862	0.855	0.847
2	0.826	0.812	0.797	0.783	0.769	0.756	0.743	0.731	0.718
3	0.751	0.731	0.712	0.693	0.675	0.658	0.641	0.624	0.609
4	0.683	0.659	0.636	0.613	0.592	0.572	0.552	0.534	0.516
5	0.621	0.593	0.567	0.543	0.519	0.497	0.476	0.456	0.437
6	0.564	0.535	0.507	0.480	0.456	0.432	0.410	0.390	0.370
7	0.513	0.482	0.452	0.425	0.400	0.376	0.354	0.333	0.314
8	0.467	0.434	0.404	0.376	0.351	0.327	0.305	0.285	0.266
9	0.424	0.391	0.361	0.333	0.300	0.284	0.263	0.243	0.225
10	0.386	0.352	0.322	0.295	0.270	0.247	0.227	0.208	0.191
11	0.350	0.317	0.287	0.261	0.237	0.215	0.195	0.178	0.162
12	0.319	0.286	0.257	0.231	0.208	0.187	0.168	0.152	0.137
13	0.290	0.258	0.229	0.204	0.182	0.163	0.145	0.130	0.116
14	0.263	0.232	0.205	0.181	0.160	0.141	0.125	0.111	0.099
15	0.239	0.209	0.183	0.160	0.140	0.123	0.108	0.095	0.084
16	0.218	0.188	0.163	0.141	0.123	0.107	0.093	0.081	0.071
17	0.198	0.171	0.146	0.125	0.108	0.093	0.080	0.069	0.060
18	0.180	0.153	0.130	0.111	0.095	0.081	0.069	0.059	0.051
19	0.164	0.138	0.116	0.098	0.083	0.070	0.060	0.051	0.043
20	0.149	0.124	0.104	0.087	0.073	0.061	0.051	0.043	0.037
25	0.092	0.074	0.059	0.047	0.038	0.030	0.024	0.020	0.016
30	0.057	0.044	0.033	0.026	0.020	0.015	0.012	0.009	0.007
40	0.022	0.015	0.011	0.008	0.005	0.004	0.003	0.002	0.001
50	0.009	0.005	0.003	0.002	0.001	0.001	0.001	0	0

附录三 年金终值系数表（FVIFA 表）

n \ i(%)	1	2	3	4	5	6	7
1	1.000	1.000	1.000	1.000	1.000	1.000	1.000
2	2.010	2.020	2.030	2.040	2.050	2.060	2.070
3	3.030	3.060	3.91	3.122	3.153	3.184	3.215
4	4.060	4.122	4.184	4.264	4.310	4.375	4.440
5	5.101	5.204	5.309	5.416	5.526	5.637	5.751
6	6.152	6.308	6.468	6.633	6.802	6.975	7.153
7	7.214	7.434	7.662	7.898	8.142	8.394	8.654
8	8.286	8.583	8.892	9.214	9.549	9.897	10.260
9	9.369	9.755	10.159	10.583	11.027	11.491	11.978
10	10.462	10.950	11.464	12.006	12.578	13.181	13.816
11	11.567	12.169	12.808	13.486	14.207	14.972	15.784
12	12.683	13.412	14.192	15.026	15.917	16.870	17.888
13	13.809	14.680	15.618	16.627	17.713	19.882	20.141
14	14.947	15.974	17.086	18.292	19.599	21.015	22.550
15	16.097	17.293	18.599	20.024	21.579	23.276	25.129
16	17.258	18.639	20.157	21.825	23.657	25.673	27.888
17	18.430	20.012	21.762	23.698	25.840	28.213	30.840
18	19.615	21.412	23.414	25.645	28.132	30.906	33.999
19	20.811	22.841	25.117	27.670	30.539	33.760	37.379
20	22.019	24.297	26.870	29.778	33.066	36.786	40.995
25	28.243	32.030	36.459	41.646	47.727	54.865	63.249
30	34.785	40.588	47.575	56.085	66.439	79.058	94.461
40	48.886	60.402	75.401	95.026	120.80	154.76	199.64
50	64.463	84.579	112.80	152.67	209.35	290.34	406.53

n\i(%)	8	9	10	11	12	13	14	15
1……	1.000	1.000	1.000	1.000	1.000	1.000	1.000	1.000
2……	2.082	2.090	2.100	2.110	2.120	2.130	2.140	2.150
3……	3.246	3.278	3.310	3.342	2.374	3.407	3.440	3.473
4……	4.506	4.573	4.641	4.710	4.779	4.850	4.921	4.993
5……	5.867	5.985	6.105	6.228	6.353	6.480	6.610	6.742
6……	7.336	7.523	7.716	7.913	8.115	8.323	8.536	8.754
7……	8.923	9.200	9.487	9.783	10.089	10.405	10.730	11.067
8……	10.637	11.028	11.436	11.859	12.300	12.757	13.233	13.727
9……	12.488	13.021	13.579	14.164	14.776	15.416	16.085	16.786
10……	14.487	15.193	15.937	16.722	17.549	18.420	19.337	20.304
11……	16.645	17.560	18.531	19.560	20.655	21.814	23.045	24.349
12……	18.977	20.141	21.384	22.713	24.133	25.650	27.271	29.002
13……	21.495	22.953	24.523	26.212	28.029	29.985	32.089	34.352
14……	24.215	26.019	27.975	30.095	32.393	34.883	37.581	40.505
15……	27.152	29.361	31.772	34.405	37.280	40.417	43.842	47.580
16……	30.324	33.003	35.950	39.190	42.753	46.672	50.980	55.717
17……	33.750	36.974	40.545	44.501	48.884	53.739	59.118	65.075
18……	37.450	41.301	45.599	50.396	55.750	61.725	68.394	75.836
19……	41.446	46.018	51.159	56.939	63.440	70.749	78.969	88.212
20……	45.762	51.160	57.275	64.203	72.052	80.947	91.025	102.44
25……	73.106	84.701	98.347	114.41	133.33	155.62	181.87	212.79
30……	113.28	136.31	164.49	199.02	241.33	293.20	356.79	434.75
40……	295.06	337.89	442.59	581.83	767.09	1 013.7	1 342.0	1 779.1
50……	573.77	815.08	1 163.9	1 668.8	2 400.0	3 459.5	4 994.5	7 217.7

附录四 年金现值系数表（PVIFA 表）

n \ i(%)	1	2	3	4	5	6	7	8	9
1	0.990	0.980	0.971	0.962	0.952	0.943	0.935	0.926	0.917
2	1.970	1.942	1.913	1.886	1.859	1.833	1.808	1.783	1.759
3	2.941	2.884	2.829	2.775	2.723	2.673	2.624	2.577	2.531
4	3.902	3.808	3.717	3.630	3.546	3.465	3.387	3.312	3.240
5	4.853	4.713	4.580	4.452	4.329	4.212	4.100	3.993	3.890
6	5.795	5.601	5.417	5.242	5.076	4.917	4.767	4.623	4.486
7	6.728	6.472	6.230	6.002	5.786	5.582	5.389	5.206	5.033
8	7.652	7.325	7.020	6.733	6.463	6.210	5.971	5.747	5.535
9	8.566	8.162	7.786	7.435	7.108	6.802	6.515	6.247	5.995
10	9.471	8.983	8.530	8.111	7.722	7.360	7.024	6.710	6.418
11	10.368	9.787	9.253	8.760	8.306	7.887	7.499	7.139	6.805
12	11.255	10.575	9.954	9.385	8.863	8.384	7.943	7.536	7.161
13	12.134	11.348	10.635	9.986	9.394	8.853	8.358	7.904	7.487
14	13.004	12.106	11.296	10.563	9.899	9.295	8.745	8.244	7.786
15	13.865	12.849	11.938	11.118	10.380	9.712	9.108	8.559	8.061
16	14.718	13.578	12.561	11.652	10.838	10.106	9.447	8.851	8.313
17	15.562	14.292	13.166	12.166	11.274	10.477	9.763	9.122	8.544
18	16.398	14.992	13.754	12.659	11.690	10.828	10.059	9.372	8.756
19	17.226	15.678	14.324	13.134	12.085	11.158	10.336	9.604	8.950
20	18.046	16.351	14.877	13.590	12.462	11.470	10.594	9.818	9.129
25	22.023	19.523	17.413	15.622	14.094	12.783	11.654	10.675	9.822
30	23.808	22.396	19.600	17.292	15.372	13.765	12.409	11.258	10.274
40	32.835	27.355	23.115	19.793	17.159	15.046	13.332	11.925	10.757
50	39.196	31.424	25.730	21.482	18.256	15.762	13.801	12.233	10.962

续表

i(%) n	10	11	12	13	14	15	16	17	18
1	0.909	0.901	0.893	0.885	0.877	0.870	0.862	0.855	0.847
2	1.736	1.713	1.690	1.668	1.647	1.626	1.605	1.585	1.566
3	2.487	2.444	2.402	2.361	2.322	2.283	2.246	2.210	2.174
4	3.170	3.102	3.037	2.974	2.914	2.855	2.798	2.743	2.690
5	3.791	3.696	3.605	3.517	3.433	3.352	3.274	3.199	3.127
6	4.355	4.231	4.111	3.998	3.889	3.784	3.685	3.589	3.498
7	4.868	4.712	4.564	4.423	4.288	4.160	4.039	3.922	3.812
8	5.335	5.146	4.968	4.799	4.639	4.487	4.344	4.207	4.078
9	5.759	5.537	5.328	5.132	4.946	4.472	4.607	4.451	4.303
10	6.145	5.889	5.650	5.426	5.216	5.019	4.833	4.659	4.494
11	6.495	6.207	5.938	5.687	5.453	5.234	5.029	4.836	4.656
12	6.814	6.492	6.194	5.918	5.660	5.421	5.197	4.988	4.793
13	7.103	6.750	6.424	6.122	5.842	5.583	5.342	5.118	4.910
14	7.367	6.982	6.628	6.302	6.002	5.724	5.468	5.229	5.008
15	7.606	7.191	6.811	6.462	6.142	5.847	5.575	5.324	5.092
16	7.824	7.379	6.674	6.604	6.265	5.954	5.668	5.405	5.162
17	8.022	7.549	7.102	6.729	6.373	6.047	5.749	5.475	5.222
18	8.201	7.702	7.250	6.840	6.467	6.128	5.818	5.534	5.273
19	8.365	7.839	7.366	6.938	6.530	6.198	5.877	5.584	5.316
20	8.514	7.963	7.469	7.025	6.623	6.259	5.929	5.628	5.353
25	9.077	8.422	7.843	7.330	6.873	6.464	6.097	5.766	5.467
30	9.427	8.694	8.055	7.496	7.003	6.566	6.177	5.829	5.517
40	9.779	8.951	8.244	7.634	7.105	6.642	6.233	5.871	5.548
50	9.915	9.042	8.304	7.675	7.133	6.661	6.246	5.880	5.554

附录五　主要的众筹公司名册

36氪

51 创投网

58 众筹网

88 众筹

v2ipo 创客

i 筹集

U 众投

wefu 天下财富网

e 人筹

阿甘筹众

爱创业

爱合投

筹趣网

伯乐合投

大家筹

大伙投

爱就投

爱投社

安筹众筹平台

总裁汇

百筹汇

筹道股权

创投在线

创微网

北大创业众筹

第五创

点筹金融

多彩投

创投圈

共筹网

勾勾筹

股众网

大家投

海鳖众筹

合伙圈

合伙中国

东之贝

和云筹

黑马岛

红筹网

蜂窝众筹

红牛金服

汇梦公社

京北众筹

股筹网

京东股权众筹

聚合赢

聚募

股东汇

聚天下

咖啡时刻

蝌蚪众筹

开心投

k 快投

来筹网

路演吧

众众投

蚂蚁天使

牛股众筹

啪啪投

牵投

麒麟众筹

企e融

人人投

天使汇

融e邦

陕众筹

首科众筹

头狼金服

天使基金网

天使街

天使客

同筹荟

天天投

天使营

天使投

协同工场

投壶网

投投乐

微投网

因果树

投行圈

文筹网

香山众筹

圆桌汇

原始汇

粤科创投界

云筹

中证众筹

云投汇

咱们众筹

智金汇

众筹网

众筹邦

智锐创想

众筹界

众投社

众筹所

众筹客

众创众投

众投天地

众创星球

众投邦

众源众筹

资本汇